21世纪交通版高等学校教材

交通类专业大学生职业发展与就业指导

全国公路交通类专业毕业生就业工作协作组 组织编写

人民交通出版社

内 容 提 要

本书是一本交通特色鲜明的大学生就业指导教材，在涵盖职业发展与就业指导基本内容的前提下，着重强化了对交通行业及企业的介绍。主要内容包括：当代大学生就业状况、大学生职业发展规划、自我探索、交通行业认知、交通类专业认知、交通行业企业认知、大学生就业准备、大学生就业的基本程序、笔试与面试、职业适应与发展。本书对交通类专业学生就业具有一定指导意义。

本书主要供交通土建、汽车、信息（交通工程与控制）、交通运输、筑路机械以及涉及交通土建及运输的经济管理类专业师生使用，亦可供其他相关专业师生参考使用。

图书在版编目（CIP）数据

交通类专业大学生职业发展与就业指导 / 全国公路交通类专业毕业生就业工作协作组编写．—北京：人民交通出版社，2010.11

ISBN 978-7-114-08771-4

Ⅰ.①交… Ⅱ.①全… Ⅲ.①大学生－职业选择－高等学校－教材②大学生－就业－高等学校－教材 Ⅳ.①G647.38

中国版本图书馆 CIP 数据核字（2010）第 218814 号

21世纪交通版高等学校教材

书　　名：交通类专业大学生职业发展与就业指导
著 作 者：全国公路交通类专业毕业生就业工作协作组
责任编辑：曲　乐　吴有铭
出版发行：人民交通出版社
地　　址：（100011）北京市朝阳区安定门外外馆斜街3号
网　　址：http：//www.ccpress.com.cn
销售电话：（010）59757969，59757973
总 经 销：人民交通出版社发行部
经　　销：各地新华书店
印　　刷：北京交通印务实业公司
开　　本：787 × 1092　1/16
印　　张：16.75
字　　数：410千
版　　次：2011年 5月　第 1 版
印　　次：2011年10月　第 2 次印刷
书　　号：ISBN 978-7-114-08771-4
定　　价：30.00元

本书编写委员会

组织编写：全国公路交通类专业毕业生就业工作协作组

主　　编：白　华

副 主 编：（按姓氏笔画排序）

许廷旺　李　明　张祖斌　陈宗源　陈大洋
周　直　信思金　郑学选　夏江敬　翟志刚
黎正稳

编　　委：（按姓氏笔画排序）

王　辉　付嫦娥　田杰昌　刘家乡　刘　伟
闫永刚　任　勇　任瑷琴　孙　迎　吴成国
李文涛　李贞涛　李都厚　李　娜　张金玉
张晓明　陆志荣　唐少君　谢保国　裴清宁

前言

新中国成立以后，高等教育经历了多次院校调整，包括隶属关系和院校及专业的调整变化。在2000年进行的大规模调整中，隶属原交通部的原西安公路交通大学、武汉交通科技大学、长沙交通学院、重庆交通学院和山东交通学院，都与交通部脱离，分属教育部（与交通运输部共建）或地方教育部门，并且基本都走向合并的道路，向综合性发展。合并使这几所院校的综合实力得到了提升，迈上了新台阶。

公路交通发展的60年，是在国家和各级政府的支持和帮助下，励精图治、开拓进取、艰苦奋斗的60年，是公路交通从艰难向拉动经济、行驶在一级公路上的发展的60年，是交通事业不断发展，交通成果为经济和社会发展提供更多支撑、惠及更多人民群众的60年。在院校调整后，如何使交通类院校的特色专业得以保持并取得长足发展，按照社会需求培养优秀的交通人才，以适应社会的现实发展，实现高校和用人单位的有效对接，是亟待解决的问题。在这种背景下，2006年4月"全国公路交通类专业毕业生就业工作协作组"（以下简称"协作组"）诞生了。

高等教育改革的深入发展以及人力资源市场化的不断深入，要求大学毕业生不仅要掌握专业知识和技能，同时还要具备较强的就业能力，具备诚信的品质、优良的人际交往能力和团队素质，以及对所服务行业企业的认知和忠诚度，同时明确自己的职业生涯规划等。所以，对大学生的规范化就业指导与职业生涯规划就成了当务之急。

随着就业形势的发展和高校就业指导的深入，教育部于2007年下发了《〈大学生职业发展与就业指导课程教学要求〉的通知》（教高厅[2007]7号），使得全国各高校普遍重视起就业指导课程的教学，各种就业指导类教材纷纷面世，"协作组"也在考虑能否运用"协作组"的高校和单位集中的平台优势，编写一本具备交通特色的就业指导教材。2007年10月，在长沙召开的"协作组"秘书长会议上，与会者就"拟启动关于编辑出版公路交通类专业毕业生就业指导教材"这一问题进行了讨论。经讨论认为，这是一件可以做的好事情，但目前条件不太成熟。

在接下来的就业指导实践中不难发现，具备行业企业特色的就业指导教材成了市场的需求。出版交通类专业毕业生就业指导教材，使更多的交通类专业毕业生认清形势，为交通行业的发展建功立业，是利国利民、利行业企业以及办学单位的多赢举措。"协作组"有必要担负起编辑出版交通类就业指导教材的责任和义务。

2008年初，"协作组"秘书处与人民交通出版社取得联系，并达成共识，决定联合编辑出版交通类专业毕业生就业指导教材。2008年8月，"协作组"在重庆召开秘书长会议，并邀请人民交通出版社参加，将编辑出版公路交通类就业指导教材一事作为一项重要议程。会上，双方就大纲、章节内容以及分配编写任务等问题达成一致意见。之后于同年9月在西安召开《交通类专业大学生职业发展与就业指导》教材编写讨论会。参加人员为各参编单位执笔人员及教材相关负责人。参加人员在会上深入细致地讨论了编写大纲，统一了编写体例，确定了各章节所需的资料、数据等，明确了《交通类专业大学生职业发展与就业指导》编写分工，并将责任落实到人，确定了《交通类专业大学生职业发展与就业指导》编写进度表等。

由于编写行业企业类就业指导教材难度较大，为了解决大家反映的有些界定不明确的问题，"协作组"秘书处又于2009年5月在济南召开了教材编写中期协调会，由参编单位就业工作负责人、执笔人以及部分企业代表参加。在此次会议上，院校和企业代表纷纷献计献策，广开思路，展开了热烈的讨论，尤其是从用人单位的角度，对教材的编写模式、内容设计等提出了中肯的建议。同时，建议"协作组"以此次教材编写为契机，以促进学生就业、促进学校发展为最终目标，使广大毕业生、高校和用人单位直接受益。在此次会议上，秘书长受理事长的委托，代表"协作组"对执笔人提出了两个要求：一是教材内容要坚持理论与实践相结合，以可读性、特色性为基础，突出教材的针对性和操作性；二是要坚持"按时、合作、互补"的写作原则，以促进毕业生就业以及"协作组"各成员单位的共赢为目的，保证教材保质保量地出版发行。这次会议解决了参编人员编写过程中的疑难问题，为教材的顺利完成奠定了基础。

2009年10月底，在武汉召开了2009年秘书长扩大会议，并邀请了交通运输部人事劳动司领导、人民交通出版社和部分企业代表参加，对教材初稿进行审查，提出了进一步完善的建议，确定了本书的最终出版。

针对本书的特点，在此作以下几点说明：

关于交通类专业的界定：交通行业涉及面广，广义上囊括了公路、水路、铁路、航空、管道等方向，在本书有关交通行业认知和行业职业资格的章节中，对这些方向都有所涉及。本教材在界定交通类专业时，主要包括了陆上交通和建设的交通土建、汽车、信息(交通工程与控制)、交通运输、筑路机械以及涉及交通土建及运输的经济管理类专业。

突出了对行业企业的认知：对行业企业认知是本书最大的特色。本书在内容上实现了理论与实践相结合，既包括了常规理论内容，又涵盖了行业具体实践内容，甚至包括对大型交通企业的全面介绍，并有相关的案例分析、企业实际选人标准等，给毕业生提升自己素质以适应企业、岗位和社会等指明了方向。

本书的适用范围：本书遵循按年级、阶段化、教师多元化的原则，进行大学四个年级的课程设计安排，适合普通高等学校交通类专业本科学生学习使用。一年级重在自我认知(探索)与职业匹配和学科专业与职业认知教育等方面；二年级重在职业分类、职业发展规划、行业企业认知、专业认知等方面；三年级重在就业制度回顾与展望、就业准备与就业方式、就业的基本程序、面试、笔试等方面；四年级重在就业法规文件及就业政策、当年就业形势与就业信息、职业适应与发展等方面。

本书的执笔人均为"协作组"内多年从事学生就业工作的高校老师。他们汲取了国内外就业指导、职业生涯规划和交通行业的最新相关成果，参考了教育部、人力资源和社会保障部以及各地方政府主管大学生就业部门最新的政策和管理规定，收集了大学生就业过程中的典型案例，力图达到编辑出版本书的初衷。具体章节执笔人分工为：长安大学的白华、刘家乡负责编制大纲，白华、闫永刚编写前言，张金玉、闫永刚编写绪论；山东交通学院的田杰昌编写第一章；武汉理工大学的谢宝国编写第二、三章；山东交通学院的孙迎、中国交通建设集团有限公司的任瑷琴编写第四章；长安大学的张金玉、唐少君编写第五章；

长安大学的李都厚、刘伟，中国中铁股份有限公司裴清宁，中国建筑工程总公司任勇编写第六章；长沙理工大学的李娜编写第七、八章；重庆交通大学的王辉编写第九章；重庆交通大学的陆志荣编写第十章。全书由白华负责统稿和最后审定。

本书借鉴、参考、引用了相关资料和文献，在此对这些文献、资料的作者深表感谢。此外，中国交通建设股份有限公司及其所属的第二公路工程局、第二航务工程局，中国铁路工程股份有限公司及其所属的中铁一局集团有限公司以及人民交通出版社等为本书的出版付出了辛勤的劳动，在此一并表示衷心感谢。同时，还要特别感谢积极参与本书编写的吴有铭、张复祥同志。本书作为交通类专业的就业指导教材，在国内尚属首例，由于作者时间和水平有限，不足之处在所难免，殷切希望有关专家、学者提出宝贵意见。

全国公路交通类专业毕业生就业工作协作组

2010年10月

目　录

绪 论

高校毕业生是我国宝贵的人力资源，是现代化建设的重要生力军。随着高等教育改革的深入发展，人力资源市场化推进的深入，社会需要大学毕业生不仅仅掌握专业知识和技能，同时还需要具备较强的就业能力，具备诚信的品质、优良的人际交往能力和团队素质，并且对所服务行业、企业具有较强的认知度和忠诚度，更要明确自己的职业生涯规划等等。所以，对在校大学生开展就业指导与职业生涯规划教育就成了必须。为此，近几年，全国各高校普遍对大学生开展了职业生涯规划和就业指导教育。这些对提升当代大学生个人竞争力、充分实现个人价值发挥了积极的作用。但是反观我国的职业生涯规划和就业指导教育，也引发了我们的一些思考。

一、关于高等院校开展就业指导教育的思考

1.对目前我国高校就业指导工作的认识

随着就业形势的发展和高校就业指导教育的深入，为进一步规范高校就业指导教育工作，教育部 2007 年下发了《大学生职业发展与就业指导课程教学要求》(教高厅[2007]7 号)，该文件明确提出将大学生职业发展与就业指导课程列入教学计划。文件要求从 2008 年起提倡所有普通高校开设职业发展与就业指导课程，并将其作为公共课纳入教学计划，贯穿学生从入学到毕业的整个培养过程。现阶段作为高校必修课或选修课开设，经过 3～5 年的完善后全部过渡到必修课。这是新时期对大学生职业发展与就业指导课程的要求，并将此项工作提高到了前所未有的高度。

当前我国几乎所有的高校都开设了就业指导课，课程内容涉及就业政策、就业信息、就业观念、就业技巧、就业心理、就业过程中问题分析等诸多方面，对帮助学生了解和适应“市场导向，政府调控，学校推荐，学生与用人单位双向选择”的毕业生就业制度，树立正确的就业观，掌握必要的就业技巧，起到了积极的促进作用，就业指导课的作用日益显现。

然而，当前我国大学生就业指导工作还存在着一些问题：

(1)就业指导工作的观念落后。受我国的高等教育发展状况及长期的计划体制的影响，不少高校缺乏对就业指导内涵的正确认识，对就业指导“指什么?”、“导什么?”了解不够。认为就业指导就是传达就业政策，分析就业形势，收集并发布就业信息，举办招聘会，为毕业生办好就业手续等等，造成了就业指导的“实用性”和“简单化”。

(2)就业指导时间滞后，不能满足大学生的需要。大学生就业指导就是通过了解市场需求，传递就业信息，帮助毕业生明确职业目标，挖掘自身潜能，激发学习动力，掌握适合自身特点的择业方法，从而使毕业生找到适合自身特点和社会发展的职业，以实现人生价值的过程。但是，我国目前还处于以毕业班学生为对象的“第四年指导”状态，国家要求的“全程化指导”局面还未完全形成。中国人民大学近年进行的一项调查表明：目前 52.9%的高校在大学四年级才进行就业指导，只有 17.6%的高校从大学一年级就开始对学生进行就业指导。大部分高校

的就业指导教育工作还主要是短程化就业指导。由于就业指导教育时间安排明显滞后，大学一二年级的学生有时间和精力，想听就业指导课却没有计划安排，到大学三四年级有课程安排了，学生却又要忙于考证、考研、找工作，没有精力来认真听。

(3)就业指导的内容不适应学生需求。现在大多数高校就业指导的内容偏重单一的择业技巧，商业性的指导多，教育性的指导少，就业指导变成了应试指导和应付面试的指导，过分强调择业技巧的作用，误导学生过于看重应聘面试、求职包装，甚至采取欺骗的手段，而忽视了在校学习期间职业素质的培养。另外，就业指导课内容陈旧，信息少，操作性不强，更缺乏个性化的指导。

(4)缺乏职业知识的教育。我国的大学生，在进入大学之前的专业选择上，并无设计职业发展这一环节，高考填报专业时大多同学并未太多考虑不同学科专业的特殊性和素质要求，表现在职业发展的根子不足。而在高校，虽然设立了就业市场，就业咨询指导、职业介绍等机构，但由于缺乏系统的、一体化的职业知识教育和正确的指导工作，学生缺乏关于社会分工及社会职业方面的知识，职业选择盲目性在所难免。学生在职业定位过程中，更多地是受到社会宣传媒介对于某些行业的舆论引导，盲目地崇尚和向往一些“实惠”而“热门”的职业或企业，如合资企业、金融管理、律师、医生、商业服务等，并把它们作为自己的职业理想或选择目标，不能恰当地处理个人理想、特长与社会需要的关系，致使大批毕业生不了解要进入的行业发展方向，不了解自己想要进入的公司发展前景、用人制度、企业文化和人际关系，不清楚求职目标公司的选才要求和用人标准，从而大大降低了大学生的职业稳定性，造成跳槽现象突出。

2.就业指导全程化、全员化的认识

就业指导课是一门课程，这就要求我们按课程开发的基本要求和规范，设置、建设、完善就业指导课。就业指导课应包括明确的课程目标，规范的课程内容，完善的教学文件(包括教材、课程大纲和教学档案等)，合理的教学手段，科学的评价标准以及有效的考核办法。由于其现实性、适时性、实用性，还必须有一套灵活的更新机制，保证教学内容的与时俱进不断更新。

从工作实践来看，职业规划和就业指导应面向全体学生，从大学一年级开始，贯穿在学生整个大学学习期间，也就是实现教学的全程化、全员化，这既是教育部要求，也是高校基本的共识。可以按照年级不同，阶段化、教师多元化的原则进行大学四个年级的就业指导课程设计安排。

(1)教学内容

根据学生所处的不同年级阶段，就业指导内容有所侧重。

一年级就业指导教育，侧重在自我认知(探索)和学科专业认知。自我认识，是就业指导和生涯规划对于心理学的应用，应该是处于人生发展的基础位置。但在我国教育的基础阶段却是空白，因此当学生步入大学后，急需补上这一课，才有利于学生的人生发展和职业选择与确定。通过自我认知教育，帮助刚刚步入大学校门的学生反思自我，明白自己的思想、状态、目标、行为等，也就是心理学说的气质、性格、兴趣等；帮助大学生采取多种认识自我的方法积极地进行自我探索，了解自己今后想过一种什么样的生活、自己适合干什么、喜欢干什么、自己的能力优势在哪里等等。学科专业与职业认知教育在低年级进行，有利于大学生稳定专业思想，或进行心理调适。通过比较深入系统的学科专业和职业认知教育，使大学生能调试自己，将自身追求和学科专业进行挂钩，并且在专业认知的过程中，从前辈突出人才的经历、贡献中能生发出学科专业的自豪感、满足感、追求感，进而稳定专业思想，刻苦求学，打好专业基础，也为顺利地度过大学生涯奠定基础。通过就业指导教育，帮助大学生全面了解时代对大学生素质的基本需求，鼓励大学生积极培养良好的个人素质，有目的地过好大学生活，不断树立人生目标。

二年级就业指导教育，侧重在职业分类和职业发展规划。进入二年级，会逐步涉及专业课程，有必要考虑职业的细化分类、职业发展并结合自身进行必要的职业发展规划，使目标更加趋于清晰明白。通过就业指导教育使大学生充分、科学地认识自己，摆正自身的位置；帮助大学生全面了解社会职业对人才的知识和能力素养提出的要求；指导学生根据个人个性特点制订职业生涯规划，并从职业素养的角度明确个人知识和能力培养目标；根据社会形势及发展，帮助学生结合自己职业生涯规划调整择业期望值，树立正确的择业价值观。

三年级就业指导教育，侧重在行业企业认知，就业准备与就业方式、就业基本程序以及面试、笔试等就业技巧的学习。进入三年级，在掌握一定的专业和职业知识的基础上，针对所学专业进行必要的行业和企业认知教育，使学生对将要投身的行业和供职的企业有一个较为系统的了解。一方面根据行业的背景(过去、现在、未来)特点在思想上做好就业准备；另一方面在全面了解企业的过程中根据自身特点做出大致的就业选择。通过就业技巧的学习，指导大学生掌握获取、运用就业信息的手段和技术；通过指导帮助学生了解相关职业的特点及就业过程中所必备的知识；指导学生制作求职材料，以增加就业过程中的主动性和成功率。

四年级就业指导教育，侧重在就业制度及政策、当年就业形势与就业信息、未来的职业适应与发展等方面。通过指导帮助学生了解当前的就业政策、程序；组织学生学习劳动法等法律法规，使其能运用法律保护自身权益；帮助毕业生根据自身优势，积极收集就业信息，主动就业；促使毕业生面对就业形势的变化，及时调整心态，积极面对职场竞争；帮助学生进行角色转换，为跨入社会做好心理和认识准备；在工作岗位上能够尽快适应角色转换，努力适应以促成功。

(2)教学方法

在教学过程中，应当充分利用多媒体技术，将就业指导的理论体系分解为比较直观的课件、影视资料、网络数据等资料形式，通过案例分析、现场观摩、情境模拟、测试等直观的方式，使大学生潜移默化地接受新的观念，了解现实情况，掌握基本的技术技能。就业指导应用性很强，仅仅掌握理论认知是远远不够的，教师布置作业、测试和安排实习环节的时候，要强调学生的实际动手和练习训练。一二三年级的课程考核应为论文的形式，目的是考察大学生对择业、就业基本知识、技能、职业规划等的认识和掌握的程度，学会基本的收集信息、查阅资料等自我教育技能。四年级的考核应为笔试，主要目的是让毕业生了解最基本的就业政策等就业基本知识以及对毕业生就业期望值的引导。

(3)教学师资

就业指导课程的教学比较强调与学生的交流，任课教师应该有比较丰富的案例资源，比较熟悉大学生的思想、学习等情况，具备丰富的与大学生交流的经验，并熟悉本课程的理论体系，具备一些相关的专业知识，了解相关专业就业形势和典型案例，以利于在教学过程中将观念引导、技能训练、操作训练有机地结合起来。同时，任课教师还要了解相关行业企业的发展现状、未来前景，熟悉行业企业的用人理念与标准。所以需要充分整合校内外资源，组建由学校教师和行业、企业人力资源专家共同组成的师资队伍，利用毕业生招聘等机会，采取灵活机动的形式与方法邀请校外专家进校园授课。

二、关于"全国公路交通类专业毕业生就业工作协作组"

改革开放以来，我国高等教育事业获得长足发展，改革取得令人瞩目的成绩，初步形成了适应国民经济建设和社会发展需要的多种层次、多种形式、学科门类基本齐全的社会主义高等教育体系，为社会主义现代化建设培养了大批高级专门人才，在国家经济建设、科技进步和社会发展中发挥了重要作用。原交通部所属院校在交通类人才的培养上也发挥了重要作用。在2000年进行的高等教育管理体制改革和布局结构调整中，隶属原交通部的大学与交通部脱离，分属教育部（与交通运输部共建）或地方政府，并且基本都走向院校合并的道路，向综合性大学发展。

在院校调整后，如何使交通类专业保持特色并取得长足发展，如何按照社会需求培养适应社会现实发展优秀的交通人才，实现高校和用人单位的有效对接，就成为原交通部所属院校必须考虑的问题。在这种背景下，2006年4月，在原交通部人事劳动司和教育部高校学生司的共同倡议和督促下，由部分交通类院校和交通建设领域国家核心企业共同发起成立的"全国公路交通类专业毕业生就业工作协作组"（以下简称"协作组"）诞生了。"协作组"是中国交通教育研究会的集体会员，在教育部高校学生司、交通运输部人事劳动司、教育部全国高等学校学生信息咨询与就业指导中心的指导下开展工作。

"协作组"是由政府引导的就业协作机制，是教育资源合理配置和人才结构优化调整的一个重要途径。它旨在推动交通类院校人才培养和就业工作协调发展，加强交通类专业院校与用人单位之间的沟通与协作，进一步促进交通类专业毕业生就业市场的完善和交通行业人力资源开发管理，实现交通专业人力资源的优化配置。"协作组"的成立对进一步加强院校与用人单位的沟通与合作，促进交通类专业毕业生就业市场的完善和交通行业人力资源开发管理，在市场条件下更加合理地配置交通类毕业生资源，促进我国交通事业持续、快速、健康发展具有深远意义和现实意义。

"协作组"单位分为理事长（常务理事）单位和理事单位。理事长单位包括了原隶属交通部的五所具有公路交通类专业的高校，即长安大学、武汉理工大学、长沙理工大学、重庆交通大学、山东交通学院，以及业务发展上涉及公路交通行业的中国交通建设股份有限公司、中国建筑股份有限公司、中国铁路工程股份有限公司、中国铁道建筑股份有限公司四家中央企业。理事单位包括以上四家公司的所属大部分企业，以及部分其他院校和用人单位。

"协作组"在工作中不断探索新的工作亮点，力争在模式和功能上进行探索，切实为交通人才的教育培养，为用人单位输送一流人才做出努力。

"协作组"通过建立信息共享平台、加强院校与公路交通企事业单位的合作、引导院校教育教学改革、培育毕业生择业的科学价值观、开展毕业生就业理论与实践研究等工作，为成员单位提供优质服务。

"协作组"成立至今，在教育部高校学生司、交通运输部人事劳动司的指导下，成功召开了四次理事大会以及常务理事会议和秘书长会议；开设了"协作组"网站；很好地协调了组内各大高校毕业生招聘大会的召开；聘请了"协作组"单位交通领域专家和人力资源专家作为学校就业指导教师，组建了"协作组"就业指导专家库，有力地推动了交通类专业毕业生就业工作。

《交通类专业大学生职业发展与就业指导》教材的编写，正是协作组在研究与实践毕业生就业工作过程中所认识到的急需完成的一项任务，旨在从专业的层面和实效性的角度考虑来规范毕业生就业指导。

三、本书特色

随着教育部对就业指导课程要求的日趋严格，各种就业指导教材纷纷面世。但在具体的就业指导实践中，我们发现，现行的就业指导教材职业规划大部分都是通用性知识的介绍，缺乏对行业企业的深入。要想使更多的大学毕业生能认清形势，进入交通行业建功立业，则必须加强对大学生的交通行业企业认知教育，提高他们交通行业的认同感，企业的自豪感，为顺利进入交通行业企业就业做好准备。因此，编写一本具有交通行业特色的就业指导教材十分必要。本教材即在介绍通用性内容的基础上，立足行业企业认知，注重专业认知，交通特色鲜明。

1.关于交通类专业的界定

交通行业涉及面广，广义上囊括了公路、水路、铁路、航空、管道等方向。可以看出，交通行业本身已经超越了传统交通的概念和限定，变得越来越综合和宽泛，而且企业业务庞杂，不仅仅是交通土建、交通运输等，也包括工程机械、自动控制、人力资源开发、企业经营管理等。因此，交通行业覆盖的专业面十分广泛，已经突破了传统意义上的交通土建类专业。本书所说的交通类专业，主要包括陆上交通建设的交通土建、汽车、信息(交通工程与控制)、交通运输、工程机械以及涉及交通土建及运输的经济管理类专业等。

通过行业、企业和专业的介绍，我们期望能解决大学生对行业、专业的片面认识，使他们能够比较客观清晰的看待行业和专业，甚至在这种认知过程中产生自豪感和成就感，亦或能使他们做好必要的素质准备。

2.突出了对交通行业企业认知

大部分人选择了专业也就选择了自己的职业未来，因为专业对口是很多人们的必然选择标准。不同的专业人才会进入不同的行业企业。

不同行业都存在着背景、文化、从业素质、专业技能、职业道德、心理准备等的不同。不同行业企业，在行业大背景下，有其共性，也有其特性，比如企业背景、企业文化、资质、用人制度、晋升考核、薪酬、成长空间和个人发展等等。这些都有必要在求学过程中知晓，以免面对单位时的仓促。从实际工作中，我们也发现，用人单位对毕业生对自己单位的了解程度，也是很在意，在企业眼中，这也反映了毕业生的素质和稳定度、忠诚度。

对于准备进入交通行业的人，有必要全面了解现在交通行业发展的大背景，了解比较具体的公路交通在国民经济中的地位，以及行业各分支之间的关系；了解行业的过去、现在，甚至是未来，这些都有利于找到自己合适的发展方向和职业定位。

对交通行业企业的认知是本书最大特色之一，在篇幅上占了比较大的份额，内容上也实现了理论与实践的结合，既包括了常规理论内容，又涵盖行业具体实践内容，在本书的交通行业认知和行业职业资格章节中，对公路、水路、铁路、航空、管道都有涉猎。但作为一本就业指导教材，就交通行业的各专业全部展开，实在不太现实，所以我们考虑在对广义交通的涉猎介绍基础上，结合“协作组”特点，进行介绍。

本书展示了改革开放以来，我国交通事业的迅猛发展，交通基础设施建设取得的新成绩，交通运输设施和装备的新变化，现代管理和信息化的新水平；展示了交通类相关行业的发展前景；详细介绍了交通行业的大中型企业取得的业绩；系统分析了交通类专业的设置情况和专业特点；预测了交通类专业的发展方向；提出了交通类企业的文化特点和用人标准。相信通过对这些内容的学习，能提升毕业生的核心竞争力，能够适应社会、行业、企业和岗位要求，从而顺利就业。

第一章　当代大学生就业状况

第一节　就业制度

【观点导读】

1. 大学毕业生就业制度改革的过程是逐步消除弊端、与社会生产力发展和经济政治体制改革不断适应的过程。就业制度改革的目的在于：高等教育要更好地适应现代化建设，实现毕业生资源的合理配置。

2. "市场导向、政府宏观调控，学校推荐、毕业生与用人单位双向选择"是我国现行的就业制度，在激励性和适应性方面都体现了较大的优越性。它包括宏观调控、市场规制、就业准入、创业扶持、指导服务、权益维护、就业援助等多个方面的内容。

新中国成立以来，我国大学生就业制度经历了不同的历史阶段。在改革开放深入发展的今天，适应社会主义市场经济运行需要的大学生就业制度正在逐步形成和完善，与之相应的大学生就业市场也已初具雏形且不断规范。作为高等教育体制和国家整体劳动人事制度组成部分的大学生就业制度，必须与我国的生产力发展和经济、政治等体制改革相适应，并随着各项体制改革的深化而不断深化。

一、改革开放后我国就业制度的历史沿革

新中国成立之前，高等学校的毕业生基本上自谋职业。新中国成立之后，伴随着社会主义计划经济体制的建立，我国逐步建立起与计划经济体制相适应的、以统一分配为特征的高校毕业生分配制度。

随着国家发展战略的调整、经济体制的变化和供需状况的改变，我国政府的大学生就业政策及在大学生就业领域承诺负有的职责在不同的历史时期有着明显的差异。以政府出台关于大学生就业政策的标志性文件为线索，从"统包统配"到"自主择业"，我国高校毕业生就业制度的变革大体可以划分为四个阶段。

1. "统包统配"到"双向选择"的过渡阶段（1977～1984 年）

1977 年，国家恢复了全国统一的招生考试制度。1981 年，国务院批转了国家计委等《关于改进 1981 年普通高等学校毕业生分配工作的报告》，确定在国家统一计划下，对毕业生分配实行"抽成调剂，分级安排"的办法。1983 年，国务院批转了原国家计委等《关于 1983 年全国毕业研究生和高等学校毕业生分配的报告》，决定实行学校与用人单位直接见面的就业办法，即"供需见面"，使培养、分配与使用更好地结合起来。清华大学等一批高校率先开展了毕业生和用人单位的供需见面活动。这种供需见面、政策公开的做法，打破了多年来就业政策、就业计划的神秘性，使毕业生不再感觉被蒙在鼓里，从实质上已经接近于双向选择的就业方式。

2. 从计划分配到社会选择就业制度的探索阶段(1985～1992 年)

1985 年,《中共中央关于教育体制改革的决定》的发布标志着中国教育体制改革正式启动,也标志着我国从计划导向到市场导向的高校毕业生就业制度改革正式拉开帷幕。根据《中共中央关于教育体制改革的决定》的精神,1989 年国务院批转了国家教委、国家计委和财政部提出的《高等学校毕业生分配制度改革方案》(中期改革方案)。《高等学校毕业生分配制度改革方案》指出,高等学校毕业生分配制度改革的目标是在国家就业方针、政策指导下,逐步实行毕业生自主择业、用人单位择优录用的“双向选择”制度,决定逐步将毕业生计划分配就业制度改为社会选择就业制度,对 1989 年已入学的学生实行在一定范围内双向选择、择优录用的办法。

3. “双向选择、自主择业”制度的逐步确立阶段(1993～2000 年)

1992 年初,邓小平南巡讲话发表后,毕业生就业开始引入市场机制。1993 年,《中国教育改革和发展纲要》的颁布标志着“双向选择、自主择业”高校毕业生就业制度改革的全面铺开。在《中国教育改革和发展纲要》实施意见中确定的改革步骤为:1997 年,大多数学校按新制度运作;2000 年,基本实现新旧体制转轨。1997 年,教育部出台的《普通高校学校毕业生就业工作暂行规定》提出,供需见面和双向选择活动是落实毕业生就业计划的重要方式;实行招生“并轨”改革学校的毕业生在国家就业政策指导下,在一定范围内自主择业;毕业研究生在国家规定的服务范围内就业。2000 年,教育部决定将毕业生就业“派遣证”改为“报到证”,标志着“双向选择、自主择业”高校毕业生就业制度改革的确立。这期间,国家还出台了一系列其他关于就业制度改革的重要文件,确保了“双向选择,自主择业”就业制度改革的稳步推进。

4. “双向选择,自主择业”制度深化完善阶段(2001 年至今)

2002 年,国务院办公厅转发了教育部等部委起草的《关于进一步深化普通高等学校毕业生就业制度改革有关问题的意见》,明确提出了市场导向就业的方针,指出引导高校毕业生到基层、到中小企业就业是解决高校毕业生就业问题的主要途径。2003 年,国务院办公厅发出《关于做好 2003 年普通高等学校毕业生就业工作的通知》,明确了改革方向和工作重点,初步形成了新时期高校毕业生就业工作的政策框架,大学生就业的“市场主导”原则被正式确立。2005 年,中共中央办公厅、国务院办公厅印发了《关于引导和鼓励高校毕业生面向基层就业的意见》,对鼓励和支持高校毕业生到基层自主创业和灵活就业、建立高校毕业生就业见习制度、选调生制度等方面做了具体部署。2007 年,国务院办公厅发文进一步提出实施更加积极的促进高校毕业生就业的政策,要求各级政府要把高校毕业生就业工作作为就业工作的重要内容,纳入就业工作联席会议制度,健全省市县三级毕业生就业工作领导机构和协调机制。2009 年,国务院办公厅发出了《关于加强普通高等学校毕业生就业工作的通知》,并首次以公告的形式下发《国家促进普通高校毕业生就业政策公告》,旨在帮助毕业生及时、全面地了解政府积极促进高校学生就业的政策。随后,教育部、人力资源和社会保障部、总参谋部等中央有关部门和部分高校就业指导专家集体编写了《国家促进普通高校毕业生就业政策百问》,对国家促进毕业生就业新政策要点和广大毕业生关心的问题进行了准确、全面的解读和解答。

总之,我国大学毕业生就业制度发展的过程,就是逐步消除弊端、与社会生产力发展和经济政治体制改革不断适应的过程。30 多年来,我国高校毕业生就业制度经历了从计划经济体制下由国家“统包统分”向社会主义市场经济体制下“国家政策指导,毕业生自主择业”的转变,初步形成了“市场导向、政府调控、学校推荐、学生和用人单位双向选择”的就业制度,建立起了具有中国特色的适应社会主义市场经济体制和高等教育大众化要求的一整套毕业生就业体制和政策体系。特别是2007年8月30日，历经两年多审查论证的《就业促进法》由全国人大委员会第29次会议审议通过，并于2008年1月1日起实施。这标志着我国解决就业这一关键的民生问题有了法律保障，也标志着就业工作进入一个新的发展时期。

二、现行的就业政策

当前，随着我国高等教育改革的不断深入以及高等教育由精英化向大众化的转变，高校毕业生的就业形势发生了极大的变化，高校毕业生就业工作进入了一个新的历史时期。为保障我国现行的"双向选择、自主择业"的毕业生就业制度得以顺利执行，毕业生能够按照"公开、公正、择优、自愿"的原则自主择业，我国政府在总结多年来促进就业和再就业工作实践经验，并充分借鉴国际成功做法的基础上，制订实施了积极的就业政策，主要体现在以下几个方面。

1.宏观调控

宏观调控政策是指政府为了促进大学生就业、保障大学生就业而出台的一系列统领性政策，以此形成全社会共同促进高校毕业生多渠道就业的良好舆论环境，千方百计地促进高校毕业生就业。目前，我国已基本形成由15个配套文件组成的一整套高校毕业生就业政策体系。根据国务院文件精神，结合本地实际，全国已有27个省级政府出台具体实施办法。

目前，国家引导和鼓励毕业生到城乡基层就业的政策主要包括：城乡基层岗位开发；统筹实施大学生下基层项目；实施"三支一扶"、"大学生志愿服务西部计划"、"选聘高校毕业生到村任职"等计划；到中西部基层的学费和助学贷款代偿等。国家促进高校毕业生就业的政策措施主要包括：利用科研项目吸纳高校毕业生；工业信息化部门出台促进高校毕业生就业的配套文件；清理影响高校毕业生就业的制度性障碍和落户限制，提供劳动人事代理、社会保障和权益保护等方面的服务；对企业招用符合条件的高校毕业生，按规定享受相关就业扶持政策等。国家提升高校毕业生就业能力的政策主要包括"三年百万"就业见习计划、高等职业教育改革、服务外包人才培养等政策。

2.市场规制

毕业生就业市场是在国家有关方针政策的指导下，运用市场机制和必要的宏观调控手段，通过双向选择、自主择业等途径，优化毕业生人力资源配置的一种方式，是利用市场规律调节大学毕业生人才供求的一种机制。它由毕业生、用人单位及其服务机构、交流洽谈场所、社会保障制度等组成。从广义上讲，就业市场制度是利用市场规律调节高等学校毕业生人才供求的一种机制，它由就业促进、劳动人事和社会保障制度等组成；从狭义上讲，就业市场制度是指毕业生供求双方在直接进行见面洽谈、相互选择的过程中应该相互遵循的约束条件。

正是由于就业市场制度的重要性，国家出台了一系列政策法规来维护和支持大学毕业生就业市场。相关的政策主要有《劳动法》、《劳动合同法》、《人才市场管理暂行规定》、《国务院办公厅转发教育部等部门关于进一步深化普通高等学校毕业生就业制度改革有关问题意见的通知》和一些地区或者各学校出台的地方性政策规定。

3.就业准入

就业准入政策是指大学生就业获准进入某些地区、职业等的相关政策，它包含以下两方面：

(1)地区准入政策。一些地区会根据本地区的情况出台一些具体的准入政策，特别是大城市，如上海、北京、深圳等，每年都会出台接收非本地生源的大学毕业生有关问题的通知和政策。

(2)职业方面的就业准入。职业方面的就业准入是指根据《劳动法》和《职业教育法》的有关规定，对从事技术复杂、通用性广、涉及国家财产、人民生命安全和消费者利益的职业(工种)的劳动者，必须经过培训并取得职业资格证书后，方可就业上岗。实行就业准入的职业范围由人力资源和社会保障部确定并向社会发布。就业准入制度是经济社会发展的需要，也是国际上通行的做法。劳动者要进入相关行业，就必须获得相关的资格证书，如医生、教师、律师等。职业资格证书表明劳动者具有从事某一职业所必备的学识和技能。大学生在校期间获得相关的职业资格证书，将为自己的求职择业增添砝码。

4.创业扶持

创业扶持政策就是为推进大学生顺利创业，在大学生创业过程中给予扶持帮助的优惠政策。针对依然严峻的就业形势，我国正全面加大对大学生创业的支持力度。主要措施有：鼓励高校积极开展创业教育和实践活动。对高校毕业生从事个体经营符合条件的，免收行政事业性收费，落实鼓励残疾人就业、下岗失业人员再就业以及中小企业、高新技术企业发展等现行税收优惠政策和创业经营场所安排等扶持政策。在当地公共就业服务机构登记失业的自主创业高校毕业生，自筹资金不足的，可申请不超过5万元的小额担保贷款。对合伙经营和组织起来就业的，可按规定适当扩大贷款规模。从事当地政府规定微利项目的，可按规定享受贴息扶持。有创业意愿的高校毕业生参加创业培训的，按规定给予职业培训补贴。强化高校毕业生创业指导服务，提供政策咨询、项目开发、创业培训、创业孵化、小额贷款、开业指导、跟踪辅导的"一条龙"服务。各地要建设完善一批投资小、见效快的大学生创业园和创业孵化基地，并给予相关政策扶持。鼓励支持高校毕业生通过多种形式灵活就业，并保障其合法权益，符合规定的，可享受社会保险补贴政策。

5.指导服务

指导服务政策是指国家为加强毕业生就业的指导和服务，对地方各级政府、高等学校和各类服务机构制订的相关政策规定。2009年4月29日，教育部、人力资源和社会保障部联合公布《国家促进普通高校毕业生就业政策百问》，对高校毕业生到城乡基层就业、应征入伍、参与重大科研项目、自主创业和就业指导服务与就业援助等方面进行了政策详解。其中，最引人注目的是对"就业指导服务与就业援助"的详细阐述，共涉及24个问题。这些政策的出台使大学生就业指导有了行政资源上的充分保障。

近几年来，国家还加大了对公共就业服务的工作力度。2006年11月20日，主要由教育部、人事部、劳动保障部、国家发展和改革员委会、国务院国有资产监督管理委员会共同发起组建的全国高校毕业生就业网络联盟正式成立。中国高校毕业生就业服务信息网(http://www.myjob.edu.cn)、人事部人才市场公共信息网(http://www.chrm.gov.cn)、中国劳动力市场网(http://www.lm.gov.cn)、中国中小企业信息网(http://www.sme.gov.cn)作为联盟的门户网站，联盟联合各加盟网站及其他合作网站，开展不同形式的网上招聘和推介活动。这一网络平台旨在为毕业生和用人单位提供更为快捷的信息服务，使网络招聘常年化，使网上就业服务真正做到"全天候、多功能、广覆盖"。继"全国高校毕业生就业网络联盟"发起成立后，2008年4月25日，由教育部主办、全国高校毕业生就业网络联盟支持的全国大学生就业公共服务立体化平台(http://www.ncss.org.cn)正式开通，平台主要围绕毕业生和用人单位的需要,发挥教育行业资源优势,开展多种服务,带动省市、行业、高校提升就业指导服务水平。这些就业服务平台的建立,强化了对高校毕业生的公共就业服务和就业指导,充分发挥了人力资源市场配置资源的作用,为大学生充分就业提供了强有力的公共服务保障。

6. 权益维护

权益维护是指在就业过程中对就业者本人和就业单位的权利进行维护。对于就业者本人,主要是维护其平等的就业权;对于用人单位,主要是保护用人单位的一系列利益。权利维护有利于就业过程的规范化和秩序化。权利维护最主要的是对毕业生的保护。毕业生作为就业的一个重要主体,在就业过程中享有多方面的权益。根据目前就业规范的有关规定,毕业生主要有获取信息权、接受指导权、被推荐权、自主选择权、公平待遇权、违约求偿权等。国家新出台的《就业促进法》、《劳动合同法》等法律法规也为大学生维护自身合法权益提供了新的法律支持。

7. 就业援助

就业援助是指困难家庭的高校毕业生通过党和政府各项促进就业扶持政策的贯彻落实以及就业服务机构为主的有关部门的具体帮助实现就业,以此达到增加家庭劳动收入、摆脱贫困的目的。现行政策主要表现在对四类困难毕业生的就业援助上:一是对家庭困难的毕业生,高校可根据情况给予适当的求职补贴,公务员考录、事业单位招聘时免收报名费和体检费;二是对离校后未就业回到原籍的毕业生,各地要摸清底数,免费为其提供政策咨询、职业指导、职业介绍和人事档案托管等服务,并组织其参加就业见习、职业技能培训等促进就业活动;三是对登记失业的高校毕业生,各地要纳入当地失业人员扶持政策体系,抓好政策落实;四是对就业困难和零就业家庭的高校毕业生,要实施一对一职业指导、向用人单位重点推荐、公益性岗位安置等帮扶措施,按规定落实社会保险补贴、公益性岗位补贴等就业援助政策。就业困难人员的标准,由省级人民政府规定。

8. 派遣接收

派遣与接收政策是指在大学毕业生到就业单位报到过程中,国家所制订的一系列原则。派遣和接收政策的完善有利于大学毕业生就业的最终实现,并进一步明确相关责任,落实各项工作。派遣接收对象为:国家计划招收的普通高等学校毕业生和结业生以及国家计划招收的为地方培养的军队院校毕业生。各部门职责任务分别是:地方主管毕业生调配部门和高等院校按国家就业方案派遣毕业生;学校根据毕业生就业计划、就业协议书,结合毕业生的具体情况,拟订毕业生派遣方案,经上级部门批准后实施;毕业生持“报到证”到工作单位报到,用人单位凭“报到证”办理接收手续。

随着改革开放的深化,社会主义市场经济更加健全完善,毕业生就业范围更加广阔,还有一些与大学生就业相关的其他政策,如行政事业单位招考录用、大学生参军入伍、出国留学等各类政策。以上这些政策构成了目前我国现行的“双向选择、自主择业”的毕业生就业制度下大学生就业的具体政策。

判断一项就业制度优劣的标准至少包括两个方面,即能否促进人力资源的开发以及能否促进人力资源的合理配置。实践表明,我国现行的“双向选择、自主择业”的毕业生就业制度在激励性和适应性方面都体现了较大的优越性,我国政府正在以积极务实的态度、切实可行的政策措施促进就业,稳步实施国家就业保障战略。

第二节 就业形势与环境

【观点导读】

1. 目前大学生所面临的就业形势是严峻的，面临的就业环境是复杂的。

2. 交通类专业大学生就业既有机遇，也有挑战。

当前，世界金融危机对我国宏观经济和就业形势产生不利影响，高校毕业生就业工作压力增大，任务十分艰巨。就业形势和就业环境反映了就业市场发展变化的总体趋势，对大学生个体的择业行为有着重要的影响。大学生就业前有针对性的了解就业形势和就业环境，对于及时调整自己的就业目标有很好的帮助作用。

一、当前大学生的就业形势

随着时代的发展，高校毕业生就业面临前所未有的机遇，同时也面临着严峻的挑战。通过对毕业生就业形势的分析和就业环境的考察，可以促使政府、学校、毕业生三方共同抓住机遇，迎接挑战，制订出科学合理的就业对策。

1. 毕业生就业面临的机遇

1)全球化的经济环境

我国加入 WTO 后，经济活动和经济运行的全球化对我国经济发展产生了积极而深远的影响，加快了制造业、服务业等行业的全球化进程，为机械类、电子类、纺织类、管理类、金融类、咨询类、旅游类等许多专业的毕业生提供了更多的就业机遇。但同时由于经济全球化进程加快，使得企业市场竞争、人才竞争日益加剧，大学生就业难的问题日益突显。

2)我国飞速增长的经济形势

我国经济持续稳定的快速发展为高校毕业生就业提供了广阔的空间。目前，我国正在全面建设小康社会，经济保持持续、快速、健康发展，GDP 增长保持在 10%左右，这一速度将对就业产生强有力的拉动，GDP 稳定增长所产生的新增就业岗位为毕业生提供了广阔的就业空间。伴随着我国经济结构的调整，经济发展对大学生的需求将会更大。全球竞争以及中国总体生活水平的提升导致中国不能永远享受劳动力成本的优势，产业结构升级是必然趋势，从而对受过高等教育的专业人员的需求将会有比较大的空间。

3)国家的政策扶持

就业是民生之本、安国之策。党和政府的高度重视有力地保证了高校毕业生就业，政府就业政策的持续优化将会为大学生创造更好的就业环境。通过消除对高校毕业生供给与需求的政策抑制，建立全国统一的大学生就业市场，实施大学生自由就业制度，在全国范围内取消对大学毕业生的一切户口指标限制和人事指标限制以及各种各样显性或隐性的行政限制，打破大学生就业市场的行政分割，能够促进大学毕业生无障碍就业和自由流动，优化我国高素质人才的配置机制，提高资源配置效率，维护就业市场稳定。

此外，为鼓励大学毕业生到特定的地区就业或从事特定的职业，实施高校毕业生人力资本投资收益的补偿机制是国际惯例。我国自 2003 年起开始实施就业激励政策，并且取得了显著的成效，这些政策在 2004 年以后得到进一步的完善和强化。党的十七大报告指出，要继续实施区域发展总体战略，深入推进广阔西部大开发，全面振兴东北地区等老工业基地，大力促进中部地区崛起，积极支持东部地区率先发展。西部大开发是我国跨世纪发展的战略，西部的生态重建、资源开发和城市化进程需要大批德才兼备的高校毕业生；东北等老工业基地的企业改造、管理革新对各类人才的需求比较大，特别是基础设施的建设和传统制造业的复苏，对土建类、机电类等交通类毕业生的需求呈上升趋势。国家重点发展战略客观上刺激了社会对高校毕业生的需求，国家就业激励政策的实施将会更有效地支持国家整体人力资源发展战略，支持国家经济和社会发展战略的要求，最终实现个人、用人单位和国家“三赢”结果。

4)高等教育的持续改革

高等教育改革使得高校更加关注大学生就业能力的市场内涵。高校已经开始强化对外部市场的反应速度和能力，根据企业反馈的信息，明确地掌握企业对人才的需求动向，确定相关的人才培养目标，进一步改革课程体系，改进专业培养计划和培养方式，优化和整合课程设置，增强人才培养的质量和竞争能力，增强投入和产出的效率，极大地提升大学生的就业能力，以消除大学生劳动力市场上的结构性失业问题。

5)就业市场的规范化

就业市场的形成并逐渐走向规范化，为高校毕业生就业搭建了良好的平台。就业信息的传播方式实现了信息化、网络化，促进了毕业生就业市场向以信息技术为基础的现代管理模式转变。随着毕业生就业市场的进一步建立和完善，有关的法律和制度也相继出台，大学生就业有了更全面的法律依据和保障。

2. 大学生就业遇到的挑战

1)毕业生数量增长过快

从毕业生的增长速度上看，随着近年来我国高等教育“扩招”步子越迈越大，毕业生数量以平均每年20%左右的速度递增。教育部的统计数字显示，毕业生人数从2001年的115万开始迅速增加，2003年首次突破200万，2005达到300万以上，2006年到达400万，2009年达到611万，2010年达到630万。今后几年，每年还要以几十万人的数量增加。同时，每年还有上年约30%的滞留毕业生不断加入到就业大军中来，使得在一定的就业岗位总量内，毕业生之间的竞争更加激烈。

2)就业岗位缺口居高不下

从就业岗位来看，就业供求缺口居高不下。2006年，城镇需要安排就业总量约2 500万人，可新增岗位仅有1 100万个，就业岗位缺口达到1 400万。2007年，中国城镇需要就业的人口将超过2 500万人，而新增的就业岗位加上自然减员只有1 000万个，供求缺口在1 500万个以上。2008年，年度劳动力供求缺口仍然在800万以上。2009年，我国需要就业的人员总数超过2 400万人，供求缺口达1 200万。《劳动和社会保障事业发展“十一五”规划纲要》预测，2010年，我国劳动力总量将达到8.3亿人，城镇新增劳动力供给5 000万人。而从需求情况看，劳动力就业岗位预计只能新增4 000万个，劳动力供求缺口1 000万左右。未来几年中国面临的就业压力可想而知。

3)结构化矛盾突出

从大学生就业的基本情况来看，结构性矛盾突出。就业的结构性矛盾在不同时期的表现是不同的，当前主要表现为毕业生素质与用人单位的要求严重脱节。用人单位对高校毕业生的专业知识、能力素质水平、职业道德等提出了越来越高的要求，综合素质好、动手能力强、敬业以及有各种特长的毕业生越来越受欢迎，而基本素质差、死读书本、毫无特长的毕业生越来越难找到工作，经常可以看到博士、硕士、本科毕业生，在争抢同样乃至同一个就业岗位。相反，一些新兴产业、高技术产业和技能型职业所需人员却供不应求，现代制造业、服务业所需的专业技术和各类技能人才严重短缺。目前，劳动力市场上各技能等级的劳动者都处于供不应求的状况，企业对高级工、技师和高级技师的需求缺口很大。当前出现的大学生“就业难”与“技工热”和大学生到技工学校“回炉”的现象，从很大程度上说明大学生就业难与大学生能力素质的欠缺有着密切的关系。

4)用人机制不完善

从用人单位的情况来看，其用人机制尚不完善。近年来，由于政府机构改革、精简机构、压缩人员、减员增效和国有企事业单位效益不佳，这些单位吸纳大学毕业生的能力大幅降低。同时，某些用人单位的企业文化、用人理念、人才意识制约了大学生的就业，出现了“唯经验、唯名校、唯学历”的用人标准，提出的需求结构和需求层次都明显不利于大学生就业，甚至一些用人单位盲目提高用人标准，出现了“人才高消费”现象。另外，有些用人单位没有长远的人力资源管理战略，为节约员工培养成本，只看重工作经验，这也给刚走出校门没有工作经验的大学生就业造成了一定困难。同时，由于中国的社会现状、大学生自身的社会意识不足和扩招带来的毕业生人数的急剧增加，本应该是平等的双向选择的招聘会，几乎完全变成了用人单位单向的选择过程，在这个过程中毕业生已经变成了弱者，处于被动的地位。

5)毕业生就业观念失衡

从毕业生的就业观念看，毕业生的就业期望值普遍高于现实，存在着自我认识不足、缺乏竞争意识、心理承受能力不足等现象。有的毕业生怀有传统的就业意识，仍然抱有“铁饭碗”思想，单纯考虑经济待遇和工作环境，非机关事业单位不去；有的毕业生往往只看重“父母在，不远游”，将择业的目光局限于生源地这一狭小地域，而放弃了更为广阔的就业空间；还有的毕业生心理准备不足，依旧怀有“一锤定终身”的思想，对“选择与被选择”准备不足，为了能够进党政机关、大中城市，不惜放弃自己的专业、特长。在这种就业观念的影响下，农村的学生期望跳出“农门”，城市的学生希望到更好的城市，西部的学生希望到东部，成为一种普遍倾向。同时，也出现了两大突出矛盾：一方面，大城市、大机关、大企业面临着一般人才饱和与大学生资源积聚的矛盾；另一方面，广大农村和大量第三产业面临着求贤若渴与大学生资源缺乏的矛盾。

6)金融危机带来的不利影响

金融危机直接影响部分行业就业，并可能引发更大规模的就业冲击。就我国而言，作为国际金融体系的组成部分，行业性的冲击不可避免，这对毕业生就业会产生一个非常不利的影响。当前，出口加工型企业、外资企业已纷纷推迟公布招聘计划，减少甚至取消了招聘计划，毕业生就业面临着 21 世纪以来最大的困难，就业形势异常严峻。财经类、国际经济与贸易、工商管理类专业的毕业生受金融危机的冲击尤为严重。

总之，大学毕业生就业形势严峻的客观情况在短期内不会有明显的改善，毕业生就业压力仍旧很大。因此，高等学校应切实做好毕业生就业的教育、引导和服务工作，使毕业生客观、理性地认识当前的就业形势，不断提高自身素质，增强竞争能力，调整择业心态，在日益严峻的就业形势下顺利就业。

二、大学生就业环境

就业环境是指在时间和空间上以直接或间接的方式对就业起激励、约束、导向作用的客观环境和社会发展因素的总和。就业环境对毕业生就业的影响是多方面的，有些是直接、现实的，有些则是间接、潜在的；有些是积极、正面的，有些则是消极、负面的。

1. 就业环境的分类

1)社会客观环境

社会客观环境是指由政策设置、经济状况所形成的就业社会氛围,主要包括政策环境和经济环境两个方面。

(1)政策环境。大学生就业政策是国家为实现一定时期的路线、方针而制订的人才资源配置的行动准则,体现了一定时期社会发展的需要,是大学生就业过程中所应遵循的基本规范。除大学生基本政策的直接影响外,劳动人事制度中的诸如人才流动、工资福利、公务员制度等,以及社会职业结构调整的有关政策,都会对大学生就业产生直接或间接的影响。

(2)经济环境。一个国家、一个地区在一定时期内的经济状况直接影响其劳动者的就业状况,使大学生就业不可避免地受到当时的社会经济状况的影响。从整个国家的范围来说,社会经济的发展、科学技术的进步、劳动生产率的提高等都影响到大学生就业。从区域性经济发展状况来说,经济发展快的地区往往成为大学生就业的热点区域。社会经济状况反映到职业的经济地位和行业的经济状况上也会影响大学生就业。发展迅速、在国民经济中地位上升的产业,其相关专业的毕业生需求量和待遇等都会有明显的提升。

2)社会心理环境

社会心理一般反映人们的日常意识,是指一定时期内人们普遍的精神状态,包括人们的要求、愿望、情感、情绪、习惯、道德风尚、审美情趣等。主要表现在以下几个方面:

(1)社会时尚。社会时尚就是在社会中流行一时的风气或风尚,它是一种非常规的集体行为模式。健康的时尚,会激发人们的责任感和使命感,形成正向行为导向;非健康或带有偏见的时尚,会造成人们思想意识的偏狭和行为取向的偏差,容易导致大学生在择业中形成从众、攀比、自卑等灰色心理倾向和盲动的行为。

(2)企业用人理念。企业用人理念是企业科学认识人力资源的重要性,对人才进行选拔、激励、培养和科学使用的系统观念。企业之间的差距从根本上说是人的差距。关于用人,从来就不存在什么一贯的准则,但优秀的企业领导者大都会遵循某些共同的原则,如唯才是举、注重发挥人才的长处、适才原则等。如此一来,企业尤其是世界500强企业的用人理念将会促使毕业生们不由自主地按照该企业的标准来要求自己,最终成为企业所需要的人才。

(3)父母及亲友的意见。由于我国传统观念的积淀,子女与父母之间依赖与被依赖、控制与被控制性较强。大学生社会经验不足,需要科学合理地参考父母及亲友的意见,积极主动地寻找就业机会,但切忌一味依赖、等靠父母及亲友。

(4)老师的参谋作用。老师的意见对大学生就业会产生重要的影响。专业课教师、思想教育和就业指导教师对大学生的就业建议能起到良好的参谋作用。但是,老师的意见仍然不能完全摆脱个人主观的色彩,由于不同老师的职业价值观不同,对学生就业的影响结果也存在一定的差异。

(5)性别差异。男女性别的差异,导致劳动能力和工作时间的差别,也导致不同职业和岗位对劳动者性别有不同的需求,这是客观事实。正因如此,才要求人职合理匹配。除少数特殊职业岗位,男女大学生都有着广泛的职业适应领域,因此大学生在求职时要摒弃由于性别差异造成的求职畏难心理。

3)社会发展环境

改革与社会发展为毕业生就业创造了更为广阔的舞台。毕业生的就业心理趋于成熟和理性,毕业生择业的躁动、盲目、灰色心理现象有所降低,这与社会发展所创造的就业环境有着极为密切的关系。

(1)人才流动新环境打破了终身制的传统就业环境。目前,以政府人事部门所属的人才交流机构、毕业生就业指导机构为主导,以民办人才中介组织为补充的人才流动体系已经形成。大学生在就业时不要像以往那样把初次就业看成是终身大事,要打破传统的"一次就业定终身"的观念,采取先就业后调整的就业策略。

(2)重视人才、构筑人才高地的环境正在形成。知识经济已成为当今经济的主流形式,人才资本与货币资本、物质资本同等重要已成为社会各阶层的广泛共识,学习型社会、学习型组织的氛围正在形成。国家正采取有效措施加快人才培养的速度,提高人才培养的质量,在吸引人才、合理使用人才、有效开发人才资源等方面都作出了大量有效的工作。

4)个体成长环境

对于大学生来说,个体成长环境主要是指所受教育的环境,包括家庭教育、大学前教育、大学教育、社会教育等形式。一切教育形式所产生的结果,大都能反映在学生的素质以及他们的择业意识、择业行为上。因此,大学生应当自觉认识自己成长的家庭环境与受教育的条件对其个性形成的影响,并通过主观努力,改变自己的不利因素,全面提高自身素质,为求职择业创造更加有利的条件。

2.就业环境的特点

1)就业环境具有整体性和系统性

就业环境是由大学生、用人单位、高校、国家职能部门为要素构成的有机整体,诸要素互相关联、互相补充、互相促进,按照共同原则运动,从而构成就业网络体系。

2)就业环境具有发展性和嬗变性

就业环境不是一个孤立、静止的模型,而是由社会经济发展因素决定的,受社会政治、经济、教育、科技诸方面因素影响的开放性体系,具有自身的运动发展和变化规律。当它与社会经济发展状况相适应时,就业环境处于常态时期。随着社会条件的变化,就业环境发生量变,进入非常态时期。随着社会的进一步发展变化,就业环境也逐步发展达到质变,就形成了新的常态时期。

3.研究就业环境的现实意义

随着我国教育体制改革的深化和大学生就业环境的转变,当前我国高等教育进入大众化阶段。这就要求我们从就业环境的总体性出发,转变观念、拓宽视野、理清思路,积极树立主体意识、改革意识、发展意识以及新的就业观、人才观、价值观等。作为大学生,应该清醒地认识到市场机制"优胜劣汰"是公正的,也是无情的,大学生就业必须与其他社会劳动者一样进入市场。因此,大学生应在了解我国大学生就业环境的前提下,在激烈的市场竞争中把握机遇,迎接挑战。

综上所述,高等学校毕业生就业形势严峻、就业环境复杂,即将进入就业市场的大学生对此应有足够的思想准备。但是,大学生们也应清楚地认识到,随着我国教育体制改革的深化和大学生就业环境的转变,我国高等教育进入大众化阶段,大学毕业生就业空间会更加广阔。面对机遇和挑战,政府、学校、毕业生三方共同努力,必能开创高校毕业生就业的新局面。

三、交通类专业大学生就业的机遇与挑战

2009 年,随着国际金融危机的进一步蔓延,许多企业利润下滑,企业不再招聘新员工,甚

至出现裁员的情况。这导致我国的宏观就业形势趋紧，给当前的毕业生就业工作带来了新的挑战。为准确呈现金融危机下交通类专业毕业生所面临的就业形势，我们对土木工程类、汽车工程类、交通运输类、工程机械类、信息工程类、经济管理类六大类行业的毕业生所面临的机遇与挑战进行了对比分析。

1.土木工程类

随着国家和各地对基础设施投资力度的加大，土木工程类专业毕业生就业前景颇为乐观，就业潜力较大。尤其是近两年来，公路桥梁建设等相关专业开始升温，使得用人单位对路桥规划设计、施工人员的需求变大。这主要与制造业升级换代及目前城市基础设施建设力度加大有关，制造业升级急需补充新鲜血液，基础设施建设力度加大则急需专业人才。根据对中国交通建设股份有限公司、中国建筑股份有限公司、中国中铁股份有限公司、中国铁建股份有限公司等用人单位的调查统计，现场施工技术人员（包括测量、绘图、试验、公路检测、高速铁路、地铁施工等方面的技术人员）相当缺乏，尤其是缺乏具有较高综合素质的人才。与此同时，我国的民营、私营、三资土木工程类施工类企业数量逐渐增多，这些新兴的施工企业面临的最大问题就是缺乏人才，尤其是具有一定经验的技术人员。因此，这些企业不断地从一些国有单位“挖人”，这一事实从国有施工企业的人才流失现象中不难看出。

2009年的金融风暴引起了全球经济危机，导致了部分企业减少人才招聘，为了抵御国际经济环境对我国的不利影响，我国确定了进一步扩大内需、促进经济增长的10项措施，计划到2010年年底投资4万亿元，重点支持基础设施建设和灾区恢复重建。随着国务院4万亿元经济刺激计划的出台，一大批国有重点企业在今后几年将面临重大发展机遇，对土木工程类专业人才的需求也显得更为迫切，而那些附着于大型企业施工的二级企业、民营私企也急需大批土木工程类技术人员。随着国家就业政策的健全，这些企业已基本上很好地解决了毕业生的“三金”、职称评定等问题。这些企业也都是非常不错的就业单位，广大毕业生应该积极应聘。

2.汽车工程类

随着汽车进入家庭时代的到来，我国汽车制造业生机盎然。从我国经济发展速度和汽车产业现状来推测，2009年国产汽车产销分别完成1 379.1万辆和1 364.48万辆，首次超过美国成为全球产销量第一的国家。中国汽车市场指数研究所发布《2010年第三期深度研究报告》大胆猜测，2010年，我国汽车产销量将达到1 705万辆，并将长期卫冕全球第一大新车市场与第一大汽车生产国。预计到2020年，我国汽车产量将会接近或者超过1 400万辆，而销量将达到1 560万辆。

汽车产业的高速发展带动了汽车行业的人才需求，汽车行业资金投入大（动辄上亿的研发经费）、项目周期长（一个车型从设计到投产都需要两年以上）。从汽车发展的水平和需要来看，人才供求矛盾的变化将不是渐增，而是激增，汽车行业的人才匮乏早已是众人皆知的秘密了。这意味着人才供求的结构性矛盾非常突出，尤其是研发机械工程师、销售和市场人员的新增工作机会将非常可观。在汽车企业的招聘中，不是哪类人才比较重要，而是各类人才都很重要；不是哪类人才紧缺，而是从企业最低级的技工一直到企业最高级的管理人员，都已成为汽车企业翘首以盼的“香饽饽”。

即将进入汽车行业的毕业生应看到汽车的生命周期（Life Cycle）。目前我国汽车行业的主要盈利环节来自于销售，而从国外成熟市场的经验来看，国外汽车行业的主要盈利点来自于售后服务。所以，毕业生在选择工作时要看到这个趋势。进入汽车领域的毕业生一定要踏实，从最基层做起，同时具有一定的市场嗅觉，把设计和市场需求结合起来。

3. 交通运输类

交通运输业是指国民经济中专门从事运送货物和旅客的社会生产部门，包括铁路、公路、水运、航空等运输部门。经济全球化为交通运输业的发展带来了前所未有的机遇和挑战，社会对运输业的需求持续旺盛，促使运输业向城乡一体化方向发展，且运输结构日益科学合理。

在交通运输业的各项建设上，在铁路建设方面，铁路营业里程一直处于稳步增长的状态中，从1949年的2.18万km增加到2009年的8.6万km，跃居世界第二位。2008年，我国出台了“四万亿投资计划”，其中有近一半的资金是用于铁路建设投资。在公路建设方面，我国的公路里程逐年递增，尤其是2000年以来，由于国家和社会各界加大公路设施投资，以高速公路为代表的公路建设行业迅速发展。2009年底，全国公路总里程达386.08万km，比2008年底增加13.07万km。公路里程的持续增加，对物流业等商业行业的进一步发展提供了坚实的基础。在水运建设方面，2009年，我国内河航道通航里程达12.37万km。虽然航道总里程增加不多，但航道质量明显提高，我国内河航道建设步入了以提高航道等级为主的新时期。在民航建设方面，2008年，我国民航运输里程达246.2万km，是1950年的216.6倍。1950～2008年期间，我国民航运输里程年均增长率达9.7%。2009年1～11月，民航全行业完成运输总周转量386.5亿t·km，同比增长11.4%；旅客运输量2.1亿人，同比增长19.6%；货邮运输量398.3万t，同比增长5.7%。特别是自1978年改革开放后，我国逐步放开对民航运输业的管制，社会资本纷纷涌入民航运输业，使我国的民航运输里程得到了持续稳步的增长。

交通运输业拉动经济最有效的载体之一就是建设高速公路。据测算，高速公路每亿元投入，可创造直接就业岗位1 800个，间接就业岗位2 100个；高速公路每公里建设需钢材500～1 500t，水泥4 000～12 000t，沥青平均1 900t。公路建设可直接带动建材产业、建筑机械、燃油及人工的使用，实现在经济链上的扩展。交通投资能够产生具有拉动作用的乘数效应，100亿元投资所带动的资金可达到400亿元。2009年，公路、水路、民航完成固定资产投资1.13万亿元，拉动GDP增长0.5个百分点，消耗钢材超过1 300万t、沥青约2 000万t，创造就业岗位约1 200万个。因此，交通运输业将成为拉动内需的“火车头”，更重要的是对经济社会发展具有基础性作用和长远的带动意义。

作为国民经济的基础产业，无论是过去、现在还是将来，交通运输业都是人类社会进步的重要物质基础，交通运输业的快速发展有利于国民经济的持续快速增长，也给交通类专业人才带来了新的春天。近年来，国家大力提升公路、铁路交通运输能力，拉动了该行业的就业需求。另外，随着我国对外贸易的不断发展，国际航运货运迅速发展，而目前此类人员相当紧缺。货运代理资格证书的培训工作在迅速发展，但仍然不能满足市场的实际需求。据统计，中国现有货运代理从业人员约30万人，但其中经过正式培训的人员寥寥无几，因此该行业的就业前景相当乐观。

4. 工程机械类

新中国的工程机械，经过60多年的发展，已形成能生产18大类、4 500多种规格型号的产品，且基本能满足国内市场需求的具有相当规模和蓬勃发展活力的重要行业。作为国家的基础行业之一，工程机械行业取得了突飞猛进的发展。2008年爆发的全球性的金融危机，国内工程机械等行业均受到了不同程度的影响，然而我国政府随后出台了十大投资措施和4万亿元投资计划，再一次表明了政府通过加大投资促进经济增长的决心。在4万亿投资计划的刺激下，工程机械行业正开始恢复增长。鉴于工程机械行业的重要性和庞大规模，在今后一段时间内，社会对机械类人才仍会有较大的需求，但对专业人才的需求将更加严格。

从当前机械行业的发展来看，印刷机械、数控机床、发电设备、工程机械等重头产品前景依然良好，不少学生对该类专业的就业前景存在误解，认为该类专业的对口工作看起来不太“体面”。其实，他们忽视了机械类专业所具备的广度适应性，比如在设备维护、数控维修、环保设备设计等领域的应用。除了传统工业领域，机械行业将进一步向机光电一体化方向发展，向光加工、环保这样的新型领域发展。

经过企业的改革、产业结构的调整与人力资源的配置优化，机械类行业紧跟市场经济和信息时代的步伐，显示出强大的生命力，对人才的需求也进一步加大。研发、设计、工艺、采购及供应管理人才将成为需求热点，具有开发能力的数控人才将成为各企业争夺的目标，机械设计制造与加工专业人才也将供不应求。同时，机械类专业还涉及不少交叉学科，通过这些知识的积累，也为跨专业、跨行业就业提供了强有力的保障。作为工程机械类的毕业生，应该具备丰富的机械行业专业知识，具有敏锐的感受力、独特的创造力和丰富的想象力，并具备较强的动手能力。

5.信息工程类

信息工程类产业是一项新兴的高科技产业，被称为朝阳产业，产业前景十分广阔。因此，近几年来，IT、信息与电子类的毕业生在市场供求关系上普遍保持较为稳定的状况，社会需求量相对乐观。按照近几年的毕业生就业情况统计，信息产业、IT、电子类的毕业生在各理工类毕业生中，其就业率比较靠前。在今后的一段时间内，对该类毕业生的需求不会出现骤冷骤热的现象。

从需求地区来看，信息工程类人才在全国各地都有着广阔的市场，但主要集中在北京、广东、深圳、浙江、江苏、福建这些经济发达地区。在这些地区，就业岗位很多，但大部分公司都要求应聘者要有出色的专业技能，并且十分看重应聘者的工作经验，因此信息工程类的毕业生就业竞争非常激烈。

从技术需求来看，软件工程涉及面很广，就业市场广阔，已经成为整个信息技术产业发展的一个引擎，全球所有知名的软件公司都把中国市场当成重中之重，比如微软、IBM、甲骨文和SAP，所以软件业的高端人才必定是很多公司争抢的宠儿。网络及通信行业作为近几年发展较为迅速的行业，对人才的需求也呈现上升的趋势。网站的设计、维护、管理成为公司对外宣传的主要手段之一，从侧面增加了该方面毕业生的就业岗位。通信行业的要求比较高，GPRS/CDMA/3G等都属于高新技术，相关的技术人员还比较少，应届毕业生如果能够掌握该门技术，在一些比较大型的通信技术公司中任职还是有相当宽阔的职业前景的。游戏产业是IT业中发展速度最快的领域之一，我国专业游戏开发人员不到2万名。据信息产业部门调查，游戏技术岗位已经成为目前信息产业发展中最紧缺的岗位之一。

6.经济管理类

近几年来，经济管理类专业的社会需求状况呈良好势头。经管类毕业生的签约情况虽然不是十分乐观，但从总体上看，社会需求意愿仍然较强，经济发达地区的企业需求意愿更为强烈。从层次和院校看，除本科生外，研究生人才已上升为需求主体，重点院校的毕业生更受欢迎；从需求专业看，市场营销、人力资源管理、会计学三个专业最受青睐，财政学等专业需求量较少。

随着我国入世承诺的兑现，跨国公司逐渐进入新开放的服务业各领域。金融业的银行、保险和证券，流通业的批发、零售、外贸、物流，以及专业咨询业的法律、会计、管理、公关，都是跨国公司进入的热点。同时，服务业外包活动也开始越来越多地登陆中国，这意味着服务业跨国公司已成为经济管理类毕业生就业岗位一个新的增长点。以银行业为例，每年花旗银行、渣打银行等外资银行每年的校园招聘活动都吸引了无数大学毕业生的目光。一般来说，跨国公司的招聘往往有一些硬性的要求，如对应聘的经济管理类毕业生都有外语要求，许多公司甚至全程使用外语面试。同时，应聘者的社会活动能力和创新精神也是跨国公司考察的重点内容。

通过对当前就业形势的分析可以看出，大学毕业生就业机遇与挑战并存。以每年快速增长的应聘毕业生数量来说，就业形势依然是严峻的，动辄成千上万的求职简历和相对较少的录用人数反映了竞争的激烈程度。但在某种意义上，大学毕业生的求职竞争和公司的人才竞争同样激烈。换言之，某企业被毕业生们视为最优先的就业选择，而与此同时，企业对于优秀大学生的争夺也是如火如荼，他们共同青睐应届毕业生中的某一小部分人，即适应服务市场发展的高素质应届大学毕业生。所以，作为一名新时期的大学毕业生，应该结合自身专业特点，看清当前的就业形势，以火一样的热情，大胆创新，努力拼搏，开辟一片属于自己的天空。只有这样，才能成为经济建设和社会发展的“精英式”人才，成就自己的理想！

【思考题】

1. 试分析我国就业制度经历了哪些历史沿革，其改革的根本目的是什么？

2. 我国现行的就业政策主要有哪几种？

3. 面对严峻的就业形势和复杂的就业环境，在校大学生应如何应对挑战，把握机遇，开创就业局面的新天地？

4. 面对当前的机遇和挑战，六大行业的毕业生应如何结合自身的专业特点，争做本行业的尖端人才？

第二章　大学生职业发展规划

蚯蚓是我从小到大的朋友。蚯蚓不是他的原名，由于他长得黑矮瘦弱，因而得名“蚯蚓”。

18岁分开后，我在外为生活四处漂泊奔波；蚯蚓却上了大学，什么事都挺顺当。在这分开的十年里，我们几乎每隔两三年见一次面。每次我都喜欢问他同一个问题：你将来的目标是什么？

得到的答案总是不相同。下面记录的是蚯蚓每次谈及目标的原话：

18岁，高中毕业典礼上：我发誓要当李嘉诚第二！我要当中国首富（好大的口气）！

20岁，春节老同学团聚会上：我想创立自己的公司，30岁时拥有资产2 000万。

23岁，在某工厂当技术员，第二职业是炒股：我正在为离开这家工厂而奋斗，因为在这里工作太没前途了。我将全力炒股，三年内用5万炒到300万元（似乎有点实现的可能）。

25岁，炒股失意而情场得意，准备结婚：我希望一年后能有10万元，让我风风光光地结婚（很现实的想法）。

26岁，不太风光的结婚典礼上：我想生一个胖小子，不久的将来当个车间主任就行，别的不想了（是不是结婚就会使人成熟）。

28岁，所在的工厂效益下滑，偏偏正是妻子怀胎十月的时候：我希望这次下岗名单里千万不要有我的名字（这时候我还能说什么）。

从上面的小故事可以看出，蚯蚓的职业发展轨迹并不是个别人的情况，我们身边有着许许多多的“蚯蚓”。他们没有进行职业发展规划，重复着“雄心壮志－怀才不遇－满腹牢骚－撞钟混日－担心下岗－走投无路”的心路历程。由此可见，要想在未来职业发展中获得成功，必须进行职业发展规划。

第一节　大学生职业发展规划概述

【观点导读】

1. 职业发展规划可以帮助大学生认识自我，确立行动目标，从而有效地开展大学学习活动，为将来的职业发展奠定坚实的基础。

2. 职业发展的理论有多种，了解和掌握一定的职业发展理论，有助于提高大学生的生涯决策能力，并能根据自身的条件和社会条件，不断调整自我。

任何人，之所以当断不断，根本症结是没有目标、没有原则、没有信念。相反，一个人如果有自己明确的信念，便可以始终如一、立场坚定。但仅仅有了原则和信念显然还不够，还得有自己明确的人生计划。如果没有计划，并且不能脚踏实地去执行这一计划，那么即使有原则，也只是空谈。

人生的计划应该怎样确定？乍一看这个题目，谁都会觉得发懵，尤其是对于社会缺乏足够认识、对于未来缺乏远见的年轻人，确定计划从何谈起？马鹤凌先生(马英九的父亲)为年轻人提出了解决这一难题的方法。他说："此生理想，近期计划，今日功课。"人生的计划，原是分为三大部分的。第一部分是要确定一个人一生的理想。这一点似乎绝大多数人都曾做过，有人想当科学家，有人想当医生，甚至有人想当总理、总统。定这样一个计划不是难事，眼睛一闭，随口说出就可以了。至于未来是否能够实现，那是另一回事。针对这一症结，马鹤凌为儿子开出了药方：近期计划。此生的理想是由一个又一个近期计划组成的，只要能够将这些近期计划实现，那么每实现一个计划便离理想近了一步。那么，怎样实现近期计划呢？说起来也很简单：今日功课。在你的近期计划中，要明确每天必须完成的功课，只要能够扎实地把握今天，那么明天肯定就能获得成功。

一、职业发展规划的作用与意义

职业发展规划是指个人根据对自身主观因素和客观环境的分析，确立自己的职业发展目标，选择实现这一目标的职业，并制订相应的工作、培训和教育计划，同时按照一定的时间安排，采取必要的行动实施职业发展计划的过程。从职业发展规划的定义可以了解到，职业发展规划具有明显的个性化特征，并且是一个包含了生涯目标的确定、生涯措施的实施及目标实现的长期的动态的全过程。大学生虽然还没有进入职场，但是在大学阶段对自己进行一番职业发展规划，对自身成长是非常有好处的。它可以帮助大学生在大学阶段更深入、有效地开展学习活动，从而为其将来的职业发展奠定坚实基础。那么，职业发展规划对于大学生来说到底有什么具体作用呢？

1.认识自我，理性选择

在职场竞争中，为什么有的人能够成功，而有的人却屡战屡败呢？人的职业生涯成功有多方面的原因和条件。其中，选择一条适合自己的职业发展道路是取得职业生涯成功最重要的前提之一，而衡量是否适合自己最根本的标准就是人—职匹配。在现实生活中，有些人之所以能在平凡的岗位上干出不平凡的事情，为社会创造巨大的物质或精神财富，其根本原因在于他们与所从事的工作匹配度很高，从而使他们爱业、敬业、乐业。只有做到人—职匹配，人才能适应工作，使得个人和社会同时受益。

但在现实生活中，很多大学生在面临职业选择时，往往存在两种倾向：一种是升学惯性，即盲目地选择继续深造；另一种是盲目攀比，即找工作时与他人比待遇、比工作环境。而对个人进行一番职业生涯规划将使自己的职业选择更加理性。因为职业生涯规划能够帮助大学生认识自我，明确自身需要，懂得并掌握职业生涯开发和管理的知识和技能，从而帮助大学生能够在遵循自身个性特点、能力优势的基础上结合社会需要，真正选择一条适合自身发展的职业道路。只有选择了适合自己的职业发展路径，才有可能将个人的能力、优势充分地发挥，为社会作出更大的贡献，增大自身的成才概率，提高成才速度。

2.了解社会，主动发展

在职业发展过程中，满足动态的社会需要是个人成才另一个非常重要的要素，这是由职业的内涵和特点所决定的。职业是社会分工的结果，一种职业的产生和发展是社会需要的结果。随着企业的不断发展，企业所有者需要专人为自己的企业提供专业的服务，因此有了"职业经理人”；有人怕被商家“宰”，需要他人帮助自己与商家讨价还价，因此有了“砍价人”……总之，没有社会需求，没有被他人需要，职业也就不可能产生。同样，如果某种职业活动不能满足他人的动态需要，那么这种职业很快就会从这个世界上消失。如果我们的工作成果不能满足客户的需要或不能被客户认可，那么我们的职业生涯也不可能获得成功。

学生在大学的学习目标不同于高中，高中是为了考上大学，而大学生则是要成为社会需要的优秀人才。而要成为社会需要的人才，大学生在大学期间就要勇于走出校门，融入社会，掌握社会需要的知识、技能，提高自身综合素质。当前，随着用人单位对大学毕业生提出工作经验的要求，很多大学生都认识到在校期间要多参与社会实践，增加工作经验。但是，我们也发现，目前很多大学生在进行社会实践时不够深入，致使实践效果不佳。究其原因是进行社会实践的目的不明确，缺乏针对性。而职业生涯规划则有利于我们采取正确的方法，在职业发展目标的指引下有针对性、有计划地开展社会实践，了解社会需求。在了解社会需求的基础上，对大学生在大学期间的学习起到反馈作用，促使大学生不断加强自身知识结构以及能力素质，提高个人学习知识，培养能力的主动性，从而与社会需要的人才对接。

3.明确目标，优化行动

一个人要想获得成功，确定一个明确的发展方向是非常重要的。这是因为目标引领未来，目标促进行动。如果没有明确的奋斗方向和阶段性目标，今天朝这个方向发展，明天朝那个方向发展，无论是企业还是个人，都不可能取得成功。哈佛大学曾经做了一个非常著名的关于目标对人生影响的跟踪调查。调查对象是一群智力、学历、环境等条件都差不多的年轻人，调查结果如下：

> 27%的人，没有目标；60%的人，目标模糊；10%的人，有比较清晰的短期目标；3%的人，有十分清晰的长期目标。25年的跟踪调查发现，他们的生活状况十分有意思。那3%的人，25年来几乎都不曾更改过自己的人生目标，他们始终朝着同一个方向不懈地努力。25年后，他们几乎都成了社会各界顶尖成功人士，其中不乏白手创业者、行业领袖、社会精英。那10%的人，大都生活在社会的中上层。他们的共同特点是，那些短期目标不断地被达到，生活质量稳步上升。他们成为各行各业不可缺少的专业人士，如医生、律师、工程师、高级主管等。那60%的人，几乎都生活在社会的中下层面。他们能安稳地生活与工作，但没有什么特别的成绩。剩下的27%的人，几乎都生活在社会的最底层，他们的生活都过得很不如意，常常失业，靠社会救济，并且常常抱怨他人、抱怨社会。

在大学校园里，我们常常发现这样两种人：游手好闲，无所事事者；忙忙碌碌，缺乏针对性者。这两种人的共同特点是缺乏一个明确的学习目标。前者因为没有目标而造成没有学习的动力，发展的动力不足；后者因为目标不明确而造成眉毛胡子一把抓，学习缺乏目的性和针对性。而明确职业发展目标有利于激发大学生在大学期间的学习动力，优化大学生的学习行为。

那么什么是目标呢？目标一定是具体、看得见、摸得着、感觉得到的东西。比如说，有的同学说：“我今后想成为一个对社会有用的人。”这不是目标，而仅仅是美好的愿望。如果换成“我今后想当一名电气工程师”，就变成目标了。在明确了职业发展目标之后，还要对目标进行分解，把目标分解成若干阶段性目标。一个一个阶段性目标完成了，实现总体目标也就水到渠成了。对大学生而言，在分解目标的过程中非常关键的一点是，理性选择大学生涯发展目标。大学生涯发展目标不同，在大学期间学习的侧重点是有差异的。

4. 突破障碍，开发潜能（图 2-1）

个人成才是一个不断改变自我、超越自我的过程。人们在这一发展过程中往往会面临两个障碍：一是内部障碍，比如缺乏目标、态度消极、恐惧不安等。虽然人类早认识到了改变的好处，但是人类也有一种害怕改变的倾向。因为改变会产生不确定性，给个人带来不舒服感。二是外部障碍，比如市场趋势不明、社会经济发展形势变化等。如今，我们处在一个知识经济、信息化社会，社会最大的特点是变化。在这种社会中，凡事预则立，不预则废。但是在现实生活中，很多人却往往以“计划不如变化快，规划即是鬼话”为借口，不愿意为自己做职业生涯规划。其实，这是一个严重的误区。正是因为世界变化太快，才需要我们主动为自己的前途负起责任来，提前谋划以应对变化中的世界。充满智慧的中国俗语——“人无远虑，必有近忧”、“未雨绸缪”，充分说明了提前规划、事先做好准备的重要性。

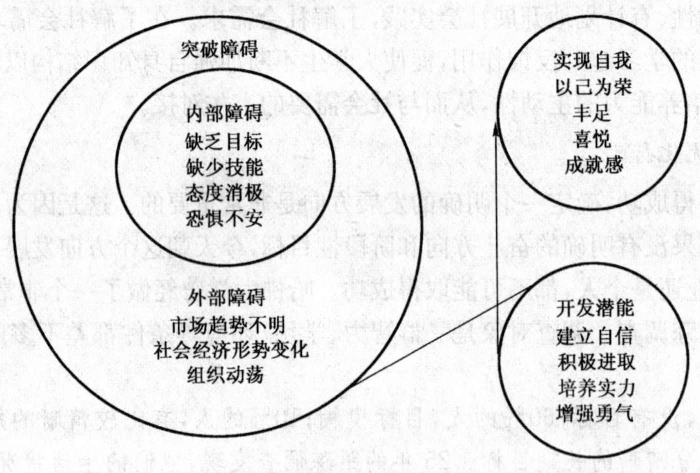

图 2-1　职业规划帮助个人突破障碍开发潜能示意图

二、大学生职业发展规划常用理论

理论是对实践的概念化和总结。对职业发展规划常用基本理论的正确理解和把握可以帮助我们提高职业生涯决策能力，引导我们全面认识自己，合理确定职业发展目标，并在今后的职业生涯道路上不断调整自己，充分发挥自己的潜能。

1. 人—职匹配理论

人—职匹配理论最早由被誉为“职业辅导之父”美国波士顿大学教授帕森斯提出。1909年，帕森斯在其所著的《职业选择》中提出，选择职业的过程涉及三个主要的因素，即对工作性质和环境的了解，对自我爱好和环境的认识，以及它们两者之间的协调与匹配。这就是“职业辅导的三大原则”。

原则一：了解自己，包括了解自己的智力、能力倾向、兴趣、资源、限制及其他特质。

原则二：了解各种职业成功必备的条件、优缺点、酬劳、机会及发展前途。

原则三：合理推论上述两类资料的关系。

帕森斯强调的职业辅导，首先要在作出选择之前评估个人的能力，因为个人选择职业的关键就在于个人的特质与特定行业的要求是否相配，这在当时是颇有见地的。其次，要进行职业调查，即要对工作进行分析，包括研究工作情形、参观工作的场所、与工人和管理人员亲身交谈，这些都是非常重要的。最后，要以个人和职业的互相配合作为职业辅导最终目标。帕森斯认为，只有这样，人才能适应工作，并且使个人和社会同时得益。帕森斯还鼓励辅导人员去收集有关职业领域中具有领袖地位的人在年轻时代的传记，以确定年轻时的个性和未来职业发展的相关性。帕森斯的人—职匹配论，至今仍然正确、有效，并影响着职业管理学、职业心理学的发展。后来著名生涯辅导大师霍兰德对该理论进行了进一步发展。霍兰德理论的要点将在第三章介绍。

2.发展理论

无论从人心理发展的内在规律来看，还是从社会活动的变化对之产生的影响来看，人的职业心理总是处于一种动态的发展过程中，因而个人特质与职业的匹配不可能一次完成。发展理论就是从动态角度研究人的职业行为、职业发展阶段的。随着实践的发展，职业生涯发展阶段理论日趋成熟。对于职业生涯发展阶段的划分，国内外学者各有所见，比较具有影响力的是舒伯的五阶段理论。

1)五阶段发展模式

舒伯以年龄为依据，将人的职业生涯发展分为：成长阶段、探索阶段、确立阶段、维持阶段和隐退阶段。

(1)成长阶段(0～14岁)。个人扮演的角色首先是儿童，入学后学生、休闲者或游戏者的角色在生活中占据了相当大的比重。该阶段的任务是：发展自我概念，开始以各种不同的方式来表达自己的需求，且通过对现实世界不断的尝试来修正自己的角色，了解工作的意义，发展对工作世界的正确态度。

(2)探索阶段(15～24岁)。学生角色占据了主要地位，同时公民和工作者角色的重要性与日俱增。这一阶段的青少年通过学校学习、社团活动、兼职打零工等机会，对自我能力及角色、工作世界进行深入的探索，从而使职业偏好逐渐具体化、特定化，并且初步实现职业目标。

(3)确立阶段(25～44岁)。个体从学校毕业卸下学生的角色，工作者的角色很可能占据生活的最大比重，而家庭照顾者的角色也在该阶段尤其是该阶段后期越发明显。这一阶段的任务是统整、稳固并求上进，即经过探索后，明确自己在整个生涯发展中的长远目标和属于自己的位置。

(4)维持阶段(45～64岁)。工作如日中天，事业发展达到顶峰，此时休闲者与公民的角色逐渐变得重要。这一阶段的任务是维持既有成就与地位。

(5)隐退阶段(65岁以上)。从原有工作退休后，投入相当多的时间在家庭，休闲者和家长的角色最为突出。这一阶段的任务是注重发展新的角色，寻求不同方式以替代和满足从工作得到的需求，或做曾经想做而又没有做的事情。

2)循环式发展任务

在后期的研究中，舒伯对于发展阶段的理论又进行了深化，他认为在各个发展阶段中同样要经历成长、探索、确立、维持和隐退阶段，这样就形成了一种螺旋循环式发展模式，见表2-1。这种大阶段套小阶段的模式丰富和深化了生涯发展阶段的内涵。

3)生涯彩虹

在人的一生中，人们常需要扮演各种各样的角色，比如父母的孩子、老师的学生等。不同时期、不同人生角色的组合就构成了独特的生涯形态，个人也是通过扮演这些角色来寻求人生需求的满足、实现人生价值的。生涯辅导大师舒伯将一个人一生中需要扮演的角色概括为六种：孩子、学习者、休闲者、公民、工作者、持家者。为了综合阐述生涯发展阶段与人生角色彼此间的交互影响，舒伯创造性地描绘出一个多重角色生涯发展的综合图形——生涯彩虹图(图

2-2)，形象地展现了人生发展的时空关系。

循环式发展任务　　表 2-1

生涯阶段	年龄			
	青年期 14～15 岁	成年初期 25～45 岁	成年中期 45～65 岁	成年晚期 65 岁以上
成长期	发展合适的自我概念	学习与他人建立关系	接受自身的限制	发展非职业性的角色
探索期	从许多机会中学习	寻找心仪的工作机会	确认待处理的新问题	选个良好的养老地点
建立期	在选定的职业领域中起步	确定投入某一工作，并寻求职位上的升迁	发展新的技能	完成未完成的梦想
维持期	验证目前的职业选择	致力于维持职位的稳固	巩固自我，以对抗竞争	维持生活的兴趣
隐退期	从事休闲活动的时间减少	减少体能活动的时间	集中精力于主要活动	减少工作时间

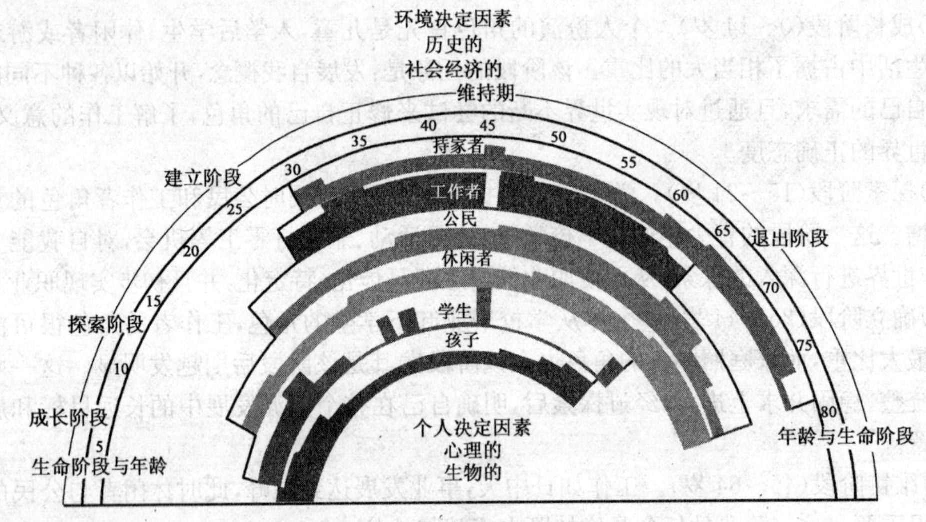

图 2-2　生涯彩虹图

在生涯彩虹图中，最外面的层面代表横跨一生的生活广度，又称为生涯发展的大周期——成长期、探索期、建立期、维持期和退出期；里面的各层面代表纵观上下的生活空间，由一组角色所组成：儿童、学生、休闲者、公民、工作者和家庭照顾者。在生涯彩虹图中，每一个阶段对每一个角色的投入程度可用涂黑的阴影来表示，阴暗越多表示该角色的投入越多，阴影越少表示该角色的投入越少。

各种角色之间是相互作用的，一个角色的成功，将会为其他角色提供良好的基础。但是，在一个角色上投入过多的精力而没有很好地平衡协调各角色之间的关系，将会导致其他角色失败。比如，现实生活中，常会看到有的人过分投入工作而忽视家庭，从而导致家庭不和谐，进而对其个人的人生满意度带来负面影响。鉴于此，成功的职业生涯规划并不只考虑如何扮演好工作者角色，还要考虑到如何扮演好人生的其他角色。只有在空间和时间上很好地将各个角色组合起来，才能满足人生需求，实现人生价值。

另外，早期角色发展也将对后期其他角色发展产生影响。比如，在正式进入职场之前，扮演好学生角色，则会对其今后工作者的角色发展产生积极的影响。

3. 决策理论

在日常生活中，我们经常要面临各种各样的抉择情境。有的决定很简单，只要稍加思考，就能依照个人的需要或喜好很快作出选择。例如，今天穿什么衣服，到餐厅吃饭点什么菜，要不要去参加同学的生日聚会等。有的决定可能需要花些时间去考虑，但决定的后果不会对个人有太多不利的影响。而有的决定则必须慎重考虑，因为最后的决定可能关系到一个人未来的发展前途。在众多职业决策理论中，认知信息加工模型是一个非常实用且操作性强的理论。

1)认知信息加工金字塔

该理论通过一个金字塔形象地说明了职业生涯决策所涉及的内容，它由三水平四部分组成，见图 2-3。

(1)水平一：知识领域包括自我知识（对价值观、兴趣、需要和技能等方面的了解）和职业知识（对职业、教育、休闲、组织等方面的了解）。它们就像计算机的数据文件，存储在人们的记忆当中，构成了职业生涯决策的基础。

(2)水平二：决策技能领域关注的是"个体是如何作决策的"。它就像计算机软件程序从各种文件中获取数据，并按照预先设定的方式使用这些数据。

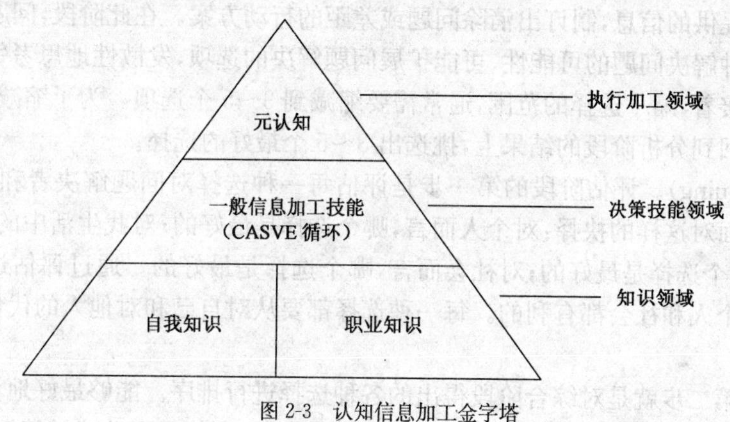

图 2-3　认知信息加工金字塔

(3)水平三：执行加工领域是指元认知，它是一个人完成一项任务或达到一定目标而投身其中的记忆和思考，是一种思维过程。它主宰着人们如何思考解决生涯问题和制订决策，就像操作计算机的人检查控制和监督职业生涯决策的过程。

2)CASVE 决策循环

信息加工金字塔模型的第二水平是职业生涯决策的关键环节，该理论用 CASVE 循环表述个体应该如何作出决策。CASVE 循环由五个要素组成：沟通、分析、综合、评估和执行。职业生涯决策就是这五个要素之间循环往复的过程，如图 2-4 所示。

(1)沟通(Communication)。这是一个"个体意识到自己需要作出选择"的阶段。在这个阶段，个体收到了关于理想与现实情境之间存在差距的信息，这些信息可能通过内部或外部的信息交流途径来传达。内部沟通包括情绪信号，如不满、厌烦、焦虑和失望，还包括身体信号，如昏昏欲睡、头痛、胃部疾病等；外部信息包括老师告诉我们就业形势不容乐观，父母询问我们关于毕业后的计划，报纸上一篇关于我们所学专业供大于求的文章等。

(2)分析(Analysis)。包括三部分：分析问题产生的原因并对问题作出反省，避免冲动、盲目行事，如思考"为什么我有这样的感受"、"我需要做些什么才能解决这个问题"、"作出选择的压力从何而来”等一系列问题；检查自我知识和职业知识领域，改善自己在兴趣、价值观、技能、职业、学习机会、工作组织、行业类型等方面的知识；考虑和分析可能影响职业生涯决策的积极或消极想法。

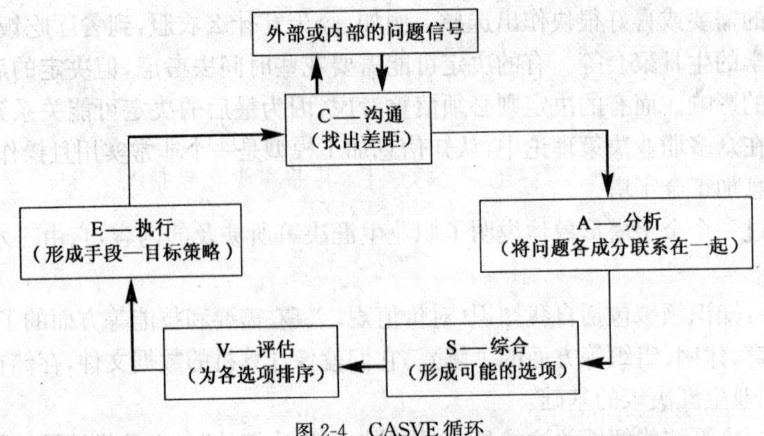

图 2-4 CASVE 循环

(3)综合(Synthesis)。这是一个“扩大并缩小我的选择”的阶段。在这个阶段，个体综合和加工分析阶段提供的信息，制订出消除问题或差距的行动方案。在此阶段，问题解决者首先需要搜索查找各种解决问题的可能性、可能扩展问题解决的选项，发散性地思考每一个可能问题的解决方法。接着，缩小选择的范围，通常需要缩减到 3～5 个选项。为了缩减可能的选项，问题解决者必须回到分析阶段的结果上，挑选出 3～5 个最好的选择。

(4)评估(Valuing)。评估阶段的第一步是评估每一种选择对问题解决者和他人的影响。每个人最终都会面对这样的抉择：对个人而言，哪个选择是最好的；对我生活中的重要他人，如父母亲友而言，哪个选择是最好的；对社会而言，哪个选择是最好的。通过评估过程可以显示出有些选择是对个人和社会都有利的。每一种选择都要从对自己和对他人的代价和益处两方面进行考察。

评估过程的第二步就是对综合阶段得出的各种选择进行排序。能够最好地消除在沟通阶段所确定的存在于现实与理想状态之间的差距的那个选择(可能是职业或继续深造)会被排在第一位，次好的选择排在第二位，依此类推。

此时，好的问题解决者会找出一个最佳选择，并且作出承诺去实施这一选择。然而，有时第一选择会因为某些原因而不能成功实现，所以必须转向排在后面的那些选择，因此排在第二、第三位的那些选择也是恰当的备选方案。

(5)执行(Execution)。这是一个“实施我的选择”的阶段。在此阶段，问题解决者将思考转换为行动，实施有助于解决问题的选择方案。在执行过程中，个体将考察如何尝试一个选择以确定其是否适合自己。执行有时可能涉及找到志愿工作、兼职工作或参加某一门课程，有时可能是投简历、花时间与某人一起从事一个具体的工作。

(6)沟通再循环。决策是一个不断循环的过程，同样 CASVE 循环是一个自身不断循环的过程。在执行阶段之后，个体又回到沟通阶段，以确定已经选取的选择是否是好的——现实与理想状态间的差距是否已经被消除。如果 CASVE 循环的问题解决过程是成功的，那么原先在沟通阶段体验到的消极情感就会转化为积极的了。如果仍然是消极的，那么就需要再次进入 CASVE 循环。

在问题解决和决策过程中，很多时候人们会很快地完成 CASVE 循环的 5 个阶段，或者在某一个特定的阶段稍有延迟。CASVE模型无论是对解决个人问题还是对解决团体问题都非常有用。用系统的方法思考这5个步骤，能够提供一个有用的工具，使我们成为一个更有效率的人。

第二节　职业发展规划的制订与实施

【观点导读】

1. 职业发展规划的制订必须遵循一定的原则，其基本步骤包括评估自我，评估环境，确定职业发展方向，分解目标、设定发展路线，寻找差距，制订大学成长计划。

2. 职业发展规划的制订是容易的，难的是要坚定不移地去实施它，特别是对它及时进行评估和修正。

一个人的职业生涯，贯穿其一生，是个漫长的过程。在年轻的时候做好规划，对于将来更好地从事职业、实现自己的人生目标十分重要。一位专家说："当你为自己设计职业规划时，你正在用有条理的头脑为自己要达到的目标规定一个时间计划表，即为自己的人生设置里程碑。"又有人说："一个没有计划的人生，就像一场没有球门的足球赛。"那么，你给自己的人生绿茵场设计好适当的球门了吗？

一、科学制订职业发展规划

1. 基本原则

1）职业关联原则

我们先来做个选择题：假如你是某重点高中的招聘主管，正在招聘语文教师，此时有两人前来应聘，你会聘用谁？

情况1：A. 某大学中文系本科毕业生；B. 某大学法律系本科毕业生。

情况2：A. 某大学硕士毕业生，本硕均为中文专业；B. 某大学硕士毕业生，本科为法律专业，硕士为中文专业。

情况3：A. 某大学硕士毕业生，本硕均为中文专业，具有两年高中语文教学经验；B. 某大学硕士毕业生，本硕均为中文专业，具有两年报刊工作经验。

对于以上情况，所有人都能够轻松地作出选择：A。那么，请你思考一下，你为什么选A而不选B？这对你的职业生涯规划有什么样的启发呢？

可以将答案归纳为三点：第一，前后所学的专业之间应该有关联；第二，专业与从事的职业之间应该有关联；第三，前后从事的职业之间应该有关联。这就是我们所说的"职业关联原则"。

有的同学看了上面的内容，可能觉得很沮丧，不禁要问"我本科学的法律，硕士学的中文，两个专业之间没有任何联系，那我的竞争力岂不如那些本硕都学中文的同学？"其实，这不是绝对的。我们要注意的是，专业或职业之间是否存在关联，不是以专业或职业本身之间的关联来衡量的，而是以将来要从事职业的要求来判断的。对于中文教师的岗位来说，可能不如别人有竞争力，但如果对于某报刊法律专栏编辑的岗位来说，情况就正好相反了。

也正是因为考虑到职业关联的原则，面对不喜欢自己专业的大学生们，专家们常常先建议他们寻找专业与兴趣的结合点，而不是鼓励他们换专业。人生是一个不断积累的过程，这种积累包括人际关系、经验、人脉、口碑……如果常常更换行业，之前的积累就会付之东流，而事实上，35 岁以前我们的生存资本靠打拼，35 岁以后我们的生存资本则是靠积累。

2)可操作性原则

说得通俗一点，可操作性原则即是职业生涯规划具有实现的可能性。不具有操作性的职业生涯规划只是纸上谈兵，并没有什么实际意义与可能性。那么，如何判断自己的职业生涯规划是否具有可操作性呢？可以通过以下方面作出判断：

(1)是否符合自己的实际情况？判断职业生涯规划的目标是否符合自己的价值追求、性格、能力和兴趣。不根据自身的特点制订的职业生涯规划，将会使自己陷入痛苦之中，很难发挥出个人的潜能。

(2)是否满足社会的需求？社会需求包括职业需求、行业需求、组织需求和家庭需求。如果职业生涯规划忽视了社会需求，那么该职业生涯规划就变成空洞的自我设计。

试着回答以下几个问题，有助于你作出判断：

第一个问题，这份规划适合我的个性、兴趣吗？我会不会反感规划中的职业？

第二个问题，我目前和将来可能具备什么样的能力？这些能力能够支撑这份规划吗？

第三个问题，我的社会环境(社会、行业、家庭)能否支持我的规划？

3)时间坐标原则

所谓时间坐标原则，是指职业生涯规划的目标和行动必须划分到不同的时间段内去完成。例如，某同学在自己的职业生涯规划中将自己的目标定为高校中文专业教师，而以他目前的情况是不能够一步就达到这个目标的。他必须将这个目标划分为若干个小目标，并且分配到自己发展的不同阶段中，并付诸行动。

每个规划目标都要有两个时间坐标：一个是开始的时间，即什么时候开始为实现这个目标行动；另一个是预期实现时间。如果没有明确的时间限定，就很容易使职业生涯规划陷于无限期的空谈之中。

2. 基本步骤

职业生涯规划是一个周而复始的连续过程，其基本步骤包括：评估自我，评估环境，确定职业发展方向，分解目标、设定发展路线，寻找差距，制订大学成长计划，见图 2-5。

1)评估自我

自我评估的目的是对自身有一个客观、全面的认识与了解，摆正自己的位置，清楚自己的优势与特长、劣势与不足，知道自己适合做什么。只有这样，才能对自己的职业发展方向作出正确的选择，并选定适合自己发展的职业生涯路线，从而最终赢得竞争优势。

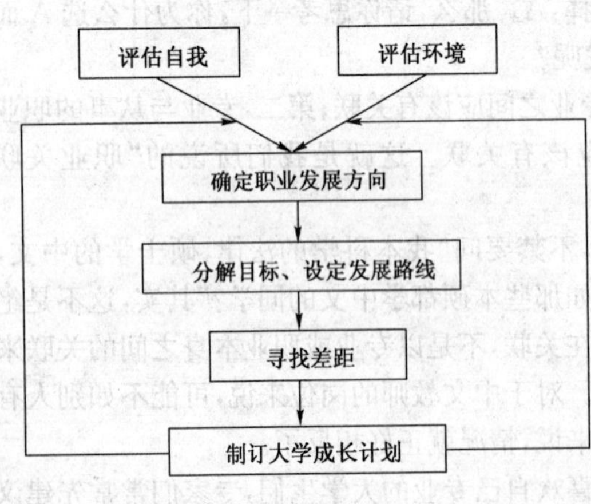

图 2-5　大学生职业生涯规划步骤流程图

为此，首先要准确地评估自己，包括自己的兴趣、特长、性格、学识、技能、智商、情商、思维方式、思维方法、道德水准以及社会中的自我等。在此，我们可以借助美国职业指导专家霍兰德所创的职业倾向测验来了解自己，但更多的是要通过实际生活中的体验来评估自己。

2)评估环境

相当于外在条件或环境评估。职业生涯环

境的评估，主要是评估各种环境因素对自己职业生涯发展的影响。每一个人都处在一定的环境之中，离开了这个环境，便无法生存与成长。所以，在制订个人的职业生涯规划时，要分析环境条件的特点、环境的发展变化情况、自己与环境的关系、自己在这个环境中的地位、环境对自己提出的要求，以及环境对自己有利与不利的影响等。只有对这些环境因素充分了解，才能做到在复杂的环境中避害趋利，使职业生涯规划具有实际意义。

3)确定职业发展方向

确定职业发展方向，即期望在职业发展道路上达到一个什么样的位置，简单地说就是做到什么职位。说到职业发展目标，有人可能会说自己的目标是事业有成，这不是目标，仅是美好的愿望而已；有人可能会说自己的目标是成为优秀的人力资源工作者，这也不是目标，仅是职业发展方向而已；还有的人可能会说自己的目标是成为优秀的机械工程师，这才是看得见摸得着的职业发展目标。

职业发展目标的设定，是职业生涯规划的核心。一个人事业的成败，在很大程度上取决于这个人是否有正确适当的目标。职业发展目标是以自己的最佳才能、最优性格、最大兴趣、最有利的环境等信息为依据而设定的，通常可分为短期目标、中期目标、长期目标和人生目标。短期目标一般为1～2年，短期目标又分日目标、周目标、月目标和年目标；中期目标一般为3～5年；长期目标一般为5～10年。

4)分解目标、设定发展路线

个人现在所处的位置与总体目标总是有距离的(距离的大小要视总体目标的远大而定)，个人不可能一步就达成总体目标。要完成总体职业发展目标，就必须将总体目标分解成一个一个阶段目标逐步完成。图2-6为某同学为自己设定的职业发展路线。

大学生毕业后，主要有4条出路：就业、考研、自主创业和出国留学。选择的出路不一样，大学生涯规划的侧重点也不一样。如何在考研和就业之间作出选择，是很多同学难以抉择的问题。到底是考研还是就业，要综合考虑多方面的因素。最根本的原则是，选择一条最能帮助自己快速实现职业发展目标的出路。

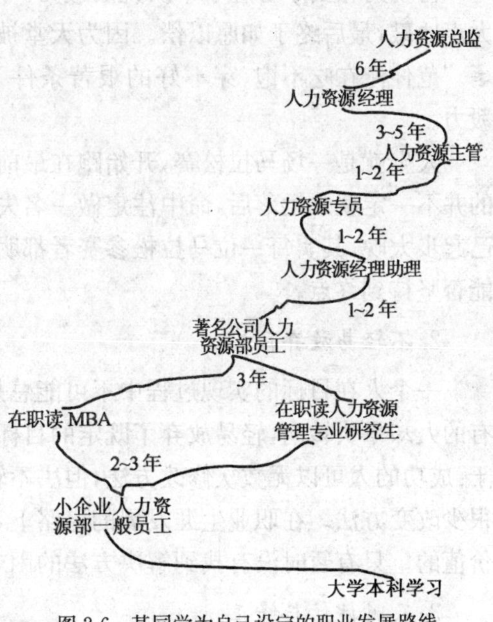

图2-6　某同学为自己设定的职业发展路线

5)寻找差距、制订大学成长计划

职业生涯每次质的飞跃，都是以学习新知识、获取新技能为前提的。为了顺利达到目标，个人首先需要对达到目标所要求的条件进行分析，然后对照自己找出差距，并找到弥补差距的具体办法。比如，为了弥补在组织管理能力上的差距，是应该参加教育培训班，还是应该当学生干部自我锻炼？差距找到了，弥补差距的具体办法也找到了，接下来就要用表格的形式制作一份弥补差距的具体方案，将内容明确下来，见表2-2。

二、有效实施职业发展规划

1.增强行动力

一份再完美的职业发展规划，如果不去执行，也是没有用的。经常听一些同学说：“从下周开始，我要好好学英语”、“明天我就早起背单词”……为什么非要从下周或明天开始，而不是从今天就开始呢？

某大学生弥补差距的行动方案(大二下学期)　　表 2-2

	知识方面	能力方面
达到的效果	1. 通过 CET-6； 2. 提高英语听说能力； 3. 每门专业课程不低于 85 分； 4. 对经济学、管理学有所了解	1. 提高领导和组织能力； 2. 与专业老师、同学建立良好关系； 3. 锻炼社会实践能力； 4. 锻炼口头和书面表达能力
具体措施	1. 早上 7 点出门读英语半小时，晚上练习听力半小时，做六级试题； 2. 每周五去英语角练习口语； 3. 定期看英语电影(两周一次)； 4. 课前预习，课堂认真听讲，积极思考，课后复习整理； 5. 阅读专业书籍 2～6 本； 6. 选修经济学、管理学公选课	1. 多与专业老师、周围同学交流； 2. 积极参加青协组织的社会实践活动； 3. 课堂上积极发言，会上勇于发表意见； 4. 报课题，撰写学术论文

行动力相当于心理学中所说的毅力。有人说：“毅力就是为了梦想去敲天堂的大门，频繁大声地敲，最后终于如愿以偿。因为天堂被你打扰得烦不胜烦，但求让你闭上嘴，于是你成功了。”范仲淹在吃不饱、穿不好的艰苦条件下，却能坚持读书，最后当上了宰相。他靠的正是毅力。

人生就是一场马拉松赛，开始跑在最前面的未必能一直领先，成为胜利者；原来落在后面的并不一定就永远落后，命中注定做一名失败者。有人总是在别人的成就和荣耀面前哀叹自己起步太晚，其实每一位马拉松参赛者都明白，迟三步五步，甚至十步百步都不算晚，关键在于能否坚持到终点。

2. 不轻易放弃目标

一个人在目标的实现过程中不可能总是一帆风顺的。面对挫折与失败，有的人愈战愈勇，有的人却晕头转向，轻易放弃了既定的目标，最终一事无成。成功的人和不成功的人的区别在于：成功的人可以无数次修改方法，但决不轻易放弃目标；不成功的人总是变换目标，却从不或很少改变方法。在职业生涯发展的道路上，只要不放弃目标，每一次挫折、每一次失败都是有价值的。只有暂时没有找到解决方法的困难，没有解决不了的困难。

3. 及时评估与修正

社会环境随时发生着变化，自我也在不断改变，因此职业发展规划是一个动态的过程，绝不是确定了具体计划之后，就能一劳永逸的。如果个人不能随时根据变化的情况对具体的职业发展计划进行调整，那么职业发展规划就会沦为空洞的自我设计。因此，为有效实施职业发展规划，必须在实施过程中随时评估，并根据评估结果因应变化及时地修正。评估与修正的内容主要有：

(1)职业目标评估。是否需要重新选择职业？

(2)职业路径评估。是否需要重新选择实现目标的路线？

(3)实施策略评估。是否需要改变行动策略？

(4)其他因素的评估。包括身体、家庭、经济状况以及机遇、意外情况。

第三节 职 业 概 述

【观点导读】

1. 职业是社会发展的产物，有其基本特征。这种特征也是职业分类的基础。

2. 随着社会的进步、经济的发展，必将有新的职业出现，同时也有部分旧职业面临消亡或重组。

职业(Vocation)是指参与社会分工，利用专门的知识技能，为社会创造物质财富、精神财富，获得合理回报，以此作为物质生活的来源，并能满足精神需求的社会劳动。职业是以获取经济利益和发展为目的，在不同行业中存在的一系列相类似或彼此相关的工作的集合。与个人从事的工作、取得的事业成就不同，职业独立于个人而存在于不同行业之中，与社会发展密切相关，更与个人的发展密切相关。

一、职业的产生、发展与特征

1. 职业的产生与发展

社会分工的细化是职业产生的基础。在原始社会氏族公社初期，生产力极为低下，劳动的过程只能简单地自然分工，谈不上什么职业。随着生产力的发展，人类出现了三次具有重大意义的社会分工，即游牧业同农业的分离、手工业同农业的分离、工业和商业的产生，从而也就出现了最初的职业，如农夫、工匠、商人等。

职业的发展变化受社会分工的发展变化决定和制约。科学技术的进步，生产工具的不断更新换代促使分工愈加细化，专业化程度越来越高，职业门类也就越来越多。同时，随着社会分工模式或职业结构的变化，产业了一部分新职业，原有的旧职业也消亡了。在中世纪初期的英国，其各种职业已达 30 000 多种。时至今日，职业在科学技术突飞猛进的带动下，也变得种类愈加繁多，而像无线寻呼员、铅字排版工等职业因社会不再需求就消失了。

除社会分工外，政治因素、文化因素等与职业的产生与发展也有一定的关系。有的职业与一定的社会政策密切相关，如赌博业、娼妓业在许多资本主义国家得到保护，而我国在社会主义制度建立以后，便取缔了这些职业。我国城市个体商贩的取消和再现在很大程度上取决于国家政策。

随着科学技术的发展，职业对人们的任职条件要求也就越来越高。人们要获取职业，需要一定的条件和过程，并不是任何一项职业都适合每一个人。每项职业都要求从事的人员具备一定的知识与技能、思想品德和心理素质等。同样，每个人对各种不同的职业也会有各自的需求与选择。于是就产生了职业对人的选择和人对职业的选择。

2. 职业的特征

从词义学的角度来看，“职业”一词由“职”与“业”两个字组合而成。所谓“职”是职责、职位，职责意味着有责任，职位意味着有工作；“业”则是指行业，同时包含着从事业务、独立工作的意思。尽管从古至今，职业发展变化极大，但不论是哪一种职业，大致上均具有以下特征：

(1)广泛性。由于职业问题涉及所有社会成员，存在于社会的各个领域，是个人和社会存在发展的基础，因此职业具有广泛性。

(2)同一性。某一类别的职业内部，其劳动条件、工作对象、生产工具、操作内容等方面相似或相同，由此形成了共同的行为模式、语言习惯，甚至是道德规范，进而形成了内部的认同。

(3)差异性。同一职业内部由于其同一性容易形成认同，但不同职业之间则存在着很大的差异。这种差异正是对不同职业进行区分、对新兴职业进行界定的重要参照。

(4)层次性。职业本身没有高低贵贱之分，但现实生活中由于对从事职业的人员素质甚至是资格的要求不同，以及社会评价的不同，会使职业产生层次性。如中国古代的“士农工商”的职业界定，明显包含着社会层次的划分。即便在现代社会，由于工作性质、收入水平、社会声望等方面的差异，这种职业的层次性仍有突出的表现，如我们对于从事教师职业的人往往会产生敬意。

(5)时代性。职业随着时代的发展而不断发生变化。不同的时代有不同的职业，有的职业往往会烙上深刻的时代烙印，反映出当时的社会现实与社会变迁。例如，前文所说的“士农工商”和“好男不当兵，好铁不打钉”等，反映的是古代社会对于职业的价值判断。而在新时期这则是陈旧、落后的职业观念，早就为新时代所抛弃了。

二、职业分类

职业分类因为角度、标准的不同，呈现着不同的分类结果。由于世界各国社会经济发展水平的差异，发展历史的不同，其职业分类也不尽相同。同时，随着科学技术的发展、产业结构的调整和职业的变化，其分类的标准、内容、方法也在不断变化。

1.西方国家职业分类

根据西方国家的一些学者提出的理论，在国外一般将职业分为三种类型：

(1)按脑力劳动和体力劳动的性质、层次进行分类。这种分类方法把工作人员划分为白领工作人员和蓝领工作人员两大类。白领工作人员包括：专业性和技术性的工作，农场以外的经理和行政管理人员、销售人员、办公室人员。蓝领工作人员包括：手工艺及类似的工人、非运输性的技工、运输装置机工人、农场以外的工人、服务性行业工人。这种分类方法明显地表现出职业的等级性。

(2)按心理的个别差异进行分类。这种分类方法是根据美国著名的职业指导专家霍兰创立的“人格—职业”类型匹配理论，把人格类型划分为六种，即现实型、研究型、艺术型、社会型、企业型和常规型。与其相对应的是六种职业类型。

(3)依据各个职业的主要职责或“从事的工作”进行分类。这种分类方法较为普遍，以两种代表示例。

其一是国际标准职业分类。1949 年，在国际劳工组织召开的第七届国际劳工统计专家会议上通过了《国际标准职业分类(草案)》，并于 1958 年《国际标准职业分类》出版，后经 1968 年、1988 年等几次修订，其结构分为四个层次：大类、小类、细类和职业项目。其中，10 个大类是：

①立法者、高级官员和管理人员；

②专业人员；

③技术和辅助人员；

④职员；

⑤服务人员和商店市场销售人员；

⑥农业和水产技术工人；

⑦手工艺人和有关行业的工人；

⑧设备与机械操作工和装配工；

⑨简单劳动职业者；

⑩军队。

这种分类标准有利于提高国际间职业统计资料的可比性和国际交流，已成为世界各国建立本国职业分类体系的蓝本。

其二是加拿大《职业岗位分类词典》的分类。它把分属于国民经济中主要行业的职业划分为23个主类，主类下分81个子类，489个细类，7 200多个职业。此种分类对每种职业都有定义，逐一说明了各种职业的内容及从业人员在普通教育程度、职业培训、能力倾向、兴趣、性格以及体质等方面的要求，有较大的参考价值。

2. 我国职业分类

我国已公布的职业分类有两种。

(1)第一种是《中华人民共和国职业分类大典》。1982年，国家统计局、国家标准总局、国务院人口普查办公室公布了《职业分类标准》，将全国范围的职业划分为大类、中类、小类三层，即大类8个，中类64个，小类301个。1986年，我国首次颁布了《职业分类与代码》。1992年，原劳动部编制了《中华人民共和国工种分类目录》。1999年，在广泛借鉴国际经验和深入分析我国社会职业构成的基础上，国家职业分类大典和职业资格工作委员会编制完成了《中华人民共和国职业分类大典》，对我国当前的职业状况进行了科学、客观、全面的分析与总结。《中华人民共和国职业分类大典》将我国职业归为8个大类，66个中类，413个小类，1 838个细类(职业)，见表2-3。

职业的种类(1999年) 表2-3

大类	中类	小类	细类(职业)
国家机关、党群组织、企事业单位负责人	5	16	25
专业技术人员	14	115	379
办事人员与有关人员	4	12	45
商业、服务员人员	8	43	147
农、林、牧、渔、水利生产人员	6	30	121
生产、运输设备操作人员及相关人员	27	195	1 119
军人	1	1	1
不便分类的其他从业人员	1	1	1
小计	66	413	1 915

2005年，劳动与社会保障部发布了《中华人民共和国职业分类大典(2005增补本)》，共收录了77个新职业。因此，目前《中华人民共和国职业分类大典》把我国的职业由大到小、由粗到细地分为四个层次：大类(8个)，中类(66个)，小类(413个)，细类(1 915个)。

根据社会经济的发展，2004年我国建立了新职业信息发布制度，目前已发布了12批共122个新职业信息。在已发布的122个新职业信息中，已完成国家职业标准制定的110个。2009年11月12日，人力资源和社会保障部在上海召开第十二批新职业信息发布会，正式向社会发布中国生产操作和服务业领域近来产生的皮革护理员、调味品品评师、混凝土泵工、机动车驾驶教练员、液化天然气操作工、煤气变压吸附制氢工、废热余压利用系统操作工、工程机械装配与调试工 8 个新职业的信息。

《中华人民共和国职业分类大典》在分类中，除参照我国的组织机构分类、行业分类、职位职称分类、工种分类及国际标准职业分类外，还参照了高等教育的学科分类。因此，它对毕业生就业有着直接的参考和指导作用。例如，若想做工程技术人员，可从《中华人民共和国职业分类大典》第二项“中类”里的工程技术人员的“小类”分类中找到 35 种(小类)工程技术人员供你选择。具体来说有：地质勘探、测绘工程、矿山工程、石油工程、冶金工程、化工工程、机械工程、兵器工程、航空工程、航天工程、电子工程、通信工程、电气工程、电力工程、广播电影电视工程、民用航空工程、铁路工程、建筑工程、建材工程、林业工程、水利工程、海洋工程、水产工程、纺织工程、食品工程、气象工程、地震工程、环保工程、安全工程、管理工程和标准化、计量、质量工程以及其他工程技术人员的职业。然后，将这 35 个“小类”中，每类对应的“细类(职业)”逐一对照，便可知道有多少工程技术人员职业可供选择了。

(2)第二种是国家发展计划委员会、国家经济委员会、国家统计局、国家标准局批准于 1984 年发布，并于 1985 年实施的《国民经济行业分类和代码》(1994 年修订)。2002 年，颁布了新的《国民经济行业分类》(GB/T 4754—2002)。这项标准主要按企业、事业单位、机关团体和个体从业人员所从事的生产或其他社会经济活动的性质的同一性分类，即按其所属行业分类，将国民经济行业划分为 20 个行业门类，95 个大类，396 个种类中类，913 个小类四级(表 2-4)。

国民经济行业分类 表 2-4

门类	大类	中类	小类
A. 农、林、牧、渔业	5	18	38
B. 采矿业	6	15	33
C. 制造业	30	169	482
D. 电力、燃气及水的生产和供应业	3	7	10
E. 建筑业	4	7	11
F. 交通运输、仓储和邮政业	9	24	37
G. 信息传输、计算机服务和软件业	3	10	14
H. 批发和零售业	2	18	93
I. 住宿和餐饮业	2	7	7
J. 金融业	4	16	16
K. 房地产业	1	4	4
L. 租赁和商务服务业	2	11	27
M. 科学研究、技术服务和地质勘查业	4	19	23
N. 水利、环境和公共设施管理业	3	8	18
O. 居民服务和其他服务业	2	12	16
P. 教育	1	5	13
Q. 卫生、社会保障和社会福利业	3	11	17
R. 文化、体育和娱乐业	5	22	29
S. 公共管理和社会组织	5	12	24
T. 国际组织	1	1	1
合计	95	396	913

这两种分类方法符合我国国情，简明扼要，具有实用性，也符合我国的职业现状。

3. 其他职业分类标准

根据不同标准的职业，还可有不同的分类方法。

从行业上划分，可分为第一、二、三产业。1971年，联合国颁布了标准产业分类法，正式将产业确定为三类：第一产业以农业为主，第二产业为制造业，第三产业为服务业。2003年5月，国家统计局印发了《三次产业划分规定》。该规定根据《国民经济行业分类》（GB/T 4754—2002）确定了三次产业划分范围如下：第一产业是指农、林、牧、渔业。第二产业是指采矿业，制造业，电力、燃气及水的生产和供应业，建筑业。第三产业是指除第一、二产业以外的其他行业。第三产业包括：交通运输、仓储和邮政业，信息传输、计算机服务和软件业，批发和零售业，住宿和餐饮业，金融业，房地产业，租赁和商务服务业，科学研究、技术服务和地质勘查业，水利、环境和公共设施管理业，居民服务和其他服务业，教育，卫生、社会保障和社会福利业，文化、体育和娱乐业，公共管理和社会组织，国际组织。

从工作特点上划分，可分为务实（使用机器、工具和设备的工种）、社会服务、文教、科研、艺术及创造、计算及数学（钱财管理、资料统计）、自然界职业、管理、一般服务性职业等10多种类型的职业。

每一种分类方法对其职业的特定性都有明确的解释，这对我们更好地掌握某一职业的特点、选择适合自身职业具有指导作用。

三、职业的发展变化特点与规律

职业，是人类社会发展到一定阶段的产物，同时它反过来促进了对社会的发展。

1. 职业发展的特点

随着社会的不断进步，职业在不断分化、发展，新的职业层出不穷，传统的职业面临消亡。在我国，由于农业社会、工业社会和信息社会的多元特征并存，目前第一产业和第二产业的职业以消亡变动为主，第三产业正在迅猛发展，如交通运输业、邮电通信业、信息咨询业租赁广告业和教育培训业等。这些新兴行业的出现和兴起，将会产生更多的就业岗位。但是，新技术、新工艺的不断推广和应用，为传统行业又提供了新的发展机遇。这就使大学生就业发展时将面临一些新情况：

（1）劳动岗位中体力劳动所真的比例越来越小；

（2）与专业绝对对口的岗位越来越少；

（3）岗位的行业特征不如过去明显；

（4）岗位所需的职业知识和技能更新周期缩短，复合程度提高。

2. 职业的发展变化规律

从职业的发展史来看，职业的发展变化大致有如下规律：

（1）职业种类不断发展变化。不断发展的生产力是职业种类不断增加、新的职业不断产生的根本动力。历史上每一次科技上的重大变革，如第一次工业革命、第二次工业革命和现在的新技术革命，无不引领着生产力、生产关系的重大变革，同时也导致职业的种类不断增多、不断发展变化。

（2）职业分工越来越细。在原始社会初期，虽然存在自然分工，如男子觅食、女子繁衍，但尚未形成专门的职业。随着生产力的发展，社会分工逐渐形成，才慢慢开始出现了职业的萌芽，产生了根据声望、性别、体力、年龄等进行的不稳定的分工，从而形成了不同的职业种类。随着生产力不断向前发展，社会分工不断细化，职业也处于不断发展变化之中，职业分工也由简单向精细发展。

(3)职业内容不断更新。生产力的发展，使得即便是从事同一种职业的人们，其所具体从事的职业内容也在发生着变化，旧的内容或被改造，或被扬弃，或直接被新的内容替代。比如我们熟悉的农业，单在古代社会就经历了原始农业时期、沟洫农业时期、精耕细作农业成型时期、精耕细作农业扩展时期、精耕细作农业持续发展时期五个大的阶段，更遑论新时期新技术条件下的农业生产了。又如，纺织业从原来的小家庭、纯手工劳动到现代化的机械大生产，在原材料、生产工具、生产规模、生产质量上都有了全新的变化。这种变化正是生产力的发展所带来的。

(4)职业结构不断调整。众所周知，随着社会和生产力的发展，社会的经济、产业结构均发生了巨大的变化。随着经济、产业结构的调整，职业结构也随之出现了较大的发展变化。如我国当前大力发展第三产业，必然影响到服务业在当前职业结构中的比重。

(5)对从业人员的素质要求越来越高。职业内容的不断更新和新职业的不断产生，对从业人员的素质提出了更高的要求。他们必须具备相应的科学技术、管理知识或现代化设备的操作技能，同时树立良好的工作意识，如学习意识、团队意识和合作意识等，以胜任当前所从事的职业。而职业种类的不断更新和职业内容的不断变化，再加上社会流动性的增强，使得从业人员的职业转换越发频繁。在发达国家，有的人一生中甚至从事六七种不同的职业。这使得许多人不可能像过去那样，找到一份工作便永远地“焊”在这份职业上，直到退休。相反，他们必须摒弃这种一次选择定终生的观念，及时补充、更新相关知识，提高从业素质，以适应时代和职业发展的要求。

【思考题】

1. 根据自己的实际，思考职业发展规划对自己的作用及意义。
2. 查阅资料，了解自己适合的职业岗位类型。
3. 针对目前我国职业发展现状，结合你所学专业，制订一份自己的未来职业发展规划。

第三章 自我探索

张涛大学毕业后，便进入一所中学当数学教师。他当初为什么会选择教师作为自己的职业呢？用他的话来说是因为教师收入稳定，工作压力不是很大，工作也比较自由，而且一年还有三个月的假期。刚开始时，张涛对这份职业很满意，觉得教师真是太适合自己了，所以赋予了工作极大的热情和精力。每当看到学生从无知到有知，逐渐成长起来时，他就有一种自我实现的感觉，觉得自己的价值在教师这份工作中得到了体现。

可是，他慢慢地对这份职业失去了往日的热情和投入。为什么会这样呢？用他的话来说是因为他觉得，虽然教师收入稳定，工作压力不大，工作也比较自由，但是教师的活动太单调了，每天就是上课、下课、值班，除此之外，就没什么变化了，真是太枯燥了。他觉得做市场销售可能比较适合自己，因为市场销售是一个充满挑战性的职业。

三年后，他跳槽进入了一家器材公司做业务员。凭着对工作的那份热情以及他的聪明才智，工作干得不错，每月都能超额完成任务。因此，他得到了上级的赏识，很快就被提升为市场部的经理，负责整个市区的销售。然而，这份工作像前一份工作一样，刚开始时使他充满了热情，觉得自己找到了一份可以将终身托付给它的职业。可是，慢慢地他又发觉这份工作也不太适合自己，该工作的最大的缺点是市场充满了风险，工作会没完没了，随时都有可能会出现新的情况。两年后他又再次跳槽，进入了一家咨询公司。

候鸟是注定不会在一个地方永久住下去的，张涛就是一只“候鸟”。在接下来的几年中，他前前后后地换了3个工作，并且每次都是从事不同性质的工作。2002年6月24日是他大学毕业十年的纪念日，他应邀来到母校与大学同学相聚。同学们见到他纷纷递上自己的名片，他们不是总经理，也是具有高级职称的中学教师。一位同学见他没有递上自己的名片，便对他说：“张涛，你在干吗呢？”。张涛不好意思地说：“我最近开了一个杂货店，每天卖一点副食品。”

从张涛的案例中，我们得到了什么启示呢？我是谁？我是一个怎样的人？我喜欢做什么？我擅长做什么？对于这些问题，我们常在不经意间会自问，但很少有人会认真对待，也很少有人花时间认真回答。然而，这个看似常见的问题，却关系着我们的职业选择，影响着我们的人生发展。张涛就因为一直不知道自己到底是一个什么样的人，到底需要什么，什么对自己是有价值的，最终在人生的发展道路上走了很多弯路。古希腊帕尔纳索斯山南麓阿波罗神庙的巨大柱廊造型的石柱上的箴言是：“人啊，认识你自己。”语言虽然简短，却铿锵有力，振聋发聩。在人生的旅途中，面临重大抉择时，只有那些善于认识自我的人，才能准确把握自己的发展方向，作出正确的人生选择。

第一节　认识自我的维度和方法

【观点导读】

1. 人是复杂的，单一的方法和角度，都不能对自我进行充分、全面的分析和了解。

2. 自我探索的方法有经验法和心理测验法两大类，两种方法结合使用更有助于自我认识的科学性。

自我就像一座藏书丰富的图书馆，不时常翻阅其中的珍藏，就会被蛛网灰尘覆盖。心灵犹如一座富饶的矿山，若不去挖掘开采，就会在沉寂中长满荆棘。人的复杂性决定了我们必须要从多个方面采用多种方法对自我进行分析和了解。打个形象的比喻，我们可以将“自我”比喻成一道七彩色光。对于七彩色光，我们只有采用多棱镜从多个角度观看，才能看到红、橙、黄、绿、青、蓝、紫七种颜色。自我认识也一样。

一、自我探索的维度

1. 生理我

生理我是指一个人对自己的身体机能、外貌、体能等生理特征的认识。生理我对个人最大的意义在于：个人首先要悦纳生理我，尊重自己的生理特征，进而有意识地开发生理我，以增强应对多变、竞争日趋激烈的职业环境的能力。

2. 心理我

心理我是指一个人对自己的价值观、性格、兴趣、情感、能力等心理特征的认识。心理我是职业自我的核心内容，也是自我探索的重点内容，它对一个人的职业选择和职业发展起着至关重要的作用。如果一个人不知道自己想要什么，那么他一生都会活在别人期望之中；如果一个人所从事的职业与他的兴趣相矛盾，那么他一生都会郁郁不得志；如果一个人所从事的职业与他的性格相矛盾，那么他一生都会感到压抑；如果一个人所从事的职业与他的特长相矛盾，那么他一生都会碌碌无为。

3. 社会我

社会我是指一个人对自己所处的职业社会环境，以及与自己职业选择和职业发展有关的社会资源的认识。人是社会性动物，一个人不可能脱离社会而独自活动。同样，一个人的职业选择和职业发展活动也不可能脱离社会而独自进行。如果一个人的职业选择不能配合当时的社会需求，那么英雄将无用武之地；如果一个人的职业选择不能从社会现实出发，那么就是同社会现实较劲，只会屡战屡败。个人所拥有的社会资源也是社会我的一项重要内容。一个人要想取得职业生涯的成功，除了要有雄厚的人力资本之外，还需要丰富的社会资本，借助他人的力量帮助自己实现职业生涯发展目标。

二、自我探索的方法

为恰当地使用不同方法认识自我，首先来了解一个非常有趣的自我橱窗模型——杰哈里窗模型。根据自己知道—不知道和别人知道—不知道两个维度，我们可将自我分成 4 个橱窗，即公开我、隐私我、背脊我和潜在我。自我的坐标橱窗如图 3-1 所示。

橱窗1:自己知道,别人也知道的部分。公开我属于个人展现在外,无所隐藏的部分。

橱窗2:自己知道,但是别人不知道的部分。隐私我属于个人内在、私有、不愿被外人发现的部分。

橱窗3:自己不知道,别人也不知道的部分。潜在我就像地下的矿藏资源不被人知晓,但是却蕴藏着无限潜能有待开发。

	自己知道		
别人不知道	2 隐私我	1 公开我	别人知道
	3 潜在我	4 背脊我	
	自己不知道		

图3-1 自我的橱窗分析

橱窗4:自己不知道,但是别人知道的部分。背脊我犹如一个人的背部,自己看不到,别人却看得很清楚。

橱窗1(公开我)和橱窗2(隐私我)都属于个人自己知道的部分,因此这两个橱窗并不是认识自我的重点。在生涯规划中,橱窗4(背脊我)和橱窗3(潜在我)则属于认识自我的重点部分。认识自我的目的就是减少背脊我和潜在我在职业自我中所占的比例,扩大公开我和隐私我在职业自我中所占的比例。

对于"潜在我",根据现代科学研究结果,人类平常只发挥了极小部分的大脑功能,95%以上的大脑功能都没有发挥出来,所以开发的空间非常广阔。因此,了解和认识"潜在我"是自我认识的一个非常重要的内容,把个人潜能开发出来,也是职场新人的头等大事。了解"潜在我"的主要方法有积极性暗示法、观想技术法、光明思维法等,具体可参阅有关潜能开发方面的书籍和材料。对于"背脊我",则要求个人需要有诚恳的态度和博大的胸怀,采取同自己的家人、朋友、同事等交流的方式,真心实意地去征询他人的意见和看法,有则改之,无则加勉。否则,别人不会对你说实话,你也就无从进步。

认识自我的方法是多种多样的,总的来说,我们可以将这些方法归纳为经验法和心理测验法两大类。

1.经验法

经验法是指在人际交往中或依据过去活动成果由他人或本人对自己进行主观的分析和评价。

1)自我反省——回顾过去,发现自我

春秋时期的曾子曾说过:"吾日三省吾身。"古希腊大哲学家苏格拉底也说过:"未经反省的生活是无价值的生活。"通过对自己的一些成长经历的回顾,比如过去哪些事情让自己觉得干起来非常快乐、哪些事情让自己觉得干起来很痛苦、哪些事情让自己觉得干起来非常轻松、哪些事情让自己觉得干起来比较费劲等,可以发现自己的职业兴趣、能力优势。

2)班级、社团或其他活动——参与活动,亲身体验

许多人往往会存在"这事我不感兴趣"、"我不适合干这事"等标签思维。还没有尝试怎么就知道自己不感兴趣、不适合呢?参与进去,也许其中别有一番天地。因此,平时应该多参加班级、社团或其他一些活动,从这些活动中了解自己的价值观、兴趣、性格、体能、人际关系处理能力。

3)他人评价——旁观者清,指出盲点

古语有云:"以铜为镜可以正衣冠,以史为镜可以知兴替,以人为镜可以明得失。"他人就像一面镜子,透过他人对自己的评价可以清楚地了解自我不知道但是别人知道的一面,即背脊我。这里所说的他人可以是同学、朋友、师长、父母,也可以是专业职业生涯辅导人员。

2. 职业测评法

职业测评是心理测验在职业心理测评上的具体运用。凡是经过测验编制程序完成标准化用以测量心理特征的工具均称心理测验。心理测验的基本原理是，通过一个人对问题情境的反应来推论他的心理特征，也就是从个体的外在行为模式来推知其内在心理特征。因而，心理测验是间接而不是直接地测量人的心理特征。通过职业测评可以深入地分析和评价自己不知道且别人也不知道的一面，即潜在我。

为了最大限度地发挥职业测评的效用，首先应该选用一个权威性比较高的心理特征测量工具；其次，在做测验的过程中，一定要按自己的真实想法填答，避免主观情绪；最后，要选择一个安静、没有外界干扰的环境。

第二节　职业心理探索

【观点导读】

1. 自我探索中，最重要的是心理我的探索，也就是要认识自己的职业价值观、职业人格以及职业能力倾向。

2. 职业价值观、职业人格以及职业能力倾向的认识方法都有多种，也各有优缺点，应相互结合使用。

一个人的职业选择和职业生涯发展是生理我、心理我和社会我三者交互作用的结果，其中心理我在交互作用中起着非常重要的决定性作用。因此，对于正处于职业生涯发展准备阶段的大学生来说，采取多种认识自我的方法积极地进行自我探索，了解自己今后想过一种什么样的生活、自己适合干什么、喜欢干什么、自己的能力优势在哪里，是一项非常重要而艰巨的任务。本节主要介绍职业价值观、职业人格以及职业能力倾向的认识方法。

一、职业价值观探索

1. 职业价值观与职业选择

小张是一家著名会计师事务所的部门经理。她最近越来越喜欢反复地问自己这样一个问题：这是自己想要的生活吗？她每天披星戴月地奔波于上下班的路上，与那些不知道打过多少次交道的枯燥数字纠缠在一起。有时，上司会将她叫到办公室，然后丢下一些让人泄气的责备；同事之间时不时还会因为工作的问题而互相猜忌；更多时候虽然到了下班时间，但因为工作的压力还必须要埋头苦干，担心落在别人的后面。

每当喧闹的都市逐渐归于安静，小张才拖着疲惫的身体回到那个空荡荡的租来的“家”。在别人眼里，她有着一份体面的工作，不菲的收入，是个让人羡慕的白领。可是没有人能够理解她的落寞和自卑。工作成了她生活的全部内容，她很难拥有自己的时间，约会、恋爱、休闲对于她来说是一种奢侈。看着日历一页页翻过，她不知道自己的家在哪里，能够相伴一生的人在哪里，每次都有种说不出的悲凉。

价值观是人们对周围事物的一种评价或态度，是在一定的环境中的动机、目的需要和情感意志的综合体现。价值观是一种内心尺度，支配着人的行为、态度、观察、信念、理解等，同时它还支配着人认识世界、明白事物对自己的意义和自我了解、自我定向、自我设计等。

价值观在职业选择上的体现就是职业价值观，它是人们在职业生活中表现出来的一种价值取向。大学生在求职过程中看重的东西并不完全相同。有的同学看重的是能否获得更多的培训和学习机会，有更大的发展空间；有的同学看重的是工作的创造性、挑战性，这样可以让他们在工作中更有激情和动力；也有一些同学最看重的是能否有更多的休闲时间；还有些同学看重的是能否获得更多的报酬与金钱等。在职业选择中，我们有时会犹豫不决，这是因为我们不清楚自己真正需要的是什么。所以，在制订职业发展规划前，必须清楚地知道自己的职业价值观。

2.职业价值观探索的方法

1)职业价值观测量法

测量法是采用职业价值观量表或问卷来探索个人的职业价值观。目前，应用比较广泛的工具主要有舒伯的“工作价值观量表”(Work Value Inventory)和马丁·凯茨的“交互指导信息系统”(System for Interactive Guidance Information，简称 SIGI)。

工作价值观量表可以对个人的 15 种工作价值观进行测量，共有 45 个项目。量表测量的 15 种价值观包括：利他主义、美感、创造力、智力刺激、成就感、独立性、声望、管理、经济报酬、安全感、工作环境、与上级的关系、社会交际、生活方式和变化性。

“交互指导信息系统”可以对 10 种工作价值观进行澄清。这 10 种工作价值观是：高收入、社会声望、独立性、帮助他人、稳定性、多样性、领导、在自己感兴趣的领域工作、休闲、尽早进入工作领域。在此系统中，一个很重要的方面就要求个体区分出职业价值观的优先次序。这是因为一份职业不可能满足所有的价值观。比如，“高收入”和“稳定性”这两种价值观常常是不相容的。“高收入”通常意味着需要冒风险、缺乏稳定性，而“稳定性”通常意味着收入不会很高。

2)职业价值观清单

职业价值观清单列出了主要的价值观，个人可以根据清单项目评估自己最看重的价值。例如：

在以下项目中选择你认为最重要的 10 项，并将所选项目按照重要程度排序。

____工作保障	____有美感的工作	____薪金优厚	____工作内容多样化
____个人发展	____独立地工作	____涉及体能运动	____运用创作力
____威望	____有归属感	____冒险	____休闲充裕
____成就感	____良好的环境	____发挥个人才能	____晋升机会
____权力	____自由	____有意义的工作	____人际关系良好
____和别人一起工作		____文化身份认同	

3)生涯拍卖会

在“生涯拍卖会”游戏中，每个人持有象征一生时间和精力的道具货币若干，由主持人展示拍卖品——价值观的象征，成员投标，拍卖品最终由价高者拍得。团体成员期望获得的拍卖品往往与实际获得的拍卖品不一致。有时会因为在某一件物品上花费过多而无法拍得所有想要的拍卖品；有时会因为失误而错失了想要的拍卖品，最后只能匆匆拍下无人问津的拍卖品；有时甚至因为目标设定错误、拍卖时犹豫不决，最后只得两手空空。

生涯拍卖游戏可以让我们了解自己主要的价值取向，懂得他人的价值观可能对自己造成影响，并且懂得如何为了实现主要的人生价值，进行选择与放弃。以下是一个“生涯拍卖会”的案例。

拍卖的东西见表3-1，每一样东西的底拍卖品价都是2 000元，每人总共有10 000元钱。

"生涯拍卖会"拍卖物品清单 表3-1

序号	物品	序号	物品	序号	物品
1	爱情	6	亲情	11	自由
2	帮助他人	7	美貌	12	理想的事业
3	友情	8	财富	13	知识
4	健康	9	精湛的技艺	14	权力
5	声望	10	爱心	15	安全感

你最初打算买进的5样东西是(并排序)：____________________

你最终买进的东西是：____________________

你的花费为：____________________

用一句话概括本次活动结束后你的感受：____________________

二、职业人格探索

1.职业人格与职业选择

《三国演义》中有一个三顾茅庐的故事。当时曹操称霸天下，刘备兵弱将寡。为纳贤求能，刘备带领关羽、张飞亲上卧龙岗，三顾茅庐请诸葛亮出山。前两次因诸葛亮出门使三人碰壁，张飞窝火，牢骚满腹。第三次再赴隆中请诸葛亮，却见其正在草堂午睡，刘备便耐心在一旁等候。张飞急得火冒三丈，想到屋后放火烧醒诸葛亮，幸被关羽拉住，才没坏了刘备的大事。可见，张飞是一个性格十分暴烈的人，这种性格使他在打仗时冲锋陷阵，不畏生死，从而为蜀国立下了汗马功劳，堪称猛将。我国的湘绣举世闻名，堪称世界一绝。那些精美的刺绣工艺品都出自心灵手巧的绣花女之手，是她们一针一线悉心完成的。如果我们将张飞和绣花女调换一下，让张飞去捏针绣花，让绣花女去持矛打仗，那么张飞定会气炸肺，捻碎手中针；而绣花女也难免会在打仗中吃亏。

这个故事告诉我们：人的职业选择和人格特点是有联系的。每个人的人格特点都各不相同，个体差异较大。一般情况下，每种职业都需要从业者具有相应的人格特征。如果能够根据人格来选择职业，就能使职业更加理性化，如导演、编辑和装潢设计等职业适合艺术型性格的人从事，护士这一职业则由社会型性格的人从事较合适，而会计、档案管理和建筑工程监理等职业由传统型的人从事更适合。当然，职业也会影响人格，让人格更加适应职业要求。但我们要认识到这种改变是有一定限度的。著名生涯辅导专家约翰·霍兰德长期研究发现，人的人格可以分为6种，如表3-2所示。

人格类型与职业类型的适配 表3-2

人格类型	人格特征	适合职业类型
现实型R	1.兴趣特点：偏好与物体打交道；喜欢摆弄和操作机器、工具等具体有形的实物；不喜欢与人打交道。 2.性格特点：具有顺从、坦率、谦虚、自然、坚毅、实际、有礼、害羞、稳健、节俭的特征。 3.价值观：比较看重实际的物质回报	1.技能性职业(如技工、农民、修理工等)； 2.技术性职业(如摄影师、制图员、机械装配工、土木工程师等)

续上表

人格类型	人 格 特 征	适合职业类型
研究型 I	1. 兴趣特点：喜欢用头脑依自己的方法来解决问题并追根问底；喜欢提出新的想法和策略，但对实际解决问题的细节无兴趣；喜欢研究性工作。 2. 性格特点：具有分析、谨慎、批评、好奇、独立、内向、条理、谦逊、理性、精确、保守等特征。 3. 价值观：看重知识的获得与发展	1. 科学研究（如科研人员、科技工作者）； 2. 实验工作（如实验室工程师、实验员、电脑程序设计师）
艺术型 A	1. 兴趣特点：喜欢用文字、音乐、色彩等不同的形式来表达情绪或美的感受；喜欢创造，不喜欢受常规约束；渴望表现自己的个性。 2. 性格特点：具有富有想象、冲动、独立、直觉、无秩序、情绪化、理想化、不顺从、有创意、富有表情、不重实际的特征。 3. 价值观：看重美的表达	1. 艺术方面（如摄影师、室内装修、策划人员等）； 2. 文学方面（如诗人、作家、剧作家等）； 3. 音乐方面（如歌唱、作曲、乐队指挥等）
社会型 S	1. 兴趣特点：关心自己和别人的感受；喜欢倾听和了解别人；愿意付出时间和精力去解决别人的冲突，并帮助他人成长。 2. 性格特点：具有合作、友善、慷慨、助人、仁慈、负责、圆滑、善社交、善解人意、说服他人、理想主义、富洞察力等特征。 3. 价值观：比较看重增进他人的福利，为社会服务	1. 教育工作者（如教师、思想工作者等）； 2. 社会工作者（如咨询人员、外交工作者、导游、社会群众团体工作者、公关人员等）
企业型 E	1. 兴趣特点：喜欢交际，希望拥有权力、地位和物质财富；喜欢领导和左右他人，善用说服力和组织能力。 2. 性格特点：具有冒险、野心、独断、冲动、乐观、自信、追求享受、精力充沛、善于社交、获取注意和知名度等特性。 3. 价值观：比较看重物质成就和社会地位	推销员、政府工作者、企业经理、厂长、管理者、律师、批发商、零售商、调度员、广告宣传员等
常规型 C	1. 兴趣特点：做事喜欢按部就班，守规矩且精打细算；喜欢按计划办事，习惯接受他人的指挥和领导；不喜欢改变或创新，不喜欢冒险或领导。 2. 性格特点：具有顺从、谨慎、保守、自控、服从、规律、坚毅、实际、稳重、有效率、缺乏想象力等特性。 3. 价值观：比较看重物质和经济成就	各种办公室、事务性的工作（出纳、会计、秘书、办公室职员、计算机操作员、打字员、成本核算员、法庭速记员、打字员、图书管理员、行政助理、记事员等）

为便于理解，霍兰德将 6 种人格类型整齐地排列成六边形，如图 3-2 所示。

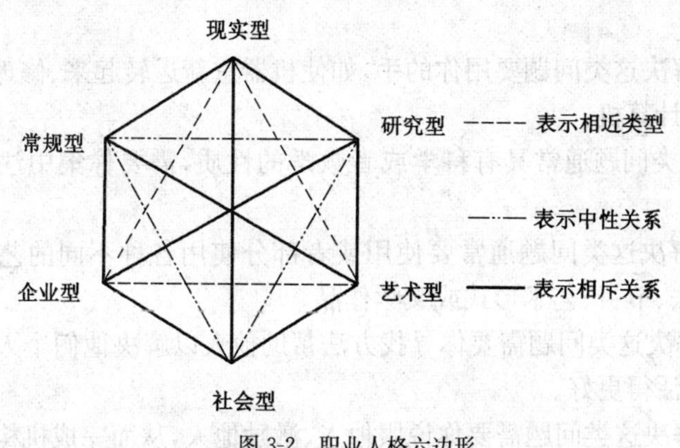

图 3-2　职业人格六边形

在图3-2中，六边形的6个角分别代表霍兰德所提出的6种类型。6种类型之间具有一定的内在联系，它们按照彼此间相似程度定位，相邻两个维度在各种特征上最相近，相关程度最高。距离越远，两个维度之间的差异越大，相关程度越低。每种类型与其他5种类型存在3种关系：相近、中性和相斥。一个人能否成功、是否稳定、是否顺心如意，在很大程度上取决于其人格类型和工作环境之间的适配情况。匹配程度越高，个人的职业稳定性和工作满意度就越高，取得成就的可能性越大。根据六边形模型，最为理想的职业选择就是个人能找到与其人格类型重合的职业类型，即人—职适配。稍次理想的职业选择是个人找到与其人格类型相邻的职业环境，即人—职次适配。最差的职业选择是个人在与其人格类型相斥的职业环境中工作，即人—职不适配。在这种情况下，个人很难适应工作，也不太能感到工作的乐趣，甚至无法胜任工作。

2. 职业人格的探索方法

1)自我探索量表

霍兰德的人格类型论本质上是职业兴趣理论。20世纪50年代，霍兰德根据其理论编制了"职业偏好问卷"。在此基础上，于1971年编制了"自我探索量表"(Self-Directed Search，简称SDS)的第一版。1977年和1985年，霍兰德又对"自我探索量表"进行了两次修订。1985年版的SDS包括两个大部分：评价手册和职业分类表。

评价手册包括以下5个部分：

(1)职业白日梦。要求个人根据过去的经历或感觉，确定自己最感兴趣的职业。

(2)职业活动量表。分6类列出66种职业活动，要求受测者选择"喜欢"或"不喜欢"。

(3)职业能力量表。分6类列出66种有关人能力的陈述，要求受测者按照自己的能力情况回答"符合"或"不符合"。

(4)职业量表。分6类列出84种职业名称，要求受测者回答"喜欢"或"不喜欢"。

(5)自我能力评价。分6类列出12种能力或技能，要求被试受测者进行自我评估。

根据职业兴趣类型以及美国职业名称辞典，霍兰德对职业进行了归类。职业分类表涵盖了1 156种职业，几乎包含了美国所有常见的职业。受测者根据自己的职业兴趣组型便可在职业分类表中找到相应的职业。

2)如何分配你的100分钟

另外，通过参与一些活动或游戏也可以帮助我们澄清自己的职业兴趣。"如何分配你的100分钟"游戏就可以帮助我们了解自身在现实型(R)、研究型(I)、艺术型(A)、社会型(S)、企业型(E)和常规型(C)上的兴趣偏好。假如给你100分钟，你打算如何分配它们用于解决下列6类问题?

(1)R类问题。解决这类问题要用你的手，如使机器重新运转起来、修理一件设备、正确地建造一些东西或组装计算机。

(2)I类问题。这类问题通常具有科学或者数学的性质，需要你集中注意力，发现事实并运用逻辑思维。

(3)A类问题。解决这类问题通常要使用或者部分使用各种不同的艺术概念或元素，从而创造新的建议、方法、节目、艺术形式或文学作品。

(4)S类问题。解决这类问题需要你寻找方法帮助他人以解决他们个人的一些问题，或者找到方法能使别人生活得更好。

(5)E类问题。解决这类问题需要你说服他人、激励他人，从而完成机构或者公司的任务。

(6)C类问题。解决这类问题，需要你通过组织和有序地使用数据，如信息、文字、记录、数字等。

三、职业能力倾向探索

1.能力与职业选择

德国化学家奥托·瓦拉赫在读中学时,父母为他选择的是一条文学之路,不料一个学期下来,老师为他写下了这样的评语:“瓦拉赫很用功,但过分拘泥,这样的人即使有着完美的品德,也绝不可能在文学上发挥出来。”此时,父母只好尊重儿子的意见,让他改学油画。可是,瓦拉赫既不善于构图,又不会润色,对艺术的理解力也不强,成绩在班上是倒数第一,学校的评语更是令人难以接受:“你在绘画艺术方面是不可造就的。”面对如此“笨拙”的学生,绝大部分老师认为他已成才无望,只有化学老师认为他做事一丝不苟,具备做好化学实验应有的品格,建议他试学化学。父母接受了化学老师的建议。从那时起,瓦拉赫智慧的火花一下子被点燃了。文学和绘画艺术“不可造就之材”一下子变成了化学方面的“高材生”。在同学中,他遥遥领先……后来,他获得了诺贝尔化学奖。

职业能力是个人选择职业或岗位的一个重要条件。对任何一种职业或岗位而言,都要求从业者具备相应的能力。职业能力直接影响职业活动效率和职业活动能否顺利完成。不同的职业对人的能力有不同的要求,如服务员、机械操作员等工种需要有较强的动手操作能力;解说员、导游员、营销人员等需要有较强的语言表达能力;演员则既要有较强的语言、表演、模仿能力,又要有较强的应变能力和形体动作协调能力。每个人都有自身的能力优势方面,有的人可能对数字不是很敏感,却擅长文字表达;有的人不擅长语文,却擅长运动……总有一种特长会让你大放异彩、出类拔萃。

2.职业能力探索的方法

1)一般能力倾向成套测验

一般能力倾向成套测验(General Aptitude Test Battery,简称 GATB)最初由美国劳工部就业保险局在 20 世纪 40 年代初编制。目前,GATB 包括 12 个分测验(名称比较、计算、三维空间、词汇、工具匹配、算术推理、形状匹配、作记号、放置、转动、装配和拆卸),分别对 9 种能力倾向进行评定:

(1)一般学习能力(G):推理和判断能力,由测量三维空间、词汇、算术推理三个分测验的分数相加得到。

(2)言语能力(V):对词汇的理解能力,由词汇分测验的分数得到。

(3)算术能力(N):计算能力和数学推理能力,由计算、算术推理两个分测验的分数相加得到。

(4)空间判断能力(S):对空间图形的判断和推理能力,由三维空间分测验的分数得到。

(5)形态知觉(P):形状知觉的能力,由工具匹配和形状匹配两个分测验的分数相加得到。

(6)书写知觉(Q):注意书写和图表材料中的细节校正字和数的能力,由名称比较分测验的分数得到。

(7)运动协调(K):在快速运动中的手眼协同能力,由作记号分测验的分数得到。

(8)手腕灵巧度(M):用手指快速操纵小物件的能力,由放置、转动两个分测验的分数相加得到。

(9)手指灵巧度(F):一个人用双手放置和旋转物体的能力,由装配、拆卸两个分测验的分数相加得到。

GATB的这9种能力指标已被许多国家承认和采用。《职业岗位分类词典》(加拿大)、《职业条目辞典》(美国)均采用GATB这9种能力作为职业准入的最低能力要求指标体系❶。

由于GATB不仅包括了文字测验,而且还包含了操作性测验,因此在使用时受到较大限制。不过,"职业能力倾向自我评定"为评定人们的这9种职业能力倾向提供了方便。职业能力倾向自我评定全部采用文字测验的方法,要求受测者对自己的职业能力倾向进行自我评定。此部分内容参见本书附录一。

2)区分能力倾向测验

区分能力倾向测验(Differential Aptitude Tests,简称DAT)编制于1947年,后经多次修订,最近版(1983年)称为DAT-V和W式,是普遍使用的多重职业能力倾向成套测验之一。编制此测验的理论依据是人们有多种不同的职业能力倾向,并且这些能力倾向是可以测量的。DAT有以下8个分测验:

(1)词语推理(VR):采用文字形式的类比题目测量一般智力。

例:______对于晚上,相当于早饭对于______

A. 晚饭—角落　B. 文雅—早晨　C. 门—角落　D. 花—欣赏　E. 晚饭—早晨

(2)数字能力(NA):采用计算题测量一般智力。

例:3=15的______%

A. 5　B. 10　C. 20　D. 30　E. 以上都不是

(3)抽象推理能力(AR):测量非言语推理能力。

例:在答案图形(A、B、C、D)中找出使问题图形连续下去的下一个图形。

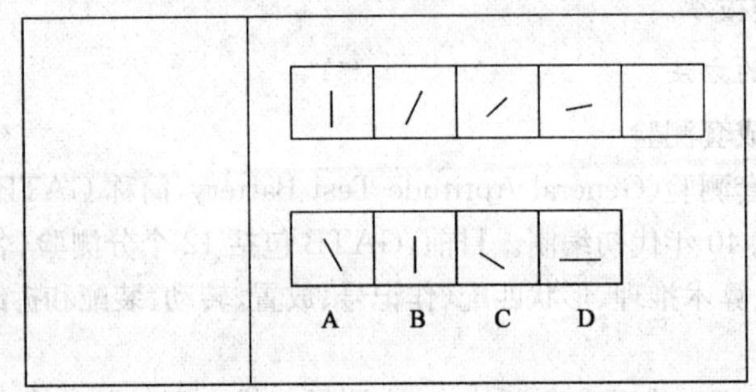

(4)文书速度和准确性(CSA):测量完成一件简单知觉任务的速度。

例:在下排中找出与上排画底线相同的组合。

上:AB	Ab	AA	BA	Bb	5m	5M	M5	Mm	m5
下:Ab	Bb	AA	BA	AB	M5	m5	Mm	5m	5M

(5)机械推理(MR):测量对机械和物理原理的推理能力。

例:在A、B两图中,哪一根杆要用大一些的力,才能把同样的物体升起来(如果相等,在C上做记号)?

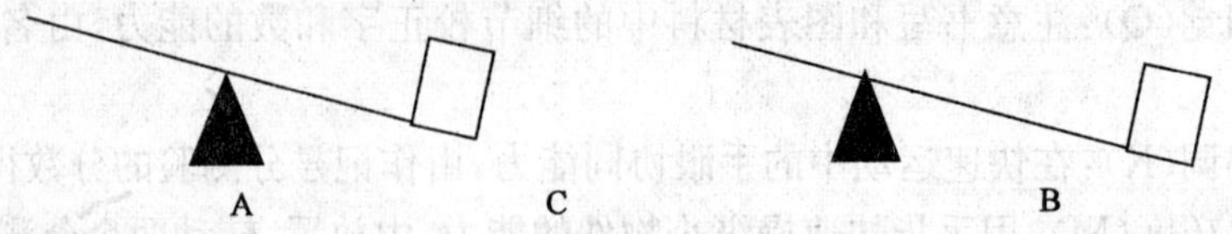

❶ 除了包含GATB的9种能力外,还包含眼—手—脚配合能力(E)和辨色能力(C)。

(6)空间关系(SR):测量想象和心理操作有形材料的能力。

例:下面哪个图可由左边的纸样折成?

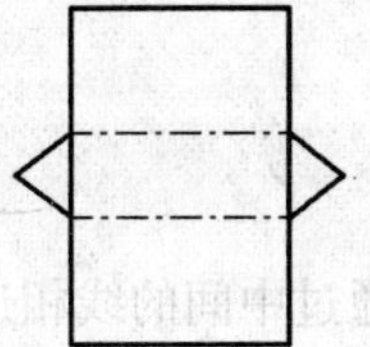

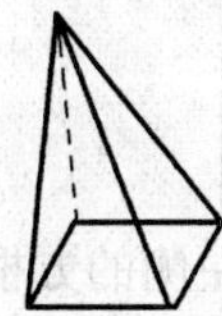

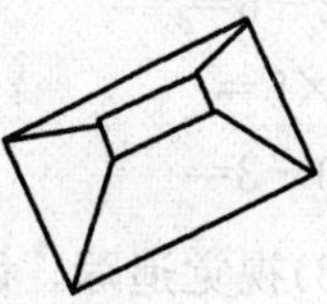

(7)拼写(SR):指出拼写正误,测量英文水平。

例:指出下面一些词的拼法是否正确?

W. man

X. gurl

(8)语言应用(LU):找出语法或惯用法错误,测量语文水平。

例:指出句子中哪个字母标示的部分有错误,并在相应字母上标明(如果没有错误,标上N)。

Aren't we/going to/the office/next week?

A　　B　　C　　D

除了文书速度和准确性测验外,测验时间多数情况下为30分钟。DAT的总测验时间大约为5~5.5小时,并至少要分成两次进行。

GATB和DAT均属于综合职业能力倾向测验。这类测验的突出特点是由多个分测验构成,分别测量受测者多个方面不同的能力倾向。根据测验分数,个人可以了解自己的长处和短处,从而发挥优势,弥补短处或寻求突破。

为了深入了解个人在某一方面是否具有特殊潜能,比如机械能力、文书能力、音乐能力、美术能力等,心理学家还编制了许多机械、文书、音乐和美术等特殊能力倾向测验。这类测验的突出特点是,测验只评估一个人在某一个方面的能力倾向,而不是多个方面。感知觉测验、心理运动能力测验、机械能力测验、文书能力测验和艺术能力测验是几种比较常见的特殊能力倾向测验。

3)雇员能力倾向测验

雇员能力倾向测验(Employee Aptitude Survey,简称EAS)是由美国心理学家编制的权威职业能力倾向测验之一,该测验在美国已经得到广泛认可和好评,目前国内已有修订版本。与GATB和DAT相比,EAS的特点是:实施便利,对施测者没有很高要求;测验时间较短,每个分测验平均用时5~6分钟;同时,保持了较高的有效性和可信度。EAS有10个分测验:言语理解、数字能力、视觉追踪、视觉速度和准确性、空间想象、数字推理、言语推理、言语流畅性、操作速度与准确性、符号推理。以下为该测验例题:

(1)言语理解。请看下面的例题,与左面对应的右面有4个词,这4个词中有一个与左面的词意思一致或最接近。请选出这个词,并将其前面的代号圈起。

巨大	A. 聪明	B. 细小	C. 矮小	D. 宏大
说	A. 讲	B. 跑	C. 站	D. 睡
故事	A. 帽子	B. 球	C. 白天	D. 传说
生病	A. 健康	B. 寒冷	C. 染病	D. 强壮

(2)数字能力。请看下面的例子,每一个问题后面有4个备选答案和一个未知选项"?"。

请将正确的答案勾出，如果没有出现正确的答案，就选“?”。

5+5=	8	11	12	13?
12−6=	5	7	6	8?
5×5=	23	24	25	26?
30÷3=	6	7	9	8?

(3)视觉追踪。请看下面的图，右侧的选项来自于左侧的方框，它们通过中间的线相连接。1～3 已经给出了示范。请将 4～7 的追踪结果圈出来。

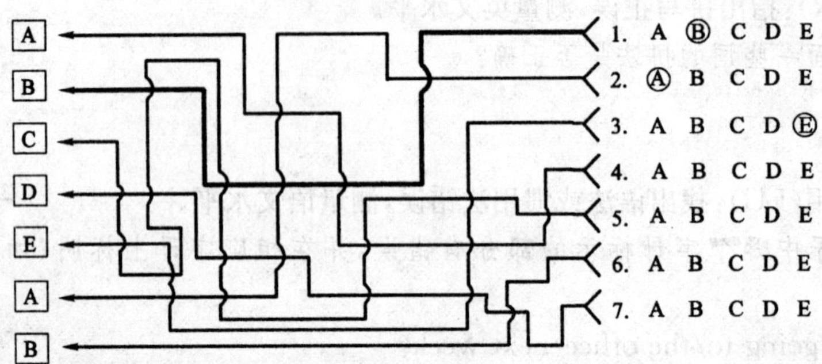

(4)视觉速度和准确性。请看下面的配对数字，第一对数字 792 和 792 是一样的，因此应该在右面的选项中选择“是”；第二对数字 6122 和 6123 不一样，因此应该选的答案是“否”。试判断其余几对数字是否一样。

792	792	是	否
6123	6122	是	否
￥898	￥898	是	否
72,10	72,10	是	否
42	24	是	否
6696	6669	是	否

(5)空间想象。在下面所搭的积木中，所有方块的型号、大小和形状都一样。现在要找出每块标有字母的方块与多少个其他的方块挨着，然后在备选答案中作出选择。

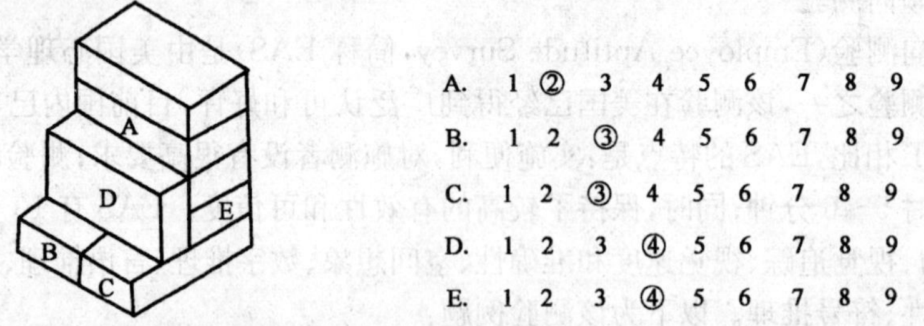

(6)数字推理。请看下面的例题，每列数字的后面有一个问号，这些数字序列具有某种规律，你的任务是在问号右面的数字序列中找到合适的数字。

A.	1	4	7	10	13	16	19	?	20	21	22	23	24
B.	20	18	16	14	12	10	8	?	7	6	5	4	3
C.	20	20	19	19	18	18	17	?	17	16	15	14	13
D.	4	6	5	7	6	8	7	?	6	7	8	9	10

(7)言语推理。请看下面的例题,题目由一组事实和一组结论组成。根据给出的事实,请你推断这些结论是正确、错误,还是无法判断。

事实:

①老张是一个焊接工。

②老李在B公司工作。

③老张只有一个女儿。

④A公司有部分自动生产线。

⑤B公司没有雇用焊接工。

结论:

①老张不在B公司工作。	正确	错误	无法判断
②老张的儿子生病了。	正确	错误	无法判断
③老张在C公司工作。	正确	错误	无法判断
④老李的工作只是焊接。	正确	错误	无法判断
⑤老张焊接自动生产线。	正确	错误	无法判断

(8)言语流畅性。这是一个测量对词的反应的测验。给你一个词,在规定的5分钟时间内,尽可能多地写出包含这个字的词(可以写任何词,只要包含给出的字即可)。

“好”

好人______

很好______

好好学习____

____

____

____

⋮

⋮

(9)操作速度与准确性。这是一个对于迅速而准确移动手的能力的测验。当测验者给出信号时,请在5分钟内用笔在“○”内打点。做得越快越好,打点不能触及“○”的边缘。

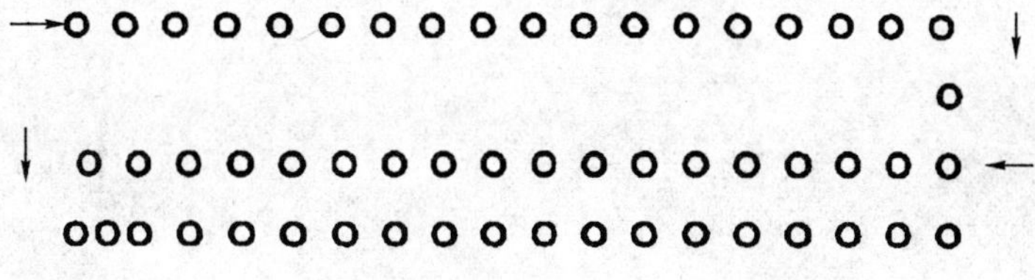

……

(10)符号推理。请看下面的例题。每一个题目均包含一个陈述和一个结论。陈述和结论中的有关符号含意如下:

等于:=;不等于:≠;小于:<;大于:>;不小于:≮;不大于:≯。

你的任务是根据陈述,决定结论是正确、错误,还是无法判断。

①X=Y=Z,因此 X=Z。	正确	错误	无法判断
②X>Y>Z,因此 X=Z。	正确	错误	无法判断
③X≠Y≠Z,因此 X≤Z。	正确	错误	无法判断
④X=Y>Z,因此 X=Z。	正确	错误	无法判断
……	……		

【思考题】

1. 采用橱窗分析法,对自己进行一次自我认识。
2. 探索自己的职业价值观倾向。
3. 利用职业人格模型,了解自己的职业人格。
4. 完成附录一,测试自己的职业能力倾向。

第四章　交通行业认知

第一节　交通行业现状及发展

【观点导读】

1. 改革开放以来，我国交通行业取得了突飞猛进的发展，公路、水路、铁路、航空、管道等各项建设事业均取得了大发展、大超越。

2. 交通行业是国民经济的基础性产业和服务性行业。经济的发展与社会的进步，对交通行业的发展提出了更高的要求。推进交通由传统产业向现代服务业转型，实质上就是推进现代交通业的发展，促使交通继续成为新时期国民经济发展的战略重点。

在我国辽阔的版图上，可以看见数不清的各种公路、铁路以及航海路线的痕迹，它们贯穿着每一座城市、每一个省份，是连接我国和世界的桥梁与纽带。改革开放以来，我国的交通事业迅猛发展，交通基础设施建设不断取得新成绩，以公路、铁路、航空、水运、管道等为主的综合运输网络初步形成，运输保障能力得到了新提高，交通运输量和港口吞吐量大幅增长，交通运输设施和装备水平显著提高，现代管理和信息化应用水平明显提升。进入21世纪以来，我国交通行业认真贯彻中央加强和改善宏观调控的部署和要求，加快交通基础设施建设，加大运输市场监管，提高交通运输设施和装备水平，使我国公路、水路交通经济保持持续平稳较快发展，服务能力进一步增强。

一、交通行业的现状

新中国成立以前，我国交通行业非常落后，而且发展十分缓慢，装备破旧，民间运输工具主要以畜力车和木帆船等为主，广大内地普遍处于十分封闭的状态。当时，全国仅有8.07万km的公路，其中铺有路面的仅占40%；铁路营业里程仅2.18万km，全部是蒸汽机车；内河航道7.36万km，其中水深1m以上的航道仅2.42万km；民航线路1.13万km，仅有12架小型飞机、12条短程航线和30多个只能起降小型飞机的简易机场。全国主要运输方式客运总量仅为13 695万人，货运总量仅为16 097万t，约有一半的货运量是由人力和畜力车及木帆船完成的。

建国初期，我国的交通运输网络布局极不合理，铁路、公路集中于东部沿海和东北地区，而占全国国土面积56%的西南、西北地区，铁路和公路里程仅占全国的5.5%和24.3%。从1953年起，我国开始有计划地进行交通运输建设。广大人民群众在党中央的统一领导下，以饱满的政治热情投入到交通运输业的基本建设中，取得了一定的发展。从总体上看，这一时期虽有发展，但由于历史基础太差，欠账过多，我国交通运输业基础仍很薄弱，铁路、公路里程短、质量差、装备落后，严重制约了国民经济的发展。到1978年，全国运输路线总里程只有123.5万km。其中，铁路5.2万km，公路89.0万km，内河航道13.6万km，民用航空航线14.9万km，管道运输 0.8 万 km。全国铁路复线里程 7 630km，电气化里程只有 1 030km，铁路机车拥有量 10 179 台，其中蒸汽机车 8 039 台，占机车比重近 80%。公路中高级和次高级公路占的比重很小，仅为 14.7%，路面铺装率只有 71.9%，绝大部分为砂石路面，等外公路占 40%以上，没有高速公路；汽车缺重少轻，性能差，油耗高。内河航道大都处于自然状态，通航里程逐渐萎缩，沿海港口深水泊位仅有 133 个，港口机械设备落后，运输船舶少。民用机场只有 30 多个，机场设施落后，飞机陈旧。

1978 年党的十一届三中全会后，全党的工作重点转移到以经济建设为中心的现代化建设上来，工农业生产蓬勃发展，商品流通迅速增加，内外贸运输量大幅上升。在这种情况下，交通运输与经济发展的不适应性日益突出，成为国民经济发展中最薄弱的环节，严重制约了经济的快速发展。当时由于铁路运力不足使得生产出来的产品运不出去，许多产品只能以运限产，严重影响了经济发展。由于运力不足，全国近三分之一的加工能力处于闲置状态。旅客运输也处于全面紧张状态，“行路难”成为当时突出的社会问题。购买铁路客票极度困难，铁路客车超载十分严重；干线公路和城市旅客运输都非常紧张；民用机场少，设施落后、飞机运力不足，买票难、乘机难的矛盾十分突出。

面对这种情况，党中央、国务院对交通运输发展问题非常重视。党的十二大把能源和交通运输作为国民经济发展的重点，各级政府和社会各界对交通运输重要作用的认识不断提高，解决交通运输问题成为各级政府的重要任务之一，“要想富，先修路”已成为共识，全社会发展交通运输的积极性空前高涨。在“八五”到“十一五”规划中，提出了一系列发展交通运输业的指导思想和方针政策，不断加大对交通运输建设的投资力度，国家将加快交通运输发展作为优先发展的战略目标。改革开放三十多年来，投资规模的不断扩大对加快基础设施建设起到了关键性的作用，实现了交通基础设施规模总量的快速增长，交通行业实现了跨越式发展。

1. 交通基础设施建设成绩显著，初步形成综合交通运输网络

交通运输设施网络里程从 1949 年的 18.74 万 km 发展到 1978 年的 123.51 万 km，2008 年已经达到 473.18 万 km(不含村道)。

(1)公路通车里程迅猛增长，高速公路建设飞速发展，农村公路覆盖面明显扩大。1988 年以来，国家积极推进高速公路网的建设，高速公路发展尤为迅猛。1988 年，147km 的沪嘉公路建成通车，我国高速公路实现了零的突破，之后高速公路建设连创新高，基本实现了全国省际及大部分中心城市之间的高速公里连接。由高速公路和国省干线公路组成的“五纵七横”基本贯通，初步构筑了我国区域和省际横连东西、纵贯南北、连接首都的国家公路网络。其中，“五纵”指同江到三亚、北京到福州、北京到珠海、二连浩特到河口和重庆到湛江五条公路，“七横”分别为绥芬河到满洲里、丹东到拉萨、青岛到银川、连云港到霍尔果斯、上海到成都、上海到瑞丽以及衡阳到昆明七条公路。这十二条国道主干线总里程约 3.5 万 km(其中，高速公路 25 500km，一级公路 1 145km，二级公路 8 983km)，贯穿我国各直辖市及绝大部分省(区)的省会城市，将人口在 100 万以上的所有特大城市和 90%的人口在 50 万以上的大城市连接在一起，贯通和连接的城市总数超过 200 个，覆盖的人口约 6 亿，占全国总人口的 50%左右。我国用短短十多年的时间走完了发达国家三四十年的发展历程。目前，我国公路总里程、高速公路里程均位居世界第二位。截至 2009 年底，全国公路总里程达 386.08 万 km。其中，国道 15.85 万 km，省道 26.60 万 km，县道 51.95 万 km，乡道 101.96 万 km，专用公路 6.72 万 km，村道 183.00 万 km。公路技术等级和路面等级进一步提高。全国等级公路里程 305.63 万 km，其中，高速公路 6.51 万 km，一级公路 5.95 万 km，二级公路 30.07 万 km，三级公路 37.90 万 km，

四级公路 225.20 万 km，等外公路 80.46 万 km。

在“十五”期间实施了以提高国土交通通达度、改善农村道路质量为主要目标的大规模农村公路建设，使得农村公路通达度明显提高，农村公路覆盖面明显扩大，从根本上改善了我国农村的交通条件。农村公路建设取得了划时代意义的重大成就，极大地改善了农村生产和生活条件，为统筹城乡发展，加快社会主义新农村建设，产生了巨大的推动作用。2009 年底，全国农村公路（含县道、乡道、村道）里程达到 336.91 万 km。全国通公路的乡（镇）占全国乡（镇）总数的 99.60%，通公路的建制村占全国建制村总数的 95.77%。

高速公路突破三千公里的省（区、市）为 7 个，分别是河南（4 861km）、山东（4 285km）、广东（4 035km）、江苏（3 755km）、河北（3 303km）、浙江（3 298km）和湖北（3 283km）。2009 年，全国公路密度达 40.22km/100km^2。

（2）铁路网络规模扩大、结构优化，为经济发展提供了基本保障。铁路作为大众化交通工具，是已知陆上交通方式中最有效的一种。在很长一段时期里，铁路以其安全性和舒适性的特点，堪称中国路上运输中的“铁老大”。“十五”期间，重点建设了在我国交通运输中起骨干作用的高标准、高质量、大能力的铁路主通道。“十一五”期间，以客运专线、区际干线、煤运通道、西部铁路为重点的大规模铁路建设全面展开。经过持续大规模的新线建设和既有线改造，中国铁路无论是数量还是装备水平都上了一个新台阶，铁路网规模进一步扩大，路网结构得到优化，运输限制明显减少，主要运输通道能力紧张状况大为缓解，基本打破了长期以来铁路对国民经济发展的“瓶颈”制约，改变了铁路运输生产力严重不适应社会经济发展的状况。

2007 年底，我国铁路营业里程位已经居世界第三，亚洲第一；复线铁路和电气化铁路里程也均位居亚洲第一。到 2009 年底，我国运营里程达到 8.6 万 km，客运专线 5 000 多 km，城际轨道交通 1 000 多 km。目前，正在加快发展城际轨道交通，重点建设京津冀、长江三角洲、珠江三角洲地区城际轨道交通。

现在我国铁路已基本形成以北京为中心，以四纵、三横、三网和关内外三线为骨架，连接着众多的支线、辅助线、专用线，可通达全国的省市区的铁路网。四纵是指京广线、京九线、京沪线、北同蒲—太焦—焦柳线；三横是指京秦—京包—包兰—兰青—青藏线、陇海—兰新线、沪杭—浙赣—湘黔—贵昆线；三网是指东北铁路网、西南铁路网和台湾铁路网；关内外三线是指京沈线、京通线和京承—锦承线。

（3）港口基础设施规模扩大，专业化码头建设取得突破性进展。建国初期，我国沿海港口泊位数仅有 161 个，港口泊位不足，设施落后，货物的装卸主要依靠人挑肩扛。经过六十多年的建设，特别是改革开放三十多年，基础设施建设突飞猛进，取得了历史性的巨大成就。20 世纪 90 年代以来，在加快港口建设的同时，开始注重现代深水化、大型化、专业化码头的建设。一批大型原油、铁矿石、煤炭、集装箱等专业化码头和深水航道工程相继建成，港口专业化泊位比重超过 50%。我国港口的基础设施规模明显扩大，港口码头泊位也继续增加。

截至 2009 年底，全国内河航道通航里程 12.37 万 km。其中，等级航道 6.15 万 km，占总里程的 49.8%；三级及以上航道 0.88 万 km，占总里程的 7.1%。全国港口拥有生产用码头泊位 31 429 个，其中万吨级及以上泊位 1 554 个。全国沿海港口拥有生产用码头泊位 5 320 个，其中万吨级及以上泊位 1 261 个。内河港口拥有生产用码头泊位 26 109 个，其中万吨级及以上泊位 293 个。截至 2008 年底，全国港口数量为 413 个。其中，年吞吐量在 1 000 万 t 以上的沿海港口 36 个，200 万 t 以上的内河港口 87 个。

目前，我国基本形成了包括主要港口、地区性重要港口和其他一般港口三个层次的港口体系，在长三角、珠三角、环渤海、东南沿海、西南沿海五大区域形成了规模庞大并相对集中的港口群。内河主要港口面貌也有较大的改观。在长江、西江干线、长三角、珠三角地区建成了一批集装箱、大宗散货和汽车滚装等专业化泊位。改革开放以来，我国港口在国内外经济、贸易、科技发展的环境下，逐步发展壮大，从数量增长走向质量和效益的发展阶段。

(4)航空运输发展迅速。航空与航天是20世纪人类认识和改造自然进程中最活跃、最有影响的科学技术领域，也是人类文明高度发展的重要标志。新中国成立六十多年来，我国民航事业走过了一条从小到大、逐步成长为世界民航大国的光辉发展历程。新中国成立初期，我国仅有12架小型飞机，12条短程航线。改革开放以来，航空运输发展迅速，国际地位显著提高，航空运输业基本建设投资规模不断扩大，尤其是20世纪90年代以来，国家不断加大对民航的投资，大力加强基础设施建设，运输网络不断扩大，运输能力显著增强。随着人民生活水平不断提高，乘坐飞机出行或旅游已经不再是遥不可及的事情了。目前，我国已形成了一个国内四通八达、干线与支线相结合以及联结世界主要国家和地区的航空运输网络。全国绝大多数的直辖市、省会、自治区首府以及沿海开放城市和主要旅游城市都拥有较现代化的民用机场，一些边疆地区、少数民族地区、地面交通不便地区也拥有相应规模的民用机场。

截止到2009年，我国民航定期航线航班达到1 532条，其中国内航线(包括港澳航线)1 235条，国际航线297条。我国境内民用航空(颁证)机场共有166个(不含香港、澳门和台湾，下同)，其中定期航班通航机场165个，定期航班通航城市163个。

(5)管道运输事业较大发展。管道运输可分为油品管道(原油管道、成品油管道和液态管道等)，气体管道(天然气管道和二氧化碳气体管道等)以及固体料浆管道(煤浆管道等)。我国管道运输始于1958年，当时管道运输里程仅有0.02万km，随着我国炼油业的发展，输油(气)管道从小到大不断发展。"八五"以来，我国的长输管道建设有了新突破，油气长输管道以每年约400余公里的建设速度递增，相继建成了一批长输管道。长输管道建设不仅在陆地上有所发展，而且也向海洋、沙漠中延伸。经过几十年的建设，到2008年末，全国输油(气)管道里程达5.83万km，其中，输油管道3.07万km，输气管道2.76万km。

目前，我国已经形成了东北、华北、中原、华东和西北广大地区四通八达、输配有序的石油、天然气管网运输体系。全国100%天然气、90%以上的石油通过长输管道源源不断地输向炼油厂、化工厂及海运码头。长输管道建设不仅在陆地上有所发展，而且也向海洋、沙漠中延伸。

西气东输工程于2002年7月4日开工建设，并于2004年12月30日全线供气。它西起新疆轮南，经过戈壁沙漠、黄土高原、太行山脉，穿越黄河、淮河、长江，途经九个省、自治区、直辖市，最后到达上海，全长约4 000km。该工程是目前我国管径最大、管壁最厚、压力等级最高、技术难度最大的管道工程，创造了世界管道建设史上的高速度。它的建成和运营开通了横贯东西的一条能源大动脉，标志着我国天然气管道建设整体水平上了一个新台阶，对于推进西部大开发、加快中西部地区发展具有重大作用。

目前，我国主要有原油管道、成品油管道和天然气管道。原油管道主要集中在东部地区，成品油管道很少，天然气管道主要集中在西部地区。从长远发展来看，管道运输将成为我国油气能源物资输送不可或缺的重要途径，而且还会对我国港口、航运及公路运输的布局和产业结构调整产生重大影响。

新中国成立以来，特别是改革开放三十多年来，铁路、公路、航空、港口和管道运输各种运输方式的快速发展，形成了庞大的交通基础建设总量，交通运输发展逐步改变了单一运输方式分别发展的模式，更加注重发挥各种运输方式不同的技术经济特点和比较优势，注重几种运输方式的衔接，充分发挥综合运输优势。一个以公路为基础，铁路为骨干，充分发挥航空、水运、管道比较优势，结构合理、有机衔接、协调发展、资源节约、环境友好的现代综合交通运输网络已基本形成。

2. 交通运输量及港口吞吐量大幅增长

随着改革开放的不断深入和经济的发展，交通运输基础设施不断完善，旅客和货物运输量和周转量迅速增长。2009 年，全国旅客周转量 24764.7 亿人·km，完成货物运输量 278.8 亿 t、货物周转量 121 211.3 亿 t·km。

截至 2009 年 12 月底，公路运输累计完成客运量 278 亿人，比上年同期增长 3.6%，旅客周转量 13 450.7 亿人·km，比上年同期增长 7.8%。公路客运量和旅客周转量增幅都比上年均有所减少。在货运量方面，2009 年全年，全国公路货运量为 209.69 亿 t，同比增长 9.4 个百分点，增速比上年同期有所下降。而在货物周转量方面，全年全国公路货物周转量为 36 383.52 亿 t·km，累计比上年同期增长 10.7%，也比上年同期有所下降。

随着我国港口基础设施的建设以及装卸设施、支持系统的配套，港口货物吞吐量、特别是集装箱吞吐量大幅提高。2009 年，全国港口货物吞吐量达 76.57 亿 t，货物吞吐量连续 6 年蝉联世界第一。2008 年，我国港口集装箱吞吐量达到 12 831 万标箱，我国港口集装箱吞吐量已连续六年蝉联世界第一。有 8 个港口吞吐量进入世界前 20 强，16 个港口进入世界前 100 名，上海港成为世界第一大港。

2009 年，我国机场吞吐量各项指标再创历史新高，其中旅客吞吐量 48 606.3 万人次，比上年增长 19.79%，旅客运量居世界第二位。其中，国内航线完成 44 900.9 万人次，比上年增长 22.02%（其中，内地至香港、澳门和台湾地区航线为 1 166.0 万人次，比上年增长 13.46%）；国际航线完成 3 705.4 万人次，比上年降低 1.92%。完成货邮吞吐量 945.6 万 t，比上年增长 7.04%。其中，国内航线完成 625.1 万 t，比上年增长 10.85%（其中，内地至香港、澳门和台湾地区航线为 45 万吨，比上年增长 2.45%）；国际航线完成 320.5 万 t，比上年增长 0.32%。

3. 交通运输设施和装备水平大幅提升

在交通运输基础建设不断加强、运力结构显著改善、运输能力不断提高的同时，由于先进科学技术的开发和广泛应用，综合交通体系技术装备水平、运输工具的数量也大幅提升。机车车辆、客货运汽车、民用飞机、各种船舶等交通运输的客货运输设施快速发展。

(1)公路运输装备水平提高，汽车产业水平不断提升。1949 年底，全国拥有民用汽车仅 5 万余辆，大多数是技术状况低下的破旧汽车。1978 年底，全国民用汽车达到 135.84 万辆，其中，载客汽车 25.90 万辆，载货汽车 100.17 万辆，分别为 1949 年的 26 倍、15 倍和 30 倍。2009 年底，全国民用汽车保有量达到 7 619.13 万辆(包括三轮汽车和低速货车 1 331 万辆)，比上年底增长 17.81%，其中，私人汽车保有量 5 218 万辆，增长 25.0%。载客汽车保有量为 4 840.81 万辆，增长 25.73%；载货汽车 1 368.61 万辆，增长 21.61%。在公路运输车辆不断增加的同时，车辆装备水平也不断提高，高档化、舒适化、大型化、专业化车辆比重上升，高档载客汽车和大型化专业化载货汽车迅速增加。目前，在公路的运力结构上，形成了大、中、小型相配套，高、中、低档相结合的格局。公路旅客运输向快捷、舒适、安全发展，公路货运向快速、长途、重载发展，专用车产品向重型化、专用功能强、技术含量高的方向发展。

改革开放初期，我国轿车工业基本上是空白。进入21世纪以来，我国汽车产业一直保持着较快的发展速度，成为拉动国民经济增长的支柱产业。我国已进入世界主要汽车生产与消费国家之列，并已成为世界汽车工业重要的组成部分，汽车消费市场的持续增长为产业发展提供了良好条件。随着国民经济快速发展、城镇化建设加快、人民生活水平不断提高，汽车已经成为人民生活的重要消费品。汽车开始进入家庭，私人购车成为市场主流，部分发达地区正在步入汽车社会。2009年，民用轿车保有量3 136万辆，增长28.6%，其中私人轿车2 605万辆，增长33.8%，相当于每百人拥有3.9辆轿车。在轿车产能不断增长的同时，汽车产品自主研发和技术创新能力在逐步提高，产品制造技术已接近国际先进水平，新能源汽车的产品研发不断取得新成果。部分汽车零部件初步具备了国际竞争优势；自主品牌的汽车产品不断扩大国内市场份额，并开始批量出口；骨干企业的规模与实力不断增强，部分企业尝试开展国际化经营，我国的汽车产业展示了良好的发展前景。

(2)铁路旅客列车运行速度提高，货运重载技术取得突破。铁路从1997年4月1日到2009年的十二年中，陆续进行了六次大面积提速，主要运输线路技术水平不断提高。通过提速，主要城市间旅行时间普遍压缩了一半以上，运行速度已迈入世界先进行列。铁路货运重载技术取得突破，达到世界先进水平，创造了世界铁路重载运输的奇迹。铁路主要干线普遍开行了5 000～6 500t货物列车，达到世界先进水平，从根本上扭转了我国铁路列车速度长期在低水平徘徊、不适应市场需求的局面，铁路装备行业在较短时间内实现了关键领域的跨越式发展。目前，铁路已经形成了“四纵两横”的提速网络，时速160km及以上的线路延展里程达到16 000km，覆盖了全国大部分地区和主要城市。青藏铁路于2006年7月1日正式投入运营，是我国铁路建设技术水平不断提高的最好体现，创造了世界一流水平。上海磁悬浮示范运营线路的成功投产表明中国交通正在迅速向以高技术集成为显著特征的现代运输方式迈进。客运专线、城际铁路和高速铁路建设全面推进，京津城际开通运营开辟了中国高速铁路的新纪元。客车、货车和机车的制造水平大幅提升，动车组、大功率机车国内设计制造能力达到国际先进水平。

(3)港口基础设施规模不断扩大，集装箱码头装备水平提高。沿海港口逐步建设了一大批专业化泊位，港口集装箱、大宗散货和汽车滚装等大型专业化码头发展迅速，港口机械化和专业化水平不断提高，作业效率显著提高。2007年5月9日，上海盛东国际集装箱码头有限公司打破船时效率和单机效率两项集装箱装卸作业世界记录，标志着我国港口集装箱码头的软硬件设施已进入世界一流水平，我国主要港口的集装箱装卸效率已达世界先进水平。运输船舶向大型化、专业化和标准化方向发展，净载重吨位不断上升。2008年底，我国拥有营业性远洋运输船舶2 136艘，海运船队运力规模跃居世界第四位，中远船队运力规模居世界前列，中远、中海双双进入世界班轮公司前十位。另外，深水筑港和航道整治技术取得重大突破，长江口深水航道工程抗软化成果世界领先，长江口、珠江口航道整治一二期工程的完成，其通过能力和大型船舶适应性明显提高。

(4)民用飞机应用水平达到国际水平。目前，民航业已建成了现代化的空中交通管理系统，建成了适应民航可持续发展需要的科技引进、消化、开发和创新体系，建成了多层次、全方位、系统化的人力资源开发体系和完备的法律法规体系，航空安全综合保障能力逐步增强，航空安全水平接近民航发达国家水平。民航首都机场、上海机场和广州机场等三大枢纽机场初步达到国际先进水平。

(5)长输油气管道技术跻身国际先进水平之列。目前，管道勘察、选线已经应用航空遥感和卫星定位技术，管道设计采用了先进的计算机辅助设计，管道施工的开沟、布管、焊接、下沟回填实现了自动化一条龙施工作业。我国已具备了在国际市场上进行长距离输送管道及其配套工程的设计、施工能力，年管道建设能力由 20 世纪 70 年代的 400 多公里，提高到现在的 2 500km。1989 年，在平均海拔 3 000 多米的青藏高原上建成了世界上最高的输油管道——花土沟至格尔木输油管道。1990 年，建成了亚洲最长的依兰至哈尔滨 246km 煤气管道。经过科技攻关，1996 年在"死亡之海"塔克拉玛干沙漠建成了世界上第一条位于流动沙漠中的输油、气管道。我国的管道运输技术水平已跻身国际先进水平之列。

4. 现代管理和信息化得到广泛应用

随着计算机和网络技术的普及，铁路车号自动识别及铁路运输管理系统等技术已得到普遍应用；公路不停车收费和联网收费、船舶交通管理、海运信息化管理等系统已接近国际先进水平；民航票务和结算系统达到较高水平；管道运输数据采集与监控系统等已得到广泛运用。智能交通系统技术研究正在我国全面启动，部分城市已经建立了信息化交通管理指挥中心，以人为本的服务意识及高品质的服务质量带来了交通运输管理水平不断提高。

由于现代化信息管理技术的应用和基础设施、技术装备水平的提高，运输服务质量有了较大改善。以铁路第五次提速和高速公路快速客运班车为标志，发出夕发朝至列车、快速列车、城际列车、旅游列车、动车组等适应市场需求的运输新产品，运输服务呈现多层次、多样化、个性化和快速化的发展趋势，基本可满足非节假日条件下各类旅客出行的需求。以便捷、高效为目标的货物运输服务体系正在形成，货物运输代理、物流服务、多式联运、快递业务和信息服务等运输服务方式发展迅速，货物运输及时性和延展性有所提高，带动了运输服务质量的全面提升。

随着我国经济的持续快速发展，大中城市客流量成倍或成几十倍的增长，对原有的以地面交通为主的城市公共交通行成了较大的压力。针对这种情况，各主要大中城市根据自身的总体规划、经济发展和城市人口分布状况，充分依靠科学技术与管理，逐步形成了地面公共汽车、出租车、地铁和轻轨相结合的城市综合交通体系和网络，城市公共交通系统日臻完善。为了节能降耗、减少污染，很多城市的公共汽车采用了天然气动力。为了体现公交优先的原则，有些城市设立了公交专用车道。同时，管理水平不断提高，GPS 卫星定位技术已在公共汽车、出租车上被广泛应用，形成了技术先进的车辆管理调度系统。为解决大城市交通拥堵问题，城市轨道交通得到快速发展。城市轨道交通网络的基本骨架的构建，为城市居民提供了一个快捷、安全、清洁、方便的出行环境，同时也促进了经济的快速发展。

相信在不久的将来，经过进一步的建设和发展，我国交通运输业的基础设施会更加完善，技术和管理水平会显著提高，各种运输方式将有效衔接、运力布局进一步优化。届时，一个方便、快捷、舒适、安全、完善的交通体系将会展现在我们的面前。

二、现代交通行业的发展

交通行业是国民经济的基础性产业和服务性行业，推进交通由传统产业向现代服务业转型，实质上就是推进现代交通业的发展。我国公路交通行业在"以人为本"的科学发展观指引下，认真贯彻中央宏观调控的各项政策措施，交通经济运行的稳健性持续提升，发展的协调性继续改善，全国基础设施建设与客货运输生产实现平稳较快发展。经济的发展与社会的进步对公路交通运输提出了新的更高的要求。

1. 推进现代交通行业发展的背景及战略构想

当今世界正在发生广泛而深刻的变革，随着经济全球化浪潮迅猛发展，世界多极化趋势日益深入，科学技术进步日新月异，中国正处于全面建设小康社会的关键时期，经济社会快速发展，对外开放日益扩大，工业化、信息化、城镇化、市场化、国际化深入发展，经济结构加速调整，消费结构逐步升级，城乡区域协调发展，带来了旺盛的客货运输要求，安全可靠、经济高效、便捷舒适乃至个性化的价值取向不断增强，对交通行业提出了新的更高要求。基于对多年来的中国交通运输实践经验的总结、交通运输发展规律的深刻认识和对交通运输阶段性的特征的科学分析，国家提出发展现代交通运输业的战略构想：中国交通运输业要紧紧抓住中国经济发展向第一、二、三产业协同带动转变，加快服务业发展的历史机遇，用现代科学技术、管理技术改造和提升交通运输，提高基础设施、运输装备的现代化水平和运营效能；适应现代服务业的发展要求，不断拓展交通运输服务领域；走资源节约、环境友好的发展之路；促进综合运输体系发展，提高交通运输现代化水平。

发展现代交通运输业是新时期交通运输发展具有全局性、方向性的重大战略。推进现代交通运输业的发展，实质上就是提升发展理念与发展战略，优化发展路径与发展手段，提高行业管理与服务能力等。以上问题的关键在于实现发展方式的根本性转变：一是由主要依靠基础设施投资建设拉动向建设、养护、管理和运输服务协调拉动转变；二是由主要依靠增加物质资源消耗向科技进步、行业创新、从业人员素质提高和资源节约环境友好转变；三是主要依靠单一运输方式的发展向综合运输体系的发展转变。

2. 建设创新型交通行业

交通运输业是支撑经济良性发展、促进社会全面进步的基础性、先导性产业，与国民经济的发展和人民生活的改善息息相关。为更好地适应经济社会发展的需要，我国公路、水路交通发展明确地提出了建设创新型交通行业的重大战略任务，确定了建设创新型交通行业的发展目标：到 2020 年，公路水路交通行业的创新实力显著增强，解决交通发展重大问题的能力显著提高，在交通建设、运输、管理、服务各领域的创新工作取得显著进展，使交通行业成为富有创新活力、具有创新动力和拥有创新实力的行业，推动交通又好又快发展，建设一个更安全、更通畅、更便捷、更经济、更可靠、更和谐的公路水路交通系统。

1)提高交通供给能力，加快交通基础设施建设

(1)加快农村公路建设，推进“通畅工程”和“通达工程”。到 2010 年，已基本实现全国所有具备条件的乡(镇)通沥青(水泥)路(西藏自治区视建设条件确定)，东中部地区所有具备条件的建制村通沥青(水泥)路，西部地区基本实现具备条件的建制村通公路。

(2)国家高速公路网规划建设。到 2010 年底，实现“东网、中联、西通”的目标，建成 5.0 万～5.5 万 km，完成西部开发 8 条公路干线中的高速公路，基本贯通“7918 网”中的“五射两纵七横”14 条路，最大限度地满足人的出行要求，创造出安全、舒适、便捷的交通条件，使人们直接感受到高速公路系统给生产、生活带来的便利，并强化高速公路对于国土开发、区域协调以及社会经济发展的促进作用，贯彻国家经济发展战略。

(3)铁路网的中长期规划建设。到 2020 年，全国铁路营业里程达到 10 万 km，实现铁路营业里程的跨越式发展。同时，铁路将在目前五次大规模提速的基础上进一步提速，形成快速客运网络，实现铁路旅行速度的飞越。此外，提升铁路科技水平，带动铁路发展，加快快速客运专线、城际客运系统建设和电气化改造、既有线技术改造、枢纽建设和集装箱运输、能源运输通道建设等；

扩大西部路网规模，形成西部铁路网骨架；强调枢纽建设，以铁路枢纽带动综合运输枢纽发展。

(4)内河航道与沿海港口布局规划建设。《全国内河航道与港口布局规划》的实施期为2007～2020年。《全国内河航道与港口布局规划》将全国内河航道划分为两个层次，分别是高等级航道和其他等级航道；将全国内河港口划分为三个层次，分别是主要港口、地区重要港口和一般港口。本次规划的重点是内河高等级航道和主要港口。在水运资源较为丰富的长江水系、珠江水系、京杭运河与淮河水系、黑龙江和松辽水系及其他水系，形成长江干线、西江航运干线、京杭运河、长江三角洲高等级航道网、珠江三角洲高等级航道网和18条主要干支流高等级航道(简称两横一纵两网十八线)的布局，构成我国各主要水系以通航千吨级及以上船舶的航道为骨干的航道网络。

全国沿海港口布局的具体方案是：根据不同地区的经济发展状况及特点、区域内港口现状及港口间运输关系和主要货类运输的经济合理性，将全国沿海港口划分为环渤海、长江三角洲、东南沿海、珠江三角洲和西南沿海5个港口群体，强化群体内综合性、大型港口的主体作用，形成煤炭、石油、铁矿石、集装箱、粮食、商品汽车、陆岛滚装和旅客运输等运输系统的布局。

2)提高汽车企业自主创新能力，逐步实现汽车产业由大到强的转变

进一步提高对国民经济发展及全面建设小康社会的支撑作用，基本形成我国汽车产业自主研发和技术创新能力，大力发展自主品牌，产业结构调整取得明显成效，节能、环保、安全及回收利用技术应用接近或达到国际先进水平，更深程度地参与国际汽车产业的合作与竞争，建成国民经济支柱产业，并为建成世界汽车工业强国打下基础。

(1)提高自主创新能力，企业应充分利用汽车行业多年来已引进的技术和产品，通过集成创新和消化吸收再创新的实践，发展各类专有、专利技术，增强企业的核心竞争力。全面提高企业研发能力，充分利用国内、外各种技术资源，采用多种方式开展产品研发和技术攻关活动，不断积累研发经验，注重培养、使用各类专业人才。加快形成各类汽车产品及发动机等重要动力总成、零部件的自主研发能力，大力发展自主品牌。

(2)促进节能、环保、安全技术的发展。节能、环保、安全技术是技术进步的主导方向。新能源汽车的研发是实现技术跨越的重点领域。注重提高经济环保型乘用车整体水平及实用性、安全性、乘用舒适性技术。进一步提高汽车排放水平，加强汽车安全技术的研究与应用。目前，高新技术已成为进一步提高汽车产品节能、环保、安全及使用性能的主要手段，是自主创新的核心内容。提高发动机技术水平、发展汽车电子技术和新材料技术是汽车产业技术进步的主攻方向。

3)工程机械行业持续发展，将逐步推向国际化发展轨道

(1)国家预计投资兴建的各项工程孕育着未来工程机械行业的发展机遇。在铁路建设方面，增加铁路建设投资，加密路网建设，同时加快9条铁路干线和高速铁路的建设；在公路建设方面，预计到2020年形成由中心城市向外放射的以及横联东西、纵贯南北的公路交通大通道，简称“7918网”工程；在水利建设方面，将突出防洪工程建设，建立水资源配置框架，全面实施南水北调工程，并加大对“三农水源”的建设投资；在水电建设方面，将重点发展绿色能源，除了正在建设的八大水电工程项目外，还将追加投资4 300多亿元用于规划西电东送项目；在能源矿山建设方面，国家将启动新的天然气开发与输送工程。同时，国家城市化建设发展方针不变，建筑业仍然是工程机械的主要市场。

(2)努力发展市场急需的大型施工装备，改变全部依靠外国进口的局面。支持关键配套零部件的发展，提升整机国产化水平的目的，提高国产设备竞争力，实现民族工程机械在竞争中

成就民族品牌的光荣与梦想。

为实现建设创新型交通行业的目标，要按照建设创新型国家的战略部署，把增强创新能力作为公路水路交通发展的战略基点，立足“三个服务”，走以创新促发展之路。“三个服务”就是：服务国民经济和社会发展大局，积极推进国家高速公路网、国省干线、港口、航道等基础设施建设，做到又好又快；服务社会主义新农村建设，把农村公路建设作为“十一五”交通工作重中之重，新建改建农村公路120万km，使4.7亿农民直接受益；服务群众安全便捷出行，加强公路安全保障工程、水上搜救体系等建设，不断提高交通公共服务水平。

3.坚持可持续性发展，实现交通运输发展与自然生态的和谐统一

人们越来越认识到可持续发展的重要性，而交通运输的可持续发展对整个国家可持续发展战略的实施具有重要意义。我国正处于快速城镇化和机动化发展时期，城市交通拥堵、环境污染等问题日益突显，必须构建可持续交通体系，以推动国家可持续发展战略的实施。可持续交通是能以环境友好、资源节约和社会公平的方式不断满足人们日益增长的出行需求，持续满足经济发展和社会进步的客观要求的交通。归纳起来，包括三个内涵：第一，所谓可持续交通首先要满足经济社会的可持续发展，适应全面建设小康社会、快速工业化、城镇化和参与经济全球化等对交通运输的需求；第二，要满足公平性和多样化的运输需求，能够惠及全体民众，使居民和货主有更多的运输选择，达到安全可靠、便捷舒适、经济合理的目标；第三，要满足交通发展与自然和谐的要求。可持续交通发展要义的首先是发展，其次是发展什么、怎样发展。当前，我国交通面临的主要矛盾是：交通供给能力不足，运输服务水平不高与日益增长的多样化交通运输需求之间的矛盾，同时环境、资源因素的制约性也日益显现。需要应对的挑战就是扩充能力、改善服务、缓解制约。因此，在“十二五”以及未来，我国交通发展一定要走可持续发展的道路。

以节约集约利用资源和保护生态环境为主线，切实转变发展方式，提高交通运输发展的质量和效益，实现交通运输发展与自然生态的和谐统一。

1)科学合理利用稀缺资源，实现集约发展

完善公路等用地及建设的相关标准，提高水资源综合利用水平，遵循“减量化、在利用、资源化”的原则，在交通运输领域大力发展循环经济。

2)推进节能减排，发展清洁运输

进一步完善公路、水路、港口、民航的节能减排指标体系，积极推广应用交通运输节能新技术、新设备、新产品、新工艺。完善运输装备的市场准入和退出机制，控制和减少污染排放。

3)加强环境保护，建设生态文明

完善运输环境保护综合协调机制和相关行业政策及标准规范，建立交通运输环境保护监测评估体系，将环境保护落实于规范、设计、施工、运营的全过程。

未来我国可持续交通发展战略目标应该是建立与我国社会经济发展要求相适应的安全、便捷、高效、经济、公平、绿色的综合运输系统，要全面落实以人为本，全面、协调、可持续的科学发展观，走“二高五低一适应”的适合我国国情的发展之路，即通过加快交通管理体制改革，构建与可持续交通发展相适应的综合管理体制；通过加快交通发展和科技进步，建设高通达、高覆盖率的交通基础设施网络和高品质、高效率的运输服务系统；通过加快外部成本内部化，发展低能耗、低污染、低资源占用、低事故率和低财政负担的交通运输方式及装备。为此，要加快运输通道建设，优化网络结构；加强综合运输枢纽建设，实现一体化运输；建立以公共交通为导向的城市交通发展模式；以提高资源利用效率为重点，实现节约型交通；控制污染物和温室气体排放，保护生态环境；建立完善的交通安全保障体系，形成整体有效的交通安全管理体制；重

点扶持绿色交通工具和智能交通技术，打造中国交通科技产业。国家应分阶段完善综合交通管理体制，利用经济杠杆促进可持续交通的发展，统筹规划、优化结构、发挥各种运输方式的优势，切实落实公交优先和交通需求管理的政策，强化交通节能和鼓励替代能源使用，推进交通与环境协调发展，加强全民参与意识，促进交通与社会和谐发展。

第二节　交通行业职业资格

【观点导读】

1. 推行职业资格认证是加强交通行业技能型人才队伍建设的重要措施，实行职业资格准入制度有助于规范劳动力市场秩序，也有助于提高交通行业从业者学习能力和就业能力，使从业者树立终生学习的观念。

2. 交通运输业是国民经济的命脉，关系着社会公共利益和人民生命财产安全。全面实施交通行业准入制度，对重要岗位的从业人员实行准入制度，是保证交通从业人员的素质、提高行业服务质量的有效措施。

随着经济全球化进程的加快，21 世纪世界各国的竞争必将成为经济实力和科技水平的竞争，归根结底是劳动者素质和人才的竞争。联合国和国际劳工组织提供的数据显示，劳动生产率与劳动者文化程度呈现出高度的正相关性，即受教育程度越高，提高生产率的比例就越大。社会经济的发展，使各行各业对高素质人才的需求逐步提高，除了求职者水涨船高的学历证书外，通过参加职业培训而考取职业资格认证也成了求职者关注的焦点。1999 年 6 月，中共中央、国务院发布了全面推进素质教育的决定，再次重申要在全社会实行学业证书和职业资格证书并重的制度。学历文凭制度，是以教育部门为主导，以学科分类和学科教育为标准，接受普通学校教育和成人教育，通过学历文凭考试，取得学历文凭证书。国家职业资格制度，是以劳动部门为主导，以职业分类和职业资格为标准，接受职业学校教育和成人培训，通过职业技能鉴定，取得职业资格证书。这两者虽然有着不同的属性，但是又存在密切的联系，因为讨论职业资格问题最有效的参照物就是学历文凭。推进职业教育与学科性教育，使其共同成为国家人力资源开发的有效手段，将极大地推进中国职业资格制度建设的进程。

随着我国职业资格证书制度的推行、企事业单位用人条件的提高以及劳动力市场体系的完善，经职业技能鉴定取得职业资格证书，便成为毕业学生叩开劳动力市场大门、进入企事业单位就业、任职或自谋职业、独立创业的有效证件。

一、职业资格与准入

社会分工促使职业的产生，特定职业在不断发展演化的过程中逐步形成一定的工作规范，使得从业人员必须依据相应的规范从事职业劳动。由此，职业资格应运而生。职业资格一般是指对从事某一职业从业人员所必备的知识、技能和能力的基本要求。职业资格需要评价，职业资格考试承担着对职业资格进行评价和认证的职能，反映了劳动者为适应职业劳动需要而运用特定的知识、技术和技能的能力。一般认为，专业技术资格考试、执业资格考试、国家公务员录用考试、职业技能鉴定都属于职业资格考试的范畴。在小农经济和手工作坊式生产时期，一名从事传统手工业的学徒的职业资格，往往是由其师傅根据行业内约定俗成的内容来进行评价的。这一时期人才的流动性非常有限，职业转换的可能性很小。进入 19 世纪，随着西方工业革命的完成，西方发达国家陆续进入经济起飞阶段，这些国家对人才(特别是技能型人才)的旺盛需求带来了职业教育的大发展，职业资格及其认证在技能人才培养和劳动力市场的完善等方面发挥了积极的导向和控制功能，从而促进了这些国家经济的进一步发展。

1.职业资格的分类

(1)按对应的工作性质划分，职业资格包括专业技术资格(含执业资格)、技能资格以及公务人员(含职员、雇员)资格等。

(2)按认证机构划分，职业资格又可分为国家职业资格(政府部门主导)和民间职业资格(包括协会等中介组织认证和厂商认证等)。在历史上，第一方认证和第二方认证都曾存在，而目前国际上通用的认证方式是第三方认证。

(3)按证书通用的区域范围划分，职业资格又分为国家职业资格和地方职业资格，以及国内证书和国际证书。

(4)按许可与否划分，职业资格在我国又被划分为行政许可类职业资格和非行政许可类职业资格。

(5)按法律效力划分，职业资格又可分为从业资格和执业资格，前者是非强制性的水平认证，后者则是强制性的准入资格。

从业资格是指从事某一专业(职业)的学识、技术和能力的起点标准，即从事某种职业的起点资格、起码水平。一般可以通过学历认定或初级专业理论和技能资格水平考试取得。根据《职业资格证书制度暂行办法》的规定，具备下列条件之一者，可确认从业资格：

①具有本专业中专毕业以上学历，见习一年期满，经单位考核合格者；

②按国家有关规定已担任本专业初级专业技术职务和通过专业技术资格考试取得初级资格，经单位考核合格者；

③在本专业岗位工作，经过国家或国家授权部门组织的从业资格考试合格者。

从业资格中，又包括两种：一种是从事某种职业必须具备的资格。根据我国《劳动法》、《职业教育法》、劳动保障部《招用技术工种从业人员规定》规定，对从事技术复杂、通用性广、涉及国家财产、人民生命安全和消费者利益的职业(工种)的劳动者，必须经过培训，并取得职业资格证书后，才可以就业上岗，这种技术工种(职业)有87个。另一种是不必须具备的资格，如企业人力资源管理师，有没有这个证书，都可以做人力资源管理工作。这个证书仅供用人单位在招聘人力资源管理类人才时参考。

执业资格是指政府对某些责任重大、社会通用性强、关系公共利益的专业(职业)实行准入控制，是依法独立开业和从事某一特定专业(职业)的学识、技术和能力的必备标准。执业资格通过考试方法取得。执业资格考试由国家定期举行，考试实行全国统一大纲、统一命题、统一组织、统一时间。经职业资格考试合格的人员，由国家授予相应的职业资格证书。职业资格证书是持有证书的专业技术人员的专业水平能力的证明，可以作为求职、就业的凭证和从事特定专业的法定注册凭证。执业资格实行注册登记制度，取得《执业资格证书》后，要在规定的期限内到指定的注册管理机构办理注册登记手续。所取得的执业资格经注册后，全国范围有效。超过规定的期限不进行注册登记的话，执业资格证书及考试成绩就不再有效。

执业资格已实行考试的有：建造师(一级、二级)、监理工程师、注册建筑师、注册结构工程师、执业药师(执业中药师)、房地产估价师、注册会计师、注册资产评估师、造价工程师、珠宝玉石质量检验师、注册税务师、拍卖师、企业法律顾问、矿产资源储量评估师、假肢与矫形制作师、注册城市规划师、棉花质量检验师、矿业权评估师、注册咨询工程师、注册土木工程师、注册安全工程师等。

2.职业资格证书制度

(1)概述。职业资格证书制度是劳动就业制度的一项重要内容,是按照国家制定的职业技能标准或任职资格条件,通过政府认定的考核鉴定机构,对劳动者的技能水平或职业资格证进行客观公正、科学规范的评价和鉴定,对合格者授予相应的国家职业资格证书的一项制度。

(2)意义。推行职业资格证书制度,是落实党中央、国务院提出的"科教兴国"战略方针的重要举措,是我国人力资源开发的重要手段,是提高劳动者素质、促进就业的重要措施,是培育和发展劳动力市场的一项重要基础工作,有利于提高企业产品和服务质量、促进经济发展。

(3)任务和目标。"十五"期间,我国推行职业资格证书制度的主要任务和目标是:适应经济社会发展、提高劳动者素质和扩大就业的需要,以就业准入政策为切入点,在推进职业技能鉴定社会化管理的进程中,坚持行政管理与技术支持相结合,坚持严格质量控制与进一步扩大职业资格证书的覆盖面相结合,大力提升职业资格证书的社会认可程度,促进职业资格证书制度与新的就业制度、职业培训制度和用人单位人事劳动制度相互衔接,使职业资格证书制度在市场就业和引导劳动者素质的提高中发挥重要作用。

(4)作用。职业资格证书制度是把教育、培训、就业和企业制度联系在一起的纽带。

第一,作为与国际接轨的双证(学历证书和国家职业资格证书)之一,职业资格证书是从业者从事某一职业的必备证书,表明从业者具有从事某一职业所必备的学识和技能的证明。与学历文凭证书不同,职业资格证书与某一职业能力的具体要求密切结合,反映特定职业的实际工作标准和规范以及从业者从事这种职业所达到的实际能力水平。这样,职业资格证书在客观上成了毕业生与劳动力市场和用人单位之间交往和联系的基本媒介。用人单位首先通过证书了解学生,而学生也首先是通过证书向用人单位展现自己的素质和能力。所以,它是从业者求职、任职的资格凭证,是用人单位招聘、录用从业者的主要依据,也是境外就业办理技能水平公证的有效证件。

第二,职业资格证书具有一种身份的功能。这种身份反映了国家和社会的基本认可程度,体现了一种社会地位,而且也包含了非常丰富的社会资源或社会资本。例如,不同类型和层次大学的证书所具有的含义显然是不同的。因此,在学生就业过程中,证书所包含的内容往往是社会和用人单位非常重视的。

第三,在现代社会的用人制度和劳动力市场中,证书已经成了某种资格的象征。尽管这种教育证书并不是学生就业的全部条件,但它是就业的必要条件,就如同劳动力市场的"入门证"一样。

第四,职业资格证书可记入档案并与薪酬挂钩。根据我国劳动和社会保障部职业技能鉴定中心与英国伦敦工商会考试局(简称 LCCIEB)签署的"中英职业资格证书合作项目联合颁发合作协议",考取中国国家劳动和社会保障部职业技能中心(简称 OS－TA)认可的职业资格证书,不仅全国范围内通用,还可以作为进行法律公证的有效的文件,在全球 90 多个国家畅通无阻。

3.就业准入制度

随着社会经济发展和劳动体制改革的逐步深入,我国的劳动市场和大学生就业市场正沿着国家政策的导向走向市场的有序化和成熟化。在国家《劳动法》、《职业教育法》及《招用技术工种从业人员的规定》中都明确提出了要加强就业管理并大力推行国家职业资格证书制度,实行先培训后上岗制度。同时,对涉及国家财产、人民生命安全和消费者利益的87个职业人员,必须取得相应的职业资格证书。

对于在校大学生更不仅仅是在理论知识上达到一定的层次和要求,同时也要为进入社会、进入企业做好技能上的准备,真正做到符合社会需要、企业需要的复合型人才,逐步符合教育方针下的"持双证"毕业(毕业证和职业资格证)。

就业准入制度是国家职业资格证书制度的主要内容。所谓就业准入制度是指根据《劳动法》和《职业教育法》的有关规定,对从事技术复杂、通用性广、涉及国家财产、人民生命安全和消费者利益的职业(工种)的劳动者,必须经过培训,并取得职业资格证书后方可就业上岗的制度。

实施就业准入制度和确定实施的范围是根据国家职业资格证书制度实施步骤和总体目标并结合部分职业的特点、要求确定的,由劳动和社会保障部门向社会公布。某些职业(专业)由于其技术性、专业性强而约定俗成地很早就实行了职业资格证书制度,如律师、注册会计师、电工、锅炉工等。随着我国经济的飞速发展,科学技术水平的不断提高以及各行各业规范化的发展,一些原没有规定的职业也将逐步实施职业资格证书制度,例如当前的一些白领职业(人力资源管理、营销管理、行政管理、物流及物业等),最终目标是绝大多数职业岗位上的从业者都将实施职业资格证书制度。

建立规范的就业准入制度,是社会经济发展的必然结果,也是社会进一步发展的需要。它对提高劳动者的素质、规范劳动力市场建设、规范企业的用工行为、深化国有企业及劳动就业体制改革、促进经济发展有着十分重要的作用。

国家为保证就业准入制度的实行明确规定:职业介绍机构要在显著位置公告实行就业准入的职业范围;各地印制的求职登记表中要有登记职业资格证书的栏目;用人单位招聘广告栏中也应有相应职业资格要求。职业介绍机构的工作人员在工作过程中,对国家规定实行就业准入的职业,应要求求职者出示职业资格证书并进行查验,凭证推荐就业;用人单位要凭证招聘用工。新生劳动力和其他求职人员从事就业准入职业的,就业前必须经过一到三年的职业培训,并取得职业资格证书;对招收未取得相应职业资格证书人员的用人单位,劳动监察机构应依法查处,并责令其改正;对从事个体工商经营人员,要取得职业资格证书后工商部门才办理开业手续。

二、交通行业职业资格工作

在"九五"期间,我国交通职工培训新的格局已逐步形成,以交通行政执法人员岗位培训为重点,带动其他各项教育培训,初步形成了以资格性岗位培训为龙头,适应性岗位培训、工人技术等级培训、技术人员继续教育、职工学历教育等齐抓并办的格局。

1. 交通行业职业资格工作现状

近年来,我国交通行业职业资格培训虽然取得了长足的发展,但在相当长的一段时间内,交通行业职业资格制度的框架构建和实施原则的完整与完善程度还存在差距,与进入国际交通劳务市场的新要求还有一定的差距。作为关系人民生命财产安全的一个责任重大的行业,加快交通行业职业资格证书制度的建设,一方面,可减少质量事故的发生,保证投资安全,是交通基础设施的设计、施工、管理质量的需要;另一方面,可以进一步加强对工程企业资质和建设工程项目管理,规范施工管理行为,提高工程项目总承建及施工管理专业技术人员素质,维护建筑市场秩序,是进一步维护建筑市场秩序和社会公共利益的需要。

2002年，交通部开展了《公路水路交通行业职业资格制度建设框架》研究。2003年，交通部职业资格制度领导小组及办公室成立，正式启动交通行业职业资格工作。

（1）交通行业职业资格工作管理体制初步建立。2005年，交通部成立了交通专业人员资格评价中心（交通部职业技能鉴定指导中心），初步形成了部职业资格制度领导小组统一领导、领导小组办公室归口管理、业务司局监督指导、专门机构承办的工作格局。各省（区、市）交通部门职业资格工作，初步形成了职业资格制度领导小组统一领导、人事部门牵头、业务部门参与、专业局或专门机构承办的工作格局。

（2）出台专业技术人员职业资格制度。2005年7月，交通部印发了《交通行业关键专业技术岗位职业资格制度建设实施方案（试行）》（见附录二），初步明确了交通行业关键专业技术岗位职业资格制度建设总体框架。目前，交通部已经会同国务院有关部门先后出台了注册土木工程师（港口与航道工程）、注册验船师、机动车检测维修专业技术人员职业水平评价制度、注册土木工程师（道路工程）等4项国家职业资格制度。其中，注册验船师制度，是以我部为主建立的交通行业第一个行政许可类的国家职业资格制度。机动车检测维修专业技术人员职业水平评价制度，是以我部为主建立的交通行业第一个水平评价类的国家职业资格制度。

（3）交通行业技能人员职业资格制度建设（交通行业特有职业技能鉴定）工作扎实推进。原劳动和社会保障部先后批复了交通行业特有职业24个（含74个特有工种），占交通行业现有183个工种的三分之一，初步确定了交通行业特有职业技能鉴定的范围，明确了交通行业特有职业的技能鉴定工作，由交通部指导地方交通部门具体实施。交通行业职业技能鉴定收费项目和标准已经得到财政部、国家发展和改革委员会的批准。交通部制订了《交通行业职业技能鉴定实施方案》及10个配套文件，成立了交通行业职业技能鉴定专家委员会，部署了国家职业标准、培训大纲和题库建设工作，在全国初步确认了50个职业技能培训工作站。全国交通行业职业技能竞赛活动也正在有序展开。

2.交通行业职业资格工作的发展及主要任务

为科学规划和指导新时期交通行业职业资格工作，健全我国交通行业从业人员职业资格制度体系，在交通行业全面实施职业资格制度，充分发挥职业资格工作在促进现代交通业科学发展中的作用，根据中共中央、国务院关于实行职业资格制度的有关精神以及公路水路交通发展规划，2008年1月21日，交通运输部职业资格制度领导小组第九次会议审议通过了《交通行业职业资格工作中长期规划纲要》（以下简称《发展纲要》）。《发展纲要》对交通行业职业资格工作的现状和形式、指导思想、主要任务及保障措施作了详细说明。

1）指导思想、基本原则和目标

（1）指导思想。交通行业职业资格工作的指导思想是：以邓小平理论和“三个代表”重要思想为指导，以科学发展观和构建社会主义和谐社会为统领，以交通行业中关键岗位为重点，加快建立和实施交通行业职业资格制度；积极引导职业资格制度与有关制度相衔接，强化从业人员准入以及动态服务和管理；发展职业资格评价机构，充分发挥交通教育培训机构和社团组织的优势，全面推进交通行业职业资格工作，促进现代交通业科学发展。

（2）基本原则。

①统筹规划，分步实施。根据国家有关规定，按照有利于交通发展、社会公认、业内认可、国际可比的原则对交通行业职业资格制度进行科学规划，并根据每个阶段交通行业管理的实际需求和法律法规建设情况逐步建立和实施。

②分类管理，整体推进。对行政许可类职业资格和能力水平评价制度进行分类建设和管

理，积极引导交通行业职业资格制度与从业准入制度、单位资质和信用体系评价制度、职业教育培训制度和企事业单位人事管理制度相衔接，整体推进交通行业职业资格工作。

③统一领导，分工协作。坚持交通运输部职业资格制度领导小组的统一领导，领导小组办公室的归口管理，有关部门和单位根据职责分工，团结协作，共同推进。

④确保质量，注重实效。确保交通行业职业标准、职业资格考试大纲、培训教材、试题库的质量，并根据行业发展适时更新；不断改进职业技能鉴定和职业资格考试方式、方法；加强职业资格考试的组织管理和监督，确保考试工作的公平和公正，不断提高交通行业职业资格工作实效和社会认可度。

(3)发展目标及构想。

2010年目标：2010年，在交通行业关系公众生命财产安全的关键岗位，建立行政许可类职业资格制度体系，并依法实行从业准入管理，有效发挥其对交通行业从业人员管理的主体作用；在交通行业关系公众利益的重要岗位，建立能力水平评价制度体系，充分发挥其对交通行业从业人员的自律作用；对交通行业主要职业（工种），建立科学的职业标准体系和职业技能评价体系，充分发挥其对规范交通行业从业人员行为、提高技能水平的导向作用；建立分工明确、关系和谐、工作高效的职业资格工作新机制，逐步形成与交通事业发展相适应的、全行业广泛参与的职业资格工作新格局。

到2020年，建立健全的交通行业职业资格制度体系，并与一些发达国家实现互认，与交通行业从业准入制度、单位资质和信用体系评价制度、职业教育培训制度和企事业单位人事管理制度相衔接的机制逐步形成；交通行业职业资格工作体系更加完备，管理体制和运行机制更加科学、高效；交通行业职业资格工作在交通事业发展中的作用得到充分发挥，关键岗位从业人员的职业技能水平和职业道德水平明显提高，从业行为更加规范。

2)今后主要任务

(1)建立健全交通行业专业技术人员职业资格制度。

一是建立健全行政许可类职业资格。交通行业专业技术人员行政许可类职业资格包括勘察设计注册土木工程师（港口与航道工程）职业资格、勘察设计注册土木工程师（道路工程）职业资格、注册验船师职业资格、注册结构工程师（桥梁工程）职业资格和国际海运师职业资格等。

二是建立健全能力水平评价制度。交通行业专业技术人员能力水平评价制度包括机动车检测维修专业技术人员能力水平评价制度、船舶理货人员能力水平评价制度、公路水运工程试验检测人员能力水平评价制度、救捞及水下工程人员能力水平评价制度和公路、水路交通运输人员能力水平评价制度等。

三是理顺与有关部门的关系，建立国家职业资格制度。主要是注册造价工程师（公路与桥隧工程，港口与航道工程）和注册监理工程师（公路与桥隧工程，港口与航道工程）等职业资格。

四是配合有关部门健全注册咨询工程师（投资）（交通）、注册安全工程师（交通）和注册建造师（公路工程、港口与航道工程）等职业资格制度。

五是完成交通行业职业资格配套制度建设等工作。如建立健全与交通行业职业资格相配套的注册管理或登记服务制度、执业管理制度、继续教育制度等，在适当时候开展有关专业学历教育评估工作；积极开展与国（境）外职业资格的双边或多边互认工作。

(2)建立健全交通行业技能人员职业资格制度。

一是加快建立交通行业24个职业（74个工种）技能鉴定制度。要进一步加强交通行业新职业、新工种的调查研究，并争取国家职业资格主管部门把交通行业主要职业(工种)纳入交通行业特有职业(工种)，逐步扩大交通行业特有职业技能鉴定领域，适应交通行业职业教育、培训和技能人才队伍建设整体性的要求。

二是建立健全交通行业主要职业(工种)技能竞赛制度，不断提高竞赛质量，扩大社会影响。

三是建立健全交通行业特有职业(工种)技师和高级技师资格的考评制度。通过不断加大制度创新力度，充分发挥其对交通行业高技能人才的选拔、激励作用。

(3)积极探索建立交通行业职业技能培训制度。积极探索建立道路运输职业经理人、物流师、汽车租赁师、机动车评估师等具有交通行业特色、符合市场需求、有利行业发展的职业技能培训制度。

(4)大力推进交通行业行政许可类职业资格的注册管理。依法建立和完善交通行业关键岗位从业准入政策和实施办法，加强行政许可类职业资格的注册管理和对从业人员执业活动的监督管理。

(5)大力推行交通行业职业资格的继续教育制度。抓紧制订注册验船师、注册土木工程师(港口与航道工程)、注册土木工程师(道路工程)、机动车检测维修专业技术人员等职业资格制度的继续教育标准和管理办法，建立和完善职业资格继续教育体系，把完成规定的继续教育作为职业资格证书注册或登记的重要依据，保证交通行业从业人员的知识更新。

(6)积极推进交通行业职业资格制度与从业准入制度、单位资质和信用体系评价制度、职业教育培训制度和企事业单位人事管理制度相衔接。

一是制订交通行业关键岗位从业人员准入管理办法，发挥职业资格对从业人员准入管理的作用。

二是将职业资格作为交通企业有关资质和信用体系评价制度的重要组成部分，充分发挥交通行业职业资格制度对交通建设、运输市场监管的作用。

三是引导交通职业院校以就业为导向，以能力培养为核心，根据交通职业标准和考试(培训)大纲及时修订教学大纲，改进培养方式和方法，逐步实行学历(文凭)和职业资格双证书制度。

四是对交通行业关系公众生命财产安全的关键岗位严格执行从业准入规定，没有执业资格的不得聘用；对已经建立职业资格制度的岗位，在招聘条件中要有明确规定。要充分发挥职业资格制度在单位职工培训、考核、薪酬确定中的引导和激励作用。

(7)加快编制交通行业主要职业国家标准、培训教材和技能鉴定题库。加快制订交通行业主要职业国家标准，开发配套的职业技能培训教材和鉴定题库，逐步将交通行业工人技术等级标准更新为职业标准，并不断提高职业标准、培训教材和试题库的质量。

(8)加强交通行业职业资格信息化建设。

一是建立健全全国交通行业职业资格信息管理系统，逐步完善工作平台、信息发布和查询平台、注册管理平台、继续教育平台、在线培训平台等功能。

二是建立交通行业职业资格标准化考试系统，逐步推广计算机模拟考试。

三是加强交通行业职业资格信息统计工作，提高统计分析质量；逐步建立健全全国交通行业关键岗位从业人员注册、从业情况信息库，实现与业务管理部门和职业资格管理部门的全国联网，定期对全行业从业人员素质进行分析，为行业主管部门提供决策支持信息。

三、交通行业职业资格

1.交通行业职业资格概述

1)分类

交通行业职业资格制度其构成包括两部分:

(1)专业技术人员的执业资格。专业技术人员的执业资格由交通主管部门提出建立执业资格的申请,会同国家有关部门,共同拟定具体实施方案并颁布实施,对交通行业中责任重大、专业性强、关系社会公共利益和涉及人民生命财产安全的专业技术岗位,进行执业资格等级考试,实行执业资格制度管理,逐步建立关键技术岗位准入控制体系。

(2)技术操作人员的职业资格。技术操作人员的职业资格是指按照国家职业标准,由国家劳动保障部和交通主管部门负责,所建立的交通行业国家职业资格证书体系。技术操作人员根据所申报职业的资格条件,确定自己申报鉴定的等级,自主申请参加参加政府认定的考核鉴定机构组织的职业技能等级鉴定,经鉴定合格者,由劳动保障部门核发相应的职业资格证书。

2)专业技术人员执业资格申报条件

专业技术人员执业资格共分三级,具体申报条件如下:

一级申报条件:参加考试凡遵纪守法并具备下列条件之一:

①取得本专业硕士以上学位或相近专业博士学位,并具有本专业2年以上工作经历和实践经验;

②取得本专业学士学位或相近专业硕士学位,并具有本专业3年以上工作经历和实践经验;

③取得本专业大学本科毕业学历并具有本专业5年以上的工作经历和实践经验,或相近专业大学本科毕业学历并具有本专业7年以上工作经历和实践经验;

④取得高级工程师技术职称并具有本专业3年以上的工作经历和实践经验,或工程师技术职称并具有本专业5年以上工作经历和实践经验;

⑤成绩突出,经本专业注册管理委员会认定达到前四项规定的专业水平的。

二级申报条件:申请参加考试凡遵纪守法并具备下列条件之一:

①具有本专业或相近专业大学本科以上学历,并具有本专业2年以上的工作经历和实践经验;

②具有本专业或相近专业大专以上学历,并具有本专业3年以上的工作经历和实践经验;

③具有本专业中专毕业学历,并具有本专业5年以上的工作经历和实践经验;

④具有相近专业中专毕业学历,并具有本专业7年以上的工作经历和实践经验;

⑤取得助理工程师以上技术职务,并具有本专业3年以上的工作经历和实践经验。

三级申报条件:具有本专业或相近专业专科以上学历,并具有满2年的工作经历和和实践经验。

3)技术操作人员职业资格申报条件

技术操作人员职业资格共分高级技师(一级)、技师(二级)、高级工(三级)、中级工(四级)、初级工(五级)五级。具体条件如下:

申报一级职业技能鉴定条件满足下列条件之一:

①取得本职业技师职业资格证书后,连续从事本职业工作3年以上,经本职业高级技师正

规培训达规定标准学时数，并取得毕(结)业证书；

②取得本职业技师职业资格证书后，连续从事本职业工作5年以上。

申报二级职业技能鉴定条件满足下列条件之一：

①取得本职业高级职业资格证书后，连续从事本职业工作5年以上，经本职业正规培训达规定标准学时数，并取得毕(结)业证书；

②取得本职业高级职业资格证书后，连续从事本职业工作8年以上；

③取得本职业高级职业资格证书的高级技工学校本职业(专业)毕业生，连续从事本职业工作2年。

申报三级职业技能鉴定条件满足下列条件之一：

①取得本职业中级职业资格证书后，连续从事本职业工作4年以上，经本职业高级正规培训达规定标准学时数，并取得毕(结)业证书；

②取得本职业中级职业资格证书后，连续从事本职业工作7年以上；

③取得高级技工学校或劳动保障行政部门审核认定的，以高级技能为培养目标的高等职业学校本职业(专业)毕业(结)证书；

④取得本职业中级职业资格证书的大专以上本专业或相关专业毕业生，连续从事本职业工作2年以上。

申报四级职业技能鉴定条件满足下列条件之一：

①取得本职业初级职业资格证书后，连续从事本职业工作3年以上，达到本职业中级正规培训规定标准学时数，并取得毕(结)业证书；

②取得本职业初级职业资格证书后，连续从事本职业工作5年以上；

③连续从事本职业工作7年以上；

④取得以中级技能为培养目标的中等以上职业学校本职业(专业)毕业证书；

申报五级职业技能鉴定条件满足下列条件之一：

①经本职业正规培训达规定标准学时数，并取得毕(结)业证书；

②本职业连续见习工作2年以上；

③本职业学徒期满。

可以看出，专业技术人员获得执业资格的条件主要与其本人的学历教育、工作经历和工作实践经验以及专业技术职称相联系；技术操作人员获得职业资格的条件主要与本人的职业教育与培训、工作经历和工作实践经验相联系。而获得两种资格的条件在职业技能三级鉴定与申请执业资格三级考试之间，职业技能二级、一级鉴定与申请执业资格二级考试之间开始打通。技术操作人员经过考试获得专业技术人员二级执业资格之后，可以继续申请专业技术人员的一级执业资格的考试。这样，对于同一个人来说，两种资格的获得并非存在泾渭分明难以逾越的界线。

2.我国已实施的部分交通行业职业资格

1)勘察设计注册土木工程师(道路工程)

勘察设计注册土木工程师(道路工程)，是指经考试取得《中华人民共和国勘察设计注册土木工程师(道路工程)资格证书》，并依法注册取得《中华人民共和国勘察设计注册土木工程师(道路工程)注册执业证书》和执业印章，从事道路工程专业设计及相关业务的专业技术人员。英文译为 Registered Engineer of Civil Engineering(Road Engineering)。

(1)考试。凡中华人民共和国公民，遵守国家法律、法规，恪守职业道德，并具备相应专业教育和职业实践条件者，均可申请参加勘察设计注册土木工程师(道路工程)资格考试。勘察设计注册土木工程师(道路工程)资格实行全国统一大纲、统一命题的考试制度，原则上每年举行一次。

勘察设计注册土木工程师(道路工程)资格考试由基础考试和专业考试两部分组成。基础考试合格并符合规定的专业考试报名条件的，可报名参加专业考试。

基础考试科目分为公共基础科目和专业基础科目两部分。公共基础内容包括：高等数学、理论力学、材料力学、流体力学、普通物理、普通化学、计算机应用技术、电子电工技术和工程经济等。专业基础内容包括：建筑材料、土质土力学、工程测量、工程地质、结构设计原理、结构力学和职业法规等。基础考试全部为客观题。

专业考试分专业知识和专业案例两部分。考试内容涉及道路路线设计、路基工程、路面工程、桥隧工程、交叉工程以及交通工程施工组织及概预算等。专业知识考试为客观题，案例分析有客观题和主观题两类。

对大学生来说，只要取得土木工程专业(含公路与城市道路、桥梁工程、交通土建工程、地下工程与隧道工程等)或相近专业(指港口与航道工程、勘查技术与工程、岩土工程等专业)大学本科及以上学历或学位即可申请参加基础考试。基础考试合格后，累计从事道路工程专业设计工作满4～6年，即可申请参加专业考试，工作年限的要求依据取得的学历或学位情况而定。

专业考试合格后，由人事部、建设部、交通部委托省、自治区、直辖市人民政府人事行政部门，颁发人事部统一印制，人事部、建设部和交通部用印的《中华人民共和国勘察设计注册土木工程师(道路工程)资格证书》。

(2)注册。勘察设计注册土木工程师(道路工程) 资格实行注册执业管理制度。取得资格证书的人员，必须经过注册，方可以勘察设计注册土木工程师(道路工程)的名义执业。取得资格证书并申请注册的人员，应当受聘于一个具有建设工程设计资质的单位，并通过聘用单位向本单位工商注册所在地的省、自治区或直辖市人民政府建设行政主管部门提出注册申请。

《注册证书》和执业印章每一注册有效期为3年。《注册证书》和执业印章在有效期限内是勘察设计注册土木工程师(道路工程)的执业凭证，由勘察设计注册土木工程师(道路工程)本人保管、使用。初始注册者，可自取得《资格证书》之日起3年内提出注册申请。

(3)执业。勘察设计注册土木工程师(道路工程)应在一个具有建设工程勘察设计资质的单位，进行道路工勘察设计。注册土木工程师(道路工程)的执业范围包括：

①道路工程勘测设计；

②道路工程技术咨询；

③道路工程招标、采购咨询；

④道路工程的技术调查和鉴定；

⑤道路工程的项目管理；

⑥对本专业勘测设计工程项目的施工进行指导和监督；

⑦国务院有关部门规定的其他业务。

(4)权利和义务。勘察设计注册土木工程师(道路工程)享有下列权利：

①使用勘察设计注册土木工程师(道路工程)称谓；

②在规定范围内从事执业活动，并履行相应岗位职责；

③保管和使用本人的注册证书和执业印章；

④对本人在工程设计领域的活动进行解释和辩护；

⑤接受继续教育；

⑥获得与执业责任相应的劳动报酬；

⑦对侵犯本人权利的行为进行申诉。

勘察设计注册土木工程师(道路工程)应当履行下列义务：

①遵守法律、法规和有关管理规定；

②执行技术标准和规范；

③保证执业活动成果和质量，并承担相应责任；

④接受继续教育，努力提高执业水准；

⑤在本人执业活动中完成的主要设计文件上签字、加盖执业印章；

⑥保守在执业活动中知悉的国家秘密和他人的商业、技术秘密；

⑦不得准许他人以本人名义执业；

⑧在本专业规定的执业范围和聘用单位业务范围内执业；

⑨协助注册管理机构完成相关工作。

2)注册土木工程师(港口与航道工程)

(1)考试。凡中华人民共和国公民，遵守国家法律、法规，恪守职业道德，并具备相应专业教育和职业实践条件者，均可申请参加注册土木工程师(港口与航道工程)执业资格考试。注册土木工程师(港口与航道工程)执业资格考试实行全国统一大纲、统一命题的考试制度，原则上每年举行一次。注册土木工程师(港口与航道工程)执业资格考试由基础考试和专业考试组成。参加基础考试合格并按规定完成职业实践年限者，方能报名参加专业考试。

基础考试分为公共基础和专业基础两部分。公共基础包括高等数学、流体力学、普通物理、计算机应用基础、普通化学、电工电子技术、理论力学、工程经济、材料力学。专业基础包括建筑材料、结构力学、工程流体力学、土力学与地基基础、港口与航道工程测量与地质、工程水文学、混凝土结构与钢结构、港口与航道工程建筑物概论、港口与航道工程模型试验、港口与航道工程施工与项目管理和职业法规等。

专业考试分专业知识和专业案例两部分。考试内容涉及港口平面设计、渠化工程枢纽总体布置、航道整治与疏浚工程设计、码头建筑物设计、防护建筑物设计、修造船水工建筑物设计、通航建筑物设计、装卸工艺设计、配套工程设计、消防、节能及环境保护设计、工程概预算与技术经济分析。

取得港口航道与海岸工程专业(含公路与城市道路、桥梁工程、交通土建工程、地下工程与隧道工程等)或相近专业(船舶与海洋工程、水利水电工程、土木工程、桥梁工程等专业)大学本科及以上学历或学位的大学生，即可申请参加基础考试。基础考试合格后，累计从事道路工程专业设计工作满 4～6 年，即可申请参加专业考试，工作年限的要求依据取得的学历或学位情况而定。

注册土木工程师(港口与航道工程)执业资格考试合格者，由省、自治区、直辖市人事行政部门颁发人事部统一印制，人事部、建设部、交通部用印的《中华人民共和国注册土木工程师(港口与航道工程)执业资格证书》。

(2)注册。取得《中华人民共和国注册土木工程师(港口与航道工程)执业资格证书》者，可向所在省、自治区、直辖市勘察设计注册工程师管理委员会提出申请，由该委员会向港口与航道工程专业委员会报送办理注册的有关材料。港口与航道工程专业委员会向准予注册的申请人核发由建设部统一制作，全国勘察设计注册工程师管理委员会和港口与航道工程专业委员会用印的《中华人民共和国注册土木工程师（港口与航道工程）执业资格注册证书》和执业印章。申请人经注册后，方可在规定的业务范围内执业。

注册土木工程师（港口与航道工程）执业资格注册的有效期为2年。有效期满需继续执业的，应在期满前30天内办理再次注册手续。

(3)执业。注册土木工程师（港口与航道工程）的执业范围：

①港口与航道工程设计；

②港口与航道工程技术咨询；

③港口与航道工程的技术调查和鉴定；

④港口与航道工程的项目管理业务；

⑤对本专业设计项目的施工进行指导和监督；

⑥国务院有关部门规定的其他业务。

注册土木工程师（港口与航道工程）只能受聘于一个具有工程设计资质的单位。注册土木工程师（港口与航道工程）执业，由其所在单位接受委托并统一收费。因港口与航道工程设计质量事故及相关业务造成的经济损失，接受委托单位应承担赔偿责任，并有权根据合约向签字盖章的注册土木工程师（港口与航道工程）追偿。

(4)权利和义务。注册土木工程师（港口与航道工程）享有以下权利：

①注册土木工程师（港口与航道工程）有权以注册土木工程师（港口与航道工程）的名义从事规定的专业活动。

②在港口与航道工程设计、咨询及相关专业工作中形成的主要技术文件，应当由注册土木工程师（港口与航道工程）签字盖章后生效。

③任何单位和个人修改注册土木工程师（港口与航道工程）签字盖章的技术文件，须征得该注册土木工程师（港口与航道工程）同意。因特殊情况不能征得其同意的，可由其他注册土木工程师（港口与航道工程）签字盖章并承担责任。

注册土木工程师（港口与航道工程）履行以下义务：

①遵守法律、法规和职业道德，维护社会公众利益；

②保证执业工作的质量，并在其负责的技术文件上签字盖章；

③保守在执业中知悉的商业技术秘密；

④不得同时受聘于两个及以上单位执业；

⑤不得准许他人以本人名义执业。

3)机动车检测维修专业技术人员职业水平评价

国家对机动车检测维修专业技术人员（指从事机动车维修、检测、评估、运用等相关业务的专业技术人员）实行职业水平评价制度，各类机动车检测维修专业技术人员职业水平评价分为机动车检测维修士（Motor Vehicle Test and Maintenance Technician）、机动车检测维修工程师（Motor Vehicle Test and Maintenance Engineer）和机动车检测维修高级工程师三个级别。机动车检测维修高级工程师职业水平评价办法国家还未制订。

(1)考试。机动车检测维修专业技术人员职业水平评价实行全国统一大纲、统一命题的考试制度，原则上每年举行一次。

高等院校交通运输专业应届毕业生即可报名参加机动车检测维修士的考试，取得交通运输专业大学本科学历，从事机动车检测维修工作满4年的可报名参加机动车检测维修工程师考试。

机动车检测维修士考试设《机动车检测维修法规与技术》和《机动车检测维修实务》2 个科目。其中,《机动车检测维修法规与技术》科目考试时间为 3 小时,采用纸笔作答方式进行;《机动车检测维修实务》科目考试时间为 2 小时,采用现场实际操作的方式进行。参加机动车检测维修士考试的人员,须在一个考试年度内,通过上述 2 个科目的考试,方可获得机动车检测维修士职业水平证书。

机动车检测维修工程师考试设《机动车检测维修法规与技术》、《机动车检测维修实务》和《机动车检测维修案例分析》3 个科目。其中,《机动车检测维修法规与技术》和《机动车检测维修案例分析》科目考试时间均为 3 小时,均采用纸笔作答方式进行;《机动车检测维修实务》科目考试时间为 2 小时,采用现场实际操作的方式进行。机动车检测维修工程师考试成绩实行 2 年为一个周期的管理办法,参加上述 3 个科目考试的人员,必须在连续 2 个考试年度内通过全部科目考试,方可获得机动车检测维修工程师职业水平证书。

机动车检测维修专业技术人员职业水平考试合格,颁发人事部统一印制,人事部、交通部共同用印的《中华人民共和国机动车检测维修专业技术人员职业水平证书》。该证书在全国范围有效。凡以不正当手段取得机动车检测维修专业技术人员职业水平证书的,由发证机关收回证书,2 年内不得再次参加机动车检测维修专业职业水平考试。

(2)义务与职业能力。取得机动车检测维修专业技术人员职业水平证书的人员,应当恪守职业道德,接受继续教育,更新知识,不断提高职业素质和本专业工作能力。在进行机动车检测维修工作时,应当严格执行相关法律、法规、规章和标准,保证检测维修工作质量,并承担相应责任。

取得机动车检测维修士水平证书的人员,应当具备相应岗位的以下职业能力:

①了解国家机动车检测维修管理方面的法律、法规和与机动车检测维修相关行业管理规定;

②具有一定的交通运输专业知识和工作经验,掌握机动车检测维修一般操作技术,能够解决机动车检测维修工作中较常见的技术问题。

取得机动车检测维修工程师水平证书的人员,应当具备相应岗位的以下职业能力:

①熟悉国家交通运输方面的法律、法规和与机动车检测维修相关行业管理规定,有较丰富的机动车检测维修专业工作经验;

②具有较强的机动车检测维修专业能力,熟练掌握机动车检测维修操作技术,能够准确判断机动车故障并提出解决方案;

③能够独立处理机动车检测维修过程中较复杂的技术问题,指导机动车检测维修人员工作,具有处理与本专业相关技术问题的能力;

④了解国内外机动车检测维修专业的发展趋势,有较强的技术创新精神;

⑤具有一定的外语水平。

(3)登记。机动车检测维修各级别职业水平证书,实行登记服务制度,具体工作由交通部职业资格管理机构负责。在机动车检测维修活动中,因违反有关法律、法规、规章制度或职业道德,对机动车检测维修工作产生重大影响或者造成一定损失的,由交通部职业资格管理机构取消登记,并由发证机关收回相应级别职业水平证书。

取得机动车检测维修专业技术人员职业水平证书,并符合《工程技术人员职务试行条例》中工程师、助理工程师、工程技术员专业职务任职条件的人员,用人单位可根据工作需要择优聘任相应专业技术职务。

取得机动车检测维修士职业水平证书，可聘任技术员或者助理工程师职务；取得机动车检测维修工程师职业水平证书，可聘任工程师职务。

4）注册验船师

国家对从事船舶检验工作的专业技术人员，实行职业准入制度，纳入全国专业技术人员职业资格证书制度统一规划。船舶检验工作包括：船舶和海上设施（含船运货物集装箱）检验，渔业船舶检验，相关设计图纸、技术文件审查。

(1)考试。注册验船师资格实行全国统一大纲、统一命题的考试制度，原则上每年举行一次。注册验船师资格考试设船舶和海上设施、渔业船舶两个类别，每个类别分4个级别。专业技术人员可根据实际工作需要，报名参加相应类别、级别的考试。

注册验船师资格考试分类 表4-1

类别级别	船舶和海上设施	渔业船舶
A	国际航行船舶、海上设施、国际航行的渔业辅助船舶	远洋渔业船舶
B	国内海上船舶	国内海上渔业船舶
C	内河船舶	国内海上小型渔业船舶、内河渔业船舶
D	内河小船	内河小型渔业船舶

(2)注册。注册验船师资格实行注册管理制度。取得资格证书的人员，必须经过注册，方可从事规定范围的船舶检验工作。取得资格证书并申请注册的人员，应受聘于一个具有船舶检验资质的检验机构，并通过聘用单位向相应类别注册审查机构提出注册申请。《注册证》每一注册有效期为3年。注册证在有效期限内是注册验船师的执业凭证。

(3)执业。注册验船师应在一个具有船舶检验资质的单位进行船舶检验执业活动注册验船师的执业范围按照国家船舶检验相关法律、法规及规章进行。在船舶检验工作中形成的检验报告，必须由注册验船师签字盖章后方可生效，并承担相关法律责任。注册验船师从事相关检验活动，由其所在单位接受检验申请并统一收费。因注册验船师检验质量事故或相关检验结果不符合国家有关法律、法规和标准造成的经济损失，接受检验申请单位和执行检验任务的注册验船师应依法承担相应责任。

(4)权利和义务。享有的权利包括：

①使用注册验船师称谓；

②依据国家船舶检验相关法律、法规和规章，在规定范围内从事船舶检验活动，履行相应的岗位职责；

③接受继续教育；

④获得与执业责任相应的劳动报酬；

⑤对不符合规定的检验、发证行为提出异议，并向上级检验机构或注册主管机构报告；

⑥对侵犯本人权利的行为进行申诉。

履行的义务包括：

①遵守法律、法规和有关管理规定；

②执行检验法律、法规、规章和标准；

③保证检验工作质量，并承担相应责任；

④在本人检验活动中完成的相应文件上签字；

⑤不得准许他人以本人名义的执业；

⑥接受继续教育，提高检验水准；

⑦保守在检验活动中知悉的国家秘密和他人的商业、技术秘密；

⑧完成船舶检验机构交给的相关工作。

5)公路工程监理工程师

公路工程监理工程师资格考试是全国公路交通行业统一的资格考试，在全国范围内统一进行。

(1)报考条件。报考者可在个人所在单位、服务的监理项目或户籍(以身份证上标明的住址为准)所在地报考，同时满足下列报考条件：

①遵守国家法律、法规，职业道德和工作业绩良好，热爱监理工作。

②取得工程类或经济类中级以上专业技术职务任职资格。或取得工程类初级专业技术职务(助理工程师)任职资格且取得该资格的年限满足如下规定，即大学专科毕业的须满5年；大学本科毕业的须满4年；硕士研究生毕业或获得硕士学位的须满2年。

③年龄65周岁以下，身体健康，能胜任现场监理工作。

④报考监理工程师资格须具有公路、水运工程或相关专业大专以上学历，从事公路或水运工程及相关专业技术工作累计5年以上；报考专业监理工程师资格须具有公路、水运工程或相关专业中专以上学历，从事公路或水运工程及相关专业技术工作累计3年以上。凭工程类初级专业技术职务(助理工程师)任职资格报考的，只能报考专业监理工程师资格。

(2)考试内容。包括监理知识、专业知识、综合能力三个部分。监理知识包括监理理论和合同管理；专业知识包括公路工程经济、道路与桥梁、隧道工程、公路机电工程(公路交通工程中的通信、监控、收费系统等)。

(3)报考者相应科目全部达到监理工程师或专业监理工程师考试合格标准的，发放监理工程师或专业监理工程师考试合格证。合格证与监理工程师或专业监理工程师资格证书等效。

6)公路工程造价工程师

公路工程造价工程师有甲级和乙级两种资格。

(1)报考条件。报考人员应为符合下列条件的现职在岗人员：

①报考甲级资格的人员，应具有工程师(经济师)及以上职称、从事公路工程造价工作连续5年以上(含5年)；

②报考乙级资格的人员，应具有助理工程师(助理经济师)及以上职称、从事公路工程造价工作连续3年以上(含3年)；

③已取得《造价工程师执业资格证书》的人员，可免试“公路工程造价管理相关知识”、“公路工程造价的确定与控制”科目，只参加其余两个科目的考试。

(2)考试科目。公路工程造价管理相关知识、公路工程造价的确定与控制、公路工程技术与计量和公路工程造价案例分析。

7)注册土木工程师(岩土)

(1)考试。凡中华人民共和国公民，遵守国家法律、法规，恪守职业道德，并具备相应专业教育和职业实践条件者，均可申请参加注册土木工程师(岩土)执业资格考试。注册土木工程师(岩土)执业资格考试实行全国统一大纲、统一命题的考试制度，原则上每年举行一次。

注册土木工程师(岩土)考试分为基础考试和专业考试。参加基础考试合格并按规定完成职业实践年限者，方能报名参加专业考试。

基础考试科目分为公共基础科目和专业基础科目两部分。公共基础内容包括:高等数学、理论力学、材料力学、流体力学、普通物理、普通化学、计算机应用基础、电子电工技术和工程经济等。专业基础内容包括:土木工程材料、工程测量、土木工程施工与管理、结构力学与结构设计、岩体力学与土力学、工程地质、岩体工程与基础工程和职业法规等。基础考试全部为客观题。

专业考试分专业知识和专业案例两部分内容。考试内容涉及岩土工程勘察、浅基础、深基础、地基处理、土工建筑物、边坡、基坑与地下工程、特殊条件下的岩土工程、地震工程、工程经济与管理等。专业知识考试为客观题,案例分析有客观题和主观题两类。

对大学生来说,只要取得取得勘查技术与工程、土木工程、水利水电工程、港口航道与海岸工程等专业或相近专业(指地质勘探、环境工程、工程力学等专业)大学本科及以上学历或学位即可申请参加基础考试。基础考试合格后,累计从事岩土工程专业设计工作满 5～6 年,即可申请参加专业考试,工作年限的要求依据所学专业情况而定。

注册土木工程师(岩土)执业资格考试合格者,由省、自治区、直辖市人事行政部门颁发人事部统一印制,人事部、建设部用印的《中华人民共和国注册土木工程师(岩土)执业资格证书》。

(2)注册。取得《中华人民共和国注册土木工程师(岩土)执业资格证书》者,应向所在省、自治区、直辖市勘察设计注册工程师管理委员会提出申请,由该委员会向岩土工程专业委员会报送办理注册的有关材料。由岩土工程专业委员会向准予注册的申请人核发由全国勘察设计注册工程师管理委员会统一制作的《中华人民共和国注册土木工程师(岩土)执业资格注册证书》和执业印章,经注册后,方可在规定的业务范围内执业。

注册土木工程师(岩土)执业资格注册有效期为 2 年。有效期满需继续执业的,应在期满前 30 日内办理再次注册手续。

(3)执业。注册土木工程师(岩土)必须加入一个具有工程勘察或工程设计资质的单位方能执业。其执业范围为:

①岩土工程勘察;

②岩土工程设计;

③岩土工程咨询与监理;

④土工程治理、检测与监测;

⑤环境岩土工程和与岩土工程有关的水文地质工程业务;

⑥国务院有关部门规定的其他业务。

(4)权利和义务。注册土木工程师(岩土)应享有下列权利:

①有权以注册土木工程师(岩土)的名义从事规定的专业活动。

②在岩土工程勘察、设计、咨询及相关专业工作中形成的主要技术文件,由注册土木工程师(岩土)签字盖章后生效。

③任何单位和个人修改注册土木工程师(岩土)签字盖章的技术文件,须征得该注册土木工程师(岩土)同意。因特殊情况不能征得签字盖章的注册土木工程师(岩土)同意的,可由其他注册土木工程师(岩土)签字盖章并承担责任。

注册土木工程师(岩土)应履行下列义务:

①遵守法律、法规和职业道德,维护社会公众利益;

②保证执业工作的质量,并在其负责的技术文件上签字盖章;

③保守在执业中知悉的商业技术秘密；

④不得同时受聘于两个及以上单位执业；

⑤不得准许他人以本人名义执业；

⑥按规定接受继续教育，并作为再次注册的依据。

除以上几种职业资格考试外，与交通行业相关的还有建造师（一级、二级）、注册咨询工程师（投资）、注册安全工程师等执业资格考试。交通运输部正在积极推进注册结构工程师（桥梁工程）、国际海运师职业资格制度的建设，道路运输经理人从业资格的相关工作也正在进行中。

【思考题】

1.请结合自己的专业特点，简要论述我国交通行业的现状及发展特点。

2.现代交通行业发展的战略目标是什么？如何建设创新型、节约型现代交通行业？

3.我国目前关于交通职业资格制度有哪些政策？

4.什么是职业资格准入？为什么要实行资格准入制度？

第五章　交通类专业认知

交通类学科专业教育是交通高等教育的核心内容，它伴随我国交通事业的发展而发展，并为促进我国交通事业的发展作出了重要贡献。新中国成立初期，没有专门的交通类技术人才。随着国民经济的发展，交通类学科专业教育应运而生，并在此后几十年的行业办学体制下，形成了鲜明的产学研紧密结合的办学特色。进入21世纪，随着我国高等教育体制的改革，交通类学科专业教育又迎来了新的历史发展时期。

第一节　交通类专业的设置情况

【观点导读】

1. 新中国大学本科专业的设置与调整经历了三个阶段，现在已初步形成了适应社会发展需要的专业体系。

2. 交通类专业涵盖了多个学科，并且随着社会的进一步发展，也设置了一些新的专业及专业方向。

我国近代意义上的高等教育是从19世纪末开始的，其标志是大学的形式从传统的书院转向大学堂，从以文为主转向“分科立学”，吸收了近代西方自然科学和工程技术的内容。1901年，京师大学堂第一次提出了分设经学、史学、格致学（科学）、政治学、兵学、农学、工学等科目的“七科分立”方案，这是中国高等教育史上第一次设置的具有近代意义的学科专业。于1904年颁布的《奏定学堂章程》，将大学学科专业及课程分为经学、政法、文学、医学、格致、农学、工学、商学八个学科门类，共46种专业。1912年，民国政府教育部颁布的《大学规程》，将大学学科专业分为文、理、法、商、医、农、工七个学科门类，共69种专业。至此，中国近代大学专业体系初具规模，大体定型。

新中国成立之前，我国大学本科专业设置的特点：

①在专业设置上，主要通过移植西方的教育体系而形成，如自然科学中的数、理、化、天、地、生等专业，社会科学中的政治学、经济学、法学等专业，主要是通过“引进移植”而创立。中国传统学术中固有的科目则经过“创造性转化”成为近代学科专业，如人文科学中的中国哲学、文学、历史学等。

②在教育内容上，西方的科学与中国的经学并存，包含了中学与西学、自然科学与人文社会科学等科目。解放前，中国大学的专业设置主要受欧美等国的影响，以学科和学术为导向，职业和应用的色彩很弱。

一、计划经济体制背景下大学本科专业设置

新中国成立后，国家直接引进和参照前苏联的高等教育办学模式，建立了一套与社会主义计划经济体制相适应的高等教育体系。

从新中国成立到1978年改革开放的30年中，我国大学本科专业的设置与调整经历了三个阶段。

1. 第一阶段（1952～1957年）

于1952年开展的全国高等学校院系调整，改变了原有的“大学—学院—系”的组织体系，建立了“大学—系”、系内设专业、教学研究组（室）的大学内部组织结构，建立了以专业为中心、按照统一的教学计划开展教学活动的教学制度，将过去的“通才教育”改为“专才教育”。

至1953年初，全国高等学校本科共设215种专业。其中，社会科学专业有50种，理科专业一般由各校自行设置，当时设置的理科专业共18种，即数学、物理学、天文学、力学、无机化学、有机化学、分析化学、物理化学、胶体化学、动物学、植物学、人体及动物生理学、植物生理学、地理学、自然地理学、气象学、气候学、物理海洋学；工科设有地质、矿业、动力、冶金、机械、电机和电器仪器、无线电技术、化工、粮食食品、轻工、测绘水文、土木建筑工程、运输、通信、军工15个专业类别。交通土建类专业基本包含在土木建筑工程专业类别之中，汽车类专业包含在机械专业类别之中，均未单独设置专业类别。

到1954年，全国高等学校专业增加至294种。其中，工科专业137种。1957年，全国高等学校划分学科12个，设置专业323种。其中，文科26种、理科21种、工科183种、农科18种、林科9种、师范21种、财经12种、政法2种、体育2种、艺术22种。

1952年，同济大学设置了桥梁与隧道工程专业，西南交通大学创办了桥隧系。1951年，长安大学的前身之一西安汽车机械学校开始招收汽车运用与维修专业大、中专班。1956～1957年，长沙理工大学的前身湖南省交通学校、交通部长沙航务工程学校、湖南省交通干部学校创建。1956年，山东交通学院的前身交通部济南汽车机械学校创建。1954年，武汉理工大学的前身之一中南交通学院（1946年创办）更名为武汉交通学院。1952年11月，重庆交通大学前身西南交通专科学校（1951年创办）改名为西南交通学校。

2. 第二阶段（1958～1965年）

从1958～1962年的5年间，由于受到“大跃进”思潮的影响，高等学校数量急剧增加，专业种数迅速增加，理科教育的规模迅速扩大，工科专业设置已经出现了失控的征兆，设置的专业超越了实际需要与可能，出现划分过细、口径过窄的专业设置情况。全国高等院校数由1957年的229所增加到1962年的1 289所，在校生由44.11万增加到96.16万，专业的设置处于失控状态，数量由323种增加到627种。学科发展极不协调，工、农、林、医、理、体育和艺术七大科类的在校生百分比年平均增长30%以上，最高的达到58.5%，学科专业结构的急剧变化，给全国高等教育造成了一定的混乱局面。

1961年，党中央提出了“调整、巩固、充实、提高”的方针，教育部颁布了《高教六十条》。1962年，为了贯彻落实上述方针政策，与经济领域工作调整相配套，高等教育领域也进行了调整。其中，对专业的划分和专业设置重新进行了调整，合并了一些过细的专业，撤销了一些设置过多的专业点，调整了专业布局。1962年6月20日，教育部在北京召开了理科工作会议，专门讨论综合大学理科专业、专业组的设置问题，第一次比较完整地提出了综合大学理科专业设置的基本原则，即“综合大学理科的专业设置应当根据国家的需要和科学发展的情况来决定；专业范围应当宽一些，一般应当按基础学科设置专业；对于某些新发展的学科，如计算数学、原子物理学等，只宜在少数学校设专门组；专门组的范围也应该根据学科分支来划分，不宜搞得太窄，更不宜按学科研究方向来设置专业或专门组。”在此基础上，教育部会同国家计委于

1963年研究修订了《高等学校通用专业目录》，1963年9月国务院批准发布了《高等学校通用专业目录》和《高等学校绝密和机密专业目录》，制订了统一的高等学校专业目录，对大学学科专业结构进行了大规模的调整。这是建国以来第一次由国家统一制订的高等学校专业目录，也是第一次由国家统一进行的学科专业结构调整。

《高等学校通用专业目录》和《高等学校绝密和机密专业目录》是以1957年的专业目录为基础，总结了我国1958年以来高等教育改革的实践经验，作了如下几方面的修改：

(1)根据国家建设的需要，结合学校实际情况，增设若干新专业。

(2)根据"宽窄并存，以宽为主"的原则，调整了一些专业的培养目标和业务范围，归并了一些专业面过窄的专业。

(3)规定统一的专业名称。

修订后，两个专业目录共设置专业510种。其中，《高等学校通用专业目录》共设置专业432种：工科164种，农林卫生48种，师范17种，文科53种，理科36种，财经政法12种，体育7种，艺术36种，另列试办专业59种；《高等学校绝密和机密专业目录》共设置绝密、机密专业78种。初步形成了适应当时社会、经济、科技、文化发展需要，具有中国特色的学科专业体系，并为以后制订专业目录建立了雏形。

1958年，筹建中的北京公路学院与西安汽车机械学校合并成立西安公路学院。1959年，西安公路学院的公路与城市道路、桥梁与隧道、汽车运用与维修、筑路机械、机械制造等专业开始招生。1960年，湖南省公路学校、湖南省航务学校合并升格为湖南交通学院；1961年，湖南交通学院改建湖南省交通学校；1963年，湖南省交通学校更名为交通部长沙交通学校。1960年8月，成都工学院土木系、武汉水运学院水工系、四川冶金学院冶金系迁入四川省重庆公路工程学校，共同组建为重庆交通学院。武汉理工大学汽车工程学院的前身武汉工学院于1958年开始建设车辆工程专业，并于1961年成立汽车拖拉机系。

3.第三阶段(1966～1977年)

从1966年"文化大革命"开始，高等学校本科招生停止达4年之久。1971年，全国教育工作会议通过的《关于高等院校的调整方案》，经过撤销、合并、迁移等，共撤销高校106所。当时，高等教育的专业设置随心所欲，专业目录比较混乱，专业口径越来越窄，专业名称很不规范，专业管理毫无制度可言。

1977年，我国恢复高考制度。随着改革开放的深入发展，我国高等院校大部分专业恢复并发展，本科专业数目大幅度增加。1980年，全国高等学校专业数达到1039种。其中，文科60种、理科158种、工科537种、农科60种、林科22种、医科29种、师范40种、财经54种、政法8种、体育8种、艺术63种。但是由于发展势头过猛，导致专业宏观调控管理失控，本科专业的设置暴露出相当大的随意性和盲目性，专业数目激增，专业口径过窄，某些专业内涵不清，专业之间培养目标、教学内容方面存在交叉、重复现象等。

二、经济体制转型期大学本科专业设置和调整的特点

自1978年改革开放以来的三十多年里，我国经济体制改革不断深化，高等教育事业也在同步探索与发展。在经济体制从计划经济向市场经济转型的时期，我国高等教育有了开放的姿态和全球的视野，开始从前苏联高等教育发展模式中摆脱出来。这一时期，国家对大学本科专业设置先后作了三次大的调整。

1. 第一次调整

1982 年，针对高等学校在专业设置上存在数量膨胀、名称不规范、设置盲目等问题，教育部组织力量研究专业划分与设置的基本原则，用 5 年时间对文、理、工、农林、医药各科类本科专业目录进行了全面修订，并于 1987 年年底颁布了修订后的本科专业目录。这是第二次由国家组织进行的对普通高等学校专业目录的全面修订。这次专业目录的修订和调整，从根本上解决了"十年动乱"所造成的专业设置混乱的局面，专业种数由原来的 1 343 种减少到 671 种。其中，文科 107 种，财经 48 种，政法 9 种，理科 70 种(包括试办专业 10 种)，工科 255 种(通用专业 172 种，试办专业 32 种，军工专业 51 种)，农林 75 种，医药 57 种。这次目录修订工作推进了专业名称的科学化和规范化，加强了薄弱专业和新兴学科、边缘学科，恢复和增设了文科、财经、政法类等长期比较薄弱的专业，使专业口径得到一定程度的拓宽，增强了专业和人才培养的适应性。

2. 第二次调整

1993 年，根据经济社会发展的需要，国家再次进行了专业设置调整，形成了体系完整、比较科学合理、统一规范的《普通高等学校本科专业目录》。这次调整将专业种数由 671 种减少到 504 种，学科划分为哲学、经济学、法学、教育学、文学、历史学、理学、工学、农学、医学 10 个门类，解决了专业归并和总体化的问题，使我国高等教育在人才培养上更接近社会经济发展对它的要求。下设二级类 71 个，504 种专业，比修订前的专业种数减少 309 种，调减幅度达 38%。其中，哲学门类下设二级类 2 个，9 种专业；经济学门类下设二级类 2 个，31 种专业；法学门类下设二级类 4 个，19 种专业；教育学门类下设二级类 3 个，13 种专业；文学门类下设二级类 4 个，106 种专业；历史学门类下设二级类 2 个，13 种专业；理学门类下设二级类 16 个，55 种专业；工学门类下设二级类 22 个，181 种专业；农学门类下设二级类 7 个，40 种专业；医学门类下设二级类 9 个，37 种专业。这次调整使专业数目进一步减少，专业口径进一步拓宽，专业设置开始以学科性质和学科特点作为基本依据，突破了与行业、部门相对应的传统模式，成为我国大学专业设置、划分走向科学化、规范化的标志。

3. 第三次调整

1998 年，进行了第三次专业调整。此次调整的目的是：使学科专业适应我国社会主义市场经济体制和加快改革开放的需要，适应现代社会、经济、科技、文化及教育的发展趋势，改变高等学校长期存在的专业划分过细、专业范围过窄、专业门类之间重复设置等状况。经过调整，专业数量由 504 种减少到 249 种。《普通高等学校本科专业目录》分设哲学、经济学、法学、教育学、文学、历史学、理学、工学、农学、医学、管理学 11 个学科门类。其中，管理学是新增学科门类，与国家教委 1997 年联衔颁布的《授予博士硕士学位和培养研究生的学科、专业目录》的学科门类相一致。下设二级类 71 个，专业 249 种，其分布情况见表 5-1。

1998 年高等学校本科专业分布情况表

表 5-1

学科门类	二级类数	专业数	类	二级类数	专业数
哲学	1	3	理学	16	30
经济学	1	4	工学	21	70
法学	5	12	农学	7	16
教育学	2	9	医学	8	16
文学	4	66	管理学	5	18
历史学	1	5	合计	71	249

为与此次修订的《普通高等学校本科专业目录》相配套，国家教育部还印发了《普通高等学校本科专业介绍》，对各专业的业务培养目标、业务培养要求、主干学科、主要课程、主要实践教学环节、修业年限、授予学位和相近专业等作了规定与介绍。因此，《普通高等学校本科专业介绍》对高等学校的专业设置、专业结构优化以及专业人才培养模式改革都起着指导作用。

这次调整的突出特点是：按照学科设置专业，强调了人才的适应性，改变了过去过分强调“专业对口”的教育观念，确立了知识、能力、素质全面发展、共同提高的人才观，构建起更加注重素质，传授知识、培养能力和提高素质为一体的多样化的人才培养模式。

对交通类专业来说，这次也有较大调整，如交通土建工程与建筑工程等专业调整为土木工程，交通运输、载运工具运用工程和道路交通管理工程三个专业调整合并为交通运输，道路交通事故防治工程合并为交通工程，汽车与拖拉机并入机械设计制造及其自动化专业，公路工程管理并入工程管理，交通企业会计并入会计学等，基本上不再体现交通类的自身特点。表 5-2 为 1998 年专业调整时交通类专业设置情况表。

1998 年专业调整时交通类专业设置情况表 表 5-2

学科门类	二级门类	专业代码	专业名称
理学	统计学类	071601	统计学
工学	机械类	080301	机械设计制造及其自动化
工学	机械类	080302	材料成型及控制工程
工学	能源动力类	080501	热能与动力工程
工学	电气信息类	080601	电气工程及其自动化
工学	电气信息类	080602	自动化
工学	电气信息类	080605	计算机科学与技术
工学	土建类	080701	土木工程
工学	测绘类	080901	测绘工程
工学	环境安全类	081001	环境工程
工学	交通运输类	081201	交通运输
工学	交通运输类	081202	交通工程
管理学	管理科学与工程类	110104	工程管理
管理学	工商管理类	110201	工商管理
管理学	工商管理类	110202	市场营销
管理学	工商管理类	110203	会计学

4. 新一轮的专业结构调整

面对我国社会主义现代化建设日新月异、科学技术飞速发展与全球化进程不断加快的新形势，2001 年教育部又颁布了新的专业结构调整文件，对高校本科专业结构的调整进行了新的部署。主要措施有：

(1)进一步扩大高等学校学科专业设置自主权。高等学校可根据《高等学校本科专业设置规定》，在《普通高等学校本科专业目录》外设置社会发展急需、已具备培养条件的本科专业。若干所国家重点建设高等学校，经教育部批准，可自主设置本科专业。

(2)鼓励高等学校积极探索建立交叉学科专业，探索人才培养模式多样化的新机制。鼓励有条件的高等学校打破学科壁垒，在遵循学科专业发展规律和人才培养规律的基础上，积极开展跨学科设置本科专业的实验试点，整合不同学科专业的教学内容，构建教学新体系。

(3)在符合人才培养规律的前提下，鼓励并支持有条件的高等学校按照《普通高等学校本科专业目录》中的二级专业类设置相关专业或按二级专业类组织招生。在考虑到就业需要的情况下，高等学校可以在宽口径专业内灵活设置专业方向。经教育部批准同意设置的部分目录外专业见表 5-3。当前“协作组”院校交通类本科专业设置情况见表 5-4。

经教育部批准同意设置的部分目录外专业 表 5-3

学科门类	二级门类	专业代码	专业名称
工学	机械类	071606w	车辆工程
工学	机械类	080307w	机械电子工程
工学	机械类	080308w	汽车服务工程
工学	土建类	080724w	道路桥梁与渡河工程
工学	交通运输类	081207w	物流工程
工学	交通运输类	081209w	交通设备信息工程
工学	交通运输类	081210w	交通建设与装备
工学	交通运输类	082104w	交通管理工程
管理学	工商管理类	110210w	物流管理

当前“协作组”院校交通类本科专业设置情况表 表 5-4

学校	专业(专业方向)	专业(专业方向)	学校	专业(专业方向)	专业(专业方向)
长安大学	道路桥梁与渡河工程(公路工程)	机械电子工程	武汉理工大学	道路桥梁与渡河工程	会计学
	道路桥梁与渡河工程(桥梁工程)	交通建设与装备		工程管理(公路工程管理)	交通运输
	道路桥梁与渡河工程(岩土与隧道工程)	材料成型及控制工程		交通工程	物流管理
	车辆工程	自动化		车辆工程	自动化(交通信息与控制)
	热能与动力工程	计算机科学与技术		热能与动力工程	计算机科学与技术
	汽车服务工程	市场营销		物流工程	汽车服务工程
	交通运输(汽车运用工程)	物流管理		工程管理	物流管理
	交通运输(交通安全工程)	会计学	重庆交通大学	交通工程	计算机科学与技术(交通信息类)
	交通运输(交通运输管理)	统计学		车辆工程	机械设计制造及其自动化(交通建设与装备)
	交通工程	工程管理(公路工程管理)		会计学	土木工程(路桥类)
	物流工程	环境工程(交通环境与评价)		交通运输	汽车服务工程
	测绘工程	法学(公路行政执法)		测绘工程	材料科学与工程
	机械设计制造及其自动化			热能与动力工程	
山东交通学院	交通运输	交通工程	长沙理工大学	工程管理(公路工程管理)	物流工程
	车辆工程	物流工程		交通工程	计算机科学与技术
	土木工程	电气工程及其自动化		车辆工程	机械设计制造及其自动化(工程机械)
	测绘工程	计算机科学与技术		会计学	土木工程(路桥类)
	机械设计制造及其自动化	市场营销(汽车营销)		交通运输	汽车服务工程
	安全工程	汽车服务工程		测绘工程	材料成型及控制工程
	材料成型及控制工程	交通建设与装备			
	会展经济与管理(交通会展)	交通行政管理			

第二节　交通类专业培养特点

【观点导读】

1.《高等学校本科专业目录和专业介绍》所规定的专业设置仅仅是通用，不同学校都根据自已的师资、科研特色而侧重不同，形成的特点也不尽相同。

2.原交通部所属院校开设的一些通用类专业，因要适应毕业生大多面向交通行业就业的形式，也都具有交通行业特色。

交通类专业涉及的范围非常广泛，涵盖了多个学科。加之不同学校的侧重不同，形成的特点也不尽相同。这里仅根据《高等学校本科专业目录和专业介绍》，结合学科门类的设置，就部分专业大致特点作一简单介绍。

一、土木工程专业(学科)

该专业属于土木工程学科。土木工程是建造各类工程设施的科学技术的统称。它既指工程建设的对象，也指所应用的材料、设备和所进行的勘测、设计、施工、保养、维修等技术活动。土木工程学科下设岩土工程、结构工程、市政工程、供热、供燃气、通风及空调工程、防灾减灾工程及防护工程和桥梁与隧道工程等6个二级学科。桥梁与隧道工程是公路、铁路和城乡建设中为跨越江河、深谷、海峡，穿越山岭和水地以及解决城市交通需要，研究各种桥梁和隧道等特殊工程结构物的设计、施工和管理的学科。

土木工程专业学生在本科期间主要通过学习工程力学、流体力学、岩土力学和市政工程学科的基本理论，从而具备从事土木工程的项目规划、设计、研究、施工、管理的能力。学生在校期间，要学习材料力学、结构力学、流体力学、土力学、建筑材料、混凝土结构与钢结构、房屋结构、桥梁结构、道路勘测设计与路基路面结构、施工技术与管理等主要课程。学生毕业时，被授予工学学士学位，可在房屋建筑、地下建筑、隧道、道路、桥梁、矿井等的设计、研究、施工、教育、管理、投资、开发部门工作。开设此专业的高校大多根据自己学校的实际情况，分设了桥梁、路桥、隧道、施工管理等不同的专业方向，并不学习该专业的全部内容。

道路桥梁与渡河工程专业是教育部批注设置的目录外专业，也属于土建类专业。该专业主要学习工程力学、道路工程、桥梁工程、渡河工程和市政工程等学科的基础理论和基本知识，使学生具备从事道路桥梁与渡河工程项目规划、设计、研究开发、施工及管理能力，以便毕业后能在道路、桥梁、隧道、渡河工程的项目规划、设计、研究开发、施工、工程管理、投资及开发部门从事技术或管理工作。主要课程包括工程力学、结构力学、土质学与土力学、工程地质、基础工程、建筑材料、测量学、结构设计原理、水力学与桥涵水文、桥梁工程、道路勘测设计、路基路面工程、舟桥工程、隧道勘测设计等。也有学校将此专业分为公路工程、桥梁工程、岩土与隧道工程三个方向分别教学。

二、交通运输类专业

铁路运输、公路运输、水路运输、航空运输和管道运输是现代社会五大交通运输方式。交通运输工程学科包括道路与铁道工程、交通信息工程及控制、交通运输规划与管理和载运工具运用工程4个二级学科。道路与铁道工程学科涵盖铁道、公路、城市道路、机场等工程规划、勘查、设计、施工、养护与管理。交通信息工程及控制学科研究铁路、公路、水路和航空等交通信息的采集传输、处理与控制的基本理论和电子、通信、信息与控制技术在交通运输工程中的应用。交通运输规划与管理是一门多学科交叉的新兴学科，主要研究交通运输系统规划决策与管理的理论和方法。通过对交通运输系统规划和综合评价以及对交通运输系统运作过程的科学管理，优化交通运输系统资源配置，实现交通运输管理的现代化。

本科交通运输类专业主要设置交通运输、交通工程、航海技术、轮机工程等专业。

交通运输专业学生主要通过学习运筹学、管理学、营销学、财务管理、运输经济学、交通运输设备、交通运输技术管理、交通运输商务管理、交通运输企业管理、交通港站与枢纽、交通运输法规、管理信息系统、交通运输安全等主要课程，基本掌握运筹学、管理学、交通运输组织学方面的理论与知识，从而具备运用运输技术设备，合理组织运输生产以获得最佳社会与经济效益的基本能力。学生毕业时，被授予工学学士学位，可在交通运输管理部门、交通运输企事业单位等从事交通运输组织、指挥、决策以及在交通运输企业从事生产与经营管理工作。

部分学校在交通运输专业里也设置了不同的专业方向。如汽车运用工程、交通安全工程等。汽车运用工程专业主要培养学生的交通运输系统规划、交通运输企业设计与管理、运输组织管理与运输市场开发、市场营销与车辆售后服务、汽车诊断理论与技术、汽车维修与机务管理的能力和汽车运用理论与技术的试验、研究、设计能力。毕业生主要在交通运输行业、汽车制造行业、物质流通行业和其他大中型工商企业从事运输装备与汽车检测诊断设备开发、运输市场开发、交通运输规划与组织管理、汽车市场开发与营销、运输车辆技术管理、汽车检测诊断和技术保障等工作。交通安全工程专业主要培养从事交通安全科学与研究、安全监督与管理、交通环境保护与检测、运输安全设计与安全生产管理、交通安全教育与培训等方面工作的专业技术人才。

交通工程专业学生主要学习系统工程、交通工程学方面的基本理论和基本知识，掌握进行交通基础设施规划、设计与工程项目评价方面的基本能力。该专业开设的主要课程包括交通工程、系统工程、交通工程经济与法规、交通规划、总图运输设计、交通港站设计、交通控制与管理、道路工程、轨道交通、交通项目评价、工程概预算、智能运输系统等。授予的学位为工学学士，学生毕业后可在发展计划部门、交通规划与设计部门、交通管理部门从事交通运输规划、交通工程设计、交通控制系统开发等方面的工作。

教育部还批准在交通运输类专业下开设了物流工程、交通设备信息工程、交通建设与装备等本科目录外专业。

物流工程专业主要培养学生物流系统设计、物流技术应用与装备开发、物流信息系统设计、物流系统仿真与规划管理等工作能力。学习的主要课程有运筹学、系统工程学、技术经济学、交通运输工程、物流系统工程、现代物流学、供应链管理、智能运输系统、运输工具及运用、物流设备与机具、物流网络系统规划、物流信息系统、物流企业管理、仓储管理、电子商务与物流、物流系统设计与仿真等。学生毕业时，被授予工学学士学位，可在各级流通与运输管理部门、物资部门、交通运输企业、物流企业、大型工商企业等从事物流技术和管理工作。

交通建设与装备专业培养熟悉交通建设装备结构性能和施工工艺，能依据交通建设要求从事交通建设装备运用、管理、维护的工程技术人员。学生在校期间要学习工程力学、电子技术、自动控制、计算机与信息处理技术机械工程基础、工程装备运用技术、交通工程学、建设工程学、交通建设设备性能理论、工程经济学、工程设备液压与液力传动理论等主要课程学生毕业时，被授予工学学士学位，可在交通和建设部门、工业企业、科研机构从事交通建设工程中施工组织与质量控制、施工设备优化配置、施工设备的设计、研究与开发等工作，也可在贸易和金融等部门从事设备贸易工作。

三、机械设计制造及其自动化专业

该专业属于机械工程学科。机械工程是与人类社会活动关系十分密切、应用十分广泛的一门学科，是为国民经济建设和社会发展提供各类机械装备和生产制造技术，以创造物质财富和提高文明水准的重要学科。机械工程学科研究的主要领域包括机械的基础理论、各类机械产品及系统的设计方法、制造技术、检测与控制、自动化及性能分析实验研究。该学科设置了机械制造及其自动化、机械电子工程、机械设计及理论和车辆工程 4 个二级学科。其中，车辆工程学科研究的对象是汽车、机车车辆、拖拉机、军用车辆及工程车辆等陆上移动机械的理论、设计与技术问题，是一门涵盖多种高新技术的综合性学科。

本科期间，机械设计制造及其自动化专业的学生通过学习机械设计与制造的基础理论，学习微电子技术、计算机技术和信息处理技术的基本知识，使自身具有进行机械产品设计制造机设备控制、生产组织管理的基本能力。学生在校期间主要学习工程力学、机械设计基础、电工与电子技术、微型计算机原理及应用、机械工程材料、制造技术基础等主要课程。学生毕业时，可获得工学学士学位，可在工业生产第一线从事机械制造领域内的设计制造、科技开发、应用研究、运行管理和经营销售等方面的工作。该专业涉及领域广泛，不同学校可根据自身的特点设置不同的专业方向，如工程机械、公路机械化施工与管理、高速公路机械化养护与管理、机械制造及其自动化、建筑机械等。

教育部还批准在机械类专业下开设车辆工程、汽车服务工程等本科目录外专业。

车辆工程专业主要培养学生在汽车设计与制造、管理及营销方面的素质和能力。开设的主要课程包括工程力学、工程热力学、机械设计、机械制造技术基础、随机振动、电工、电子技术、微机控制原理及应用、车辆结构、发动机原理、汽车理论、汽车设计、车身工程、汽车试验技术等。学生毕业后，可获得工学学士学位，能在汽车制造企业和科研单位从事汽车设计、制造、试验与检测、汽车营销和汽车制造管理工作。

汽车服务工程专业的学生通过学习机械电子技术、机电控制理论与技术、企业经营与管理、汽车结构、汽车理论、汽车试验技术、汽车服务工程、汽车使用技术、汽车检测诊断与维修技术、汽车评估、汽车装饰与美容、汽车营销、金融与保险等课程，掌握汽车维修、销售、生产、金融保险和管理等汽车技术服务和经营管理等方面的知识。学生毕业后，被授予工学学士学位，可在汽车生产、销售、维修等行业和管理部门从事汽车技术服务与经营管理工作，也可在金融与保险领域从事与汽车服务相关的业务工作。

四、工程管理专业

该专业属于管理科学与工程学科，该学科不设二级学科，侧重于研究与现代生产经营、科技、经济、社会等发展相适应的管理理论、方法和工具。本科期间，工程管理专业学生主要学习工程管理方面的基本理论、方法和土木工程技术知识，接受工程管理方面的基本训练，从而具备工程项目管理的基本能力。该专业主要课程包括管理学、经济学、应用统计学、运筹学、会计学、财务管理、工程经济学、组织行为学、市场学、计算机应用、经济法、工程项目管理、工程估价、合同管理、房地产开发与经营、工程项目融资、土木工程概论、工程力学、工程概论等。公路工程管理专业方向的学生除学习上述相关课程外，还要以及公路工程的设计方法和施工技术，以及公路工程造价编制方法等知识。学生毕业时，被授予管理学学士，可在工程建设领域从事项目决策和全过程管理工作。

五、物流管理专业

这是教育部批准开设的工商管理类本科目录外专业。该专业学生主要学习物流学、管理学、计算机技术与应用等学科知识，掌握物流与供应链系统规划设计、运营组织与全程实时控制等技术和方法，从而具有区域物流规划、企业物流方案设计及组织管理能力，掌握国内、国际物流实务运作和管理技能。该专业开设的主要课程有运筹学、高级物流学、物流工程学、供应链管理、物流信息平台技术、计算机网络与通信技术、电子商务、管理信息系统、现代经济学、物流营销学、物资采购仓储管理、财务管理学、国际贸易与物流、国际货运代理与海关报关实务、运输经济学、产业经济学、系统工程学、物流法学与储运合同、物流营销学、物流学、管理学、计算机科学与技术等。学生毕业时，被授予管理学学士学位，能在政府经贸管理部门、工商企业、各类物流企业和研究单位从事物流系统规划、设计组织与管理、供应链优化与管理、集成物流经营管理、电子商务应用及管理工作。

六、热能与动力工程专业

该专业属于动力工程及工程热物理学科。该学科包括工程热物理、热能工程、动力机械及工程、流体机械及工程、制冷及低温工程和化工过程机械 6 个二级学科。本科阶段，热能与动力工程专业的学生主要学习动力工程及工程热物理的基础知识，接受现代动力工程师的基本训练，从而具备进行动力机械与热工设备设计、运行、实验研究的基本能力。学生在校期间要学习工程力学、机械设计基础、电工与电子技术、工程热力学、流体力学、传热学、控制理论、测试技术等主要课程，毕业时可获得工学学士学位。汽车类热能与动力工程专业还开设内燃机原理、内燃机设计、汽车构造、汽车理论、汽车电器与电子、汽车电器及电子系统设计、汽车电液控制等课程。学生毕业后可从事动力机械（如热力发动机、流体机械）、动力工程（如热电厂工程、空调工程）的设计、制造、运行、管理、实验研究和安装、开发、营销等工作。

七、计算机科学与技术专业

该专业是电气信息类专业，属于计算机科学与技术学科。该学科设置计算机软件与理论、计算机系统结构、计算机应用技术 3 个二级学科。计算机科学与技术（交通信息工程方向）专业的学生要系统地学习计算机软硬件的设计、开发、维护技能。该专业学生除学习电路原理、模拟电子技术、数字逻辑、数字分析、计算机原理、计算机系统结构、计算机网络、高级语言、汇编语言、数据结构、操作系统，编译原理等课程外，还要学习有关公路工程、交通工程、交通运输规划与管理、智能交通系统等方面的知识。毕业时可被授予工学学士或理学学士学位，主要从事交通行业信息的采集、传输、处理与应用，信息系统的设计、规划、建设和管理等方面的工作。

八、自动化专业

该专业学生主要学习电工技术、电子技术、控制理论、信息处理、系统工程、自动检测与仪表、计算机技术与应用和网路技术等方面的基本知识，主要开设电路原理、电子技术基础、计算机原理及应用、计算机软件技术基础、电机与电力拖动基础、电力电子技术、自动控制理论、信号与系统分析、过程检测及仪表、计算机仿真、计算机网络、过程控制、运动控制、计算机控制系统、人工智能导论、系统工程导论等课程。交通信息与控制方向的学生还需学习现代汽车技术、高速公路控制与管理等相关知识。学生毕业时，可获得工学学士学位，可从事多个领域的系统分析、系统设计、系统运行、科技开发及研究等方面的工作。

九、会计学专业

该专业属于工商管理学。工商管理学是研究盈利性组织经营活动规律以及企业管理的理论、方法与技术的学科，包括会计学、企业管理学、旅游管理学、技术经济与管理学 4 个二级学科。学生在本科阶段主要学习会计、审计和工商管理方面的基本理论和知识，从而具备分析和解决会计问题的基本能力。该专业主要开设管理学、微观经济学、宏观经济学、管理信息系统、统计学、会计学、财务管理、市场营销、经济法、财务会计、成本会计、管理会计、审计学等课程。交通类专业的会计学学生还需专门学习交通行业的会计知识，如公路施工企业会计、运输养护企业会计、公路养护企业会计等。该专业授予的学位是管理学学士学位。学生毕业后可在企事业单位及政府部门从事会计实务以及教学、科研方面工作。

此外，部分学校还开设了测绘工程、材料类专业（道路材料方向）、市场营销（汽车类）、环境工程（交通环境与评价）、法学（公路行政执法）等各具特色的专业。这些专业能够培养既具备该专业理论及知识，又具备交通行业专业知识的工程技术人员，使其能更好地适应交通行业的用人要求。

第三节　交通类专业教育发展

【观点导读】

1. 交通行业的人才需求量是巨大的，特别是创新型人才更是未来交通行业发展的方向。

2. 通过认证的专业，其社会影响力会得到增强，会吸引优秀的生源，形成办专业的良性循环。

交通事业是经济建设的基础。经济越是发展，越需要与之匹配的交通条件做支撑；反之，交通对经济发展的制约就越明显。

一、未来交通事业的快速发展依赖于大量优质人力资源

近年来，我国交通建设的成就举世瞩目。这些成就的取得，是在科学发展观的指导下，全行业交通人解放思想、抓住机遇、战胜困难、真抓实干的结果，交通高校为交通事业的超常规发展提供了人才支撑和智力保障。但与欧美发达国家相比较，我国人均公路里程数较低，交通建设应该是我国经济社会发展要长期面临重要任务。交通行业在未来仍有较大的发展空间，行业人力需求旺盛。据各地发展规划和行业经济走势，交通行业“十二五”期间仍然是各省建设规划的基础。

我国公路交通建设的成就：新中国成立初期，我国公路通车里程仅为 8.07 万 km，公路等级都在二级以下，路面里程只有 3 万 km。到 1978 年，全国公路通车里程达到 89 万 km，是新中国成立初期的 11 倍，但无一级公路，更无高速公路，公路交通成为国民经济发展的“瓶颈”。但 1978 年起，国家实行改革开放政策，交通先行，我国的交通建设事业取得跨越式发展。主要成绩表现在：

第一，公路网规模不断扩大，截止到 2010 年底，全国公路网总里程达到 398.4 万 km，5 年

增加 63.9 万 km。国省干线公路里程达到 46.22 万 km，其中国道 16.39 万 km、省道 29.83 万 km，比“十五”末分别增加了 3.12 万 km 和 6.44 万 km。2007 年底，“五纵七横”12 条国道主干线提前 13 年全部建成，西部开发 8 条省际通道基本贯通，全国公路网密度由“十五”末的每百平方公里 34.8km 提升至 40.2km。路面技术等级和通达水平得到很大提高。

第二，高速公路建设突飞猛进。1999 年高速公路里程突破 1 万 km，2002 年突破 2 万 km，2004 年突破 3 万 km，2005 年突破 4 万 km，2007 年突破 5 万 km，2008 年突破 6 万 km，2009 年达到 6.51 万 km，2010 年底达到 7.4 万 km，仅次于美国，居世界第二。高速公路进一步实现了大规模跨省贯通，加强了各大区域间的经济交流，分担了各省、经济区之间的客货运输，通道效应日趋显著。高速公路骨架的基本形成，构建了城市间的公路运输通道，提高了综合运输通道能力，优化了综合运输体系结构。同时也强化了对铁路、机场和沿海港口的集疏运功能，促进了综合运输体系结构的优化。

第三，农村公路发展迅速。“十一五”期间，新建和改造农村公路 120 万 km，基本实现全国所有具备条件乡镇通沥青（水泥）路，东、中部地区所有具备条件的建制村通沥青（水泥）路，西部地区基本实现具备条件的建制村通公路。到“十一五”期末，全国农村公路里程达到 345.50 万 km，新增里程 53.97 万 km，农村公路建设让人民感受到了实实在在的幸福。

第四，桥梁建设进入国际先进行列。到 2009 年底，我国共有公路桥梁 62.19 万座，2 726.06 万 m，而 1978 年仅有 12.8 万座，328 万 m。先后在长江、黄河等大江大河和海湾地区，建成了一大批深水基础、大跨径、技术含量高的世界级公路桥梁。

第五、隧道建设技术能力迅速提升。到 2009 年底，我国共有公路隧道 6 139 处，394.20 万 m。秦岭终南山隧道、上海长江隧桥工程和厦门翔安海底隧道等重大工程相继建成。

1. 当前交通行业建设的主要任务

“十一五”期间，我国交通已完成“五纵七横”国道主干线建设，基本形成国家高速公路网骨架，全面实施农村公路通达工程，大幅增加沿海港口吞吐能力，加快长江黄金水道的建设，大力发展内河水运，基本建立海陆空搜救体系，明显提高重点水域安全监管和救助能力，使枢纽站场建设取得显著进展，交通精神文明建设、法制建设以及科技进步等各项事业将更快发展。

“十二五”我国公路、水路交通发展面临的任务将更加艰巨和复杂，但仍处于发展机遇期。“十二五”交通运输发展的总体要求：深入贯彻落实科学发展观，认真落实中央的一系列决策部署，以科学发展为主题，以加快转变交通运输发展方式为主线，以结构调整为主攻方向，按照适度超前的原则，积极推进综合运输体系建设，加快发展现代交通运输业。到 2015 年，初步形成涵盖公路、水路、民航、邮政的安全、畅通、便捷、绿色的交通运输体系，适应经济社会发展新要求和人民群众的新期待。

交通运输“十二五”发展规划确定了五个重点领域，并力求在每个重点领域取得突破。一是以综合运输体系建设为指向，加快完善交通基础设施网络，优化基础设施结构，着力提升交通运输供给能力；二是以促进现代物流发展和运输结构优化为切入点，着力提升交通运输服务水平；三是以信息化建设为引领，着力提升交通运输装备、组织和管理现代化水平；四是以建设低碳交通运输体系为重点，着力发展绿色交通；五是以加强能力建设和体系构建为核心，着力加强交通运输安全应急和保障能力。

面临如此艰巨的发展任务，不仅需要自然资源、资金和技术的投入，更需要和依赖一支具有较高依法行政能力的交通管理干部队伍，需要成千上万的技术专家和创新人才队伍，需要数以千万计的工作在基层岗位的技能型、应用型人才队伍。

2.交通行业人才建设还不能满足行业快速发展的需要

1)交通人才资源现状

"十一五"以来，随着我国教育事业和交通事业的快速发展，人才资源开发与管理工作的不断加强，交通发展的人才保障与智力支持能力得到了前所未有的提高。交通行业技术人员大都具有大专、本科甚至硕士学历，而且经过较长时期的实践锻炼，其综合素质已有很大提高，一大批优秀的中青年人才已成为管理、生产、科研和教学的主力。总体上体现为：人才资源总量不断增加，人才队伍结构明显改善，人才队伍素质不断提高，人才管理机制逐步完善。

(1)人才总量不断增加。"十一五"末交通行业各类人才总量达到600万人，人才密度提高到12%，极大地改变了改革开放初期交通行业人才总量严重不足的现象。

(2)人才结构日趋合理。交通行业的人才队伍结构得到了明显改善，断层、断档和失衡现象有一定好转。地方交通系统和交通企业职工队伍中专业技术人才和技能人才所占比例和学历层次明显提高，平均年龄降低，人才断层问题得到了初步解决。

(3)人才队伍的业务素质和能力明显提高。交通事业的持续快速发展吸引了大批优秀人才投身于交通事业，为交通行业增添了新生力量。部党组高度重视人才队伍建设，通过开展各种形式的在职学历教育和短期培训等有效措施，提高了人才队伍的政治素质、道德修养和业务能力。交通行业各部门注重在实践中培养和锻炼人才，加快了青年人才的成长，促进了全行业人才队伍素质和能力的普遍提高。

(4)人才管理机制不断完善。随着国家经济体制和干部人事制度改革的不断深化，交通行业从政府部门到企事业单位，人才引进的方式和机制已发生了很大变化，法制化、规范化、市场化进程明显加快，交通行业人才培养渠道不断拓展，人才培养的保障机制逐渐完善。

2)交通行业人才队伍建设存在的主要问题

虽然与改革开放初期相比，交通行业人才总量严重不足、层次严重偏低、结构严重失衡的现象已经得到了初步的改变，但从快速发展的国家交通事业来看，从国家和社会对交通行业的要求来看，目前交通行业人才队伍存在的突出问题仍然是人才总量不足和人才结构性矛盾突出。

(1)人才总量不足。

一是整个行业的人才密度低。交通行业各类专门人才约占从业人员的10%，明显低于其他许多行业。

二是人才资源分布不均衡。中西部地区尤其西部地区人才普遍不足。

三是基层单位人才严重匮乏，制约了这些单位的发展。

(2)人才结构性矛盾突出。

一是高层次人才严重短缺。目前，交通行业在国内外有较高知名度和较大影响力的高级专家很少，而且后继乏人，与交通事业的大发展及其所处的地位极不相称。

二是发展快的领域专业技术人才明显不足。尤其是交通建设的勘测、设计、施工、监理等领域人才不能满足需要，给工程建设质量和安全留下了较大的隐患。

三是技能型人才严重短缺，交通行业技能岗位共有9个专业183个工种，这些专业和工种都普遍缺乏技能人才，供需缺口约在30%～50%之间，公路运输、公路养护、水上运输、港口生产、公路工程、航务工程等专业和工种人才供需缺口更大。

四是人才队伍素质和能力不能适应交通快速发展的需求。专业技术和技能人才的学历和职称仍然偏低。人才队伍的学习能力、实践能力尤其是创新能力与交通快速发展的实际需求还存在较大差距。

3."十二五"期间交通行业的发展对教育的需求

(1)按照中央加强党的执政能力建设的要求,落实科学发展观,提高交通管理部门的行政管理能力,是加强党的执政能力建设的实际体现,也是交通发展的实际需要。交通部门必须着力提高交通运输适应经济社会发展需求的能力、交通运输统筹规划和协调发展的能力、交通运输公共服务和组织保障能力、交通运输和建设市场依法监管能力以及交通安全管理和重大突发事件紧急处置的能力。这就需要一批掌握现代经济知识、管理知识、法律知识和交通专业知识,熟悉市场规则,具有创新精神,能够依法行政的管理人员。

(2)科技创新是实现交通新的跨越式发展的重要推动力。"十二五"期间,交通科技进步的步伐将进一步加快,急需一大批了解未来技术发展、掌握最新科技知识与技能、具有创新能力的交通规划设计、施工管理、运输组织、海事救捞、船舶检验、信息通信、交通环保等专业技术人员。因此,必须依靠全社会优质的教育资源,培养更多的交通专业技术人才,加快培养科技领军人才和创新型人才。

(3)要完成繁重的交通基础设施建设和养护任务,提高交通运输服务质量,增强汽车修理等运输服务业的能力,迫切需要数以百万计的掌握实用技术、动手能力强、爱岗敬业的交通技能人才。在交通工程建设与养护、汽车运用与维修、船舶驾驶与轮机管理、工程潜水、工程设备管用养修及现代物流服务等专业领域,技能型人才既存在量的短缺,又存在质的不足。

因此,在"十二五"期间,要大力培养交通发展需要的专业技术人才,形成稳定的本科生和研究生培养规模,形成一支高素质、有活力、创新能力强的交通科技人才队伍,使专业人才培养和科技创新能力明显提高。继续支持共建高校改善交通类专业学科办学条件,提高为交通行业输送优秀本科毕业生和研究生的能力。

二、未来交通行业的发展趋势

1.智能交通系统是未来交通发展方向之一

交通的本质就是人、车、路等内部要素之间的相互关系。作为复杂开放、随机可控的大系统,交通不仅取决于内部要素之间的整合协同,还受地理环境、土地利用、产业结构及社会环境等诸多外部环境的制约。经济快速发展,使交通系统运行中的不确定因素越来越多,各内部要素的规模日益扩大,内部要素之间及内部要素与外部环境之间的关系日益复杂。处理、协调好这些关系,是交通系统健康、高效运行的关键。

面对当今世界全球化、信息化发展的趋势,传统的交通技术和手段已不适应经济社会发展的要求。智能交通系统是交通事业发展的必然选择,是交通事业的一场革命。智能交通系统就是通过对先进的信息技术、通信技术、控制技术、传感技术、计算机技术和系统综合技术有效地集成及应用,使人、车、路之间的相互作用关系以新的方式呈现,从而实现实时、准确、高效、安全、节能的目标。

智能交通系统作为一种实时、高效、准确的新型交通运输系统,目前在欧美等发达国家得到了广泛应用。智能交通系统的发展,已不仅限于解决交通拥堵、交通事故、交通污染等问题,也成为缓解能源短缺、培育新兴产业、增强国际竞争力、提升国家安全的战略措施。据预测,应用智能交通系统后,可有效提高交通运输效益,使交通拥挤降低20%,延误损失减少10%~25%,车祸降低50%~80%,油料消耗减少30%,废气排放也大为减少。

由于我国智能交通系统起步较晚，与发达国家相比还存在很大差距，重要的原因就是缺乏大量的专业技术人才。

2. 城市轨道交通是未来城市交通的主要形式

随着城市化的快速发展，城市地区道路交通拥挤、交通事故以及由于道路交通排放引起的交通污染已经成为备受瞩目的问题。作为发展中国家，我国人均资源稀缺，交通需求总量巨大，探讨一种满足我国经济建设与居民生活需要的可持续的交通解决方案具有十分重要的战略意义。在上述背景下，公共交通被认为是未来交通的主要形式，而由于城市轨道交通具有容量大、安全、环保特性好等特点，其又成为公共交通系统的骨架。

国外的城市轨道交通已发展了100多年。在世界主要大城市中，轨道交通运输量占公交运量的50%以上，有些甚至达70%以上。而目前，在国内轨道交通最发达的北京，居民乘用地铁和地面公交车的比例则不足30%，其中地铁又不及公交总量的15%。

中国的轨道交通从1965年开工建设，至今已历经了40多个春秋。特别是进入20世纪90年代后，随着中国经济体制改革的逐步深入，使得部分计划经济时期长期潜在的社会消费需求得到释放，促使社会经济迅速发展，城市交通需求剧增，使得中国轨道交通进入高速发展期，2009年底，有约27个城市正在筹备建设城市轨道交通，其中22个城市的轨道交通建设规划已经获得国务院批复。截至2010年，中国先后有北京、上海、广州、南京、深圳、大连、天津、重庆、武汉、长春、抚顺12座城市建成了城市轨道交通，京津冀、长江三角洲和珠江三角洲地区还先后开建城际铁路。全国的轨道交通现已有20多条线路在运营，里程达800km。

根据国务院批准的第一批城市轨道交通项目规划，至2015年的规划线路长度是2 400km，投资规模近7 000亿。“十二五”规划纲要提出：我国在城市轨道交通上建设北京、上海、广州、深圳等城市轨道交通网络化系统，建成天津、重庆、沈阳、长春、武汉、西安、杭州、福州、南昌、昆明等城市轨道交通主骨架，规划建设合肥、贵阳、石家庄、太原、济南、乌鲁木齐等城市轨道交通骨干线路。至2015年前后，北京、上海、广州等22个城市将建设79条轨道交通线路，总长2 259.84km，总投资8 820.03亿元。预计到2020年中国城市轨道交通线路总长将超过3 000km。可以预见，未来30年中，我国城市轨道交通系统将会得到持续、快速的发展，这就需求大量的工程技术人员。

3. 现代物流是未来交通运输的主要形式

说起物流，人们会自然地联想到物品从供货地向接受地的流动过程以及物品的装卸、包装、储存、运输、配送和信息处理等环节。物流作为经济生活中物的实体流动，与人们的日常生活和社会发展密切相关。

随着我国改革开放后经济的快速发展，物流业的发展已经成为衡量我国现代化程度和经济发展效率的重要标志，尤其是我国加入WTO后，国内物流业迫切需要与国际接轨，现代物流人才的匮乏已经成为制约我国物流业发展的瓶颈。

近年来，我国物流教育虽不断攀升，却存在一些问题，主要表现在以下几方面：

(1)我国高校物流人才培养供给远远不能满足市场的需求。从目前我国设置物流或相关专业的学校数目与我国物流人才的需求量比较可看出。据中国物流学会的不完全统计，全国已有339所本科院校，超过700所高等职业学校和1 000所中等专业学校开设了物流专业，在校生突破80万人。而国内对高级物流管理人员或物流战略、物流设计管理人员的需求十分巨大，物流人才培养供给远不能满足市场的需求。

(2)专科、本科、硕士和博士的教育层次结构不合理，尚缺乏合理的物流人才培养体系。虽然在恢复物流本科招生之前，我国的物流教育就已经起步，也有部分学校一直没有中断物流方向的博士和硕士研究生招生，但从目前的情况看，还未形成“金字塔”式的人才层次结构。物流业的发展需要大量的操作型物流人才和综合素质强的高级管理型人才。

(3)受我国物流业管理现状的影响，物流人才培养目标不明确。由于受我国物流业管理体制条块分割、分离管理现状和传统教育模式的影响，虽然有不少院校设置了物流管理和物流工程等相关的专业及专业方向，但由于培养目标不明确，人才的培养受到了较大的局限。

(4)许多院校物流师资力量不容乐观，物流专业的整体教育教学水平不高。目前国内的学历教育现状是，虽然一些高校开设了物流管理等相关专业的学历教育，但在很大程度上反映的是与传统“母专业”的依托关系，物流师资力量大多是从经济学、机械工程学、营销学、交通运输学等专业教师转移过来的，教师数量不足，补充渠道不畅，特别是教师的实践能力较缺乏。

另外，企业用人的信息反馈，也暴露出我国物流人才培养方面存在着浓重的传统物流特色，难以适应现代物流业跨越式发展的要求，缺乏复合型高级管理人才以及现代物流所需要的专业性、技能性人才。

三、交通类专业教育的发展方向

长期以来，交通类学科专业一向是交通运输部直属院校、共建交通特色高校的传统优势和办学特色。新时期，为进一步巩固这一领域的办学优势和特色，各高校应继续重视和加强交通类学科专业的建设和改革，积极探索和推进教育教学改革和人才培养模式改革，使专业适应性进一步增强，办学水平和教育质量稳步提高。

1.不断改革交通类学科专业人才培养方案，完善素质教育和创新能力培养体系

人才培养计划是学校组织教学活动、实施人才培养的蓝图，也是学校人才培养目标和培养模式的集中体现。为适应社会发展对人才培养的需要，着眼21世纪高等教育改革和发展趋势，各高校应围绕“基础厚、口径宽、能力强、素质高、多规格”的人才培养目标，进行本科培养计划的修订工作。培养计划要进一步体现“加强基础、拓宽专业、培养能力、发展个性”的特点，强调因材施教和个性化教学，注重学生知识、能力和素质协调发展。

具体来说就是：

(1)要进一步从整体上构建培养体系，突出学生整体素质和创新能力的培养与提高。

(2)要高度重视和突出基础课程教学，重组基础课程体系，构筑基础课程平台；对教学内容和课程体系进行改革调整和分层设计，实现课程设置模块化；对部分课程进行重新设计或整合。

(3)妥善处理加强基础与突出特色之间的关系，加强对专业特色的建设和探索。一是设置核心专业课程，进一步整合专业教学内容；二是要求尽可能设置专业方向模块或系列课程，保证专业的适当深度和学科的特色方向。

(4)强调多学科的渗透，特别是文理间的渗透。一方面，对理工科学生加强人文素质教育；另一方面，使文科类学生加强理学修养，或对选修理工类及跨学科课程提出最低学分要求。

(5)进一步增强培养计划的灵活性，强调个性化培养，拓宽学生自主选课空间。

(6)增设综合训练与综合设计课程，以加强学生的实践能力和创新能力培养。

2.积极开展交通类学科专业复合型人才的培养

我高校进行复合型人才培养的工作，其主要目的在于培养适应经济改革和发展需要的

知识面广、能力强、素质全面的专门人才。一是从国内来看，随着我国科学技术的迅猛发展，学科之间相互渗透、相互交叉的趋势日益明显，国民经济和交通行业发展越来越需要掌握多学科知识的高层次复合型人才；二是从交通行业自身情况来看，随着对外合作范围不断扩大，合作领域不断拓宽，急需一大批懂专业、会管理、通法律且具有较强外语和计算机应用能力的复合型专门人才；三是从专业培养模式来看，由于我国高等教育的专业设置多是以行业岗位而定，专业面窄、适应性差，培养出来的大学生与社会需要之间存在着一定差距。因此，高等院校要主动适应社会形势发展对人才培养工作的需要，本着“拓宽专业面向，提高适应能力”的基本思路积极开展复合型人才的培养。例如，开设双学位班，增设辅修专业；在交通类主干专业设置双语教学课程，引进国外先进教材；使毕业生既懂专业，又懂管理，提高综合素质和适应能力。

3.加强工程专业认证工作，提高国际竞争力

工程教育认证制度源自西方，我国的工程教育专业认证试点工作始于2006年。2006年3月，教育部发布《关于成立教育部工程教育专业认证专家委员会的通知》(教高厅函[2006]5号)。随后，成立机械工程与自动化、电气工程及自动化、化学工程与工艺、计算机科学与技术等4个专业试点工作组，并完成了对8所高校的认证试点。2007年，试点认证的范围进一步扩大。2007年6月，成立了75名各领域专家组成的全国工程教育专业认证专家委员会。同年8月，设立了机械类、化工类2个专业认证分委员会，并按照与国计民生、国家安全、人身安全关系密切的原则，新增了环境类、水利类、交通运输类、轻工食品类、地矿类等5个新的试点专业工作组，加上原有的电气类和计算机类专业认证试点工作组，共有7个专业认证试点工作组，并于当年在9个专业领域对18个学校开展了认证试点。2007年底，召开了全国工程教育专业认证专家委员会全体会议，会议对2007年专业认证的试点工作进行了总结，审议了2007年试点认证的18个试点学校的认证结论，并对《工程教育专业认证工作手册》(2007版)进行了讨论和修订。同时，成立了全国工程教育专业认证监督与仲裁委员会，正式设立了全国工程教育专业认证专家委员会秘书处。2008年，全国工程教育专业认证专家委员会计划在机械、化工、电气、计算机、地矿、轻工与食品、交通运输、环境、水利和安全工程等十个专业领域开展专业认证试点工作。

经过多年来的努力，工程教育专业认证试点工作已经取得了稳步进展。全国工程教育专业认证的组织体系初步形成，建立了全国工程教育专业认证专家委员会、10个专业领域的认证分委员会(或试点组)、全国工程教育专业认证监督与仲裁委员会等。我国工程教育专业认证文件体系确立，制订了专业认证通用标准、各专业的补充标准、试点办法、专业认证现场考查的要求等，并先后对其进行了丰富和完善。截至目前，已在10个专业领域的41个专业点进行了专业认证的现场考查。加上住房与城乡建设部组织进行的土建类专业评估，共在11个专业领域开展了204个专业点认证试点工作。

开展工程教育专业认证，旨在构建我国工程教育的质量监控体系，推进我国工程教育改革，进一步提高工程教育质量；建立与注册工程师制度相衔接的工程教育专业认证体系，构建工程教育与企业界的联系机制，增强工程教育人才培养对产业发展的适应性；促进我国工程教育的国际互认，提升国际竞争力。显然，工程教育专业认证不仅是工程教育改革的必然趋势和内在要求，还是各高校促进专业建设、提高人才培养质量的重要契机。通过认证的专业，其社会影响力会得到增强，能够吸引优秀的生源，从而形成良性循环。

第四节　交通类专业学生就业情况及分析

【观点导读】

1. 近几年，高校毕业生人数逐年增加，就业竞争更加激烈。

2. 公路交通类专业就业势头良好，国有企业、经济发达地区是广大毕业生的首选。

中国高等教育经过近几年的大规模扩招，目前已经由精英教育阶段迅速进入大众化教育阶段。高校毕业生人数在近几年来一直呈现逐年递增的趋势，但社会需求总量增幅变化不大，毕业生就业竞争趋于激烈。而我国交通事业近年来发展非常迅速，生产一线以及相关业务管理领域对交通类人才的需求很大。从今后几年经济社会发展总体趋势来分析，整个大学生就业市场对交通类专业人才的需求量仍然较大，就业前景相对比较乐观。

一、全国高校毕业生就业状况

此部分就业分析依据的是2004～2008年全国高校毕业生数据，包含博士、硕士、本科、专科（高职）各个层次。

1. 总体情况

从总量上看，近年来，我国高校校毕业生数量不断增加，2004～2008年我国高校毕业生人数分别为255.8万人、325.4万人、407.6万人、487.5万人、559.4万人以及611万人，平均年增幅达到20%以上。与此相对应的是各个学历层次的毕业生人数也不断增加 本科毕业生从2004年的121.1万人增长到2008年的229.2万人，增幅达89.3%。

2. 初次就业率

衡量高校毕业生就业状况的指标有很多，如就业率情况、工作起薪、专业匹配状况、工作满意度等，而衡量毕业生总体就业情况最重要的指标就是就业率。初次就业率就是指毕业生在离校时，已经确定就业去向的毕业生人数占全体毕业生总数的比例。根据教育部就业状况统计数据来看，毕业生就业状况共分为九类，分别是：已确定单位；待就业；不就业拟升学；其他暂不就业；自主创业；自由职业；其他灵活就业；升学；出国出境。现在一般将待就业、不就业拟升学以及其他暂不就业归为未确定就业去向，视为未就业。其余的归为确定就业去向。我国高校毕业生的就业总体情况如表5-5～表5-9所示。

2004～2008年全国高校毕业生总体初次就业率情况（单位：%）　　表5-5

年份 初次就业情况	2004	2005	2006	2007	2008
已确定就业去向	77.5	72.8	78.8	78.1	81.3
确定就业单位	51.3	45.8	49.1	52.2	53.6
自主创业	0.3	0.4	0.5	0.3	0.2
自由职业	2.1	2.5	3.2	3.8	3.6
其他灵活就业	12.3	12.4	17.0	14.1	16.8
升学	11.0	11.0	8.6	7.1	6.4

续上表

初次就业情况 \ 年份	2004	2005	2006	2007	2008
出国出境	0.5	0.6	0.5	0.6	0.8
未确定就业去向	22.5	27.2	21.2	21.9	18.7
待就业	20.1	25.7	20.1	20.9	17.7
不就业拟升学	0.6	0.3	0.2	0.1	0.1
其他暂不就业	1.8	1.2	0.9	0.9	0.9

2004～2008 年全国高校毕业生分学历层次初次就业率情况（单位：%）　表 5-6

学历 \ 年份	2004	2005	2006	2007	2008
博士	89.1	88.2	90.0	84.9	84.1
硕士	91.9	92.6	90.0	84.3	84.2
本科	84.1	81.7	82.6	80.3	82.3
专科	69.0	62.1	74.3	75.5	80.2
合计	77.5	72.8	78.8	78.1	81.3

2004～2008 年全国高校毕业生分学科初次就业率情况（单位：%）　表 5-7

学科 \ 年份	2004	2005	2006	2007	2008
哲学	86.8	86.6	83.7	78.7	74.5
经济学	78.6	74.8	80.5	78.9	81.8
法学	69.7	66.7	70.6	74.2	76.2
教育学	65.0	57.1	66.3	75.2	76.4
文学	74.4	69.6	75.8	77.8	80.4
历史学	80.9	77.2	78.8	77.2	77.1
理学	81.1	76.9	79.2	79.8	81.1
工学	82.0	77.4	83.8	85.6	87.2
农学	76.9	74.8	80.2	80.5	80.8
医学	71.3	66.2	70.8	77.0	77.3
管理学	77.0	72.1	79.9	80.6	82.9
军事学	49.3	63.3	61.7	95.8	92.5
合计	77.5	72.8	78.8	80.8	82.5

注：2007 年和 2008 年的初次就业率不包含专科及以下学历。

全国高校毕业生 2004～2009 年分专业就业状况（部分）　表 5-8

专 业 名 称	2004	2005	2006	2007	2008	2009
统计学	B^-	C^+	B^-	B^-	B^-	C^+
机械设计制造及其自动化	A^-	B^+	A^-	A^-	B^+	B^+
材料成型及控制工程	A^-	B^+	A^-	A^-	A^+	B^+

续上表

专业名称	2004	2005	2006	2007	2008	2009
车辆工程	A^-	A^+	A^-	A^-	A^-	B^+
机械电子工程	A^-	B^+	A^-	B^+	B^+	B^-
热能与动力工程	A^-	A^-	A^-	A^-	A^-	A^-
自动化	B^+	B^-	A^-	B^+	B^+	B^+
计算机科学与技术	B^-	C^+	B^-	B^-	B^-	C^+
土木工程	A^-	B^+	A^-	B^+	B^+	B^+
道路桥梁与渡河工程	A^+	B^+	A^+	A^-		
交通运输	B^+	B^+	B^+	B^+	B^+	B^+
交通工程	B^+	B^+	B^+	B^+	B^+	B^-
物流工程	B^+	A^-	B^+	B^-	B^+	B^+
工程管理	B^+	B^+	B^+	B^+	B^+	B^-
市场营销	B^-	B^-	B^-	B^-	B^-	B^-
会计学	B^-	C^+	B^-	B^-	B^-	B^-
物流管理	B^-	A^-	A^-	B^+	B^+	B^-

注：1. 数据来源全国高等学校学生信息咨询与就业指导中心，$A^+\geqslant 95\%$，$A^-\geqslant 90\%$，$B^+\geqslant 85\%$，$B^-\geqslant 80\%$，$C^+\geqslant 75\%$。

2. 就业状况依据为每年 9 月初应届本专科毕业生初次就业率统计数据。

2004～2008 年全国高校毕业生分地区初次就业率情况(%)　　表 5-9

年份／地区	2004	2005	2006	2007	2008
京津沪地区	89.5	86.5	90.6	90.9	91.6
东部地区	77.5	73.7	79.8	77.4	81.7
中部地区	75.3	66.1	75.6	75.7	80.4
西部地区	74.2	74.8	77.0	77.7	78.0
合计	77.5	72.8	78.8	78.1	81.3

3. 地区分布

根据各个地区的经济发展水平和地理特征，我们将全国分为四个地区(表 5-10)：

(1)京津沪地区，包括北京、天津和上海；

(2)东部地区，包括河北、辽宁、江苏、浙江、福建、山东、广东和海南；

(3)中部地区，包括山西、吉林、黑龙江、安徽、江西、河南、湖北和湖南；

(4)西部地区，包括内蒙古、广西、重庆、四川、贵州、云南、西藏、陕西、甘肃、青海、宁夏和新疆。

从表 5-10 可以看出，2004～2008 年高校毕业生在京津沪地区就业的学生比例逐年下降，在东部地区就业的学生比例呈现先下降后上升的趋势，在中部地区就业的学生比例基本呈现不断上升的状态，在西部地区就业的学生比例基本维持在 19%的水平。

2004~2008 年全国高校毕业生就业地区分布(单位:%)　　表 5-10

地区＼年份	2004	2005	2006	2007	2008
京津沪地区	12.7	11.8	9.7	9.2	8.3
东部地区	45.2	44.5	40.9	43.4	44.6
中部地区	24.1	23.8	25.9	27.2	27.8
西部地区	18	19.9	18.9	20.1	19.3
总计	100	100	100	100	100

从图 5-1 可以看出,学历层次较高(博士、硕士)的毕业生在京津沪地区就业的比例较高,反之,学历层次较低(专科、本科)的毕业生在中、西部地区就业的比例相对较高。

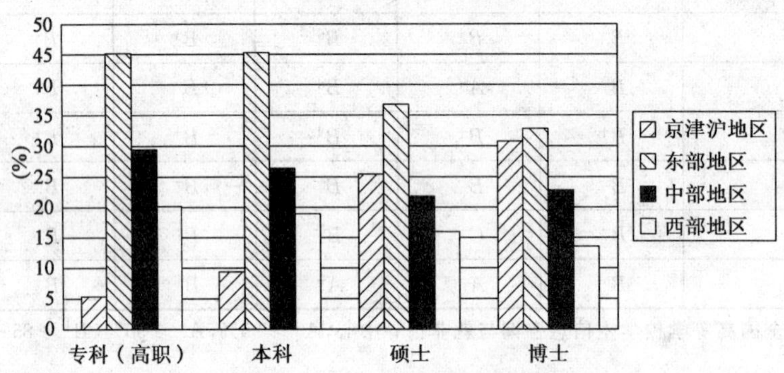

图 5-1　2008 年全国高校毕业生分学历层次就业地区分布

表 5-11 为 2008 年全国高校毕业生分学科门类就业地区构成。

2008 年全国高校毕业生分学科门类就业地区构成(单位:%)　　表 5-11

学历层次＼地区	京津沪地区	东部地区	中部地区	西部地区	合计
哲学	17.6	33.2	29.7	19.6	100
经济学	14.8	43.9	26.4	14.9	100
法学	13.6	41.2	25	20.2	100
教育学	7.7	40.8	29.5	22	100
文学	8.5	41.3	31.1	19.1	100
历史学	8.3	38.6	27.4	25.8	100
理学	9	43.2	26.1	21.7	100
工学	13.8	46.4	23.2	16.6	100
农学	6.5	39.1	28	26.5	100
医学	8.9	45	25.1	20.9	100
管理学	13.3	44.6	24.7	17.4	100
军事学	21.7	34	12.4	31.9	100
合计	11.7	44	25.8	18.4	100

注:本表数据只包括本科及以上。

4. 就业单位分布

据教育部统计，2004～2008年，事业单位和企业是高校毕业生就业的主体单位，其中，在事业单位就业的比例逐年下降，而在企业就业的毕业生比例呈上升趋势。在机关就业的比例很低且逐年下降。从事自由职业的比例虽然较低，但呈上升趋势。其他灵活就业的比例历年均在20%左右。在部队、国家和基层项目、农村就业和自主创业的比例都非常低，见图5-2、图5-3。

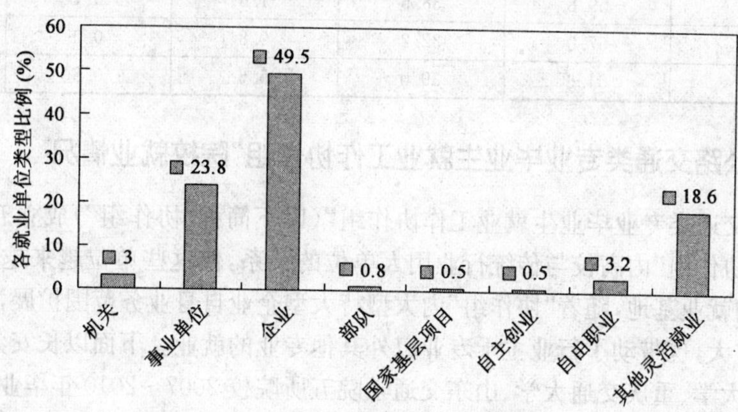

图5-2　2004年高校毕业生的各就业单位类型比例

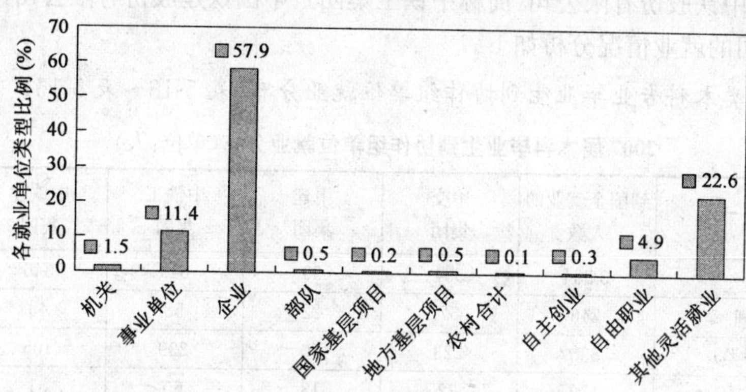

图5-3　2008年高校毕业生的各就业单位类型比例

教育部统计数据显示，2004～2008年，机关和事业单位吸纳本科、硕士和博士毕业生的比例较高，企业吸纳专科(高职)、本科和硕士比例较高，部队吸纳本科和硕士比例较高，自主创业和其他灵活就业方式吸纳专科(高职)比例很高，见表5-12。

2008年在各种性质单位就业的分学历层次毕业生构成(单位:%)　　表5-12

单位性质＼学历	专科(高职)	本　科	硕　士	博　士	合　计
机关	30.7	51.5	16.0	1.9	100
事业单位	27.7	40.5	24.6	7.3	100
企业	46.9	46.4	6.3	0.4	100
部队	14.4	69.0	14.6	2.0	100
国家基层项目	34.3	64.8	0.9	0.0	100

续上表

单位性质 \ 学历	专科(高职)	本 科	硕 士	博 士	合 计
地方基层项目	45.9	53.0	1.0	0.1	100
农村	61.7	36.6	1.8	0.1	100
自主创业	43.9	53.2	2.6	0.2	100
自由职业	59.8	38.5	1.6	0.1	100
其他灵活就业	67.0	32.2	0.8	0.0	100
总计	54.6	39.0	5.6	0.8	100

二、"全国公路交通类专业毕业生就业工作协作组"院校就业情况

"全国公路交通类专业毕业生就业工作协作组"(以下简称"协作组")成立五年来,有效的巩固和优化了"协作组"内高校与传统行业用人单位的关系,使这些单位越来越鲜明地成为这五所高校稳定的就业基地,随着"协作组"内大型特大型企业自身业务范围扩展,对毕业生的需求专业面不断扩大,也带动了行业主干专业以外其他专业的就业。下面以长安大学、武汉理工大学、长沙理工大学、重庆交通大学、山东交通学院五所院校 2007～2010 年毕业生就业数据为依据,就毕业生到中国交通建设股份有限公司(简称中交集团)、中国建筑股份有限公司(简称中建集团)、中国中铁股份有限公司(简称中铁工集团)、中国铁建股份有限公司(简称中铁建集团)及其所属公司的就业情况分析如下。

1. 公路交通类本科专业毕业生到协作组单位就业分布(表 5-13～表 5-16)

2007 届本科毕业生到协作组单位就业分布(单位:人)　　表 5-13

专 业	到国企就业的人数	中交集团	中建集团	中铁工集团	中铁建集团	比例(%)
合计	3 384	594	99	649	346	49.88
公路工程管理	246	57	22	58	45	73.98
土木工程(路桥类)	830	223	10	239	105	69.52
交通工程	139	22	13	60	31	90.65
车辆工程	221		1			0.45
交通运输	344	33	11	26	12	23.84
计算机科学与技术	246	9		6	4	7.72
自动化	176	21	5	22	8	31.82
机械设计制造及其自动化	254	67	8	83	44	79.53
市场营销	66	3		3		9.09
会计学	303	106	24	96	55	92.74
统计学	3					
物流管理	110	7		17	9	30.00
物流工程	124	14	1	17	6	30.65
材料成型及控制工程	15					
机械电子工程	49	3		5		16.33
测绘工程	66	14	1	5	19	59.09
热能与动力工程	192	15	3	12	8	19.79

2008届本科毕业生到协作组单位就业分布(单位:人) 表5-14

专　业	到国企就业的人数	中交集团	中建集团	中铁工集团	中铁建集团	比例(%)
合计	3 415	710	151	644	390	55.49
公路工程管理	284	106	16	61	26	73.59
土木工程(路桥类)	886	289	56	301	201	95.60
交通工程	129	29	18	38	23	83.72
车辆工程	286	8	2	5	1	5.59
市场营销	52	5		4		17.31
会计学	280	97	29	84	35	87.50
交通运输	269	18	2	15	9	16.36
物流管理	70	41	1	16	3	87.14
自动化	232	22	1	24	8	23.71
计算机科学与技术	118	10		11	2	19.49
机械设计制造及其自动化	296	38	13	55	51	53.04
测绘工程	82	22	6	7	20	67.07
热能与动力工程	235	13	3	10	7	14.04
材料成型及控制工程	14					
统计学	7					
机械电子工程	58	1	1	1	1	5.17
物流工程	117	11	3	12	4	25.64

2009届本科毕业生到协作组单位就业分布(单位:人) 表5-15

专　业	到国企就业的人数	中交集团	中建集团	中铁工集团	中铁建集团	比例(%)
合计	3 626	653	90	716	491	53.78
测绘工程	93	16	6	13	22	61.29
土木工程(路桥类)	764	231	22	268	202	94.63
公路工程管理	309	78	11	66	62	70.23
交通工程	116	37	9	31	21	84.48
机械电子工程	86	5	1	10	5	24.42
机械设计制造及其自动化	427	74	12	126	67	65.34
自动化	276	27	9	32	9	27.90
材料成型及控制工程	65	2		19	18	60.00
计算机科学与技术	321	11		5	3	5.92
交通运输	260	22	2	16	10	19.23
车辆工程	225	8	2	8	1	8.44

续上表

专　业	到国企就业的人数	中交集团	中建集团	中铁工集团	中铁建集团	比例(%)
热能与动力工程	154	14	1	3	1	12.34
物流工程	180	21	4	19	9	29.44
市场营销	64	3	1	7		17.19
物流管理	49	10	1	15	10	73.47
统计学	3		1	1		66.67
会计学	234	94	8	77	51	98.29

2010 届本科毕业生到协作组单位就业分布(单位:人)

表 5-16

专　业	到国企就业的人数	中交集团	中建集团	中铁工集团	中铁建集团	比例(%)
合计	4 156	860	448	533	505	56.45
材料成型及控制工程	172	12	5	14	12	25.00
土木工程(路桥类)	1 331	330	174	245	265	76.18
工程管理	466	102	136	53	54	74.03
交通工程	127	18	24	14	24	62.99
物流工程	126	39	4	8	26	61.11
机械设计制造及其自动化	497	72	18	75	59	45.07
机械电子工程	187	11	1	16	3	16.58
测绘工程	147	50	27	26	19	82.99
自动化	384	6	33	13	5	14.84
会计学	268	90	16	28	15	55.60
物流管理	118	26	4	30	16	64.41
计算机科学与技术	122	1	2			2.46
市场营销	77		4	4	2	12.99
港口航道与海岸工程	83	75		6	2	100
水利水电工程	51	28		1	3	62.75

从上述四个表中可以看出:这四届公路交通类本科专业毕业生到四大集团公司及其所属单位就业,占当届毕业生到国有企业就业的二分之一左右,分别为 49.88%、55.49%、53.78%、56.45%。在"协作组"单位就业是很多专业的主渠道,只要选择国有企业,超过 70%以上的毕业生会选择"协作组"单位。如 2007 届的公路工程管理、交通工程、机械制造及其自动化、会计学专业,2008 届的公路工程管理、土木工程、交通工程、会计学、物流管理等专业,2009 届的公路工程管理、土木工程、交通工程、会计学、物流管理等专业,2010 届的土木工程、工程管理、测绘工程、港口航道与海岸工程等专业。在"协作组"单位就业的毕业生人数最多的专业为路桥类,达到 3 061 人,占到 38.85%。

2. 公路交通类本科专业毕业生就业单位分布

统计数据显示,"协作组"院校中公路交通类本科毕业生到企业就业的比例很高。以 2008

年为例,在已就业的本科毕业生 7 270 人中,到国有企业的有 3 415 人,占 46.97%;到其他企业的有 2 415 人,占 33.22%;到科研设计单位的有 133 人,占 1.83%;到党政机关及事业单位的有 831 人,占 11.43%;到部队的毕业生有 58 人,占 0.79%;灵活就业的毕业生有 45 人,占 0.62%;基层项目的有 79 人,占 1.09%;升学的有 294 人,占 4.04%。从以上数据可以看出公路交通类本科专业毕业生到企业就业达到 80.19%,占到极大多数。因为该类专业相对比较容易就业,所以升学率不是太高。毕业生愿意选择工作和待遇相对稳定的单位,其中到国有企业、科研设计单位、党政机关、事业单位及部队达到 4 437 人,占 61.03%,见表 5-17。

2008 年"协作组"院校本科毕业生就业单位分布情况(单位:人) 表 5-17

专业	就业总人数	党政机关	科研设计单位	其他事业单位	国有企业	其他企业	部队	基层项目	其他灵活就业	升学
合计	7 270	72	133	759	3 415	2 415	58	79	45	294
公路工程管理	476	5	8	40	284	108	3	5	2	21
土木工程(路桥类)	1 413	17	64	135	886	238	10	18	6	39
交通工程	267	4	12	29	129	80	1	3		9
车辆工程	591	2	4	28	286	244	7	3		17
市场营销	200	3	1	18	52	118	1	2		5
会计学	564	8	5	77	280	163	6	11	4	10
交通运输	553	7	4	68	269	147	2	4	1	51
物流管理	189	1	1	21	70	82				14
自动化	529	3	8	57	232	194	2	10	8	15
计算机科学与技术	802	7	10	139	118	462	4	7	21	34
机械设计制造及其自动化	591	5	3	51	296	196	5	6	2	27
测绘工程	153	1	4	27	82	23	1			15
热能与动力工程	478	4	7	44	235	166	15	7		
材料成型及控制工程	38			1	14	10				13
统计学	30			1	7	18				4
机械电子工程	109		1		58	29			1	20
物流工程	287	5	1	23	117	137	1	3		

3. 公路交通类本科专业毕业生就业地区分布

据统计,"协作组"院校公路交通类本科毕业生到直辖市(北京、天津、上海、重庆)和沿海省市就业的比例较高,到中西部地区就业的毕业生呈上升趋势。以 2009 年为例,在已就业的 7 209 人中,毕业生到直辖市就业的有 1 059 人,比例达 14.69%;到江苏、浙江、山东和广东等省就业的有 2 061 人,比例达 28.59%;到四川、贵州、云南、广西、西藏、陕西、甘肃、青海、宁夏、新疆、内蒙古和海南等省区就业的毕业生有 1 487 人,比例达 20.63%;到河北、山西、河南、湖北、湖南、安徽、江西和福建等地区就业的毕业生有 2 375 人,比例达 32.94%;到辽宁、吉林和黑龙江三省就业的毕业生有 227 人,比例达 3.15%,见表 5-18。

2009 年“协作组”院校本科毕业生就业省区分布情况（单位：人）

表 5-18

专　业	合计	北京市	天津市	上海市	重庆市	江苏省	浙江省	山东省	广东省	辽宁省	吉林省	黑龙江	河北省	山西省	安徽省	福建省	江西省
总计	7 209	273	182	81	523	312	190	954	605	86	83	58	137	107	137	127	107
测绘工程	138	4	10			10	4	21	11	1			4	7	3	3	
土木工程（路桥类）	1 173	92	26	9	133	58	36	179	52	23	11	8	21	38	16	18	19
公路工程管理	495	29	13	5	47	11	11	61	40	5	4	2	7	4	7	12	8
交通工程	278	10	11		16	9	2	43	18	1	8	2	7	2	4	12	3
机械电子工程	128	3			19	10	6	6	12	5	1	2	6	1	2	1	1
机械设计制造及其自动化	644	15	14	4	43	36	15	132	42	9	3	5	18	12	13	11	10
自动化	544	20	17	13	28	3	7	45	52	4	1	2	9	12	13	5	6
材料成型及控制工程	99	3	8		9	26	1	3	7				2	4		1	4
计算机科学与技术	911	27	17	21	39	24	23	53	90	8	4	4	7	6	12	14	9
交通运输	594	6	6	6	44	34	16	144	69	3	7	13	12	4	14	12	8
车辆工程	537	6	10	5	60	22	27	65	34		21	4	8	4	26	13	12
热能与动力工程	397	3	12	7	7	20	15	24	45	12	7	9	4	4	13	8	12
物流工程	388	10	18	4	4	13	3	70	56	8	6	1	22	2	6	6	3
市场营销	263	15	2	2	31	8	4	94	17	2		1	1	1	3	1	2
物流管理	104	5	3		13	10	2	7	5		4		3	1		4	1
统计学	20	1			1	2	3				1						
会计学	496	24	15	5	29	16	15	7	55	5	5	5	6	5	5	6	9

续上表

专业	合计	河南省	湖北省	湖南省	内蒙古	广西区	海南省	四川省	贵州省	云南省	西藏区	陕西省	甘肃省	宁夏区	青海省	新疆区
总计	7 209	179	1 346	235	54	178	58	366	91	95	35	438	47	26	31	68
测绘工程	138	3	6	3	1			12	1	2		24	2	2		4
土木工程(路桥类)	1 173	44	61	41	15	20	4	126	29	8	10	54	4	4	3	11
公路工程管理	495	14	72	20	1	10	3	50	4	9		26	8	1	4	7
交通工程	278	11	44	9	2	11	1	18	4	4	4	10	4	2	2	4
机械电子工程	128	5	8	7	3			5		4		18	2			1
机械设计制造及其自动化	644	24	36	29	4	22	2	39	13	12	3	61	3	1	6	7
自动化	544	14	189	7	3	8	7	9	2	12	1	39	8	2	4	2
材料成型及控制工程	99	2	5	2		2		6	4		1	6	1			2
计算机科学与技术	911	10	427	17	3	5	9	8	5	3	4	53	2	2	3	2
交通运输	594	5	61	18	7	11	7	14	6	6	7	33	4	4	1	12
车辆工程	537	3	99	14	3	34	8	12	3	7		29	3	2	1	2
热能与动力工程	397	9	97	23	3	27	6	4	2	7	1	11	1	1	1	2
物流工程	388	10	102	8		11	2	3	1	2	1	11	1	1	1	2
市场营销	263	5	10	13		4	2	12	2	8		15	2	1	2	3
物流管理	104	3	7	2		1	1	8	2	4		17	1			
统计学	20	3	1				1	1			2	4				
会计学	496	14	121	22	9	12	5	39	13	7	1	27	1	3	3	7

【思考题】

1. 我国高校专业设置经历了哪几次调整,该如何看待?
2. 针对自己所学专业,向专业教师进行一次访谈。
3. 如何看待公路交通类专业的就业情况?

第六章　交通行业企业认知

第一节　交通类专业服务行业概述

【观点导读】

1. 交通类专业范围比较广，因而其服务的行业也较广泛，包括公路交通建设、铁路建设、交通运输、汽车工业等。

2. “十一五”期间，交通类专业服务的行业都取得了显著的成绩，“十二五”期间，这些行业也会有较快的发展速度，对毕业生的需求必将是大量的。

交通类专业的包括类别较多，因此其服务的行业范围也就比较宽。下面就公路建设、铁道建设、城乡建设、水利建设、电力建设、煤炭工业和交通运输业在“十一五”期间的成就和“十二五”的规划做一介绍。

一、公路建设

1. “十一五”期间取得的成就

“十一五”前4年，全国累计完成公路建设投资2.93万亿元，年均增长近16%，约为“十一五”预计总投资的1.2倍，也超过了“九五”和“十五”的投资总和。从公路建设投资占同期全社会固定资产总投资的比重来看，“十一五”期间基本保持在4.5%左右。截止到2010年底，全国公路网总里程达到398.4万km，五年新增63.9万km。“十一五”末高速公路里程达到7.41万km，居世界第二位，比“十五”末增加了3.31万km，增长80.7%，年均增长12.6%，“十一五”新增高速公路里程占全部高速公路的44.5%。国省干线公路里程达到46.22万km，其中国道16.39万km、省道29.83万km，比“十五”末分别增加了3.12万km和6.44万km。2007年底，“五纵七横”12条国道主干线提前13年全部建成，西部开发8条省际通道基本贯通，全国公路网密度由“十五”末的每百平方公里34.8km提升至40.2km。“十一五”期间，高速公路建设继续保持了“十五”时期的快速发展势头。国家高速公路网中重点建设的“五射两纵七横”14条线路中，已建和在建路段达到95%以上。路网中等级公路所占比例达到79.2%，二级及以上公路占公路总里程比重达到11%，分别较2005年提高了15.2个和1.1个百分点。“十一五”期末，全国农村公路里程达到345万km，新增里程53.5万km，东中部地区94%的建制村通沥青(水泥)路，西部98%的建制村通公路。“十一五”期间全社会高速公路建设累计投资达2万亿元，直接拉动GDP增长约3万亿元，拉动相关行业产出累计约7万亿元。

2. “十二五”规划思路

“十二五”期间，以国家高速公路网建设为龙头，加强省际连接线(“断头路”)建设，到2015年基本建成国家高速公路网，加快国省干线公路改造，在高速公路和城际铁路联合规划与建设上取得突破。经过10年的发展，我国城市化水平有了极大提高，交通枢纽也有了较快的发展，有必要对《国家高速公路网》规划进行修改并相应调整国道网规划。农村公路是农村重要基础设施和公共服务设施。要坚持扩大成果、完善设施、提升能力、统筹城乡的原则，着力改善中西部地区和老少边穷地区农村交通运输设施条件，夯实新农村建设的交通运输基础，推进交通运输基本公共服务均等化。组织实施以西部建制村通沥青（水泥）路为重点的全国农村公路通达、通畅建设工程，进一步改善农村公路网络结构，增强整体服务能力。到“十二五”末，我国农村公路总里程达390万km。大力发展农村客货运输，实现所有乡镇和90%的建制村通班车，支持发展农村配送物流。

二、铁道建设

1.“十一五”期间取得的成就

“十一五”期间，全国铁路基本建设投资完成1.98万亿元，是“十五”投资的6.3倍。截止到2010年底，全国铁路营业里程达到9.1万km，居世界第二，比2005年底增加了1.56万km，增长了20.7%。新线投产1.47万km，是“十五”的2倍；复线投产1.12万km、电气化投产2.13万km，分别为“十五”的3.1倍和3.9倍。截止到2010年底，电气化铁路里程达到4.2万km，电气化铁路比重由2005年的31.2%提高到46.2%，增加了15个百分点，电气化铁路运营里程跃居世界第二。高速铁路建设取得突出成就，目前，我国投入运营的高速铁路已达8 358km，全国铁路每天开行动车组列车近1 200列。2010年，铁路完成基建投资7 091亿元，一批重点项目建成投产，举世瞩目的京沪高铁全线铺通，投产新线4 86km。

2.“十二五”规划思路

“十二五”期间大规模铁路建设将进入高潮，铁路投资将需要3万亿元。到2015年，全国铁路营业里程达到12万km以上，其中高速铁路1.6万km以上，西部铁路5万km以上，复线率和电气化率分别达到50%、60%。以高速铁路为骨架、总规模5万km的快速铁路网基本建成，总规模7万km的区际大能力通道布局成网，繁忙干线实现客货分线运输。实现发达铁路网初具规模，快速客运初步成网，各大区域之间大能力货运通道网络初步形成，快速货运网络初步建成，东部铁路基本实现现代化。

三、城乡建设

1.“十一五”期间取得的成就

(1)“十一五”期间，市政公用设施建设成绩显著，城市基础设施有效供给能力大幅度提高。2006至2009年四年间，我国市政公用设施建设固定资产投资总额达到29 894亿元，是整个“十五”时期的1.47倍。2009年，全国城市供水管道长度51万km，是“十五”末的1.3倍；自来水普及率96.12%，污水处理率达到75.25%，生活垃圾无害化处理率为71.39%，燃气普及率91.41%，道路长度26.9万km，面积48.2亿m^2，分别比“十五”末增加9%和23%。截至2010年底，全国12个城市拥有城市轨道交通1 110km，比2005年增加666km。

(2)城乡居民居住条件不断改善，“十一五”时期住宅累计完成投资157 586亿元，年均增长24.8%；累计竣工住宅面积80亿m^2，人均增加住宅竣工面积6m^2。城镇平均每年新建住宅约为5～6亿m^2左右，其中：普通商品住宅所占比例为60%以上，经济适用住房等保障型住宅比例占到15%～20%，农村住宅竣工量每年保持在7亿m^2左右。

(3)建筑业持续快速发展，产业规模不断扩大，“十一五”时期，建筑业增加值累计达到16万亿元，年均增长24.4%。

2.“十二五”规划思路

“十二五”期间，全国城市市政基础设施投资总额预计在7万亿元左右。到2015年，36个大中城市的管网覆盖率达到100%；设市城市全部建成污水处理设施，建成区污水收集率和处理率平均达到85%。全国城市生活垃圾无害化处理率达到80%以上，36个大中城市生活垃圾全部实现无害化处理。2010年我国投资兴建了保障性住房590万套，竣工370万套，2011年，我国保障性住房和棚户区改造住房的目标相比2010年将翻一番，达到1 000万套。“十二五”期间计划新建保障性住房3 600万套，保障性住房覆盖率达到20%。“十二五”期间，住房和城乡建设领域科技发展规划战略研究的重点是以下方面：低碳生态城规划建设、城镇基础设施规划设计和建设运营管理、城市交通规划建设、城镇防灾减灾、城镇土地资源合理利用与地下空间开发、建筑节能与可再生能源开发利用、新型工业化建筑体系、既有建筑改造成套技术与功能提升、新型建材与废弃物再生利用、可持续住区和建筑环境保障、绿色建筑、绿色建造和施工技术与装备、固体废弃物处理与资源化利用、住房城乡建设信息化应用等。

四、工程机械

1.“十一五”期间取得的成就

“十一五”期间我国工程机械行业在国家政策的支持和市场的推动下保持了快速增长的局面，行业具备了相当的规模和技术水平，能生产出接近和达到国际领先水平的产品，并出现了在国际上享有一定知名度的品牌，行业基本形成了一个完整的体系，除特种大型的工程机械外，能够生产国内工程建设所需要的18大类产品、280多个系列、1 700多个品种、4 000多个规格。行业规模以上生产企业约有1 400家(其中主机企业710多家)，职工33.85万人；固定资产原值668亿元，净值485亿元；资产总额达到2 210亿元；17个产业集团公司遍布全国各地。行业年均增长率超过27%，行业销售规模在国内机械工业九大产业中上升到第四位。2009年有7家行业企业进入中国企业500强行列，他们是：中联重工科技发展股份有限公司、徐工集团工程机械股份有限公司、三一重工科技发展股份有限公司、广西柳工股份有限公司、山推工程机械股份有限公司、中国龙工控股有限公司、厦门厦工机械股份有限公司。行业有19种大型工程机械设备被列入国家重大技术装备制造发展对象，有18家企业被列入军需采购对象。

从2006年开始，我国工程机械进出口额由逆差转为顺差，2008年出口额为进口额的2.23倍，实现了大顺差，出口高成长性成为国际工程机械行业主要关注的对象。出口总额仅次于美国，与日本接近，到2009年末，我国的工程机械市场总量已经达到3 000亿人民币以上，占世界市场的47.7%。2009年的产品产销量及销售额都已上升为世界第一，中国已成为北美和欧盟之外最重要的工程机械市场，其中装载机、挖掘机、推土机等部分产品，已经成为世界最大的市场。

2.“十二五”规划思路

我国目前是快速发展的发展中国家，经济总量和规模不断上升，国土面积大、人口多、产业门类齐全，国家如果没有相应的基础设施配套系统、能源供应系统和通信系统的同步与超前发展，要支撑国民经济运行快速发展那是不可能的。未来两年我国水利设施建设的固定资产投入将保持30%左右的增长率；我国高速公路总里程只占全国公路总里程的1.75%，因此高速公路未来的发展空间相对广阔；预计未来5年，我国铁路固定资产投资规模将达到3万亿元左右，年均保持在6 000亿元左右。

到2015年，我国工程机械行业年平均增长率大约为17%，销售规模将达到9 000亿元人民币，其中出口占200亿美元左右，成为名副其实的工程机械第一大出口国。徐工集团、中联重科和三一重工都规划在“十二五”末年实现销售收入1 000亿元以上；柳工股份和山东重工集团的目标是500亿元；其他大型企业如厦工、龙工等11家集团型大型企业到2015年销售额预计将达到6 000亿元，占行业规模的比重达到60%以上。

“十二五”期间，高端工程机械和关键的工程机械零部件将会有相应的投资机会，国家将重点发展30t及以上液压挖掘机、额定载重6t及以上装载机等高端工程机械以及动力系统、传动系统等关键零部件。到2015年我国工程机械百强企业的销售规模要达到全行业的85%以上，力争将有竞争力和创新能力强的大型企业培养成为航母型的国际知名公司。

五、水利建设

1.“十一五”期间取得的成就

“十一五”期间，是我国水利设施投入最大、水利基础设施建设最快的五年。全国共落实水利建设投资约7 000亿元，其中中央水利投资达到2 934亿元，与“十五”相比翻了近一番。其中，防洪工程占35%、水资源工程占45%、水土保持生态工程占5%、其他专项工程占15%。五年来，新建和加固堤防17 080km，新增水库库容381亿m^3，新增供水能力285亿m^3，如期完成专项规划内6 240座大中型及重点小型病险水库除险加固任务，对434处大型灌区进行续建配套与节水改造，新增有效灌溉面积5 000万亩，改善灌溉面积1.9亿亩，新增工程节水灌溉面积8 500万亩。解决2.1亿农村人口饮水安全问题，净增农田有效灌溉面积4 000万亩，新增农村电力装机1 930万kW，农业灌溉用水有效利用系数达到0.5，万元工业增加值用水量从“十五”末的$173m^3$下降到去年的$117m^3$，年均下降10%。

2.“十二五”规划思路

“十二五”期间，全国水利建设总投资规模约2万亿元，其中中央投资1万亿元左右，相比“十一五”的7 000亿元，“十二五”的投资规模是前5年的近3倍。2015年要解决3.2亿人的饮水安全问题，新增供水能力400亿m^3左右；全国洪涝灾害年均直接经济损失占同期GDP的比重降到0.7%以下；全国新增供水能力400亿m^3，全国干旱年均直接经济损失占同期GDP的比重降到1.1%以下；完成70%以上的大型灌区和50%以上的重点中型灌区骨干工程续建配套与节水改造任务，净增农田有效灌溉面积4 000万亩，新增高效节水灌溉面积5 000万亩，新增水土流失综合治理面积25万km^2；全国万元GDP(国内生产总值)用水量降低到$140m^3$以下，万元工业增加值用水量降到$80m^3$以下；农业灌溉用水有效利用系数提高到0.53。

六、电力建设

1.“十一五”期间取得的成就

(1)发电装机容量继续位列世界第二，保持了较高的增长速度。“十一五”期间，我国以每年新增约1亿千瓦发电装机的速度加快电力建设，到2010年底我国发电装机容量达9.62亿千瓦，同比增长10.07%，其中2006年和2007年新投产装机均超过1亿kW，2008年和2009年均超过9 000万kW，2010年将新增近8 000万kW，5年平均增速为12.9%。

(2)目前我国电网规模已经超过美国跃居世界第一位，中国电网建设总投资将超过1万亿元，到2010年，在跨区域电网建设方面，交流特高压输电线路建设规模将达到4 200km，变电容量达到3 900万kV·A，跨区送电能力达到7 000万kW；在城乡电网建设方面，220kV及以上交直流输电线路将超过34万km，交流变电容量超过13亿kV·A。

(3)电力的环保取得了显著成绩，水电装机容量、核电在建规模均居世界第一位，绿色发电比重超过四分之一。煤电占总装机容量的比重由2005年的72.8%下降至2009年的68.5%；风电装机容量连续4年翻倍增长；包括水电、核电以及风电、太阳能发电等新能源在内的绿色发电装机容量所占比重由2005年的24.2%上升至2009年的25.6%。

(4)2009年底，全国30万kW及以上火电机组比重达到65.2%，建成投产百万千瓦级超临界机组21台，成为世界拥有超临界机组最多的国家，火电平均单机容量由2005年的5.68万kW提高到2009年的10.31万kW。

2.“十二五”规划思路

(1)“十二五”期间，2015年水力发电装机容量将达到3.24亿kW，其中水电常规装机容量为2.84亿kW，抽水蓄能为4 000万kW。水电开发程度达到71%左右(按经济可开发容量计算)，其中东部和中部水电基本开发完毕，西部水电开发程度在54%左右。

(2)电网建设。完善区域500kV和750kV主干网架，实施全国联网工程，促进各级电网协调发展。继续推进“西电东送”、“北电南送”，建设超高压和特高压输电线路。改造城乡配电网，积极推进智能电网建设，提升电网的信息化、自动化、互动化水平。重点解决西藏、新疆、青海、云南、四川、内蒙古等省区无电地区用电问题。

(3)水力发电。到2015年，全国发电装机容量将达到14.37亿kW左右，其中水电将达到2.84亿kW，抽水蓄能将达到4 100万kW。从大型水电项目来看，长江上游、乌江、闽浙赣、东北、红水河、黄河中下游等七个水电基地将基本开发完毕；重点开发金沙江、大渡河、澜沧江、黄河上游、怒江、雅砻江六个水电基地，推进雅鲁藏布江和缅甸周边国家的水电项目等。

(4)核电建设。到2015年，核电的发展规模可达到4 300万kW，有序开工田湾二期、红沿河二期、三门二期、海阳二期等项目，适时建设桃花江一期、大畈一期和彭泽一期工程。

(5)可再生能源发电。它主要包括风能、太阳能、生物质能发电等。2015年，全国风电规划装机9 000万kW，2020年，风电规划装机1.5亿kW；2015年，太阳能发电装机达到500万kW，2020年，达到2 000万kW；目前生物质发电规模在460万kW左右，未来5年规模年复合增长率在32%左右，预计2020年达到3 000万kW。

七、煤炭工业

1.“十一五”期间取得的成就

“十一五”是我国煤炭工业发展最为迅速的时期。2009年，全国煤炭产量达到29.73亿t，接近30亿t，较上年增长12.7%，比2005年增加了7.68亿t，年均增长1.92亿t。2006年，我国煤炭产量已居世界第一，达23.25亿kW，占世界煤炭产量的37%。煤炭开采及洗选业完成固定资产投资3 770亿元，同比增长23.3%；煤炭出口量完成1 903万t，同比下降15%，出口金额为23亿美元，下降5.2%；煤炭进口量完成16 478万t，同比增长30.9%，进口金额169亿美元，增长60.1%。

全国煤矿数量由2005年的2.48万处减少到目前的1.5万多处，平均单井规模由9.6万t提高到20万t；大型煤炭基地产量达到26亿t，占全国的87%；年产量超过千万吨的企业由2005年的30家、总产量8.1亿t、占全国总产量的35.8%，提高到2009年的43家、总产量17.28亿t、占全国的58.12%；2009年，年产量超亿吨的企业有2家，超5 000万t的有7家；年产120万t以上的大型煤矿由2005年的285处、核定能力8.43亿t、占全国煤矿总核定能力的37.3%，增加到2009年的434处、核定能力12.63亿t、占全国总能力的50.6%。

2.“十二五”规划思路

到2015年，全国煤炭消费总量将达到38亿t左右，较2009年净增8亿t左右。我国煤炭资源总量约为5万亿t，其中已探明资源储量占一次能源资源总量的94%左右。与此同时，到2015年，全国能源消费总量将达到41亿t左右标准煤，煤炭占一次能源消费比重的64%左右。

“十二五”期间是构建新型煤炭工业体系，实现煤炭工业健康发展的重要时期，煤炭工业总体发展目标是：开发布局明显优化，资源配置及勘查规范有序；煤炭生产以大型煤炭企业、大型煤炭基地和大型现代化煤矿为主，基本形成稳定供应格局，到2015年，形成10个亿吨级、10个5 000万t级特大型煤炭企业；科技创新取得新进展，煤炭工业面貌进一步改善，全国煤矿采煤机械化程度达到75%以上，千万吨级煤矿达到60处；重特大事故大幅度减少，安全生产形势明显好转；资源综合利用和循环经济较快发展，采煤沉陷区治理取得较大进展，矿区生态环境明显改善；棚户区改造基本完成，职工生活质量进一步提高。

八、交通运输

1.“十一五”期间取得的成就

(1)“十一五”期间，公路水路运输能力和运输量迅速增长。公路货运量、货物周转量、客运量、旅客周转量分别完成243t、43 005亿t·km、306亿人、14 914亿人公里，同比增长14%、15.6%、10.2%、10.4%。水路货运量、货物周转量、客运量、旅客周转量分别为36.4亿t、64 305亿t·km、2.2亿人、71.5亿人公里，同比增长14%、11.7%、−0.7%、3.1%。2010年，全国规模以上港口货物吞吐量达80.2亿t、集装箱吞吐量1.45亿标准箱，同比增长15%、18.8%，其中，沿海港口货物吞吐量54.28亿t，内河港口货物吞吐量25.9亿t，我国港口吞吐量已经连续6年保持世界第一。到2010年底，运输船舶25万余艘，船舶吨位达1亿总吨，承担了90%以上的外贸货物运输量。内河货运市场继续保持快速增长，内河货运量年均增长速度超过10%，货物周转量年均增速达到14.2%，江海运输量年均增速达到12.6%。城市公共交通运输总量达870亿人，同比增长12%。

(2)铁路运输取得显著成绩。2010年，全国铁路客运量达16.76亿人，旅客周转量8762.2亿人公里，货运量36.43万t，货物周转量27 644.1亿t·km，分别比2005年增长45.0%、44.5%、35.3%、33.4%，年均分别增长7.7%、7.6%、6.2%、5.9%。“十一五”期间，全国铁路共发送旅客72..8亿人，发送货物163.0亿t，分别比“十五”增长35.9%、42.9%，均创历史新高。总换算周转量完成16.2万亿t·km，比“十五”增长42.2%，为国民经济持续快速稳定发展提供了有力支持。

2.“十二五”规划思路

“十二五”期间，继续保持交通运输基础设施建设适度规模和速度，完善国家综合交通运输基础设施网络。公路方面：以国家高速公路网建设为龙头，加强省际连接线（“断头路”）建设，到 2015 年基本建成国家高速公路网。修订国家公路网规划，强化国省道改造，力争“十二五”末路网整体结构优化升级，服务水平进一步提高。水运方面：有序推进沿海港口建设，完善煤油矿箱等主要货种港口布局，加强资源整合，推进以临港工业为依托的沿海港口新港区开发建设。到 2015 年，我国沿海港口万吨级以上深水泊位适应度达到 1.1：1。加快推进长江等内河高等级航道建设，实施南京以下 12.5m 深水航道建设工程、荆江河段治理工程、西江航运干线和京杭运河扩能工程等重点项目，到 2015 年，内河高等级航道达 1.3 万 km。民航方面：优化机场布局，增强机场保障能力，到 2015 年，民用机场覆盖全国 80％以上的县级城市和人口。邮政方面：加强邮政基础网络建设和增强快递发展能力，基本完成空白乡镇邮政所补建，到 2015 年，全国邮政局所数达到 6.2 万个。

“十二五”期间，交通运输部将进一步加大投资倾斜力度，重点扶持中西部地区、革命老区、民族地区、边疆地区以及贫困地区的交通基础设施建设，努力提高中西部地区以及农村地区交通运输保障能力和服务水平，为缩小区域、城乡发展差距、实现基本公共服务均等做出更大贡献。

“十二五”期间，还将统筹规划衔接，建立综合运输规划体系；合理配置资源，调整优化通道资源，促进综合运输枢纽合理布局和各种运输方式优势互补，逐步实现各种运输方式“无缝衔接”。强化多式联运等综合运输改革和标准规范的研究、制定和推广应用，推进综合运输管理和公共信息服务平台建设，逐步实现信息资源共享，提高管理效能和服务水平。

“十二五”期间，交通运输业工作的主线是转变发展方式，推动交通运输业由传统向现代转变；主攻方向是推动单一运输向综合运输体系转变；主题是继续做好“三个服务”。力争到 2015 年，基础设施网络更趋完善，结构更加合理；运输装备技术水平显著提高，运输服务的效率和质量显著提升；创新能力不断增强，科技进步和信息化水平不断提升；以低碳为特征的交通运输体系建设取得明显成效，资源节约型、环境友好型行业建设取得明显进展；交通安全水平稳定提高，应急反应能力进一步加强；交通运输的保障能力和服务水平显著提高，便捷、高效、绿色、安全的交通运输体系初步形成，基本适应国民经济和社会发展的需要，并将在此基础上推动我国由交通大国向交通强国迈进。

九、改革开放 30 年汽车工业发展综述

中国汽车工业创建于 20 世纪 50 年代初，经历半个多世纪的全面发展和健康成长，各类汽车的车型品种比较齐全、生产能力不断增长、技术水平日益提升、产品质量稳步提高、营销网络逐步完善、市场用户持续拓展、售后服务不断创新，科研机制、专业教育和人才培养改革配套，形成基本上能够满足国民经济发展和社会用户需求的现代汽车工业体系。特别是改革开放 30 年，中国加入 WTO 和进入 21 世纪以来，在党和国家领导人的关怀、各级政府部门的有力扶持、汽车相关工业的大力协同及汽车工业全体员工的奋力拼搏之下，中国汽车工业持续、快速、全面发展，在科学发展、自主创新、塑造品牌、产能增长、人才优化、市场拓展和海外营销等诸多方面，采取务实、高效、创新的各项举措，取得举世瞩目的业绩，进入汽车社会的战略发展新时期，成为世界汽车工业的生产大国，正在朝着建设一个汽车产业强国的新目标奋进。

1. 产品技术水平提升,汽车产销快速增长

(1)汽车生产呈现规模化、集团化及国际化格局,产销快速增长

一汽、南汽为代表的老企业,以实施"解放"、"跃进"产品换型战役完成工厂技术改造为标志,结束了汽车生产几十年一贯制的历史。改革开放30年,是中国汽车工业发展史上最好、最快的时期。汽车生产规模化、集团化、国际化的格局显现,国有、股份、中外合资和民营等多元化投资主体给汽车工业注入了新的活力,民营汽车企业的成长、发展更是引人注目,吉利、比亚迪、长城、青年、众泰等企业的快速成长谱写了中国汽车工业史的新篇章;北汽福田、奇瑞汽车、江淮汽车的成长发力十分显眼;一汽集团、上汽集团、东风汽车、广汽集团、长安汽车、北汽集团、重汽集团、华晨汽车集团成为行业领跑者。统计资料表明,进入21世纪、中国加入WTO以来,中国汽车生产总量持续高幅增长(年平均增长率为25%),差不多每个年度增长100万辆,轿车比例从33.6%上升到54.0%,占据全国汽车年产量和市场份额的半壁江山。2009年中国第1 000万辆汽车在中国一汽隆重下线,这也使中国成为自美国和日本之后,全球第三个汽车年产量超过1 000万辆的国家。2009年我国汽车产销分别完成1 379.10万辆和1 364.48万辆,比上年同期分别增长48%和46%,其中乘用车产销分别完成1 038.38万辆和1 033.13万辆,同比分别增长54%和53%,成为全球汽车工业产销量第一的国家。

(2)汽车保有量逐年上升

全国民用汽车的社会保有量,随汽车产销量的快速增长逐年上升。1956年全国民用汽车的社会保有量为11.74万辆,其中载货车7.96万辆;载客汽车3.24万辆;1977年为119.93万辆,其中:载货车88.36万辆、载客汽车22.64万辆;2009年末,全国民用汽车保有量达到7 619万辆(包括三轮汽车和低速货车1 331万辆),其中,民用轿车保有量3 136万辆,其中私人轿车2 605万辆。其中,载货车1 368.61万辆、载客汽车4 840.81万辆(在载货车、载客汽车中,私人汽车5 218万辆)。千人拥有量,1977年1.3辆,2007年为33辆。

从以上几组数据可以看出,无论是社会保有量、还是私人汽车拥有量和千人拥有量,改革开放30年的变化非常大,必然引起世界汽车工业的同行业者极大关注,把中国视为世界汽车工业潜力最大的消费市场,也将成为世界汽车工业的最大生产国和最大消费国,这也是世界汽车工业纷纷来中国境内进行发展战略布局、抢占市场份额、获取更大利润的机遇和动力。

(3)产品技术水平快速提升

改革开放以来,中国汽车产品的技术水平快速提升。主要表现在基本型乘用车(轿车)、重型载货车、中高档客车、MPV和SUV多功能乘用车,以及车用发动机和关键总成、零部件,特别是近几年节能减排和新能源汽车的推出上市,正在进入产业化阶段。轿车A级、B级到C级,各类客车和商用车的品种越来越多,新车型上市速度越来越快,近几年每年都会有几十个、甚至100多个车型品种上市营销,而且自主品牌的车型品种增多。汽车产品的价格,随着产量规模扩大、市场份额上升和技术、管理水平提高,必然会时有调整,让汽车消费用户得到实惠。重型载货车技术含量提高,自主开发的代表性产品有:中国重汽集团的HOWO,一汽集团的J6H和J6M,东风汽车的天龙、大力神、猛士和霸龙507。

上汽集团的红岩POWER TECH系列重型载货车,陕汽的德龙、F3000,北汽福田的欧曼,华菱的重型载货车,江淮的格尔发H系列等,上述产品达到国内领先、国际同类产品水平。南京依维柯推出国内首款欧系轻型载货车——"欧霸",显示中国轻型载货车产品的新格局。中

高档客车产品水平不断提升，自主品牌企业与国内中外合资企业和国外客车公司同台竞技，以厦门金龙、苏州金龙、厦门金旅和郑州宇通为代表的自主品牌大中型客车的市场表现强势，北汽福田、安凯和江淮客车成为后起之秀，金华青年汽车达到 300 万 km 无大修的实绩，其高档豪华客车营销得到海内外市场认可；城市客车宽敞、舒适、低地板、超长双铰接产品技术推新，尤其是快速公交系统(Bus Rapid Transit 简称 BRT)投入营运，成为城市的一道亮丽风景线。多功能商务车(Multi Purpose Vehicle 简称 MPV)、运动型多功能车(Sports Utility Vehicle 简称 SUV)多功能乘用车成为时尚、实用车型品种，很受用户青睐。吉利、一汽大众、南汽名爵、长安福特、东风日产和北汽福田，推出可供汽车运动(场地赛、亚洲方程式赛事)用的赛车，填补了国内生产车型品种的空白。

在国家“十一五”“863”计划节能与新能源汽车重大项目布局的引导下，客车企业以 2008 北京奥运会为契机，纷纷开发新能源车，例如，北京公交客车厂的锂离子动力电池客车、北京京华客车的锂离子纯电动公交车、北汽福田的欧 V 燃料电池城市客车，东风、上汽、厦门金龙、厦门金旅、宇通和中通的混合动力客车；轿车企业自主品牌新能源车气势夺目，例如，一汽、上汽和长安的混合动力轿车，吉利、比亚迪、一汽海南和长城的纯电动轿车，上汽、奇瑞的燃料电池轿车，长安的 CVI1 混合动力 MPV，吉利的甲醇动力轿车，山西等地的甲醇燃料汽车；还有，重型车企业上汽红岩依维柯的氢燃料汽车等，表明中国新能源汽车开发研制和产业化格局正在起步和加速推进之中。

车用发动机技术升级加快，普遍采用柴油高压共轨、电控单体泵、缸内直喷技术和涡轮增压技术，提高升功率和减少废气污染排放，研发生产 VVT 可变气门技术发动机，符合实施国 III、国 IV 排放限值标准；潍柴动力、一汽锡柴、道依茨一汽(大连)、杭发、上柴、重庆康明斯、东风股份、东风朝阳和广西玉柴等企业的大排量发动机已成功开发并提供装车配套；但是，发动机动力总成关键技术、汽油机电子喷射技术与匹配技术、柴油机共轨系统、单体泵技术以及发动机后处理系统仍处在国外公司控制之中，需要继续进行技术攻关取得突破。

技术含量高的关键总成、零部件，在研发投入和批量生产方面有可喜的进展，有些产品实现出口营销；发动机动力总成关键技术、自动变速器、汽油电喷系统、轿车 ABS、汽车电子元件和产品等，在学习借鉴国外先进技术、自主开发和产业化方面仍是软肋，而国外公司在中国境内建立独资企业，其控制、垄断中国和海外市场的战略布局的意图非常明显，产品技术开发和市场营销竞争十分激烈。相比之下，中国汽车零部件的产品水平和技术开发能力滞后于汽车整车发展的步伐，而汽车产品中不少车型品种和产品水平存在同质化、产量规模小、产业结构不够合理及汽车零部件生产过度重复等现状，亟待引起业者高度重视和用发展战略的思考采取决策举措。值得关注的是，吉利爆胎监测与安全控制系统(BMBS)研发成功，这项自主创新的技术成果，填补了国内汽车产业在保障行车安全方面的一个空白，成为具有中国自主知识产权的专利，并将进入产业化和纳入国家强制性标准。

(4)汽车产业自主创新能力增强

改革开放以来，汽车产业自主创新能力增强。自主创新，是对创新具有掌控和话语权；自主品牌，是对品牌拥有自主知识产权，并掌握品牌的发展和核心价值。由于企业规模不同、所有制性质不同、发展阶段不同、车型品种不同、开发投入不同、人才专业不同、生产方式和经营理念不同等因素，企业的自主创新、自主研发的模式呈多样化。以中国轿车产品为例，总体上看，自主创新基本上是原始创新、集成创新和消化、吸收、再创新这三种类型，从探索实践走过的途径剖析，集成创新和消化、吸收再创新居多，整车和零部件高科技产品的原始创新比较少。

目前已经形成的有：

①以奇瑞、吉利为代表的从模仿到自主创新；

②以华晨金杯为代表的外包委托、自主研发；

③以上汽、南汽为代表的收购国外企业的知识产权进行自主研发；

④以一汽为代表的开放合作、自主创新；

⑤以长安为代表的以我为主、自主开发；

⑥以江淮为代表的整合全球资源、造世界车的自主研发；

⑦以神龙为代表的联合研发、自主创新；

⑧以广州本田为代表的国际化视野、本土化设计的自主研发、自主品牌。

这 8 种模式的产品研发都取得长足进步、自主创新取得显著成效。企业集团（公司）和中外合资企业先后建立汽车工程研究院，聚集专业人才，采取产学研结合和国外专业设计公司合作的方法，精心设计开发，形成自主研发的体系竞争力成为立足市场竞争的焦点。

(5)市场营销

改革开放以来，汽车产品的市场营销变革拓展。主要表现在：汽车流通体制发生深刻变化，逐步实现由传统的计划分配体制向市场经济体制的过渡，流通渠道由单一向多元化发展。目前基本上形成生产企业授权品牌经销（4S 店）、自销直销和汽车交易市场（有形市场）这三种汽车营销业态，具体的营销方式按照不同地区、不同市场需求和不同车型品种，推出多元化、灵活的商务政策、营销举措和营销体系，也就是多种模式并存的汽车营销格局；学习借鉴国外汽车营销的经验、结合中国的国情和特色积极探索实践，市场营销的功能和售前、售中、售后为用户服务创新，都在深化改革和不断完善。近几年来，中国的汽车产品营销拓展到海外市场，呈现持续增长的态势。海外市场营销处于起步阶段，除产品本身的技术水平、品质保证及价格合理之外，汽车的维修保养、零配件供应和售前、售中、售后服务，以及营销、服务专业人才培养等方面，还需要下很大工夫、做很多努力，是全行业必须面对的一个至关重要的课题。

2.中外合资合作、结构调整及企业兼并重组

中国汽车工业在计划经济体制下发展缓慢，经历艰难徘徊的历程，“闭门造车”显然是行不通的，跟上和追赶世界汽车工业的发展步伐，成为业内外十分关注的一件大事。改革开放起始的 1978 年 11 月初，时任中共中央副主席的邓小平同志明确指示：轿车项目搞中外合资经营“可以，不但轿车可以，重型车也可以”，从此开启“引进一条轿车装配线，放在上海轿车厂改造上海轿车厂”的契机，也开创了中国汽车工业中外合资合作的历史先河，奠定了改变“缺重少轻、轿车几乎空白”生产格局的基础，随后北京吉普汽车项目、济南重型斯太尔项目、南京依维柯轻型汽车项目等合资合作和引进技术接踵而至。1987 年 8 月，国务院北戴河会议明确提出建设一汽、二汽、上海 3 个轿车生产点，轿车列为国家重点支持项目实施。

改革开放之初，我国汽车工业积极探索技贸结合试点，采取“市场换技术”的举措，实现了汽车产品引进技术、许可证转让和合资合作共同发展的双赢局面。中国汽车工业的中外合资合作和市场需求助推了快速发展，也激发了多元化融资，特别是吸引民营资本注入汽车产业。汽车工业的中外合资合作，涵盖了基本型乘用车（轿车）、商用车（重、中、轻型载货车、大中型客车）、汽车零部件和汽车相关工业（橡胶、涂料、塑料及摩擦材料等）的各类型产品；中国加入 WTO 后，汽车营销、金融保险、汽车用品等领域也有了中外合资合作企业。可以说，汽车工业

中外合资合作是一个充满生机和活力的大舞台。总体上看，汽车工业的中外合资合作企业绝大多数是成功的、具有潜力和发展前景的，例如：上海大众、一汽大众、上海通用、神龙汽车、广州本田、南京依维柯、东南汽车（含“日本三菱”注资股份）、东风悦达起亚、天津一汽丰田、长安铃木、长安福特马自达、北京现代等；也有少数几家中外合资合作企业由于种种因素造成解体，例如：广州标致、三江雷诺、贵州云雀、亚星奔驰及南京菲亚特等，这种状况的出现有违初衷，总结经验、吸取教训才是最为重要的。东风汽车、上汽集团的中外合资合作，推行双品牌战略。

在中外合资合作开展的同时，国内企业之间的产业结构调整、企业联合兼并和资产重组也在加快步伐，比较典型的有：中国重型汽车集团公司，以资产重组的方式一分为三，组成中国重型汽车集团有限公司（济南）、重庆重型汽车集团有限责任公司（现已改组成立“上汽依维柯红岩商用车有限公司”）和陕西汽车集团有限公司，资产重组后各个企业的潜力得到充分发挥，又遇上市场需求旺盛的大好时机，三家企业年产销量节节上升，不断推出新的车型品种，自主开发、产品技术和质量保证都有了很大提高。天一重组，中国第一汽车集团公司同天津汽车工业（集团）有限公司进行资产重组，日本丰田汽车公司以参股形式加入，于 2002 年 6 月正式签订资产重组协议，采取股权转让方式，产品水平、经营管理和市场份额很快提升，为汽车工业结构调整开创了先河。2007 年 12 月，上南合作正式签约，上海汽车工业（集团）总公司同跃进汽车集团公司的资产重组，具有强强联合、优势互补的现实意义和深远意义，资产重组的具体实施工作正在有序推进，成为组建具有中国特色和国际竞争实力的特大型汽车企业集团的一个典型，起到推进汽车工业结构调整的示范作用。按照中国汽车工业要在 2010 年建成国民经济支柱产业的战略目标，组建几个特大型汽车企业集团，是汽车工业结构调整的方向，当前还有多家企业集团（公司）正在积极酝酿和具体商谈之中，预计将会取得新的进展和成果。在汽车工业结构调整的进程中，具有一定实力和强势的民营汽车企业集团（公司），有的已成为后来者居上的佼佼者，自主开发、产能规模和市场拓展的发展前景比较乐观。

第二节　交通类专业服务企业概述

【观点导读】

交通类专业服务的企业以国有大型企业为主，这类企业在国民经济建设中发挥重要作用。毕业生在这类企业就业，必将会有一番大的作为。

交通类专业主要分为土木工程类、汽车工程类、交通运输类、工程机械类、信息工程类、经济管理类等六大类。交通行业范围比较广，涵盖了公路建设、公路运输、水运建设、水路运输、港口生产、海事、救捞、船检、机关、公安、征稽、路政、运政等系统。

一、交通类专业服务企业性质类型及特点

交通类专业服务企业按企业所有制性质划分，分为国有企业、三资企业以及民营企业。

1. 国有企业

国有企业分为广义的国企和狭义的国企。广义的国企是指资产属于国家的国有企业和国有公司，而狭义的国有企业是指企业全部资产属于国家所有，并按《中华人民共和国企业法人

登记管理条例》规定登记注册的非公司制的经济组织，不包括有限责任公司中的国有独资公司。

国有企业的分类，传统的划分方法是：按照企业所属的经济部门，划分为国有工业企业、建筑安装企业、交通邮电企业、商业服务企业、金融企业；按照企业的行政隶属关系，划分为中央企业、地方企业；按照企业规模的大小，划分为大、中、小企业。

国企按照规模和地域可以分为：国有超大型垄断性企业或政策性银行，如中石油、中石化、中海油、中国移动、国家开发银行、进出口银行；国资委下属的大型国有企业如中纺、中化、中建、中粮、中金、中国人寿；省市区及政府部级所有大中型国有企业；中小型国企；东部一般国有企业；中西部一般国有企业等。

著名经济学家王珏教授指出，根据企业规模的大小，国有企业可分为两大类，一是小型国有企业，包括一部分中型企业；二是大型国有企业，包括另一部分中型企业。大型国有企业可进一步分为三类九种，第一类是特殊性、垄断性、公益性的企业。特殊性企业（第一种）主要是指军工企业以及印钞厂等；垄断性企业（第二种）是指企业所在产业具有自然垄断特点的企业，如少数特殊矿产企业；公益性企业（第三种）是指社会效益远远大于经济效益的企业，如煤气、自来水公司等。第二类是指先导性、支柱性、基础性的企业。先导性企业（第四种）是指企业所处产业是先导产业的企业，如高新技术企业；支柱性企业（第五种）是指企业所处产业是支柱产业的企业，如汽车工业企业等；基础企业（第六种）是指企业所处产业是基础产业的企业，如交通、通信企业。第三类是指一般性、竞争性、盈利性的企业（第七、八、九种）。这类企业不掌握国家经济命脉，要在市场竞争中优胜劣汰，盈利是企业的唯一目标，如商业企业。

国企的特色优势表现为管理规范、福利待遇较好，国企职工享有年休假、疗养假、生育假、病假等各种假期。

交通行业国有大型企业有中远集团、中海集团、中外运长航集团、香港招商局集团、中国交通建设集团和上海船舶运输科学研究所等六家中央企业。

全国公路交通类专业毕业生就业工作协作组成员单位中，交通行业重点大型企业有：中国交通建设集团、中国建筑工程总公司、中国铁路工程总公司、中国铁道建筑总公司等四家。

2.三资企业

我们通常把在中国境内设立的中外合资经营企业、中外合作经营企业、外资企业三类外商投资企业统称为三资企业。它是经我国有关部门批准，遵守我国有关法规规定，从事某种经营活动，由一个或一个以上的国外投资方与我国投资方共同经营或独立经营，实行独立核算、自负盈亏的经济实体。改革开放以来，三资企业已经成为我国企业系统的一个组成部分，办好三资企业，对吸引外资、引进先进技术和先进管理经验、扩大出口渠道都具有重要意义。

三资企业一般可分为欧美型、港台型和日韩型等。三资企业对人的综合素质与能力要求较高，重视个人气质与礼仪。

1)欧美型企业

在欧美企业中，员工之间不论职位，一般直呼英文名。员工的创造力和工作效率要求很高，大家工作都很拼命，通宵加班是常事。待遇较好，正式员工不多，多以协作形式聘请或外包。具有浓厚的学习氛围和较系统的培训，每个人都比较自信。

美资企业。美资公司的特点是希望获得最新信息，做事很执着，不肯轻易放弃，竞争意识浓厚。公司也常常给员工提供公平竞争的舞台，大家不管家世出身，上级下属，在竞争的舞台上地位都是平等的。在公司里，比较民主，可以尽情发表你的意见。要把公司当作自己的公司，这才是优秀的员工素质。在面对一个美国上级时，不要事事都唯命是从，如果有比上级更好的想法和意见，你完全可以直言不讳，对方反倒会佩服你。

美国人做事很实际，自己付出了劳动，就要相应地得到报酬。时间观念很强，美国经理在商业活动中注重快速取得成功，公司对员工的创造力和工作效率要求很高。

英资企业。英资公司里最崇拜文化，只有融入了公司文化，才能把个人发展和公司发展融为一体，事半功倍地青云直上。在英国，人们喜欢干脆利落，开门见山。求职者应在简历的开头就明确写出求职目标。同时，英国人希望求职者言之有物，最好附加一些精确的信息、具体的时间、体现你特定能力的具体数字或你为原来所在工作部门赢得的利润额等。英资公司要求员工有严格的时间观念、注重礼节。公司内部人员处世观念比较平和，老板不会对员工随便发火，同事之间也很少激烈地争辩，厌恶说谎，注重实干。

德资企业。德资公司以严谨、细致举世闻名，规章制度细化到了让人难以想象的地步。在制度的执行上，德国公司一丝不苟，不讲情面。制度只是恰到好处地告诉你工作有哪些流程，只要按照流程做，没有人会来干扰你的具体操作，德国人更重视结果。

德资公司员工有一定的自由度。待遇优厚，公司一般不鼓励加班，因为德国人善于享受生活，不会把工作变成生活的全部。培训体系相当完善，做到一定级别常可出国交流学习。

2)港台型企业

港资企业。职业精神无可挑剔，职业操守是珍贵的个人品牌。公私分明，公司就像一架高速运转的机器，不要妄想让它停止或减速，能做的就是跟着一起转动，否则就会被淘汰。压力巨大，自觉加班是经常的事。

台资企业。台资企业务实，新进员工一般都必须从基层干起。管理不如欧美企业那样规范、制度化，在台资企业工作并不容易，但通常坚持几年后，个人能力会有很大的提升，薪酬待遇涨得飞快。

3)日韩型企业

日资企业。日资企业具有很强的凝聚力，“和为贵”是企业文化的核心。终身雇佣制，福利好，常有健身、心理培训活动。管理严格，只讲团体、服从，不讲个性，雇员很少提意见。工作效率比较低，强调绝对服从，层层上报，耗时耗力。

韩资企业。韩资企业追求全体员工对企业的高度认同，对企业战略目标高度理解，为企业付出劳动时高度自觉。平日管理也非常严格，下级绝对服从上级，晋升比较困难。

3. 民营企业

民营企业是指由自然人投资设立或由自然人控股，以雇佣劳动为基础的盈利性经济组织。包括按照《公司法》、《合伙企业法》、《私营企业暂行条例》规定登记注册的私营有限责任公司、私营股份有限公司、私营合伙企业和私营独资企业。

民营企业要求员工综合素质比较强，希望一人独当多面，在企业的发展机会较多，容易发挥个人的特长，能找到自我实现的成就感。中小企业重“实用”，因为中小企业是企业的艰难起步期和发展期，很多应聘者把企业当成某个时期的“过渡跳板”，工作心态不稳，更谈不上与老板“风雨同舟”。所以，企业员工跳槽率相当高，老板也非常追求实际、实用，最喜欢应聘者的简历上写着“具有行业实习经验”，学历、成绩则放在其次。相关行业的实习经历意味着该应聘者熟悉行业和岗位，懂得人情世故，比较容易上手。

二、交通土建类企业简介

1. 全国公路交通类专业毕业生就业工作协作组成员企业简介

“全国公路交通类专业毕业生就业工作协作组”(以下简称协作组)是由部分国内公路交通教育单位和企事业单位联合发起成立的协调全国公路交通类专业毕业生就业工作的自律性组织。目前成员单位为50家，包括长安大学、武汉理工大学、长沙理工大学、重庆交通大学、山东交通学院等5所院校以及中国交通建设集团有限公司、中国建筑工程总公司、中国铁路工程总公司、中国铁道建筑总公司及其所属企业共45家。

1)中国交通建设股份有限公司(中国交通建设集团有限公司)

中国交通建设集团有限公司(简称中交集团)是由原中国港湾建设(集团)总公司与原中国路桥(集团)总公司以强强联合、新设合并方式组建，于2005年12月8日注册成立。2006年10月8日，中交集团整体重组改制并独家发起设立中国交通建设股份有限公司(简称中交股份)，并于2006年12月15日在香港联合交易所主板挂牌上市交易，成为中国第一家实现境外整体上市的特大型国有基建企业。2008年7月，中交股份入选世界500强企业。

截至2009年末，中交股份员工人数112 719人，资产总额达到2 679亿元，在国务院国资委监管的127家中央企业中营业收入位列第12位，利润总额位列第14位。

中交股份拥有全资、控股子公司41家、参股公司16家，是建筑业公路工程施工总承包特级、港口与航道工程施工总承包特级企业(参见表6-1)。主要从事港口、码头、航道、公路、桥梁、铁路、隧道、市政等交通基础设施建设，业务足迹遍及世界70多个国家和地区。公司是中国最大的港口设计及建设企业，设计承建了建国以来绝大多数沿海大中型港口码头；世界领先的公路、桥梁设计及建设企业，参与了国内众多高等级主干线公路建设；在目前全球跨度超千米的26座桥梁中，中交股份参与设计承建监理了其中的10座；世界第一疏浚企业，拥有中国最大的疏浚船队，耙吸船总仓容量和绞吸船总装机功率均排名世界第一；全球最大的集装箱起重机制造商，集装箱起重机业务占世界市场份额的75%以上，产品出口76个国家和地区；中国最大的国际工程承包商，拥有13家骨干工程局，连年入选美国ENR世界最大225家国际承包商，CCCC、CHEC、CRBC、ZPMC品牌享誉全球；中国最大的国际设计公司，拥有10家大型设计院、5个国家级技术中心、12个省级技术中心、5个交通行业重点实验室、2个博士后科研工作站；中国铁路建设的主力军，先后参与了武合铁路、太中银铁路、哈大客专、京沪高铁、沪宁城际、石武客专、贵广铁路、兰渝铁路、湘桂铁路、宿淮铁路、成绵乐铁路、宁安铁路等多个国家重点铁路项目的设计和施工；创造诸多世界“之最”工程，苏通长江大桥、杭州湾跨海大桥、上海洋山深水港，以及正在实施的港珠澳大桥珠澳口岸人工岛等工程，均代表了世界最高水平。

2005以来，公司先后获得340项自主知识产权专利，荣获14项国家科学技术进步奖，215项省部级科技进步奖，12项鲁班奖，21项詹天佑土木工程大奖，48项国家优质工程奖(其中金奖5项)，144项省部级优质工程奖，35项国家级工法。2009年，公司被确定为国家级创新型企业试点单位。

中国交通建设股份有限公司所属企业　　表 6-1

业务分类	单位名称	所在地	网址
海外业务	中国港湾工程有限责任公司	北京市	www. chec. bj. cn
	中国路桥工程有限责任公司	北京市	www. crbc. com
基础设施建设	中交第一航务工程局有限公司	天津市	www. chec-tpcc. com
	中交第二航务工程局有限公司	湖北省武汉市	www. sneb. com. cn
	中交第三航务工程局有限公司	上海市	www. ccshj. com
	中交第四航务工程局有限公司	广东省广州市	www. gzpcc. com
	中交第一公路工程局有限公司	北京市	www. fheb. cn
	中交第二公路工程局有限公司	陕西省西安市	www. sebcrbc. com
	中交第三公路工程局有限公司	北京市	www. zjsgj. com. cn
	中交第四公路工程局有限公司	北京市	www. ccfourth. com
	路桥集团国际建设股份有限公司	北京市	www. crbcint. com
	中交隧道工程局有限公司	北京市	www. ccteb. com
疏浚业务	中交天津航道局有限公司	天津市	www. chec-tdc. com. cn
	中交上海航道局有限公司	上海市	www. cccc-sdc. com
	中交广州航道局有限公司	广东省广州市	www. ccgdc. com
基础设施设计	中交水运规划设计院有限公司	北京市	www. pdiwt. com. cn
	中交公路规划设计院有限公司	北京市	www. hpdi. com. cn
	中交第一航务工程勘察设计院有限公司	天津市	www. fdine. com. cn
	中交第二航务工程勘察设计院有限公司	湖北省武汉市	www. ctesi. com. cn
	中交第三航务工程勘察设计院有限公司	上海市	www. theidi. com
	中交第四航务工程勘察设计院有限公司	广东省广州市	
	中交第一公路工程勘察设计院有限公司	陕西省西安市	www. ccroad. com. cn
	中交第二公路工程勘察设计院有限公司	湖北省武汉市	www. ccshcc. cn
	中国公路工程咨询集团有限公司	北京市	www. checsc. com. cn
	中交路桥技术有限公司	北京市	www. ccgbt. com
投资业务	中交投资有限公司	北京市	www. ccccic. com. cn
装备制造	上海振华港口机械(集团)股份有限公司	上海市	www. zpmc. com
	中交上海港口机械制造厂有限公司	上海市	
	中交西安筑路机械有限公司	陕西省西安市	www. rm. com. cn
	中国公路车辆机械有限公司	北京市	www. zjcvmc. com
其他业务	振华物流集团有限公司	天津市	www. zh-logistics. com
	中交上海装备工程有限公司	上海市	www. ccccsh. com
	中和物产株式会社	日本国东京市	http://chuwa. com
	首都高速公路发展有限公司	北京市	

2010年,公司名列世界500强第224位,排名较2009年大幅提升117位;入选"福布斯全球2000强企业"榜单,排名位列第297位,居中国内地建筑企业首位。2009年,公司位居ENR全球最大225家国际承包商第16位,连续三年位居中国上榜企业第1名。2006年以来,公司相继被中组部和国资委党委评为"全国国有企业创建'四好'领导班子先进集体",被国务院国资委授予"业绩优秀企业奖"和"科技创新特别奖",入选中宣部、国务院国资委十大"国有企业典型";被美国《工程新闻纪录》与中国《建筑时报》联合推举为"2006年最具国际拓展力的承包商",被境内、外机构推举为"中国最佳诚信企业"和"最具核心竞争力的中国企业";被国家人力资源和社会保障部确定为"国家高技能人才培养示范基地",被授予"全国交通运输企业文化建设优秀单位"、"中央企业优秀社会责任实践奖"、"国家技能人才培育突出贡献奖"等荣誉称号。

中交股份始终秉承"固基修道,履方致远"的企业宗旨,致力于中国乃至全球交通建设事业

2)中国建筑工程总公司

中国建筑工程总公司(简称中建总公司)是1982年在国家机关第一轮机构改革中,由原国家建工总局及直属的企事业单位实行政企分开后组建的全国性大型建筑企业,是当时国务院的十大公司之一,属国务院直属局级单位。1999年2月,财政部正式批准将中建总公司所属工程局等21家企业的国家所有者权益无偿划入,进一步明晰了中建集团成员企业的产权关系。同年7月,国家经贸委批准了中建集团的试点总体方案。目前,中建总公司为中央管理的54家国有重要骨干企业之一。

中建总公司是目前国内建筑行业中同时拥有房建、市政工程、公路工程三项特级资质的企业(参见表6-2)。中建总公司是中国最大的建筑企业集团和最大的国际承包商,稳居世界住宅工程建造商第1名,同时也是世界上物化劳动量最大的企业之一。中建总公司从1984年起连年跻身于国际权威机构ENR公布的世界225家最大承包商行列,2005年度排名国际承包商和环球承包商第17位,成为当年唯一一家进入前38名的中国企业。2005年8月,国资委首次公布央企年度经营业绩考核结果,中建总公司列25家A级企业名单之中,是其中唯一一家建筑企业。中建总公司从1994年起连续被评为中国500家最大服务企业国际经济合作类第1名。

中建总公司以承建"高、大、新、特、重"工程著称于世,"中国建筑"已成为国内外知名的建筑业行业品牌。公司在国内和国际上完成了一大批工期要求紧、质量要求高、难度要求大的大型和特大型工程。公司相继或正在参加长春一汽、"神舟"号载人航天实验飞船发射场、中央电视台新台址项目、广州珠江新城西塔项目、上海环球金融中心、哈尔滨一大连客运专线铁路、太中银铁路、石武客运专线等多项国家重点项目的建设。主持包括2008年北京奥运会游泳馆"水立方"项目在内的18项奥运会场馆的建设工作。公司在海外承担的施工项目遍及世界100多个国家和地区。中建总公司与世界一流承建商合作的香港新机场客运大楼被国际权威组织评为20世纪全球十大建筑。

中建总公司实行三级法人管理体制,即总公司(股份公司)—工程局、设计院和直营公司—工程公司、设计院所等。目前,中建总公司拥有二级全资及控股子公司38家,三级子公司118家。中建总公司在香港拥有两家上市公司,即在香港联合交易所上市的中国海外发展有限公司(中国海外发展)和中国建筑国际集团有限公司(中建建筑国际)。2009年7月29日,中国建筑股份有限公司(中国建筑)成功在上海证券交易所挂牌上市。

中国建筑工程总公司所属主要企业 表6-2

业务分类	单位名称	所在地	网址
海外业务	中国海外集团有限公司	香港	www. cohl. com
基建建设	中国建筑股份有限公司	北京市	www. cscec. com
	中建国际建设公司	北京市	www. chinaconstruction. com
	中国建筑发展有限公司	北京市	www. cscdc. com. cn
	中国建筑一局(集团)有限公司	北京市	www. cscec1b. net
	中国建筑第二工程局	北京市	www. cscec2b. com. cn
	中国建筑第三工程局	湖北省武汉市	www. cscec3b. com. cn
	中国建筑第四工程局	广东省广州市	www. cscec4b. com. cn
	中国建筑第五工程局	湖南省长沙市	www. cscec5b. com. cm
	中国建筑第六工程局	天津市	www. cscec6b. com
	中国建筑第七工程局	河南省郑州市	www. cscec7b. com
	中国建筑第八工程局	上海市	www. cscec8b. com. cn
	中建铁路建设有限公司	北京市	www. cscrc. com. cn
	中国对外建设总公司	北京市	—
勘察设计与技术服务	中国建筑东北设计研究院	辽宁省沈阳市	www. cscecnei. com
	中国建筑西北设计研究院	陕西省西安市	www. cscecnwi. com
	中国建筑西南设计研究院	四川省成都市	www. cscecswi. com
	中国建筑西南勘察研究院	四川省成都市	www. zjxky. com
	中国建筑北京设计研究院	北京市	www. cscecbdi. com
	中国建筑上海设计研究院	上海市	www. cscecshi. com
	中国市政工程西北设计研究院有限公司	甘肃省兰州市	www. xibeiyuan. com
	中国建筑工程总公司技术中心	北京市	www. tc. cscec. com
投融资	中国建设基础设施总公司	北京市	
培训业务	中建管理学院	北京市	www. cscec-hr. com

中建总公司的主营业务：承担国内外土木和建筑工程的勘察、设计、施工、安装、咨询；房地产经营；装饰工程；雕塑壁画业务；承担国家对外经济援助项目；承包境内的外资工程，在海外举办非贸易性企业，利用外方资源、资金和技术在境内开展劳务合作，国外工程所需设备、材料的出口业务。兼营业务：建筑材料及其他非金属矿物制品、建筑用金属制品、工具、建筑工程机械和钻探机械的生产经营；经批准的三类商品进出口业务；承包工程、海外企业项下的技术进出口业务。

在2008年公布的第十一届《财富》全球最受赞赏公司排行榜中，中国建筑荣膺2008年度"中国地区最受赞赏公司"，这是中国建筑继2007年后再次获得此荣誉，中国建筑是中国地区唯一获此殊荣的建筑类企业。2010年继续入选美国《财富》公布的世界500强企业，排名第187位，在2009年"中国企业500强"排名中列第16位。

中建总公司共获得国家级科技进步及发明奖 31 多项，各类省部级科技进步奖近 500 多项，获得中国建筑业最高奖——鲁班奖 80 多项。

面对中国改革开放的新形势，中建总公司正以崭新的理念、科学的管理和优质的服务，严格遵循“国际化、集团化、科学化”的发展思路，着眼于建设现代企业制度，优化资源要素配置，积极抓好企业的产权结构改革和产业结构调整工作，奋力向世界一流的跨国企业迈进！

3)中国中铁股份有限公司(中国铁路工程总公司)

中国中铁股份有限公司是由中国铁路工程总公司以整体重组、独家发起方式设立的股份有限公司。其前身是成立于 1950 年 3 月的铁道部工程总局和设计总局，1958 年合并为铁道部基本建设总局，1989 年 7 月 1 日，组建为中国铁路工程总公司，2003 年 5 月起隶属国务院国资委管理，为中央特大型骨干企业。公司是集基建建设、勘察设计与咨询服务、工程设备和零部件制造、房地产开发和其他业务于一体的多功能、特大型企业集团，成立于 2007 年 9 月 12 日，注册资本 128 亿元人民币。2007 年 12 月 3 日和 7 日分别在上海、香港两地上市。

中国中铁股份有限公司所属主要企业见表 6-3。

中国中铁股份有限公司辖有全资公司 31 个，控股公司 7 个，分公司 6 个，参股公司 3 个，共 47 家二级子公司。其中特大型施工企业 16 家，大型特大型勘察设计咨询企业 6 家，大型工业制造和科研开发企业 3 家。中国中铁是全球第二大建筑工程承包商，连续七年进入世界企业 500 强，2010 年排名第 137 位。目前，中国中铁在中国企业 500 强中排名第 9 位，在中央企业排名第 6 位。

中国中铁股份有限公司拥有中国工程院院士 3 人，国家勘察设计大师 6 人，教授级高工近 700 人，以及高级技术人员 8 000 多人。先后有 58 人获得詹天佑大奖、34 人获得茅以升奖。

中国中铁是科技部、国资委和中华全国总工会授予的全国首批“创新型企业”，拥有“高速铁路建造技术国家工程试验室”和“盾构及掘进技术国家重点实验室”，及 4 个博士后工作站，14 家经国家实验室认可委员会认可的检测实验中心。拥有两个国家认定的技术中心和 17 个省部认定的技术中心，并先后组建了桥梁、隧道、电气化、先进工程材料、轨道和施工装备 6 个专业研发中心。拥有众多具有自主知识产权的科研成果，截至 2009 年底，共获得鲁班奖 70 多项，国家优质工程奖 60 多项，共荣获国家科技进步和发明奖 84 项，其中特等奖 4 项、一等奖 10 项，荣获省部级科技进步奖 791 项。公司拥有有效专利 650 项，其中发明专利 104 项，在诸多领域达到世界先进水平。创造国家级工法 60 多项，省部级工法近 400 项。

中国中铁股份有限公司秉承“勇于跨越，追求卓越”的企业精神，开拓创新，锐意进取，先后参与国内所有主要铁路建设，新建、改建、扩建铁路总里程超过 60 000km，占全国已建设铁路总运营里程的 2/3 以上；参与建设电气化铁路超过 35 800 多 km，约占全国电气化铁路总运营里程的 95%；参与建设的公路超过 11 000km，其中高速公路超过 5 800km，约占全国高速公路总里程的十分之一；参与建设了全国 3/5 的城市轨道工程；修建了武汉长江大桥、南京长江大桥、东海大桥、杭州湾跨海特大桥等 9 000 多座大桥，总长达 5 675km；建成秦岭隧道、太行山隧道、厦门翔安海底隧道、武汉长江隧道等长大隧道，共计 4 707km。公司建设者八次远征南极，承担了我国中山站、长城站、昆仑站建设和维护任务。公司还先后参加了国内外 4 000 余项公路、机场、码头、水电、地铁、高层建筑、市政等大型工程的设计与施工，经营范围覆盖到土木建筑的各个领域，工程项目遍布全国各省市自治区和全球 60 多个国家和地区。

中国中铁股份有限公司所属主要企业 表 6-3

业务分类	单位名称	所在地	网址
基建建设	中国海外工程有限责任公司	北京市	www. covec. com
	中铁一局集团有限公司	陕西省西安市	www. crfeb. com. cn
	中铁二局集团有限公司	四川省成都市	www. cregc. com. cn
	中铁三局集团有限公司	山西省太原市	www. ztsj. com. cn
	中铁四局集团有限公司	安徽省合肥市	www. ctce. com. cn
	中铁五局(集团)有限公司	贵州省贵阳市	www. ztwj. cn
	中铁六局集团有限公司	北京市	www. crsg. com. cn
	中铁七局集团有限公司	河南省郑州市	123. 160. 254. 131
	中铁八局集团有限公司	四川省成都市	www. cr8gc. com
	中铁九局集团有限公司	辽宁省沈阳市	www. stjs. com. cn
	中铁十局集团有限公司	山东省济南市	www. cr10g. com
	中铁大桥局集团有限公司	湖北省武汉市	www. ztmbec. com
	中铁隧道集团有限公司	河南省洛阳市	www. ctg. ha. cn
	中铁建工集团有限公司	北京市	www. crceg. com
	中铁电气化局集团有限公司	北京市	www. eeb. com. cn
海外业务	中铁工程苏尼特铁路有限责任公司	—	—
	中国铁路工程(香港)有限公司	—	—
	中国铁路工程(马来西亚)有限公司	—	—
	中国铁路(香港)有限公司	—	—
	中铁中东海事工程有限责任公司	—	—
勘察设计与咨询服务	中铁二院工程集团有限责任公司	四川省成都市	www. creegc. com
	中铁工程设计咨询集团有限公司	北京市	www. cec-cn. com. cn
	中铁大桥勘测设计院有限公司	湖北省武汉市	www. brdi. com. cn
	中铁西北科学研究院有限公司	甘肃省兰州市	www. ztxbkxyjy. com
	中铁西南科学研究院有限公司	四川省成都市	www. swi. com. cn
	华铁工程咨询有限责任公司	北京市	www. htgczx. com
工程设备和零部件制造	中铁山桥集团有限公司	河北省秦皇岛市	www. crsbg. com
	中铁宝桥股份有限公司	陕西省宝鸡市	www. crbbi. com
	中铁宝工有限责任公司	陕西省宝鸡市	http://bjcrb. com
	中铁重工有限公司	湖北省武汉市	
	中铁工程机械研究设计院有限公司	湖北省武汉市	www. remi. cn
房地产开发	中铁置业集团有限公司	北京市	www. crreg. com. cn
其他业务	北京中铁工投资管理有限公司	北京市	
	中铁信托有限责任公司	四川省成都市	www. crtrust. com
	中铁人才交流咨询有限责任公司	北京市	—
	青海中铁矿业发展有限公司	青海省西宁市	—

20 世纪 80 年代以来，在工程、建筑、研究及设计领域荣获 200 多个国家级最高奖项。创造了诸多国内乃至亚洲和世界桥梁、隧道、电气化铁路等建设史上的“第一”、“之最”，为国家基础设施建设作出了巨大贡献。

中国中铁股份有限公司以“坚持科学发展，构筑和谐企业、创造企业价值”为己任，致力于中国和世界的铁路、公路、桥梁、隧道建设。

4)中国铁道建筑总公司(中国铁道年鉴 2008)

前身是铁道兵的中国铁建股份有限公司(中文简称中国铁建，英文简称 CRCC)，由中国铁道建筑总公司独家发起设立，于 2007 年 11 月 5 日在北京成立，为国务院国有资产监督管理委员会管理的特大型建筑企业。

中国铁建股份有限公司所属主要企业见表 6-4。

中国铁建股份有限公司所属主要企业 表 6-4

业务分类	单位名称	所在地	网址
基建建设	中国土木工程集团有限公司	北京市	www.ccecc.com.cn
	中铁十一局集团有限公司	湖北省武汉市	www.cr11g.com.cn
	中铁十二局集团有限公司	山西省太原市	www.cr12g.com.cn
	中铁十三局集团有限公司	吉林省长春市	www.cr13g.com
	中铁十四局集团有限公司	山东省济南市	www.crssg.com
	中铁十五局集团有限公司	河南省洛阳市	www.cr15g.com
	中铁十六局集团有限公司	北京市	www.cr16g.com.cn
	中铁十七局集团有限公司	山西省太原市	www.zt17.com
	中铁十八局集团有限公司	天津市	www.cr18g.com
	中铁十九局集团有限公司	辽宁省辽阳市	www.cr19.com
	中铁二十局集团有限公司	陕西省西安市	www.cr20.com
	中铁二十一局集团有限公司	甘肃省兰州市	www.cr21g.com.cn
	中铁二十二局集团有限公司	北京市	www.crcc22.com
	中铁二十三局集团有限公司	四川省成都市	www.cr23g.com
	中铁二十四局集团有限公司	上海市	www.cr24b.com
	中铁二十五局集团有限公司	广东省广州市	www.zt25j.com
	中铁建设集团有限公司	北京市	www.ztjs.net.cn
	中铁建电气化局集团有限公司	北京市	www.crcebg.com
房地产开发	中铁房地产集团有限公司	北京市	www.ztdcg.com
勘察设计	中铁第一勘察设计院集团有限公司	陕西省西安市	www.fsdi.com.cn
	中铁第四勘察设计院集团有限公司	湖北省武汉市	www.crfsdi.com.cn
	中铁第五勘察设计院集团有限公司	北京市	www.t5y.cn
	中铁上海设计院集团有限公司	上海市	www.sty.sh.cn
工程设备和零部件制造	昆明中铁大型养路机械集团有限公司	云南省昆明市	www.kcrc.com.cn
	中铁轨道系统集团有限公司	湖南省株洲市	—
其他业务	中铁建(北京)商务管理有限公司	北京市	www.ztjsw.com
	北京铁城建设监理有限责任公司	北京市	www.tcjl.com.cn
	中铁物资集团有限公司	北京市	www.crmg.com.cn
海外业务	中国铁道建设(香港)有限公司	香港	—

中国铁建是中国乃至全球最具实力、最具规模的特大型综合建设集团之一，2010 年《财富》“世界 500 强企业”，排名第 133 位；“全球 225 家最大承包商”排名第 4 位；“中国企业 500 强”，排名第 14 位，是中国最大的工程承包商，同时也是中国最大的海外工程承包商。

公司业务涵盖工程承包、勘察设计咨询、工业制造、房地产开发、资本运营及物流，打造了包括科研、规划、勘察、设计、施工、监理、运营、设备制造等在内的全面完整的建筑业产业链和业内最完善的资质体系，在高原铁路、高速铁路、高速公路、桥梁、隧道和城市轨道交通工程设计及建设领域确立了行业领导地位。自20世纪80年代以来，在工程承包、勘察设计咨询等领域获得了超过240项国家级奖项。

公司经营范围遍及除台湾以外的全国31个省(市)、自治区，香港、澳门特别行政区以及世界60多个国家和地区，完成海外项目287个，在建137个。公司专业团队强大。拥有1名工程院院士、5名国家勘察设计大师、享受国务院特殊津贴的专家188人。

60年来，公司秉承铁道兵令行禁止、勇于创新、一往无前的优良传统和工作作风，形成了以“诚信创新永恒，精品人品同在”为核心价值观的卓越文化，企业具有强大的凝聚力、执行力和战斗力。中国铁建正向“中国建筑业的领军者，全球最具竞争力的大型建设集团”的目标迈进。

2. 省(直辖市)属交通土建类企业简介

交通土建类企业除了中国交通建设集团有限公司、中国建筑工程总公司、中国铁路工程总公司、中国铁道建筑总公司及其所属企业等大型国有企业集团外，部分省交通厅(直辖市交通委员会)也有自己下属的交通土建类企业，如省(市)交通科学研究院、公路勘察设计院、高速公路管理局、交通建设集团、路桥集团公司、公路研究所等，这些企业为地方的公路交通基础建设作出了积极贡献，发挥着重要作用。

三、其他交通行业企业简介

1. 中国远洋运输集团

中国远洋运输集团(简称中远集团，英文简称“COSCO”)是以国际航运、现代物流以及船舶修造为主业的大型跨国企业集团，是中国最大的国际航运、物流和修造船企业集团，综合实力居世界前列，在《财富》世界500强企业中排名第327位。

目前，中远集团拥有和控制各类现代化商船近800艘，5 600多万载重吨，年货运量超4亿吨，远洋航线覆盖全球160多个国家和地区的1 500多个港口，船队规模稳居中国第一、世界第二。其中集装箱船队规模在国内排名第一、世界排名第六；干散货船队世界排名第一；专业杂货、多用途和特种运输船队综合实力居世界前列；油轮船队是当今世界超级油轮船队之一。中远集团在全球范围内投资经营着32个码头，总泊位达157个，根据Drewry2009年7月发布的最新统计，2008年中远集团所属中远太平洋的集装箱码头吞吐量继续保持全球第五。

中远集团拥有丰富的物流设施资源，控制各种物流车辆超过4 000台，包括具有289个轴线、最大承载能力达8 000吨的大件运输车，堆场249万m^2，拥有和控制仓库297万m^2，在家电、化工、电力、融资等领域为客户提供高附加值服务，为青藏铁路、天津空客、印度电站等国内外多个重大项目提供物流服务，创造多项业界纪录。

中远集团在国内的多家船舶修造基地，拥有含30万吨级、50万吨级的各类型船坞16座，业务涉及大型船舶和海洋工程建造、改装及修理，生产设备装配水平、生产管理水平国内领先，技术能力、生产效率及生产成本等指标居世界前列。年修理改造大型船舶500余艘，年造船能力240万吨，是中国最大的修船企业及技术最先进的造船企业。

中远集团已形成以北京为中心，以香港、美洲、欧洲、新加坡、日本、澳洲、韩国、西亚、非洲等九大区域公司为辐射点的全球架构，在50多个国家和地区拥有千余家企业和分支机构，员工总数约13万人，其中驻外人员400多人，外籍员工4 000多人，资产总额超过3 000亿元人民币，海外资产和收入已超过总量的半数以上，正在形成完整的航运、物流、码头、船舶修造的全球业务链。

中远集团是最早进入国际资本市场的中国企业之一，早在1993年中远投资就在新加坡借壳上市，目前在境内外控股和参股中国远洋、中远太平洋、中远国际、中远投资、中远航运、中集集团、招商银行等上市公司。2010年5月30日，中国远洋成功入选英国著名财经媒体《金融时报》发布的全球500强企业排行榜(FT Global 500)，名列第450位，这是中国远洋自2008年以来连续第三年蝉联该榜单。

作为一家中国的跨国公司，中远很早就注重承担广泛的“企业公民”责任。中远集团明确提出自身的使命为“逐步发展和确立在航运、物流和修造船领域的领先地位，保持与客户、员工和合作伙伴诚实互信的关系，最大限度地回报股东、社会和环境”。2001年，中远就建立起了包括国际环境管理体系、职业安全卫生管理体系在内的综合管理体系，成为中国国内首家获得三大管理体系认证的企业。2004年，中远正式加入联合国“全球契约”计划，更加自觉和积极地践行“全球契约”十项基本原则并努力实现可持续发展。中远集团可持续发展报告连续四年被联合国全球契约评为了典范报告，成为唯一连续四年登上全球契约典范报告榜的亚洲企业。

中远集团把积极履行企业社会责任与企业发展战略相结合，积极培育“绿色竞争力”，主要国际化经营指数正接近联合国“全球跨国公司100强”标准，正逐步确立国际航运、物流码头和修造船领域系统集成者的地位，朝着“全球发展，和谐共赢”的世界航运领先企业和“打造百年中远”的世纪愿景前进。

如今，“COSCO”品牌已成为中远集团重要的无形资产，标有“COSCO”标志的船舶和集装箱在世界各地往来穿梭，成为中国的形象代表。中远集团的经营成果已经为全球所认可，中远集团创造的诸多经验正成为众多企业学习的榜样。

2. 中国海运(集团)总公司

1997年7月1日，中国海运(集团)总公司简称“中国海运”在上海海运(集团)公司、广州海运(集团)有限公司、大连海运(集团)公司、中国海员对外技术服务公司和中交船业公司等五家交通部直属企业的基础上组建成立，总部设在上海市。

中国海运是中央直接领导和管理的重要国有骨干企业之一，是以航运为主业的跨国经营、跨行业、跨地区、跨所有制的特大型综合性企业集团。

1997年8月28日，成立中海集装箱运输有限公司(简称中海集运)。在基础薄、底子差的条件下，先后采取了改造船、租船和反周期运作大规模造新船的方式，积极发展集装箱运输。2004年，中海集运H股在香港成功上市，2007年成功在上海A股上市。到2008年，集团的集装箱运量超过1000万TEU。目前形成150多艘船，近50万标准箱位的集装箱船队规模。

中国海运主营业务设有集装箱、油运、货运、客运、汽车船运输、特种运输等专业化船队；正在开展LNG业务。2008年，油轮船队内贸运量占国内海上石油运输量的80%以上，散货运输船舶是中国沿海最大的散货运输船队，客轮船队始终在渤海湾客运市场居于主导地位。相关业务有码头经营、综合物流、船舶代理、环球空运、船舶修造、船员管理、集箱制造、供应贸易、金融投资、信息技术等产业体系。目前中国海运码头产业初具规模，境内投资参股12个码头；此外中国海运还在美国洛杉矶、西雅图港拥有合资码头。

中国海运在全球90个国家和地区，设有香港、北美、欧洲、东南亚、西亚五个控股公司；境外产业下属90多家公司、代理、代表处，营销网点总计超过300多个。

中国海运拥有各类船舶440余艘，2 200万载重吨，集装箱载箱位50万标准箱；集团年货物运输完成量近4亿吨、1 000万标准箱，在国家能源和进出口贸易中发挥了重要的运输支持和保障作用。

中国海运坚持科学发展、建设百年中海的发展理念；坚持做强做大航运主业、积极发展相关产业的经营战略；初步实现了从沿海向远洋、从计划向市场、从单一向多元的三个战略转变，正努力发展成为具有重要影响和领先地位的大型综合性航运企业。中国海运"十二五"发展目标是：成为具有较强国际竞争力的国家重要骨干企业之一，建设具有世界一流水平的航运企业。

3. 中国外运长航集团有限公司

中国外运长航集团有限公司（简称中国外运长航）由中国对外贸易运输（集团）总公司与中国长江航运（集团）总公司于2009年3月重组成立，总部设在北京。中国对外贸易运输（集团）总公司更名为中国外运长航集团有限公司作为重组后的母公司。中国外运长航是国务院国资委直属管理的重要国有骨干企业之一，是以综合物流、航运和船舶工业为主营业务的大型国际化现代企业集团。

中国长江航运集团（简称中国长航）现有全资子公司18家、控股子公司1家、境外子公司1家，分布在长江沿线江苏、安徽、江西、湖北、湖南、四川与上海、重庆等6省2市和深圳、珠海两个经济特区，并在沿江沿海各大港口，在美国、德国、新加坡等国家和香港地区设有合资公司和驻外机构。

中国外运长航的综合物流业务包括：海、陆、空货运代理、船务代理、供应链物流、快递、仓码、汽车运输等，是中国最大的国际货运代理公司、最大的航空货运和国际快件代理公司、第二大船务代理公司。航运业务包括：船舶管理、干散货运输、石油运输、集装箱运输、滚装船运输、燃油贸易等，拥有和控制各类船舶运力达1 800余万载重吨，是我国第三大船公司、我国内河最大的骨干航运企业集团、我国唯一能实现远洋、沿海、长江、运河全程物流服务的航运企业。船舶工业形成以船舶建造和修理、港口机械、电机产品为核心的工业体系，在国内外享有知名声誉。其他主要业务还包括：旅游、科研院校、房地产等。

2008年，中国外运与中国长航两大集团主营业务收入946亿元，截至2008年底，资产总额为1 004亿元。中国外运长航控股中外运空运发展股份有限公司、长航凤凰股份有限公司和中国长江航运集团南京油运股份有限公司三家中国内地A股上市公司，中国外运股份有限公司和中外运航运有限公司两家香港上市公司，下属境内企业1 000余家，境外企业100余家，网络范围覆盖了全国30个省、自治区、直辖市，以及韩国、日本、加拿大、美国、德国等境外地区，与400多家知名的境外运输与物流服务商建立了业务代理和战略合作伙伴关系。

中国外运长航是中国物流标准委员会审定的，我国唯一的集团整体5A级（中国最高级）综合服务型物流企业。中国外运长航将致力于成为国内外客户首选的具有国际竞争力的综合物流服务供应商。

4. 招商局集团

招商局集团(简称招商局)是国家驻港大型企业集团,经营总部设于香港,业务主要分布于香港、内地、东南亚等极具活力和潜力的新兴市场,是中央直接管理的国有重要骨干企业,亦被列为香港四大中资企业之一。2004~2008年招商局连续五年获国务院国资委评为A级中央企业。2007年,招商局获国务院国资委授予"业绩优秀企业"称号。2009年底,招商局集团拥有总资产人民币2 682.76亿元,管理总资产人民币2.2万多亿元。2009年,招商局集团成功应对金融危机,实现平稳增长,利润总额178.52亿元,净利润97.99亿元,集团利润总额在央企排名第7位。

招商局是中国民族工商业的先驱,创立于1872年晚清洋务运动时期。130余年来,曾组建了中国近代第一支商船队,开办了中国第一家银行、第一家保险公司等,开创了中国近代民族航运业和其他许多近代经济领域,在中国近现代经济史和社会发展史上具有重要地位。1978年,招商局独资开发了在海内外产生广泛影响的中国第一个对外开放的工业区——蛇口工业区,并相继创办了中国第一家商业股份制银行——招商银行,中国第一家企业股份制保险公司——平安保险公司等,为中国改革开放事业探索提供了有益的经验。

目前,招商局业务主要集中于交通(港口、公路、能源运输及物流)、金融(银行、证券、基金、保险)、房地产等三大核心产业。

招商局是内地和香港交通基建产业的重要投资者和经营者,已基本形成全国性的集装箱枢纽港口战略布局,旗下港口分布于珠三角(含厦门湾)的香港、深圳、厦门、湛江长三角的上海、宁波,渤海湾的青岛、天津。2009年,招商局旗下港口集装箱吞吐量为4 387万TEU,占全国集装箱吞吐量31.5%;散杂货吞吐量达到2.32亿吨。招商局同时在北京、上海、江苏、广东等18个省市投资有6 167km的高等级公路、桥梁、隧道。

航运业是招商局的传统产业,是香港航运界一支具有代表性的重要力量。截至2010年3月,招商局共有37艘502万载重吨以超级油轮为主的商船队,是中国最大的超级油轮船队;另有10艘共217万载重吨的在建船舶。

招商局物流业积极、审慎地进行了全国性的网络建设工作。截至2009年底,在全国63个重要城市建立了物流网络运作节点,全国性物流网络布局初具规模。

招商局集团的金融业包括银行、证券、基金及基金管理、保险及保险经纪等业务领域。招商局发起、目前又是作为最大股东的招商银行,是中国领先的零售银行,在国内60多个大中城市设有分支行,网点总数700多家;在香港设有香港分行,并拥有永隆银行及招银国际两家全资子公司;在美国设有纽约分行和代表处;在英国设有伦敦代表处。招商证券为国内AA级券商之一。截至2009年底,招商证券在全国32个城市(不包含香港)开设了71个营业网点。2009年,招商证券股票、基金与权证交易量市场份额为4.10%,市场排名第7位。

招商局通过开发蛇口工业区、漳州开发区等,提供成片开发综合服务,并通过招商地产从事房地产开发业务。蛇口工业区开发建设了整个小区11km^{2}的土地。漳州开发区行政辖区面积56.17km^2。招商地产在国内拥有1 000多万m^{2}的土地储备。

招商局在工业、贸易、科技产业投资等领域也都有着雄厚的实力。招商局拥有香港最大规模的修船厂,2008年,投资27.65亿元的世界一流的大型修船基地在深圳孖洲岛建成投产;招商局创办并为其第一大股东的中集集团是世界最大的集装箱及机场设备制造商;旗下香港海通有限公司在中国交通海事贸易领域内有着成熟的市场网络和丰富的经验;招商局在高科技风险投资领域也走在了全国的前列。

招商局以其悠久的历史和雄厚的实力，在海内外工商界有着广泛的影响。

5.上海船舶运输科学研究所

上海船舶运输科学研究所成立于1962年，位于上海浦东陆家嘴地区东部，是我国最大的交通运输综合技术研究开发基地。

该所原为交通部直属科研机构，2001年转制为科技型企业，改由中央企业工作委员会领导，2003年作为中央企业划归国务院国有资产监督管理委员会管理。

作为国家最大的交通运输综合技术研究开发基地，上海船舶运输科学研究所承担着国内交通运输行业共性技术、前瞻性技术的开发研究和促进行业科技创新的重要使命。经过40多年的不断发展，该所专业门类齐全，学科配套，建设有一批国内一流水平的专业试验室，拥有一流的先进仪器设备和科研手段，形成了一支高素质的科技人才队伍，取得了一大批具有一流水平的科研成果，为我国的经济建设和交通运输事业的发展作出了重要贡献。

企业现有员工近千人，其中技术人员占80%左右；具有高级职称（包括研究员、研究员级高工）的人员190余名，国家级有突出贡献的中青年专家4名，享受政府特殊津贴的高级专业技术人员50余名。经国务院学位委员会批准，设有通信与信息系统、交通信息工程及控制、船舶与海洋结构物设计制造和轮机工程四个硕士研究生培养点。

目前该所主要的研究开发领域有：新船型及运输系统、舰船自动化系统、环境工程及环保技术、智能交通系统等；开展新技术、新装备及系统工程的论证、设计、开发、生产、经营，以及环境评价、工程承包、施工监理、技术咨询等业务。承担业务的部门有：研究开发中心、国家工程研究中心、军船产品分所、民船产品分所、四个事业部，以及三个一级子公司。

上海船舶运输科学研究所的船舶运输控制系统国家工程研究中心，引进了国际先进水平的柔性设计与制造系统，包括电子电路设计自动化及机械计算机辅助设计系统；印刷电路板表面贴装、波峰焊（无铅）及测试生产线；数控钣金加工设备和箱体涂装生产线；电子产品例行试验设备等；是国家级控制系统科研成果转化基地。同时，该所还拥有一个行业重点实验室——航运技术交通行业重点实验室，目前正在申请国家重点实验室。

未来一个较长时期，我国国民经济尤其是造船行业的快速发展，将为上海船舶运输科学研究所的发展提供一个重要的战略机遇期。上海船舶运输科学研究所将坚持以发展为第一要务，不断推进创造价值的企业转型，适时调整内部结构，优化资源配置，努力提高全所的综合实力和核心竞争力；战略目标是：成为中国最著名的舰船自动化和智能交通系统集成研发制造商和服务商；中国一流的船舶水动力试验研究基地。

四、汽车行业企业介绍

美国《财富》杂志公布的2010年度世界500强企业排行榜，丰田汽车仍然以超过2 000亿美元的收入位居全球车企老大的位置。而借助中国汽车市场的飞速发展，中国的四大汽车集团在500强上的排名也水涨船高，全部上榜。中国的汽车势力也得以体现，它们分别为东风汽车、上汽集团、一汽集团，其排名为182名、223名、258名，而中国长安汽车集团也依托其母公司中国南方工业集团入选并位列275名。按照中国的统计标准，上汽集团的收入多过东风汽车，但500强榜单中，东风集团领先于上汽（参见表6-5）。

2009 年中国汽车企业排名 表 6-5

序号	企业名称	销售总额(亿元)	利润(亿元)	销量(万辆)
1	上汽集团	4 048.98	325.92	270.55
2	中国一汽	3 143.81	258.62	194.46
3	东风汽车	2 685.26	262.58	189.77
4	广汽集团	1 228.37	122.32	60.66
5	北汽集团	1 112.56	63.43	124.30
6	长安汽车	1 029.44	23.83	186.98
7	中国重汽	569.62	—	12.50
8	万向集团	514.80	—	—
9	华晨汽车	484.57	0.77	34.83
10	奇瑞汽车	239.80	9.32	50.03
11	江淮汽车	224.82	5.18	32.00
12	延锋伟世通	222.00	—	—
13	陕汽集团	221.04	—	—
14	比亚迪汽车	214.97	30.33	44.84
15	长城汽车	169.72	10.02	22.50
16	吉利汽车	165.11	11.54	32.91
17	宇通集团	150.26	—	2.82
18	重庆力帆	133.08	—	5.00
19	厦门金龙	125.55	—	3.89
20	庆铃汽车	76.51	—	—

(资料来源:中国汽车工业协会)

1.上海汽车工业(集团)公司

上海汽车工业(集团)总公司(以下简称“上汽集团”)是中国汽车工业具有代表性的特大型企业集团之一。主要从事乘用车、商用车和汽车零部件的生产、销售、开发、投资及相关的汽车服务贸易和金融业务。2004 年 7 月 12 日,上汽集团以上一年度合并销售收入 117 亿美元的业绩,首次跻身《财富》杂志世界 500 强企业行列。

2004 年底,为贯彻十六届三中全会关于“股份制成为公有制主要实现形式”的指示精神,上汽集团进行了重大的改制重组,发起成立了上海汽车集团股份有限公司(“上汽集团股份”)。改制后,上汽集团的发展将定位在先进制造业和现代服务业的综合性投资公司,并将以更加精简和高效的现代化运作管理,不断探索进取,从优秀迈向卓越。

上汽集团坚持自主开发与对外合作并举,一方面通过加强与德国大众、美国通用等全球著名汽车公司的战略合作,不断推动上海通用、上海大众、上汽通用五菱、上汽依维柯、上海申沃等系列产品的后续发展,取得了卓越成效;另一方面通过集成全球资源,加快技术创新,全力推进自主品牌轿车的研发、生产和销售。目前,已实现荣威及名爵等多款产品的成功上市,树立起良好的品牌形象。由此,深入推进了合资品牌和自主品牌共同发展的格局。

上汽集团的核心价值观是:满足用户需求、提高创新能力、集成全球资源、崇尚人本管理。

2.中国第一汽车集团公司

中国第一汽车集团公司简称“中国一汽”或“一汽”,总部位于吉林省长春市,前身是第一汽车制造厂，毛泽东主席题写厂名。一汽1953年奠基兴建，1956年建成并投产，制造出新中国第一辆解放牌卡车。1958年制造出新中国第一辆东风牌小轿车和第一辆红旗牌高级轿车。一汽的建成，开创了中国汽车工业新的历史。50多年来，第一汽车肩负中国汽车工业发展重任，经历了建厂创业、产品换型和工厂改造、上轻型车和轿车三次大规模发展阶段，产品生产由单一卡车向轻型车和轿车方面发展，一汽已经成为国内最大的汽车企业集团之一。

一汽现有职能部门17个，全资子公司19个、控股子公司14个。其中上市公司4个，分别是一汽轿车股份有限公司、长春一汽富维汽车股份有限公司、天津一汽夏利汽车股份有限公司、启明信息技术股份有限公司。主营业务板块按领域划分为：研发、乘用车、商用车、毛坯零部件、辅助和衍生经济等六大体系。现有员工12.36万人，资产总额1 052.8亿元。

一汽经过多年的发展建设，培育了以"学习、创新、抗争、自强"企业精神为核心的企业文化。初步建立了适应市场竞争需求的现代企业制度。逐步形成了东北、华北、西南三大基地，形成了立足东北、辐射全国、面向海外的开放式发展格局。改造并建设了一汽解放卡车新工厂、一汽轿车新工厂、一汽一大众轿车二工厂、天津一汽丰田轿车二工厂等新工厂，形成了较为先进的生产制造阵地。自主研发与企业核心竞争能力不断提升，形成了卡车、轿车、轻微型车、客车多品种、宽系列的产品格局。拥有解放、红旗、奔腾、夏利、威志等自主品牌和大众、奥迪、丰田、马自达等合资合作品牌。

一汽产销量连续多年居中国汽车行业之首，2004年企业年销量率先突破100万辆，树起了中国汽车工业发展史上的里程碑。2008年，中国一汽销售汽车153.3万辆，实现营业收入1 617.6亿元，列"世界最大500家公司"第303位；"世界机械500强"第49位；"亚洲500强"第53位；"中国制造企业500强"第1位。2008年公司品牌价值达到605.78亿元。

面向未来，一汽提出了坚持用户第一，尊重员工价值，保障股东利益，促进社会和谐，努力建设具有国际竞争力的"自主一汽、实力一汽、和谐一汽"的奋斗目标。一汽人正以自己特有的汽车情怀，抗争图强，昂扬向上，为推动汽车工业又好又快发展，为实现人·车·社会和谐发展作出新的更大的贡献。

3.东风汽车公司

东风汽车公司始建于1969年，是中国汽车行业的骨干企业。经过30多年的建设，已陆续建成了十堰（主要以中、重型商用车、零部件、汽车装备事业为主）、襄樊（以轻型商用车、乘用车为主）、武汉（以乘用车为主）、广州（以乘用车为主）等主要生产基地，公司运营中心于2003年9月28日由十堰迁至武汉。主营业务包括全系列商用车、乘用车、汽车零部件和汽车装备。目前，整车业务产品结构基本形成商用车、乘用车各占一半的格局。公司现有总资产732.5亿元，员工12.4万人。2008年公司位居中国企业500强第20位，中国制造企业500强第5位。

东风公司构建了完整的研发体系，在研发领域开展广泛的对外合作，搭建起全系列商用车、乘用车研发平台及其支撑系统，进一步完善了商品计划和研发流程。

经过40多年的发展，公司已经构建起行业领先的产品研发能力、生产制造能力与市场营销能力，东风品牌早已家喻户晓。近年以来，在科学发展观的指引下，公司的经营规模和经营质量快速提升，公司也相应确立了建设"永续发展的百年东风，面向世界的国际化东风，在开放中自主发展的东风"的发展愿景，提出了"打造国内最强、国际一流的汽车制造商，创造国际居前、中国领先的盈利率，实现可持续成长，为股东、客户、员工和社会长期创造价值"的事业梦想。

五、工程机械企业介绍

2009 年 9 月 5 日下午，一年一度的中国企业 500 强的评选结果在浙江杭州出炉。在工程机械、设备及零配件制造领域，共有 8 家工程机械设备行业企业入围 500 强榜单(见表 6-6)。

2009 年工程机械行业企业 500 强

表 6-6

名　次	企 业 名 称	营业收入(亿元)
151	徐州工程机械集团有限公司	408.13
236	长沙中联重工科技发展股份有限公司	242.86
265	广西玉柴机器集团有限公司	209.88
266	三一集团有限公司	209.36
381	无锡威孚高科技股份有限公司	140.89
416	大连重工起重集团有限公司	128.93
464	福田雷沃国际重工股份有限公司	115.73
489	北方重工集团有限公司	107.60

1. 徐州工程机械集团有限公司

徐州工程机械集团有限公司成立于 1989 年 3 月，21 年来始终保持中国工程机械行业排头兵的地位，目前位居世界工程机械行业第 9 名，中国 500 强企业第 125 名，中国制造业 500 强第 55 名，中国机械工业百强企业第 5 名，中国工程机械行业第 1 名，是中国工程机械产品品种和系列最齐全、最具竞争力和最具影响力的大型企业集团。

徐工集团年营业收入由成立时的 3.86 亿元，发展到 2009 年突破 500 亿元，年实现利税 35 亿元，在中国工程机械行业均位居首位。

徐工集团主要产品有：工程起重机械、筑路机械、路面及养护机械、压实机械、铲土运输机械、挖掘机械、混凝土泵送机械、铁路施工机械、高空消防设备、特种专用车辆、专用底盘、载重汽车等主机和工程机械基础零部件产品。其中汽车起重机、压路机、摊铺机、高空消防车、平地机、随车起重机、桥梁检测作业车、小型工程机械等主机产品和液压件、回转支承、驱动桥等基础零部件市场占有率名列国内第一。公司 70%的产品为国内领先水平，30%的产品达到国际当代先进水平。通过依靠技术、品质、精细管理不断拓展徐工发展之路，响亮打出徐工质量牌、服务牌和诚信牌，为用户提供全过程、全配套的施工方案和售后服务，徐工已成为国内用户的首选品牌。

徐工集团建立了以国家级技术中心为核心的研发体系，建设了江苏徐州工程机械研究院和国内机械行业首个智能化产品试验研究中心，徐工技术中心在国家企业技术中心评价中名列全国第 15 位居行业首位。公司建立了覆盖全国的国内营销、服务网络，发展了近百个国外徐工代理商，为全球用户提供全方位的营销服务，产品已出口到全球 137 个国家和地区。

徐工集团以“担大任、行大道、成大器”为核心价值观，注重徐工特色的企业文化建设，不断深化党建和思想政治工作，勇于承担社会责任。

2. 中联重工科技发展股份有限公司

中联重工科技发展股份有限公司创建于 1992 年，是中国工程机械装备制造领军企业，全国首批创新型企业之一。主要从事建筑工程、能源工程、交通工程等国家重点基础设施建设工程所需重大高新技术装备的研发制造。公司员工 20 000 多人。2009 年，中联重科下属各经营单元实现产值 337 亿元，利税超过 42.52 亿元。

中联重科秉承“至诚无息 博厚悠远”的企业文化理念，内源式发展与外延式发展并重。目前，生产经营基地分布于中国湖南、上海、陕西、广东以及意大利米兰等地，已形成中联科技园、麓谷工业园、泉塘工业园、常德灌溪工业园、望城工业园、益阳沅江工业园、上海工业园、陕西渭南工业园、意大利 CIFA 工业园等产业园区，总面积近 300 万平方米。拥有国际一流的超大型钢结构厂房、现代化的加工设备和自动化生产线，拥有覆盖全国、延伸海外的完备销售网络，强大服务体系。公司质量、环境和职业健康安全一体化管理体系获得德国莱茵 TÜV 认证，在国内建筑机械行业率先按照欧盟标准推行产品 CE 认证，并获得俄罗斯 GOST 认证、韩国安全认证。

中联重科继承了国家建设部长沙建设机械研究院的技术优势，建有国家级技术中心，是中国工程机械协会 8 个专业分会会长及秘书长单位，混凝土机械标准化分技术委员会秘书处单位。先后完成重大科研课题 670 多项，负责制(修)订国家行业标准 300 多项，目前是 187 项有效标准的制、修订归口单位，行业技术覆盖率 75%以上。中联重科先后完成了 90 多项国家“九五”、“十五”、“863”等国家重大装备开发、科技攻关课题和专项，被科技部确定为“十一五”三项国家科技支撑计划的承担单位。是国际标准化组织 ISO 投票 P 成员单位(Participating Member)，每年销售收入的 50%来自于新产品开发。

中联重科自成立以来年均增长速度超过 60%，目前生产具有完全自主知识产权的 13 大类别、28 个系列，450 多个品种的主导产品，是全球产品链最齐备的工程机械企业。其中，2008 年收购意大利 CIFA 公司后，混凝土机械产品市场占有率跃居全球第一。塔式起重机年产量 2 000 台、环卫机械产量 3 000 台，市场占有率均居国内第一。汽车起重机年产 5 000 台以上，市场占有率国内第二位。中英文商标——“中联”与“ZOOMLION”均获认定为“中国驰名商标”，多个系列产品获中国免检产品、中国名牌产品称号。畅销包含港澳地区的国内市场，并远销海外，深受用户青睐。

2009 年中联重科在全球工程机械行业排名第 10 位；在中国机械工业 100 强排名第六位。全国工程机械行业利润排名第一位，上海、深圳上市公司综合绩效排名前列；进入“中国企业 500 强”，“中国机械工业 50 强”；连续多年被评为“最具成长性”企业、最具影响力企业、全国用户满意企业；被评为中国机械工业现代化管理进步示范企业；获得全国五一劳动奖状、中国自主创新能力十强、中国最具影响力品牌、中华慈善事业突出贡献奖、全国抗震救灾英雄集体等奖项和荣誉。

全球经济一体化的趋势下，中联重科以产品系列分类，形成混凝土机械、工程起重机械、城市环卫机械、建筑起重机械、路面施工养护机械、基础施工机械、土方机械、专用车辆、液压元器件、工程机械薄板覆盖件、消防设备、专用车桥等多个专业分、子公司，打造一个国际化工程机械产业集群。

第三节　交通行业企业文化及人才培养（企业战略、文化及人才培养等）

【观点导读】

1. 交通文化是社会文化和交通建设与管理实践相结合的产物，它内容丰富，功能强大，是交通工作实践的升华，我们要不断传承和发扬。

2. 交通行业的人才还十分缺乏，正是交通类专业大学生发挥聪明才智的好时机。

一、交通文化建设

交通文化是社会文化、交通建设与管理实践相结合的产物，是在交通行业内部逐步形成的相对稳定的管理思想、共同信念、价值观念、行业准则、行业形象、精神风貌、工作目标等，它体现了交通行业自身的指导思想、理想信念、价值观念、文化传统、时代精神以及奋斗目标，集中反映了交通行业的基本性质、政治倾向、心理状态、精神风貌和进步水平。交通文化除具有客观性、观念性、独立性、动态性、继承性等企业文化的一般特点外，还表现出以下基本特征和功能。

1. 交通文化基本特征

1)内容的广泛性

人类文化中的精神观念，从思想、政治、宗教、历史、科学到文学艺术等，无不是人类知识的具体体现，而这些知识的获得与交通密切相关，交通发展的状况，直接影响知识的传播。另一方面，交通作为服务行业，货运、客运、陆运、水运，无不与各行各业、区域内外息息相关。交通行为需要得到社会的认可、公众的理解和认同。

2)表现的直观性

交通能直观地体现一个城市或地区的发展状况，特别是作为交通重要要素的公路、水路交通，更能反映出该城市或地区的文化特色、历史底蕴和文化积淀，是交通文化的重要载体和外在标志。比如，通过公路交通为社会提供的公路产品、公路线型、公路绿化、公路标识、公路建筑物、公路服务所展示出来的公路形象，直接体现了交通文化的外在性。又如：交通行业徽标作为一种形象标志，其特有的视觉直观性和交通文化内涵，可以提高社会对交通行业的认知度，是宣传交通，树立交通行业形象的重要手段。

3)传播的社会性

交通文化的传播具有明显社会化的特点，即具有非功利性、强制性的特点。它是通过提供交通产品和交通服务而被社会确认和传播的，并随着社会对交通产品和交通服务需要的不断变化，促进交通文化不断扬弃和完善，从而使交通文化在设计、传输、强化等各个方面更具社会性和时代特色。

4)影响的持久性

交通文化一旦形成，就具有相对的稳定性和持久性。交通文化随交通的建设而孕育产生，又在交通的不断发展中延伸和拓展，无疑对社会文化产生持久的影响力；同时交通文化的形成，又不断强化员工的价值观念，通过推陈出新、兼收并蓄，在交通行业内部较易形成一种相对稳定的具有凝聚力和感召力的群体文化传统和习惯，对交通的持续发展产生深远影响。

2. 交通文化的主要功能

1)导向功能

交通文化的导向功能是指交通文化对交通整体发展和交通职工的价值取向和行为起导向作用，使其符合和围绕交通所确定的目标。主要表现在两个方面：一是对交通成员的思想行为起导向作用，把每个职工的思想引导到交通所确定的文化态势和交通发展目标上来。交通提倡什么、崇尚什么，职工注意力就转向什么；二是对交通职工的价值取向和行为起导向作用。交通文化一旦形成，它就建立起自身系统的价值和规范标准。交通文化就像一面旗帜，引领交通人自我激励、自我发展、自我约束、自我完善。通过文化的精神激励，引导交通人的思想，规范交通人的行为，为推进交通现代化建设提供精神动力。

2)激励功能

社会主义文化建设的一个重要职责，就是为人民提供强大的精神动力，始终保持昂扬奋发的精神状态。作为社会主义文化的重要内容，交通文化的激励功能是指交通文化通过精神刺激使交通职工从内心产生一种情绪高昂、发奋进取的效应。交通文化的激励功能的特点是：它是内部激励，不是外部激励；它是软激励，不是强制性激励；它是精神激励，不是物质激励；它是持久激励，不是短期激励。交通文化以其明确的价值观、道德观去指导人们的行为，通过扬善抑恶、奖优罚劣等措施来培养适应交通发展的职工队伍。交通文化的激励功能，具体体现在激励职工的积极性、创造性上。经营措施的实施，现代管理方法的应用，离不开职工奋发向上的精神状态。交通文化应是通过创造一种群体气氛，使员工都能感受到熏陶和感染，激发起高涨的工作热情和高度负责的责任心。

3)约束功能

交通文化的约束功能是指交通文化对交通职工的思想和行为具有自觉的、无意识的约束作用，使其符合交通的既定价值观念，实现交通发展的目标。如果交通职工的思想、行为与交通目标、交通价值观念不一致，就会受到群体的无形压力，就会感到孤独、恐惧，就会受到自己良心的谴责。要通过交通文化建设，培育交通人的知荣知耻与尊荣拒耻观念，使交通人的行为受到社会主义荣辱观的激励和约束，营造出健康、积极、向上的良好社会氛围，教育和引导交通人在当前交通事业取得巨大物质成就的形势下，戒除骄奢之风，秉承艰苦奋斗的本色，不断追求新的跨越。

4)凝聚功能

文化的力量，深深熔铸在民族的生命力、创造力和凝聚力之中。交通文化的凝聚功能是指交通文化被交通人共同认同后，就会产生一种巨大的向心力和凝聚力。先进的行业文化是一种精神、一种动力、一种底蕴，是一根无形的纽带，正如一个民族不可隔断是有赖于共同的文化、共同的心理等因素一样，交通文化作为全体交通人普遍接受的价值观，同样也是凝聚交通职工的力量。将个体凝聚为一个团结的集体，主要靠一种心理的力量，例如态度、知觉、信念、动机、习惯及期待等。交通文化依靠交通职工认同的目标、准则、观念等将职工统一起来，通过交通文化的熏陶，培养职工间的感情，而这种感情又成了道德信念、原则性和精神力量的血脉。交通文化与职工情感之间的良性循环，将造就出朝气蓬勃的、负有使命感的集体，这也是交通行业兴旺发达的源泉。

3.交通文化建设的基本内容和要求

交通文化由于植根于交通建设和管理的土壤，不同于一般的企业文化。交通职工要坚持科学发展观，以先进文化的前进方向为导向，以构建具有鲜明时代特色、行业特点的先进文化为目标，切实用文化的视角、文化的思维和方法，把交通工作的实践上升到文化层面，使交通文化不断积淀、传承和发扬。

1)责任文化

建设责任文化，应是交通行业对全社会的郑重承诺，是推动交通工作的新理念、新思路、新举措，是行业精神文明建设的重要内容，也是行业精神文明建设的重要目标和重要标准。交通作为窗口单位，必须由过去审批为主转变为服务为主，真正做一个负责任的部门和负责任的行业。通过提供让社会公众满意的交通服务，取得社会各界对交通发展的认同和支持；通过信息公开和政务公开，提高社会各界对交通发展的知情度和参与度；通过树立和巩固亲民、负责、为民、务实的行业形象，不断增强交通行业对社会各界的亲和力和影响力。从基础工作做起，健全岗位服务规范，完善基本服务条件，充分体现交通服务的基本内涵，扎扎实实做好基础性服务工作。

2)和谐文化

党的十六届四中全会明确提出了“构建社会主义和谐社会”这一重大任务，作为交通行业，通过和谐文化建设，建设和谐交通，不但是构建和谐社会的要求，更是交通事业发展的必然选择。随着以人为本的新管理理念和方法的确立，彻底改变了管理者与被管理者相互对立、被动紧张的传统管理方式的弊端，从而使管理者与被管理者在和谐文化的层面形成共识，达成高度一致，全体员工能够以全新的思维、创造性的状态快乐学习、聪明工作、和谐奋进。构建和谐文化既是一个奋斗目标，是一个长期过程。一要注意培养和谐的思想基础，提倡敬业精神，树立“工作就是实现自身价值”的观念，积极营造“爱岗敬业、精益求精”的氛围，培养员工强烈的使命感和责任感，增强做交通人的自豪感；二要树立团队意识，通过加强学习型团队、学习型单位建设，营造“团结、协调、互助、进取”的氛围，进一步增强行业的凝聚力和向心力；三要注重个体发展和典型培育，不断创设有利于个性发展的环境和条件，积极营造“有利于人才脱颖而出”的氛围；四要重视引导和培育，大力改善行业风气，积极营造能凝聚员工、形成“平等、诚信、安全、和谐”的氛围。

3)惠民文化

交通运输作为国民经济的流动载体，是沟通生产和消费之间的纽带，是经济发展诸多影响因素中举足轻重的环节，是交叉并行、通连万家的大产业，是基础设施建设的龙头，是经济社会发展的先导，是工业化、市场化、城市化和国际化互动的纽带，也是沟通城乡、推动新农村建设的枢纽。要用大交通带动大流通，用大流通启动大市场，用大市场带动经济社会大发展。要实实在在为老百姓办实事，把交通发展为了人民、交通发展依靠人民、交通成果由人民共享作为各项工作的基本出发点和落脚点，使广大群众切实感受到交通人的工作成果，取得他们对交通发展的认同和支持，充分体现交通事业的社会性、共用性和公益性。

4)学习文化

现代社会已步入“知识经济”时代，资信量大、瞬息万变是这个时代的显著特征。高水平的文化离不开高素质的人才，交通文化建设的根本目的就是大力提高交通人的综合素质。知识裂变——每 5 年人类知识总和就翻一番，而且有效期越来越短，这给交通行业和全体交通人提出了更高要求——必须通过不断学习以更新知识和技能，通过提升素质来提高适应变化的能力。学习文化建设，就是要不断地加强对员工职业道德、职业技能、现代管理和现代科技知识等方面的建设，为交通发展提供强大的精神动力和智力支撑。提倡职工自我超越、改善心智模式、建立共同愿景、团体学习、系统思考等现代管理的新理念，通过创建学习型行业、学习型机关等活动，使员工真正明白“工作学习化、学习工作化”以及“全员学习”、“终身学习”的道理，逐步改变自私狭隘、封闭僵化、懒散落后等陋习，构筑全员学习平台，激发员工学习热情，使学习逐步成为多数人全面自我完善、实现完美人生的内在需要。要通过学习文化的建设，努力建设好交通党政干部人才队伍、企业经营管理人才队伍、专业技术人才队伍和高技能人才队伍，为交通后续发展提供智力支持和队伍保证。

5)品牌文化

品牌既是一种实力，也是一种文化。品牌是企业的“名片”，是一个企业产品区别于其他企业产品的特殊标志，而支持这一标志的背后是一种理念、一种精神、一种行为和一种价值观。

品牌不仅是公众心目中的形象，一个良好的品牌更是员工的追求，员工因为自己的品牌而产生的自豪与骄傲，是交通创新、进步的动力。一个好的品牌文化，可以使员工工作更具有动力，同时也可以使消费者密切关注品牌，成为单位或本行业的核心竞争优势。如海尔的“真诚到永远”、耐克的“超越”都是其品牌文化的经典描述，充分展现了品牌特色的恒久魅力。品牌文化是交通企业和产品质量的承诺，因为品牌是对其所有产品性能、质量、服务、企业信誉和追求等方面的高度概括和综合反映。交通行业应培育一批交通建设和行业管理的品牌，不断提高行业的竞争力和发展能力。

6)安全文化

在安全生产形势日益严峻，安全生产备受注目的今天，安全工作已不仅仅是个人、企业、局部的利益和稳定问题，而是关系到国家长治久安和可持续发展的问题。安全问题已成为执政为民的重要内容，在行业层面已成为人性化管理的核心内容，事关行业的经济效益和品牌形象。安全文化是塑造行业良好安全形象，实现行业安全生产的重要动力。借助安全文化潜移默化的作用，营造稳定和谐的安全生产环境，保障交通的可持续发展，这既是交通内外部环境的客观要求，也是实现交通和谐发展的战略需要。注重将安全文化渗透到生产经营的具体工作中，延伸到员工日常生活里，培育员工的安全习惯和安全意识，实现由“要我安全”向“我要安全”转变，处处把安全记在心中，落实在行动上。建立以安全公益广告、安全知识、安全案例、安全漫画为主要内容的“安全文化”宣传阵地，营造“以人为本，安全第一”的安全文化氛围，形成互相监督、互相制约、互相指导的安全管理体系，促进员工安全素质的提升，为交通目标的实现提供有力的文化支撑和安全保障。

7)廉政文化

以文论廉、以物载廉、以艺颂廉、以媒传廉、以史赞廉，使廉政交通由虚变实、无形变有形。深入推进廉政文化进机关、进港站(所)、进车船、进工地、进校园、进家庭。开展经常性的“美文荐读、读书思廉”活动。把学习贯彻党章，树立社会主义荣辱观，作为加强党风廉政教育的重要内容，引导广大党员通过真学、真懂、真用，强化党章意识和党纪观念，切实维护党的权威。在报刊和网站开辟廉政交通专栏，在工地、站所、服务窗口竖立廉政交通公益广告牌，扩大廉政文化建设的覆盖面。通过开展廉政知识竞赛和廉政书画、摄影展览，组织廉政典型先进事迹报告会，印制廉政文化台历，利用门户网站开展短信提醒，培育一批廉政文化建设示范单位，把廉政文化建设推向深入，发挥廉政文化的导向作用、激励作用、约束作用，努力营造“不愿贪、不能贪、不敢贪”的工作氛围。

8)创新文化

创新是一个民族进步的灵魂，也是交通发展的巨大动力。邓小平同志说过：“看准了就大胆地试，大胆地闯。”在新一轮技术革命的经济环境中，各种新思想、新观念相互激荡，各种新技术、新材料、新工艺不断涌现，不创新就难以打破不适时宜的旧框框，不创新就无法跟上时代发展的步伐。这些年全国交通工作取得了令人瞩目的成绩，其中一个原因就是依靠创新。现在站在新的历史起点上，要实现交通又快又好的发展必须进一步全面推进创新，建设创新文化，以创新促发展。但在我国交通行业中相当一部分人依然跳不出“不大乐于走四方、闯天下、守土恋家，外出创业精神不足”，“小富即安、官本位意识较浓”等传统思想意识的窠臼，这实质上反映出的是传统文化与现代经济的冲突。在实践中，我们一方面应从“经济人”的角度去理解交通运输领域的各个参与方；另一方面，要注重人的精神需要和其承担的社会责任，充分发掘人的内在潜力和积极性，偏重于人的作用和价值的实现。因此，要对交通文化进行深层次的再造，在创新上下工夫，营造创新文化的浓厚氛围。

4.加快交通文化建设的步伐

交通文化是交通事业发展的精神动力，是交通人应具有的行业规范和思想境界。当前交通各项改革处于攻坚克难阶段，交通要生存、发展和壮大，必须注重培育和弘扬体现时代性、符合交通特点的交通文化。

1)树立新的交通文化发展观

全面推进交通文化建设，建设积极向上、充满活力和开放的交通文化，是加强党的先进性建设和执政能力建设的内在要求，是深化交通工作的现实需要，是实现交通率先发展、科学发展、和谐发展的必然选择。应全面领会党的十六大以来党中央关于发展社会主义先进文化的一系列新观点、新论断，解放思想，转变观念，遵循社会主义精神文明建设的特点和规律，适应交通发展的要求，树立"文化就是财富、文化就是动力"的新的交通文化发展观，彻底转变把文化装进象牙塔里存放，把文化和交通发展割裂开来的落后观念。应进一步深化对交通文化的地位和作用、交通文化发展方向和动力、交通文化发展思路和格局的认识，坚决冲破一切妨碍交通文化建设的思想观念，坚决改变一切束缚交通文化建设的做法和规定，坚决革除一切影响交通文化建设的体制弊端，做到思想上不断有新解放，理论上不断有新发展，实践上不断有新创造。

2)用交通文化推动行业的发展

交通文化建设绝不是围绕交通行业管理"打边鼓"、"做陪衬"，从实质上讲，它本身就是一种管理，是更高意义上的管理，是与生产力发展相适应的人文管理和管理文化。如果说管理是一种方法和手段，那么交通文化建设就是这种方法和手段的灵魂，在行为管理中起主导作用。从交通科学化管理的角度来讲，没有交通文化的参与，任何管理都不是科学化管理。因此，应积极借鉴国外行业发展经验，深入推进交通文化建设，凭借文化力，增强发展力，提升竞争力，促进交通行业的率先发展、科学发展、和谐发展。

3)交通文化建设要坚持不懈

交通文化的作用机制在于熏陶、浸润，交通文化建设之道在于坚持不懈、持之以恒，不能期望靠一阵子的轰轰烈烈去创造永久的辉煌，更不能毕其功于一役。交通行业点多、线长、面广，单位类型复杂，从业人员众多，要按照区别对待、分类指导、循序渐进、逐步推开的原则，充分考虑到中西部的特点、不同单位的性质和功能，因地制宜开展交通文化建设。

新时期交通文化建设任重而道远，既需要有满腔的热情，更需要做大量艰苦细致的工作，这样才会出现累积效应，才会产生从精神到物质、从量变到质变的飞跃，才能用文化的力量不断推动行业焕发生机与活力，从优秀走向卓越。

二、交通行业著名企业用人标准

1.著名土建企业的用人理念

1)中国建筑工程总公司的人力资源管理

中建总公司人力资源的开发体系，以岗位管理为主，推行机构扁平化，强调人事相宜。以制度建设为保证，在高级管理人员选拔、考核、梯队建设及骨干员工锻炼等方面出台了一系列制度，并取得了明显效果。制度重在激活现有人才资源，通过国际化培训、交流使用等措施，不断挖掘提升现有人力资源潜力；坚持引进高校毕业生和社会成熟人才相结合的思路，不断补充和优化人才队伍结构;创新人才评价机制,以业绩为先,同时强调能力和品德的评价,强化考核工作力度,在所属工程局、设计院、公司全面实行年度及任期考核;不断创新薪酬体系设计,企业高级管理人员实行年薪制,管理人员实行岗薪制,操作层和服务人员分配逐步市场化,对企业稀缺的人才实行"特岗特薪"的协议工资,对有突出贡献的人员实行特别奖励。坚持做好培训工作,树立不断学习、终身学习的理念,重点做好企业领导人员、重要岗位人员、国际化人才的培训工作。

2)中国中铁股份有限公司的用人理念

一个企业需要的优秀员工,不仅体现在能力上,更体现在人品上,品德和团队合作精神是许多企业非常重视的用人标准。中国中铁股份公司作为国内大型建筑企业,通过几十年的发展和数代人的拼搏,积淀了自己特有的企业文化、企业价值标准和用人观,在实施科教兴企、人才强企的企业发展战略上,希望所招收的新员工有合格的品德修养,良好的心态和建立在专业背景学习基础之上的较强的综合能力。

(1)要富有责任心。一个没有责任心的人,是属于品格有缺陷的不合格人才,必然缺乏企业责任和社会责任,注定胜任不了任何一项工作,也不可能干好任何一项工作。有美国将军摇篮之称的西点军校的校训是:国家、责任、荣誉。可见责任之重要。建筑业是与社会经济建设密切相关的行业,输出的建筑产品事关千家万户、公众安全和社会安定,公司企业员工应该是合格的企业公民,是对企业负责同时对社会负责的企业人。如果公司招收了没有责任心的人进入企业,是对社会的不负责任,是给社会和公众的安全埋下隐患。公司提倡的理念是:工作意味着责任。公司希望招收的大学生是富有责任心、责任意识强、能恪尽职业操守的合格人才。这是公司用人的一个前提。公司希望新员工从进入企业的第一天起就开始认真地工作、承担责任和执行规定。

(2)要有吃苦耐劳精神。一方面这是行业特点所要求,建筑业是工作环境比较艰苦的行业,是"露天工厂",特别是施工一线在工程紧张的时候,工作时间往往不分白天黑夜、没有节假日之分,需要付出比其他行业更多的牺牲,而且一线工程工期短则数月,长则数年,没有吃苦耐劳的精神将难以适应工作环境的要求。另一方面,可以说更为重要的是,这是一个人能否在事业上有所作为的重要特质。有吃苦耐劳精神的人,才能在漫长、充满变数的职业生涯中持之以恒,数十年如一日,扎实工作,顽强拼搏,最终在事业上有所建树,实现个人价值和社会价值。

(3)要有以务实为基石的事业心。企业要求员工有进取心和事业心,没有进取心和事业心的人,工作往往会缺乏激情,缺乏成就欲和创造力,工作是难以作出成绩的。但是企业需要的进取心和事业心是以实干为基础的,是通过脚踏实地、一步一个脚印干出来的,是一个从量变到质变的渐进和漫长的过程,需要付出大量的劳动和极大的努力。而企业不欢迎急功近利、眼高手低、只会索取不讲奉献的人,企业希望新员工是务实进取型的,有良好的心态,有正确的事业观和名利观,心态不浮躁,不急躁,不狂躁,即做事有爬楼梯而不是坐电梯的心态。这样的人是企业所欢迎的人,也是将来事业会有发展前途的人。

(4)要有较强的学以致用的能力。企业不同于学校、科研院所,企业是实践性很强的经济组织,因此,企业招收的毕业生不仅要有较好的理论知识和专业学习背景,更重要的是具备学以致用的能力,即用学到的理论知识去解决实践问题的能力。有的人书读得多,但用得少;有的人书读得不多,但用得多。企业不会过分看重学校的学习成绩,而会关注一个人的综合能力,特别是观察问题、分析问题和解决问题的思维能力。思维能力如何,包括你对细枝末节的敏感性怎么样；是不是能够举一反三，借鉴创新；能不能从各种纷繁复杂现象中抓住本质，发现问题，找出原因，进而有效解决问题。学校环境还是相对简单，社会要复杂得多，大学生要多参加一些校内外的活动和社会实践，对成长和思维方式都会有很好的帮助。

(5)要有较强的人际关系沟通能力。企业的员工，工作不仅需要进行内部的相互沟通、交流，善于倾听对方意见，善于表达自己的意见；意见不一致时大家能心平气和、客观全面地看待问题，消除分歧，然后寻找一个有利于工作正确开展同时大家都比较满意的结果；在外部关系处理上，需要与甲方、监理和周边的社会民众经常性地沟通，建立和谐的工作关系，而这类沟通往往是要有理有节但又有效的。千万不要把人际关系等同于拉关系，以为能天天坐下来和人吃饭就是人际关系能力强。较强的人际关系能力有四个方面的含义，首先要尊重他人；其次要理解他人；再次能说服他人，即有较好的影响力和谈判能力；第四要团结他人，尤其是要做一个和谐团队的实践者、建设者、推动者，即通常说的要有团队精神。一个人如果一味注重个人的利益和成长，而无法融入到团队中，他对于整个团队和企业的贡献就会受到局限，也会影响自身的成长。与人沟通的出发点和落脚点就是：处好关系，促进工作，产生效益，履行责任，创建精品。

十年树木，百年树人。上述这五个方面的要求，实质上也就是先哲们早就已经反复论述的“德”和“才”的关系，前三点指的就是“德”的要求，后两点讲的是“才”的问题。两者相辅相成、相互促进。作为将来要走向社会的大学生，在注重专业知识学习的同时，更要重视自身品德的修炼、人文知识的学习和个人性格的完善，树立经得起社会和时间考验的世界观、价值观和名利观，以良好的心态从容面对纷繁复杂的大千世界和职场生涯，进而可以少走弯路，不迷失方向，早日成为企业和社会认可的有用之才、国家的栋梁。

2.著名土建企业用人标准案例分析

1)中国中铁某公司战略规划部部长岗位任职条件

(1)职位：战略规划部部长。

(2)政治素质要求：一般为中共党员。能认真贯彻执行党和国家的路线、方针、政策，热爱企业，大局意识强；品行端正、诚实守信、爱岗敬业、团结协作、作风严谨、廉洁自律、有良好的职业素养。

(3)教育程度：大学本科及以上学历。

(4)专业知识：企业管理、战略规划、计划统计等相关专业毕业，具有上市公司相关的业务知识。

(5)从业经验：从事法律及业务相近工作5年以上，任本部门或业务相近部门副职2年以上，具有高级专业技术职称，有基层工作经验。

(6)能力要求：熟悉国家法律、法规和方针政策，熟悉企业管理、战略规划、计划统计、改革重组工作业务；有较强的组织领导、分析判断、协调沟通和决策能力，能主持起草公司战略规划、领导讲话、综合性材料及发展研究报告等；能熟练使用各种办公、文字处理应用软件，熟悉公文流转及工作流程。

(7)业务了解范围：除了解本岗位工作相关的业务外，对工作流程涉及的相关岗位的一般业务应该了解，具备工程、经济、行政管理、法律等专业相关知识。了解全公司企业管理及业务发展方向。

2)中交集团某勘察设计院分院长岗位职责与任职条件

(1)职位：分院院长。

(2)岗位职责:作为本分院生产、技术系统管理第一负责人,对本分院的人员管理、技术创新、生产组织、生产保障、设计服务、质量控制和科研开发等全面负责;负责本分院生产组织与指挥,配合甲方和项目负责人落实项目管理机构与人员,是本分院设计与管理人员到位的第一责任人;负责组织贯彻院 ISO9001 质量保证体系,建立和完善本分院质量控制规章制度,对总院设计产品质量负管理责任;负责本分院技术创新和技术发展工作,根据院总体技术发展规划组织制订本分院技术发展计划并按计划组织实施;负责本分院人员的考勤工作,检查和落实本分院各项生产任务的执行,每季度初 5 日内分析提交本分院生产组织情况,保证院安排各项生产任务的正常进行;授权范围内,根据本分院管理需要,拟订和下发本分院管理办法,并负责其解释和检查执行情况;积极配合院各项管理工作,严格控制本分院管理成本;搞好本分院团结工作,发挥分院领导班子的凝聚力,为职工创造良好的工作氛围;完成院领导交办的其他临时性工作。

(3)任职资格和条件:具有独立工作能力,工作认真负责,具有较强的组织、协调和沟通能力,擅长总体控制和项目计划;具有相关工程及管理类专业本科及以上学历(或取得相关培训合格证书);具有中级及以上专业技术职务;具有 10 年以上设计工作经历;担任过设计项目主持人;工作认真负责,有较强的沟通和组织协调能力。

3)某工程监理企业监理工程师岗位职责与任职条件

(1)职位:项目总监理工程师。

(2)任职资格和条件:具有工程技术类专业,大学专科以上学历;具有中级以上专业技术职务,5 年以上监理工作经验,取得注册监理工程师注册执业证书。安全监理业务培训合格,总监理工程师岗位培训合格。

(3)岗位职责:接受单位法定代表人委托和授权,实行项目总监理工程师负责制,对建设工程委托监理合同的实施负全面责任,并承担相应法律责任,定期向单位汇报工作;组织监理人员熟悉掌握国家及当地政府发布的工程建设监理法律、法规、规程、标准,以及公司技术及管理工作规章制度,并组织实施;负责公司管理手册、程序文件及规章制度等在项目监理部的贯彻执行,负责对本项目部质量、环境和职业健康安全管理体系运行情况的检查和持续改进;负责对监理服务效果的检验,对不合格项进行控制,组织制定纠正与预防措施,组织实施并进行验证;定项目监理部人员工作分工和岗位职责;主持编写项目监理规划(包括安全监理方案),审批项目监理实施细则(包括安全监理实施细则);检查、监督、指导监理人员的工作,根据工程项目的进展情况可进行人员调配,对不称职的人员进行调换;检查安全监理工作落实情况,审查并签发有关安全监理的《监理通知》和安全监理专题报告;审定承包单位的动工报告,审核批准施工组织设计和专项施工方案及施工进度计划,组织审查和批准施工单位提出的安全技术措施及工程项目安全生产应急预案;审批《起重机械拆装报审表》和《起重机械验收核查表》;签发《工程停工令》,必要时向有关部门报告;审定承包单位报送的分包单位。签发工程暂停令和复工令;主持编写并签发监理月报、阶段监理工作报告、专题报告和项目监理工作总结。主持编写工程质量评估报告;组织整理工程项目的监理资料;主持监理工作会议,签发项目监理部重要文件和指令;审核签认分部工程和单位工程的质量验收记录;审查承包单位竣工申请,组织监理人员进行竣工预验收,签署工程预验收记录,参与工程项目的竣工验收,签署《竣工移交证书》;主持审查和处理工程变更;审批承包单位的重要申请,签署工程费用支付证书及《安全防护、文明施工措施费用支付审批表》;参与工程质量、安全事故的调查;调解建设单位与承包单位的合同争议,处理索赔,审批工程延期;指定一名监理工程师负责记录工程项目监理日志。

4)某建筑施工企业施工管理部经理岗位职责与任职条件

(1)职位:施工管理部经理。

(2)工作职责:负责本部门的全面工作;组织年度综合计划的编制;组织工程的开工与竣工;组织重点工程的服务与协调;协调本部门与相关部室的工作;组织工程分承包管理与外施队伍管理;完成领导交办的工作。

(3)岗位要求:熟悉国家有关的法律、法规,掌握施工管理的专业理论知识;有丰富的施工管理经验;具备中级以上专业技术职务;具有大专以上学历;具有较强的组织、指挥、协调能力;有一定的计算机操作能力。

【思考题】

1. 如何看待交通行业企业在国家经济快速发展中的作用?

2. 进一步了解你感兴趣的交通行业企业的岗位设置及用人标准。

第七章 大学生就业准备

随着社会主义市场经济的发展，我国高校毕业生就业制度已发生了根本性的变化。广大毕业生必须增强竞争意识，树立正确的择业观念，在就业之前做好多方面的就业准备。

第一节 树立正确的就业观与职业道德

【观点导读】

1. 就业观是人生观在就业实践上的具体体现，当代大学生应该树立求真务实、面向基层、艰苦创业、回报社会的就业观。

2. 求职道德可以很好的规范求职行为，大学生应该树立诚实守信的求职道德。

从总体上看，当代大学生的人生观、价值观的主流是积极健康，符合社会发展潮流的，但同时也不容忽视他们身上浮现的不良的、消极的人生观和价值观。

一、当代大学生对人生的思考与探索

1. 当代大学生对人生的基本认识

当代大学生热爱祖国，渴望成才，但是他们涉世不深，既对未来充满憧憬，执著追求，又对复杂的社会生活缺乏体验和心理准备；他们思想活跃，认识能力提高快，容易对新生事物产生认同，又缺乏理论修养，不能深刻理解国情、了解社会。随着改革开放的深入发展和社会政治、经济、文化的巨大变化，特别是随着社会主义市场经济的建立，大学生的观念也在发生着重大的变化。一方面，出现了一些适应时代要求，积极向上的新思想、新理念，如开拓精神、创新观念、务实观念、效益观念、质量观念、风险观念、竞争观念、平等观念等，以及对因循守旧、不图进取、安贫乐道、消极懈怠等积习的摒弃，对打破常规、积极进取、永不满足、勇于创造等新风尚的大胆追求；另一方面，市场经济的负面效应也使大学生的人生观出现了一些令人忧虑的现象，如社会责任感、义务感的淡漠，见利忘义行为的增长，人际交往中利用性、实惠性的滋生，甚至拜金主义、享乐主义和极端个人主义的出现等。

2. 当代大学生在人生观、价值观方面存在观念与行为的分离现象

当代大学生在不断探索人生的同时，不同的社会价值观也在不断地发生冲突，最突出的就是思想观念与行为分离的现象，其主要表现有以下几方面。

(1)人生观的探索中，大学生注重人生价值的实现，推崇开拓进取、成就事业、造福人类等积极的人生价值观，但又表现为成才欲望较强，奋斗精神较弱。他们渴望成就一番事业，但却缺乏坚韧不拔的精神和百折不挠的意志；他们渴望学有所成，却不愿刻苦努力；他们渴望事业成功，却不愿做平凡小事；他们渴望有所作为，却疏于基本训练等等。

(2)在公与私关系的探索中，绝大多数大学生认同甚至崇尚大公无私、先公后私的美德，但

在他们的实践中却有相当部分同学希望公私兼容，奉献与索取平衡。20世纪90年代中期对北京10所高校3 316名大学生的一次抽样调查显示，认为“奉献与索取应该平衡”的占69.5%，个别同学甚至赞同“以个人为中心，崇尚自我”，集体观念淡漠。

(3)在对义与利的探索中，许多大学生认同“重义轻利”的价值取向，并崇尚“舍生取义”的壮举，但实际行动中又受到功利、实惠、互利等市场经济取向的影响，表现为价值追求短期化、实用化、功利化。

(4)在人际观方面，大多数大学生向往人际关系和谐，主张讲信修睦、谦逊礼让，但在实际行动中却往往抱着“以自我为中心，漠视他人利益”的处事原则，个别同学甚至自私自利，以邻为壑。

(5)在婚恋观方面，一方面向往纯洁、甜蜜、幸福、美满、白头偕老的爱情和婚姻生活，另一方面又受市场经济和西方思潮影响，爱情的功利性、随意性增强，并对婚前性行为、情人现象持宽容态度。

(6)道德修养方面，绝大多数同学认同修身养性完善人格，但在现实生活中却表现为缺乏内省自讼精神，甚至无视社会公德。如：爱惜自己的物品却不爱护公物；要求别人尊重自己却不尊重别人。其道德修养和社会公德水平滞后于智力发展水平。

值得注意的是，近年来越来越多的大学生强调自我与社会的融合，强调索取和奉献并重，强调兼顾国家、集体、个人三者利益，但又比较注重自我物质利益的获取。这种价值观虽有合理性的一面，但它强调“自我”，并把社会对个人的回报作为价值取向的条件，与无私奉献的个人价值观有一定差距。若任其发展，容易滑向功利主义、拜金主义甚至极端个人主义的泥潭。

大学生在人生观、价值观的探索中出现的新问题，除了他们自身不成熟这一主观原因外，还有两个方面的客观原因：一是心理方面的原因。这是因为从认识到行为的转化，需要情感的内驱动力和催化作用以及意识的定向作用。行为是在知、情、意的基础上，通过训练形成的，行为比认识更难于实现。所以，他们容易出现观念与行为的分离；二是环境方面的原因。大学生们正处在社会转型期，处于新旧观念的激烈冲突中，加上市场经济的负面影响，西方思潮不分良莠的涌入，以及我们自己过去的教育失误等等，都会对大学生的人生观和价值观造成不良的影响。因此，出现上述问题不足为奇。身处社会转型期的当代大学生，正处在人生观、价值观的形成时期，他们的人生观、价值观都在激烈的动荡，十分需要加以启迪和正确引导，以便树立起健康的人生观、价值观。

二、树立积极的人生观与就业观

1.大学生应树立积极的人生观

1)在人生奋斗中，要树立正确的政治方向

正确的政治方向就是要坚持爱国主义、集体主义、社会主义。爱国主义是民族和国家在历史发展过程中，积累形成的一种文化传统，也是一种道德规范。因此，大学生在人生奋斗中，首先必须高扬这面旗帜，做一名爱国者。应坚持集体主义的合理性。集体主义要求人们将国家和民族利益置于个人利益之上，任何时候、任何情况下，个人都应该服从集体，服从大局，全心全意为人民服务。社会主义的集体主义同时强调集体应尽可能满足和保护个人的正当利益，创造让每个人实现自我价值的物质和精神条件，促进人的个性的形成和发展。应追求社会主义，共产主义的先进性。在我国，讲爱国主义和集体主义，就是要热爱社会主义的中国，要将社会主义中国的国家利益、民族利益、集体利益放在首位，最终推动中国特色的社会主义不断向前发展，为人类作出较大的贡献。当代大学生，作为建设中国特色社会主义的栋梁之才，作为21世纪新一代建设者，应该努力追求社会主义、共产主义这一更先进、更远大的目标。

2)在社会利益和个人利益冲突中，要树立社会利益为中心的价值取向

大学生在思考和探索人生时所发生观念冲突，更多地反映在人生观和价值观的取向上，又集中表现为社会利益与个人利益的冲突。应该说，在社会主义条件下，以个人利益为中心的利益取向只要没有发展到以危害社会和他人利益来满足自己需要的程度，就与以社会利益为中心的价值取向没有对抗关系，但我们仍应鼓励同学们树立以社会利益为中心的价值取向，引导他们正确处理个人与社会利益的关系，在为社会利益、集体利益效力中实现个人利益，又以个人的发展和完善去促进社会的发展。

我们摒弃"人性自私论"，在人生价值问题上，就应该强调以奉献为标准的社会价值，否定以索取为尺度的"自我价值"；在人生思想问题上，应提倡个人理想从属于社会理想和共同理想；在人生目的问题上，提倡"为人民服务"，不主张"主观为自我"；在个人与社会关系问题上，主张以社会为本位，而不要以个人为本位；在人生道路问题上，强调在实践中锻炼，走同群众相结合的道路，不主张走"精英道路"等等。

3)面对理想与现实的矛盾，要学会辩证的思想方法，树立健康进取的理想和信念

当代大学生在理想与现实发生矛盾时，往往容易以偏概全，陷入忧虑、彷徨、盲目的境地。而过重的忧虑情绪容易使他们丧失对祖国前途、国家命运的信心，失去自己为之奋斗的理想信念，从而失去前进的动力。

大学生要学会运用辩证的思想方法对待现实中的不完善和缺陷。正因为人们不满足现状，才要求变革现实，创造比今天更加美好的东西。我们不能因为现实中有阴暗和不足的一面，就以偏概全，看不到现实中光明和具有生命力的主要方面，更不能因为理想和现实存在着矛盾，就怀疑历史发展规律，对理想产生动摇。

应从个体实际出发，树立积极进取的个人理想和社会理想。人生理想可概括为四大类，即生活理想、职业理想、道德理想、社会理想。前二者属于个人理想范畴，后二者则属于社会理想。每个人的理想又是有层次的，一般可分为主导性理想，最高理想。总之，理想是人生的指路明灯，是人生的精神支柱，是人生力量的源泉，理想是人对未来的设计，是人们对自己生命的再创造，是一种浓厚的超前意识。因此，同学们应该树立积极进取的个人理想和社会理想，以形成心理发展的动力。

2.大学生应树立积极的就业观

1)就业观的概念、作用及意义

就业观就是指择业者选择职业的指导思想，包括对职业的基本认识、基本态度和评价，也包括择业动机、择业原则、择业价值评判和择业标准等。就业观念实际上是人生观的一个组成部分，是人生观在择业实践中的具体表现。正确的人生观决定正确的就业观，社会发展水平、政治经济制度、劳动就业制度、社会主流价值导向、社会风气、社会分配制度等对大学生就业观的形成具有导向作用。教育背景、家庭背景、个人阅历、知识水平、思维及行为方式等都对就业观的形成具有重要的影响作用。

就业过程中，就业观对职业选择具有主导作用和动力作用，它支配着择业主体对择业目标的期望、定位和选择，支配着择业行为。如果一个人树立了求真务实、面向基层、艰苦创业、回报社会的就业观念，他就乐于到基层单位去工作，到社会最需要的地方去工作。很多大学生志愿到西部、到农村去、到小企业去工作和创业，就是强有力的明证。相反，一些大学生不能对自

己正确定位和评价，盲目追求高待遇、大城市、铁饭碗，怕苦怕累怕磨炼，在择业过程中挑肥拣瘦、盲目攀比，造成高不成低不就的局面，错过了许多就业机会。当前，大学毕业生出现就业难的现象，实际上一个重要的原因就是一些大学生的就业观念存在着不切实际、盲目攀比的问题，很多是个人的主观原因造成的，并非社会解决不了大学生就业问题。因此，树立正确的就业观，摒弃过时陈旧的观念，对大学生择业来说是至关重要的。观念决定思路，思路决定出路，正确的就业观能够使大学生对职业进行正确的评价，进行准确的定位，进行合理的选择，有利于解决当前大学生就业难的问题。

2)当前大学生就业观念

随着市场经济体制的建立和劳动人事制度的改革，毕业生就业制度已由“国家负责，统包统分”转变为“自主择业，双向选择”。和计划经济时期相比，目前大学生就业观念确实已发生了深刻的变化。总的看，目前大学生的就业观念能基本上适应市场经济的发展，但并不是完全适应，还存在一些制约大学生顺利就业的陈旧、落后的观念。

(1)大学生就业观念中值得肯定的方面

①自主择业意识大大增强。大部分大学生接受和拥护高等教育制度和毕业生就业制度的改革，普遍接受“自主择业、供需见面、双向选择”的就业制度。大学生们都能积极主动地规划自己的职业生涯，主动联系工作，进入市场，参与竞争，迎接机遇和挑战。即使毕业后暂时未能就业，也能心平气和地接受现实，不怨天尤人，而是积极地创造条件寻找就业机会，表现了当代大学生先进的思想观念和高度的社会责任感，这的确是一个令人欣慰的社会进步现象。

②基本上能正确处理个人发展与社会需要的关系。虽然还有少数大学生不能正确定位自己、评价自己，在择业中表现出功利主义、个人主义的倾向。但从总体上说，当代大学生能够正确分析社会需要和就业形势，认识到个人的发展离不开国家的发展，个人价值的实现必须依靠全社会的发展和进步，只有把个人优势和社会需要相结合才能实现人生的价值，只有把自己的聪明才智回报社会，奉献给祖国和人民，才能得到社会的肯定，才能干出一番事业来。因此，当代大学生在择业过程中基本能够兼顾国家、社会和个人的需要，正确处理三者的关系。很多大学生志愿到西部去服务，到农村和边远地区去服务，2003 年团中央发起大学生志愿去西部服务的倡议，全国各地大学生踊跃报名，出现了报名人数几十倍于指标人数的现象，就充分说明了这一点。

③竞争意识的增强。计划经济时期的大学毕业生，只能被动地接受国家的统包统分，没有竞争的动力，也没有竞争的需要。随着 30 年的改革开放实践和市场经济体制的建立，大学生们已普遍树立了市场经济社会就是公平竞争的社会的理念，在他们的人生实践中，也早已经受了无数次竞争的洗礼。如中考、高考、考研等等。因此，在择业过程中，大学生们普遍接受和赞赏公平合理的竞争，在学习时期，自觉地为就业竞争储备知识和技能，力争为自己拿到更多的各种过级证书；在毕业之前，则主动出击，以最好的姿态进入人才竞争市场，最大限度地向用人单位展示自己的特长和优势，用自己的实力获得用人单位的“青睐”；竞争失败，则能保持正常心态，不灰心丧志，重新捕捉竞争机会。

④出现多元化的择业价值观。人类社会的发展史表明，人们择业价值观的多元化代表了社会的进步和发展。人们择业的方向越单一，社会的发展就越不充分。在计划经济时期，大学生就业方向只能是政府机关和国有企事业单位，从政和从事管理工作往往是很多大学生的价值选择，个人的发展空间有限，选择余地有限。随着市场经济体制的建立，人们的价值选择出现多元化倾向，多种经济所有制企业的发展和越来越宽松的社会环境，给人们的职业选择、人

生发展提供了众多的机会和渠道，大学生的就业之路立刻宽阔起来。一些大学生选择从政之路，考取国家公务员；一些则走经商之路，下海创办企业；一些则走白领之路，成为企业的管理人员；一些则矢志学术研究或教育工作；一些则考取律师、注册会计师、资产评估师等，成为自由职业者，发展中介事业等等。

(2)大学生就业观念中存在的问题

①盲目追求高工资、高收入的倾向较严重。一些毕业生在择业时太多地考虑经济因素，忽视了未来职业是否有利于自己才智的发挥和事业的发展，目光只瞄准高收入的行业和企业，导致毕业生过多地涌向这些行业和企业，出现激烈竞争、高收入单位门槛越来越高的局面，造成高素质、高学历人才的严重浪费和人才布局、流向不合理的局面，也使得很多毕业生竞争失利而错过了最佳就业机会。

②不能客观评价自己，自视太高。高等教育大众化以来，大学毕业生的数量急剧增加，大学生实际上就是“受过良好教育的普通劳动者”，再也不能抱着“自己是社会精英”的观念不放。但是，仍有少数毕业生不能对自己正确定位，过高地估计自己的水平和能力，择业期望太高，导致“眼高手低”，“高不成低不就”，影响了顺利就业。如：有的管理专业的学生，错误地认为自己就是当经理、当厂长、当干部的材料，不愿意到基层去从事具体工作，这实际上是自我认识的巨大错位。

③留恋大都市，不愿到基层。许多毕业生择业时首选大都市和沿海地区。据《中国青年报》的一项调查表明，在 1 300 名被调查的应届毕业生中，择业选择沿海地区的比例高达 71.7%，而选择边远地区的仅占 1.3%。有些毕业生在大城市求职四处碰壁，甚至长期找不到工作，衣食无着，也不愿去中小城市寻找机会。实际上，沿海地区和大都市早已人才济济甚至人满为患，真正需要大学生去开创事业的是西部地区、边远地区和农村。

④择业主动性不强。一些毕业生缺乏主动出击、主动迎接社会挑战、主动寻找就业机会的意识，一味消极等待。表现为：或等学校联系就业单位，或等用人单位主动上门，或自认为自己所学专业是热门专业，“皇帝的女儿不愁嫁”，没有紧迫感。

⑤不靠实力去竞争，依靠父母找工作。一些毕业生家庭条件优越，自己毕业时不是主动、勇敢地到社会去接受挑选和检验，而是由父母找关系走后门解决就业问题，本身还有一种优越感。实际上，这种依赖心理对自己的人生发展是极为不利的，它会消融掉一个人的开拓进取精神。

(3)大学生应树立的就业观念

我国高等教育已进入了大众化的快速发展阶段，高校毕业生的数量在急剧增加，高校毕业生的就业压力越来越大。高校毕业生必须充分认识当前的就业形势，正确、客观地定位自己，更新就业观念，摒弃不合时宜的陈旧思想，以积极、进取、求实的心态应对就业的竞争和考验。

①树立就业风险观。由于市场经济条件下企业的生存与发展充满风险，企业的破产、倒闭、减员等已成屡见不鲜的正常现象，劳动者的就业也必然充满着风险。同时，企业用人自主权的落实，新生劳动力的竞争，企业建立员工聘用和淘汰机制等，都会造成部分劳动者下岗、失业。因此，当代大学生必须摒弃一个职业定终身、一个单位定终身的“铁饭碗”观念，树立就业风险观。

就业风险有两种情况。一种是少数毕业生可能毕业时难以及时落实就业单位，出现短期性待业现象。遇到这种情况的毕业生应正确对待现实，及时调整就业方向，降低期望值，也可以暂时进行失业登记(国家已经实行了大学毕业生失业登记制度)。另一种情况就是在工作中被“炒鱿鱼”,即暂时下岗或失业。遇到这种情况应保持正常心态,积极查找原因,调整状态或培训新的技能,寻找新的就业机会。

②树立竞争观念。市场经济最显著的特点就是竞争,没有竞争,市场也就没有了活力,经济就不能很好地发展,社会也就难以前进。竞争可以培养人们的自立、自强、自主的精神,最大限度地调动人的内在潜能,增加全社会的活力,竞争意识是现代人必备的素质之一。高校毕业生就业存在着激烈的竞争。如果没有强烈的竞争意识,不把外在的压力转化为内在的动力,没有主动竞争的思想准备和积极参与竞争的行为,显然是难以顺利就业的。大学生树立就业竞争意识,就应做到:第一,有充分的参与竞争的思想准备。树立积极向上、开拓进取的人生观,以良好的心态面对人才市场的激烈角逐。第二,在学习期间,要珍惜时间,努力学习,掌握更多更好的本领,提高自己的综合素质,培养雄厚的竞争实力。第三,主动参与就业竞争,摒弃“等、靠、要”的思想,积极向社会推销自己,尽力向用人单位展示自己的特长和优势。第四,坚持公平、公正、公开的竞争原则,保持良好的竞争心态,竞争成功不骄傲,竞争失利不灰心,正确对待挫折,把挫折看成是锻炼意志、提高能力的好机会,重新调整心态和目标,寻找新的竞争机会。

③树立先就业后择业、先生存后发展的观念。近几年来,很多毕业生之所以难以顺利就业,原因之一就是就业期望太高,一心一意要找到满足自己各种要求的就业单位,或挑三拣四,或等待观望,或犹豫不决,结果往往错过了最佳就业机会。有的毕业生则还抱着计划经济时期的“铁饭碗”观念,从而增加了就业的难度。考虑到大学生就业形势在以后的若干年内仍不容乐观的客观现实,大学生应该树立先就业后择业、先生存后发展的观念。即:择业时期期望值不要太高,不必过多地等待、观望和挑选,要及时就业,先解决生存问题,在工作实践中再寻求进一步发展的机会。

之所以提出树立先就业后择业、先生存后发展的观念,是因为:第一,在现代社会,那种认为就业的标志就是劳动者必须在某一固定的岗位上工作,一步到位,从一而终的观念早已落后和陈旧。第二,现代社会是一个人才流动的社会,一个人一生中要更换多次职位或岗位。可以说,现代社会已经不再有从一而终的职业,毕业生不必急于在短时间内找一个可以终身托靠的职业,要学会在流动中求生存和发展,哪里找到岗位就在哪里就业,就在哪里发展。第三,一个人一生适合从事什么职业,适合在什么领域发展,往往是在工作实践中,是在闯荡社会的过程中逐渐发现和确定的。很多人在大学时期学的是一个专业,但最终是在另一个领域取得了成功,考察成功人士的创业史,这几乎是一个常见的现象。实际上,青年学生由于阅历较浅,缺乏实践经验和实践检验,很难断定自己在哪些方面具有发展潜力和竞争优势,因而要求大学生刚毕业就找到合适工作的观点具有较大的盲目性。

④树立自主创业的观念。自主创业是指大学生不参加传统意义上的就业(即以工资方式获取报酬),而是通过自己或合作创办公司及其他经济实体的方式,从事技术开发、科技服务以及其他经营活动来创造就业岗位,并依法获得劳动报酬的就业方式。目前,国家提倡发展私营经济,鼓励大学生自主创业,在公司设立、税收等方面提供了优惠的政策,自主创业的政策环境越来越宽松。同时,我国毕竟还处在市场经济体制的初建阶段,市场发育尚不完善,还有很多的领域需要创业者去开发,这就为大学生自主创业提供了有利的条件。大学生们应该抓住机遇,开拓进取,在创业实践中实现自己的人生价值。

⑤树立到西部去、到基层去、到农村去、到中小企业去的观念。应该说,沿海地区、大城市、政府机关、事业单位是高素质人才聚集的地区和部门,早已是人才济济。现在所谓的大学生就

业难，实际上是指在这些地区和部门就业难，如果每年几百万的新增大学生都在这些地区和部门就业，就业形势当然非常严峻了。当前，国家实施西部大开发战略，大力发展中小企业，加强农村城镇化建设，这些宏观的经济和社会发展战略都激发了上述地区和企业对人才的巨大需求，也为毕业生的建功立业提供了广阔的舞台。大学生们应该眼睛向下，脚踏实地，到最需要人才的地方，最能发挥自己才能的地方去寻找发展机会。曾被评为全国十大杰出青年之一的北京大学经济学毕业生吴奇修大学毕业后不留北京、不留机关，而是回到家乡去工作，担任了村党支部书记，带领农民积极致富，使该村总产值年年创出新高，不仅实现了自己的人生价值，而且带领一个村的农民都富裕起来。

⑥树立终身学习的观念。当前，党和政府大力倡导建立学习型社会，号召人们树立终身学习的观念，这是因为：当今社会已进入知识经济时代，新材料、新技术层出不穷，如果我们只满足于学生阶段所学的知识和技能，不思进取，就会很快被时代淘汰。大学毕业生要充分认识到，大学教育只是终身学习的一个阶段，只是打下了一个基础，毕业之后的知识更新和能力培养是极为重要的。实际上，工作中所需的知识和技术往往是在大学毕业之后的延伸和重新学习中取得的。因此，大学生应树立终身学习的观念，这对于选择职业和取得事业发展具有重要意义。

三、大学生求职中的职业道德要求

1.概念

所谓道德，是指由一定的社会经济关系决定的，依靠社会舆论、传统习俗和人们内心信念维系的，调整人们之间相互关系的行为规范和准则的总和。所谓求职道德，指的是求职者在求职过程中应遵循的道德规范，用来调整求职者和用人单位之间的关系，规范求职行为。

2.作用及意义

求职道德对规范求职行为具有不可忽视的作用，同时，今天强调求职道德也有其现实性和针对性。这是因为，人类社会的和谐、有序，人的社会行为的公正、合理，离不开道德体系的调节、引导和规范。求职行为是一种社会行为，在市场经济社会，它更是一种由市场调节和配置人力资源的主要方式，同时也是社会劳动力选择职业的主要方式。求职行为规范与否，直接影响着市场经济秩序和社会风气。因此，求职行为除了要受到法律的强制性规范之外，还需要道德规范的调节与约束。当前的求职行为中存在着许多这样或那样的问题，如假文凭、假学历泛滥，杜撰个人工作简历，吹嘘夸大自己的学识和能力，隐瞒真实情况，个人材料弄虚作假，随意违约等。现实存在的问题表明，加强对求职者的道德教育，增强求职道德意识，是十分必要的。那么，高校毕业生应该遵循什么样的求职道德呢？简单地说，就是四个字：诚实守信。

3.大学生应该遵循的求职道德

职业道德内容非常广泛，求职道德仅是其中一个很小的方面。大学生在求职中应该遵循的道德包括诚实和守信两个方面。

1)毕业生在求职过程中要讲求诚实

所谓诚实，就是真实不欺。诚，在中国传统道德规范中占有极其重要的地位。古人认为，天道客观，真实无妄，这是“诚”。人道作为天道的具体体现，也应该同样真实无妄。在中国文化中，历来把“诚”和“信”结合在一起，作为“道德修业之本”，“立人之本”，“立政之本”。《中庸》说：“诚者天之道，诚者人之道”，《论语》说“人而无信，不知其可也”，“自古皆有死，民无信不立”。中国传统文化对“诚”的界定有以下四个含义:一是把诚看作人的道德品行,认为诚是完善道德人格所必备的品质。《中庸》说:“诚者,物之始终,不诚无物,是故君子诚之为贵”。二是把“诚”看作道德理想境界,深刻影响着人们的道德价值追求,影响着人们道德目标的确立。三是把“诚”作为道德修养的方法,孟子所讲的“思诚”,荀子所讲的“求诚”,就是这个意思。四是把诚看作宇宙万物的来源,是人们道德品质的基础,是“五常之本”。

毕业生在求职过程中讲求“诚实”,就要做到:坚持实事求是的原则,客观评价自己,在向用人单位推销自己时,做到真实客观,不弄虚作假,不夸大和吹嘘自己的水平和能力,不贬低其他竞争者,依靠自己的真实实力参与竞争,赢得用人单位信任。其实,夸夸其谈者,弄虚作假者,最终是会栽跟头的,正像我国古代思想家程颐所说:“修学不以诚,则学杂;为事不以诚,则事败;……与人不以诚,则是丧其德而增人之怨。”

2)毕业生在求职过程中要讲求守信

所谓守信,就是遵守诺言,履行义务。在中国传统文化中,“诚”和“信”一样,是做人的基本道德规范,要求人们要言而有信,言行一致。古代思想家墨子曾对人的言行举止做了高度概括,即“言必信,行必果”。我们说,遵守信用是人与人之间建立相互信任的基础,是社会关系得以和谐、有序的前提。在自然经济社会,守信是调整社会关系和人与人之间关系的主要道德规范。在今天的市场经济社会,守信同样是人们应遵循的主要道德规范,甚至在一定意义上,市场经济社会的遵守信用比以往任何时期都更加重要。它不仅是道德规范,也是法律规范。市场经济既是法制经济,又是诚信经济,它必须以人们对契约、对义务的忠诚为前提,把守信作为基本的市场理想精神。在我国,由于利益驱动和体制上的一些缺陷,诚信缺失已成一大公害,假冒伪劣、逃避义务、随意违约的现象相当严重,严重影响了社会秩序的和谐、有序,大大增加了社会交易成本,因此,加强诚信教育势所必然。

毕业生在求职过程中讲求信用,就要做到:慎重选择用人单位,三思而后行,一旦选定单位签订就业协议书后,要信守合约,严格履行义务,按时到就业单位报到。在就业单位工作期间,要严格履行劳动合同,尽职尽责履行工作义务,在合同有效期内不要随意“跳槽”。当前,尤其要反对那种轻率确定就业单位,草率签下就业协议,又轻率违约的行为。这种行为不仅违背了诚实守信的道德要求,而且还为以后的本校毕业生就业带来恶劣影响,有损学校信誉。同时,按照法律规定,违反就业协议书的约定,还要承担相应的经济赔偿责任。因此,高校毕业生在求职过程中,一定要做到慎重签约,严格履约,恪守诚实守信的道德规范。

第二节　就业心理及调适

【观点导读】

1. 大学生在求职过程中出现的心理问题都是适应性的,这些问题会随着时间的推移,就业的成功而逐渐消除。

2. 自我调适是帮助大学生解决心理问题的根本对策。了解掌握一定的心理调试方法,有助于大学生对自我和现实的客观分析,从而保持稳定而积极的心态。

心理调适是指个体为了达到某种目的,在思想或行动上进行自我调整,借以保持自身与环境和谐关系的过程。大学生应当掌握正确的心理调适方法,培养良好的心理素质,排除心理困扰和障碍,以正确的心态面对择业。

一、就业心理准备

所谓心理准备就是要正确认识自己、正确认识社会，克服各种心理障碍，积极参与社会竞争，正确对待求职挫折。要想在求职与择业中取得成功，仅仅敢于竞争还不够，还必须善于竞争。善于竞争体现在具有良好的心理素质、实力和良好的竞技状态。

1.就业期望值要恰当

就业期望值是个人的愿望与社会需求的比值，也就是大学生毕业时对自己即将可能从事的工作的薪资标准、工作环境、发展潜力等的基本预期。就业期望值过高会使心理压力加大，注意力难以集中，造成焦虑，影响正常水平的发挥。期望值当然也包含亲友对择业者的期望值。但当代大学生在就业期望值方面也存在一些不合理的现象。

(1)有远大的理想，但往往不能正式现实。人的一生，总是在不断追求美好的未来。大学生在择业中这种追求和憧憬更为强烈，更为丰富，更为远大。经过充实而丰富的大学生活，大学生知识的羽翼已渐丰满。面对汹涌的市场经济大潮，他们豪情满怀，准备搏击一番。然而，由于他们涉世未深，接触社会较少，理想往往脱离客观条件。如许多大学生都想成为大经理、大老板、“大款”，想走商业巨子之路。但是，在择业中他们并未深入地思考自己的知识、能力、性格、爱好、气质等是否适合从商。或者未慎重考虑所选择的单位是否有利于自己的发展，以致出现了理想自我膨胀和现实自我萎缩之间的矛盾。

(2)想做一番事业，但缺乏艰苦创业的心理准备。在择业中，和多大学生都愿意从专业出发选择职业，准备干一番事业，实现自己的人生价值，不愿意庸庸碌碌，无所作为。但同时，他们又缺乏艰苦创业的心理准备，想走捷径，想涉足层次高、工作条件好的单位，想一举成名，一蹴而就。不愿到艰苦的地方去，不愿到西部地区、边远地区去，不愿深入基层。

(3)有较强的自我观念，但缺乏把握自我的能力。丰富的大学生活，使大学生的自我意识日趋完善，他们对自我的存在及意义有了明确的认识。在择业中，他们意识到自己作为人才，将会为社会贡献自己的聪明才智。同时，他们也迫切需要社会的承认。但是，由于他们社会经验不足，自我意识还不完善，还不能正确地认识自我和评价自我。有时评价过高，产生洋洋自得、目无一切的心理；有时评价过低，产生自卑自贱、自怨自艾的心理。以致出现期望过高或过低的现象。在面对择业现实时，有时又不能把握自我，遇到顺利的事，忘乎所以、狂喜狂欢；遇到挫折时，烦躁苦闷、自暴自弃，不能冷静地理智地对待现实，缺乏驾驭自我的能力。

2.克服焦虑紧张

毕业前夕，绝大多数大学生心理问题表现为过度焦虑。有关研究表明，引起毕业生焦虑的问题主要是：自己的理想能否实现；能否找到一个适合自己专长特长又环境优越的单位；用人单位能否选中自己；屡屡被用人单位拒之门外怎么办；自己看中的单位，父母、恋人不赞同怎么办；选择单位失误，造成“千古恨”怎么办；到单位后不能胜任工作怎么办。尤其是一些长线专业，或来自边远地区，或性格内向，或有生理缺陷，或成绩不佳的大学生以及女大学生，表现得更为焦虑。这种焦虑，使大学生毕业时精神上负担沉重、紧张烦躁、心神不宁、萎靡不振；学习上得过且过、穷于应付、反应迟钝；生活中意志消沉、长吁短叹、食不甘味、卧不安席。有些学生在屡受挫折之后，甚至产生了恐惧感，一提择业就心理紧张。

大学生择业中焦虑心理的一种特殊表现就是急躁。在职业未最终确定以前，大学毕业生普遍都有急躁心理。他们恨时间过得太慢，怨用人单位优柔寡断；他们希望谈判桌前就一锤定音，希望无须经过周折就能如愿以偿。急躁心理还反映在选择单位上，在对用人单位信息掌握较少或不完全了解用人单位的工作性质的情况下，就匆匆签约。一旦发现未能如愿，又后悔莫及。尤其是在规定的期限内未落实单位的一些学生，心理更为急躁。如果一个人自始至终的良好的情绪对待学习、工作和生活，那他就有可能在竞争中获胜。

3.遵守竞争的规则

在竞争中还要遵守竞争的规则。如平等、公开、合法等竞争原则。平等原则是指任何人都在相同的条件下有同样的机会进行竞争。他突出的表现为社会平等、条件平等。只有在平等原则前提下开展竞争，其结果才是公平合理的。就业制度的深化改革，为大学生择业提供了更为公开、公平的竞争环境。大多数学生对此渴望已久，他们已经认识到，在商品意识广泛渗透到社会生活的各个方面，世界经济面向"大市场"的情况下，一个人如果没有强烈的竞争意识，就不可能成就事业。但是，真正面对社会为其提供的竞争机会时，许多大学生又顾虑重重，缺乏勇气，有的怕竞争失败丢了面子，有的怕竞争伤了和气，有的认为不正之风干扰太大，竞争肯定会败北。他们把不愿参与竞争的原因都归结到外界，其实，真正的原因是他们自己主观努力不够，缺乏实践的能力和勇气，尤其是一些学生在择业中遇到困难时，不善于调整目标、调整自己，而是自己给自己打退堂鼓，自己拱手让出竞争的权利。

4.正确对待挫折

常言道"不如意事常八九"，没有任何人会事事顺心，一个人总是在顺境和逆境交替中度过。人们往往是顺境时春风得意"潇洒走一回"，而身处逆境面对挫折时，总不免会有逃避的想法。大学生都学过哲学，也不难知道事物的两面性。所以我们一定要辩证地看待问题，在顺境中不可得意忘形，在逆境中要一定要振作，要保持青年人的本色，勇敢地去面对挫折、战胜挫折。

(1)要正确认识挫折。正确地认识了挫折，会使人变得冷静，保持头脑清醒，在咀嚼中品味遇挫的原因，好能够"对症下药"，从而寻求一种战胜挫折的最佳药剂。

(2)要敢于面对挫折，勇敢地面对挫折会使我们渐渐增强克服挫折的信心，并会带给我们走出逆境的能力，从痛定思痛到卧薪尝胆，从披肝沥胆到奋发进取，将串串坚实的足迹印在前进的征途中，从而使我们不断完善自己，充实自己。

(3)学会总结挫折。俗话说，失败是成功之母，但是不学会总结经验和教训就只能永远失败。因此，总结失败的经验和教训才是成功之母。要认真分析失败的原因，是主观努力不够还是客观要求太高？是客观条件苛刻，还是主观条件不具备？认真分析，才能心中有数，才能更好地调节心理。通过总结失败的经验和教训，我们可以学到更多的东西。失败的背后隐藏着打开成功之门的钥匙，如果你善于总结经验教训，在失败中成长，那么你终有一天能够成功。

正确对待挫折，就需要拥有蓬勃乐观的大度、坚毅不拔的韧性、笑傲人生的自信，挫折来得快也好，慢也好，大也好，小也好，不管它是如何变幻莫测，只要我们在自己的内心将所有的阴霾涤荡殆尽了，挫折，就算不了什么，它充其量只能使我们情感世界更深沉、更稳固、更丰富多彩，其实，这才是百味人生，才是完整精彩的人生。

二、就业中常见的心理误区和心理障碍

1.常见的心理误区

心理误区是指人在心理上特别是认识和人格上陷入无出路又不能自拔，且本人对此又缺乏意识的状态。大学生在求职择业中常见的心理误区有：

1)"双向选择"就是"自由选择"

一部分学生认为，既然现在是社会主义市场经济了，就业政策就应该是完全的市场政策，供需双方完全可以自由交易、自由成交。自由度越大，毕业生与用人单位“双向选择”的空间就越大，“我愿选择哪里就选择哪里”、“哪里选择我，我都可以去”。他们抱怨改革的步子太慢，埋怨“一定范围内的双向选择”实际上是给人限定了框框，他们期望一种无拘无束的选择空间。他们并不知道，就业制度的改革是要和劳动人事制度、招生制度和户籍制度的改革配套进行的，是逐步推进和实施的，是要经过一个历史过程的，而且即使这个过程已经完成了，也并非能够实现纯粹的“自由选择”。

2)“我不能比别人差”

大学生参加大规模的洽谈会尚属首次，他们在这种场合中衡量事物，尤其是评价自己的价值能否得到承认的最常见的办法是相互攀比，比周围的同学哪个选择了知名度高、效益好的单位，哪个同学取了大城市或高层次的部门。他们在心理上总抱有一个念头就是“我不能比别人差”、“我不能不如人”、“过去我事事顺利，事业也依然会顺利”。尤其是学习稍好一点的学生更是如此，于是在选择中，攀比嫉妒、强求心理平衡，总是把别人作为标准，“这山望着那山高，这花看着那花俏”。结果，不从实际出发，延误了时机。

3)“大多数人钟情的一定是好工作”

一部分学生选择工作单位，自己毫无主见，总是随波逐流，看大多数人选择哪里，自己就选择哪里；大多数人往哪里挤，自己也往哪里挤。他们认为，大多数人钟情的，一定是好工作；大多数人选择的，一定没错。结果，人云亦云，不假思索，盲目跟着大多数人走，忽视了自己的特长，丧失了最能发挥自己特长的机会。

4)“要去就去沿海或大城市”

一部分学生面对择业认为，要去就去沿海或大城市。在他们看来，沿海可以挣到大钱，到大城市一定会有更多的发挥机会。他们宁肯到沿海或大城市改行，也不愿为当地和西部地区、边远地区就业，宁要大城市一张床，不要边远地区一套房。他们选择的目标不是深(圳)、珠(海)、广(州)、海(口)，就是天(津)、南(京)、上(海)、北(京)。他们很少考虑自己事业的发展和能力的发挥，更少考虑国家的需要。

5)“选择单位就看实惠不实惠”

一部分学生认为，择业既然是人生的一次重要选择，选择单位就要看其实惠不实惠。他们的观点是“管它专业对口与否，挣钱第一”，“理想理想，有利就想，前途前途，有钱就图”，“先挣钱，后搞专业”。在与用人单位洽谈时，首先问及的是该单位效益怎样，奖金多少，能否分到住房，而很少涉及专业问题。他们的眼睛，只盯着外贸、金融、保险和邮电等经济效益好的部门，很少问津企业、科研、教育等更能发挥他们才能的部门。

6)“求职的竞争就是关系的竞争”

有些大学生认为，择业的竞争不是求职者素质的竞争，而是关系的竞争，看谁的关系硬，看谁的关系起作用。于是，这些学生不把立足点放在自身努力上，而是找关系、托门子、递条子，甚至是不惜代价，重礼相送，用庸俗的一套对待择业，自己反对不正之风，又用不正之风的一些手法对待择业，使公正、公平、公开的竞争原则受到了损害。

7)“首次就业关系一生命运”

有些学生受传统就业观的影响把初次择业看得过重，在他们看来，选择一个单位就预示着自己“嫁”给了这个单位，嫁鸡随鸡，嫁狗随狗，自己将在这个单位厮守终身，单位好了，自己就好，单位不行了自己跟着倒霉。因此，他们觉得首次就业关系一生命运。他们看不到人才流动制度改革步伐的加快，看不到新的择业观正在进入人的头脑，看不到越来越多的人正是通过流动，才寻找到最能发挥自己才能的岗位。

8)"非国有单位不予考虑"

他们认为：国有单位可以保障稳定；非国有单位反之。固然，这些学生主动献业于国有单位是应该给予肯定的；但是，工作可靠不可靠、保险不保险、稳定不稳定，绝不是以单位的所有制性质决定的，而关键要看其是否主动适应市场经济的要求，是否有发展势头。实际上，不少非国有单位主动适应市场的要求，发展势头很好，既是对公有制经济的有利补充，又缓解了国家的就业压力。大学生到这些单位工作，同样可以发挥自己的聪明才智，同样也是为社会主义服务。那种认为到国有单位就可靠的观点也是过时的，随着人事制度的深入改革，国有单位也充满了竞争，不适应工作岗位的人，也会被辞退。

当然，大学生择业的心理误区还有不少，我们不一一举例。在择业的关头，大学生产生这些心理误区也不足为奇，这是由于在客观上就业政策改革宣传的力度不够，学校思想教育较为薄弱，市场负面的影响较大等等；在主观上主要是大学生心理成熟度不高，认识能力不强。认知上的偏差，学习和理解不够，误解了改革政策，或者缺乏正确客观的认识能力，是非不清，以偏概全，忽视长远等等，而自己又意识不到。因此，引导学生消除心理误区最根本的方法是帮助学生提高认识能力。认识能力越强，越善于认识自我、认识他人、他事和他物，能较客观地、全面地、发展地、灵活地看问题，即具有理性的认识观念，就容易面对现实，进而实事求是地改变现实。

2.常见的心理障碍

心理障碍指一切心理不健康的现象或倾向，它是心理压力和心理承受力相互作用，使人失去了应有的心理平衡的结果。心理障碍表现十分复杂，程度亦有轻重之分。大学生择业中出现的障碍多属于适应过程中的轻度心理障碍。主要表现有：

1)焦虑

焦虑是由心理冲突或挫折引起的，是一种复杂情绪的反应。主要表现为恐惧、不安、忧虑及某些生理反应。轻度的焦虑，人皆有之，是正常的；适度的焦虑，使人产生一种压力感，迫使人积极努力；过度的焦虑，则会干扰人的正常活动，易导致较严重的心理障碍或疾病。

2)自卑

自卑是一种缺乏自尊心、自信心的表现，自卑常和怯懦、依赖等心理交织在一起。它使一些学生悲观失望、忧郁孤僻、不思进取，阻碍了学生自身聪明才智的正常发挥。过度自卑，还会产生精神不振、消极厌世、沮丧、失望、孤寂、脆弱等心理现象，久而久之还可能导致自卑型问题人格产生。

一些大学生过低地估计了自己，总是自惭形秽，自己看不起自己。在求职择业中，他们往往缺乏自信心，缺乏勇气，不敢竞争。这种现象多见于自我意识发展不健全的大学生，部分女大学生以及性格内向或有生理缺陷的大学生。在屡遭挫折之后，一些大学生容易产生强烈的自卑心理，胆小、畏缩、觉得自己事事不如人。

3)怯懦

怯懦是一种胆小、脆弱的性格特征。有些大学生在求职择业过程中过于怯懦，有一种紧张害怕的心理。有的在谈判桌前不是面红耳赤，就是语无伦次、张口结舌、支支吾吾、答非所问。辛辛苦苦准备的"台词"、"腹稿"，一急之下，忘得一干二净。有的谨小慎微，生怕一句话说错、一个问题回答不好会影响自己在用人单位代表心中的形象，以致不敢放开说话，该表达的未表达。这些学生渴望公平，但在机遇到来时却手忙脚乱，局促不安；他们盼望竞争，然而在机遇面前却未能发挥自己的才能,在“自我推销”中退下阵来。这种怯懦心理也多见于一些女生和性格内向或抑郁气质类型的大学生。

4)孤傲

一部分学生对自己估价过高,自认为高人一等,非常傲气;或认为自己已学习了很多知识,各方面条件也不错,不会没有好的归宿,哪个单位录用自己是其荣幸;或认为现实太落后,英雄无用武之地。在择业中,这些大学生好高骛远,期望值过高,看不上这单位,瞧不起那种职业,没有自己满意的单位。孤傲心理是缺乏客观地自我分析和自我评价的表现。一旦有了这种心理,很容易脱离实际,以幻想代替现实,使自己的择业目标和现实产生极大的反差。倘若未能如愿,则情绪会一落千丈,从而产生孤独、失落、烦躁、抑郁等心理现象。

5)冷漠

当一些大学生因在择业中受到挫折而感到无能为力、失去信心时,会出现不思进取、情绪低落、情感淡漠、沮丧失落、意志麻木等反应。他们自认为看破了红尘,决计听天由命,任凭自然发落。冷漠是遇到挫折后的一种消极的心理反应,是逃避现实、缺乏斗志的表现。这种心理是与就业的竞争机制不相适应的。

6)问题行为

问题行为即违背社会行为规范的不良的行为。毕业前,一些大学生因某些主体需要不能满足或遇到强度较大的挫折感,加之平日缺乏应有的品德与个性修养,可能发生各种各样的问题行为。常见的有逃课、损坏东西、对抗、报复、迁怒他人、拒绝交往、进行不良交往、过度消费、嗜烟、嗜酒等等。问题行为的存在,不仅会影响学生顺利择业,严重的还可能导致违纪违法。

7)躯体化症状

躯体化症状是由于心理压力和生活方式而导致的异常的生理反应。毕业前的大学生,由于心理应激水平高、心理冲突强度大、挫折体验多,加之一部分大学生性格上本来就不十分健全,因此容易导致某些躯体化症状,如头痛、头昏、血压不正常、消化紊乱、背痛、肌肉酸痛、口干、心慌、尿频、饮食障碍或睡眠障碍等。这些症状若不及时排除,则会危及学生的身体健康及心理健康。

从以上种种反应可以看出,大学生在求职择业中产生的这些心理障碍,具有适应性障碍的特征,主要是因大学生对求职环境的应对不良而引起。有的焦虑急躁,有的自卑怯懦,有的冷漠逃避,有的孤傲目无一切,有的全身不适,有的食欲不振,这都说明,他们对求职环境缺乏一种良好的适应。但这种现象只是属于发展过程中的适应不良,只要大学生主动适应就业环境,各方面引导得法,这些心理障碍会随着时间的推移而逐渐消除,大多数不会形成心理疾患。

3. 大学生产生心理障碍的原因

1)主观原因

(1)由于大学生社会经历比较浅,心理发展尚不成熟、稳定,学生还不善于认识问题和分析问题,不能正确的认识自我,全面了解社会,理想脱离现实,有时甚至不顾实际条件,择业时往往带有很大的盲目性。

(2)由于大学生都属初次就业,对待就业缺乏足够的思想准备和心理准备,心理承受能力较差,不善于重建心理平衡,不善于调整应激,不善于运用自我功能克服“危机”。不能在就业压力面前及时调整自己的就业心态,不能正确对待就业过程中出现的问题,因而在面临就业环节中的种种压力时,就容易出现心理失衡,导致心理障碍的发生。

(3)随着知识经济时代的来临,社会对人才的素质和能力提出了更高的要求。但是由于教育体制和大学生自身的原因,导致其能力和素质不能适应市场的需要,大学生适应市场的压力普遍增大。

2)客观原因

(1)从社会环境看。一方面随着招生规模的连年扩大,毕业生人数在短期内急剧增加;另一方面,产业结构调整,企业下岗人员再就业,机构改革人员分流,地区就业不平衡,"人才高消费"现象较普遍,使就业形势日趋严峻。加之我国的就业制度改革本身尚处在继续深化之中,就业市场机制尚不健全,就业市场尚未规范,给毕业生造成现实的困惑和心理压力。

(2)从家庭期望看。多数家庭对子女所寄的期望较大。作为父母,多数希望子女毕业后能到层次高的单位,不希望子女碌碌无为,平平庸庸,给大学生择业形成巨大的心理压力。

(3)从学校角度看,一方面是不少学校师生中形成一种偏见,认为学生到不了高层次单位,有失学校的声誉,有失学校的身份。另一方面是长期以来,大学教育忽视对学生实践能力和择业能力的教育,特别是缺乏职业生涯规划教育,没能主动适应当前就业的新形势,帮助大学生调整就业期望值,转变就业观念,导致部分大学生急功近利、盲目攀比的择业心态。

(4)从同龄人关系及相互影响看,比起未上大学的青年来说,大学生更具虚荣心,他们认为只有找到一个好的工作才能证明,上过大学的比没上大学的强、身份高。与上大学的同学相比,他们认为谁找到好工作,谁就强;谁找不到好工作,谁就无能,互相攀比,互相模仿。这些客观的因素交互作用构成了大学生的心理压力源,使学生心理上呈现出前所未有的复杂性、模糊性和多样性,使学生感到压力重重,无所适从。

三、就业心理问题的自我调适

大学生在求职择业中,不可避免地会遇到困难、挫折和冲突。这些挫折和冲突常常会引起各种心理问题,特别是心理问题造成的心理障碍,既不利于择业,也不利于心理健康,甚至还会影响整个人生。解决大学生心理问题的根本对策,是帮助大学生学会自我调适。自我调适是指个体运用一定的原理和方法,主要是心理学的原理和方法,促使自己的心理和行为能力获得积极的改变的过程。自我调适的作用,就在于帮助大学生在遇到挫折和冲突时,能够客观地分析自我与现实,有效地排除心理障碍,从而使自己保持一种稳定而积极的心态,达到如愿以偿的目的。因此,在大学生择业过程中,引导大学生积极而有效地进行心理调适是十分必要的。

1.提高大学生自我调适的自觉性

对立统一规律是宇宙的根本规律,也是心理发展变化的一般规律。人的心理活动总是处于由不平衡——平衡——新的不平衡——新的平衡的螺旋式发展过程。人的根本特点就在于能够通过自我调节与控制,去改善自己的心境,寻求最佳途径实现自己的目标。

大学生应当认识到,人生是一个不断发展变化的历程,也是个人对环境不断适应的历程,在人生的某些阶段,由于环境条件的改变,社会对个人会提出新的更高的要求,以致个人感到难以适应。此时,如果个人能够主动自觉地改变自己或改变环境,使个人与环境保持协调,就可以渡过难关顺利进入下一个新的人生阶段。相反,如果个人不能调适自己以符合环境的要求或不能克服环境的某些限制,就会无法渡过难关,在发展的道路上出现滞留现象。滞留的时间越长,适应的困难越大,不仅影响自己的现在,还会影响自己的一生;不仅影响择业效果,而且危及身心健康。

面临毕业,大学生自然会考虑到社会给自己提供了哪些职业位置,有多少选择的机会与可能;同时也会想到如何认识自己,调整自己,使个人做出最佳选择并尽快适应职业活动。前者属于社会就业环境问题,属于个人可掌握的部分。认识环境、把握自我、寻找一个心理出路,乃是最积极可行的途径。

日常生活中,人们在实现自己的目标过程中,常常不去认真了解、分析自己可掌握的那一部分因素,却企图主宰自己不可能驾驭的那一部分因素。不少大学生在择业过程中也容易犯此类通病。

总之,在求职择业过程中,大学生应当充分认识心理调适的作用,提高自我调适的自觉性,尽量通过自身的努力使自己保持一种良好的心态,以利于合理择业、顺利就业和健康成长。

2.学习运用心理调节的方法进行自我调适

1)认识和评价自我的方法

引导学生进行自我调适,首先要帮助学生正确认识和评价自我,这才是进行自我调适的基础。因为只有正确地认识和评价自我,才能找到自我调适的立足点。认识和评价自我的方法很多,主要有:

(1)自我静思。自我静思也叫自我反省,就是面对各种矛盾和冲突,首先能冷静地、理智地思考自我,认识自我,评价自我,找到自我的确切位置。面对择业,大学生除了要客观地分析就业环境外,最主要的是要正确地认识自我和评价自我,应当明确自己的专业发展方向是什么,自己的爱好特点是什么,自己的性格气质是什么,自己最适合于干什么工作,自己的优势和劣势是什么等等。只有通过理智、冷静的自我思考,才能对自己有一个客观的评价,使自己在择业过程中处于积极主动的位置。

(2)社会比较。人不可能脱离社会而存在,要正确地认识和评价自我,离不开社会。大学生要正确地认识和评价自我,首先,要将自己与社会上其他人做比较,特别是要通过与自己条件、地位类似的人比较来认识自己,而不是孤立地认识自己。其次,要通过社会上其他人对自己的态度来认识自己;通过对自己参加社会活动结果的分析来评价和认识自己,即在客观上寻找评价的参考尺度来认识自己。如果一个人对自己的评价与他获得的各种比较信息基本一致,那就基本可以认为他的自我认识比较客观;如果不一致,差距太大甚至相反,那就表明他的自我认识不够客观,缺乏自知之明。

(3)心理测验。心理测验是心理测量的一种工具和手段,是根据一定的法则对人的行为用数字或图线加以确定的方法。心理测验的方法很多,主要包括四个方面:

①智力测验;

②人格测验;

③神经心理测验;

④能力测验。有关心理学著作中对之都有详细的介绍。大学生可以根据自己的需要选择使用,要注意的问题是一定要选择心理学家编制的标准化的测验量表,最好能在专家的指导下使用。

2)自我调适的方法

(1)自我转换法。有些时候,不良情绪是不易控制的。这时,可以采取迂回的办法,把自己的情感和精力转移到其他活动中去。如学习一种新知识技能,参加有兴趣的活动,利用假日郊游,接受大自然的熏陶等等,使自己没有时间和可能沉浸在不良情绪中,以求得心理平衡,保护自己。

(2)自我适度宣泄法。因挫折造成焦虑和紧张时,消除不良情绪最简单的方法莫过于"宣泄"。切忌把不良心情强压于心底。忧虑隐藏得越久,受到的伤害就越大。较妥善的办法是向朋友、老师、家人倾诉，一吐为快，甚至也可以在亲友面前痛哭一场，求得安慰、疏导、同情，虽然古语说:“男儿有泪不轻弹”，但必要时男儿眼泪也无可厚非。也可以去打球、爬山、参加大运动量的活动，宣泄情绪。但是，宣泄一定要注意场合、身份、气氛，注意适度，应是无破坏性的。

(3)自我慰藉法。自我慰藉就是自我安慰法，实质是自我辩解。人不可能事事皆顺心、处处是英雄。择业中遇到困难和挫折，已尽了主观努力仍无法改变时，可说服自己适当让步，不必苛求，找一个自己可以接受的理由让自己保持内心的安宁，承认并接受现实，以求得解脱。

(4)松弛练习法。松弛练习法是指放松练习，是一种通过练习学会在心理上和躯体上放松的方法。放松训练可帮助人们减轻或消除各种不良的身心反应，如焦虑、恐惧、紧张、心理冲突、入睡困难、血压增高、头痛等症状，且见效迅速。大学生择业中如遇类似心理反应，可在有关人员指导下尝试进行放松练习。

(5)理性情绪法。理性情绪法认为，人有理性与非理性两种信念，这种信念指引下的认识方式会左右人的情绪。人的不良情绪的产生根源来自人的非理性观念，反之亦然。要消除人的不良情绪，就要设法将人的非理性观念转化为理性观念。例如:有的学生择业中受了挫折便消沉苦闷或怨天尤人，其原因在于他原本认为“大学生就业应当是顺利的”、“我的择业应该很理想”、“我过去事事顺利，这次也不应例外”等等。正是这些观念作怪，才导致或加剧了他的不良情绪。如果将这些想法加以纠正，则不良情绪一定能得到克服。大学生在运用理性情绪法时，应首先分析自己有哪些消极情绪，从中分析、综合、抽象、概括出相应的非理性观念，并对其进行挑战、质疑和论辩，同时对比两种观念状态下个人的内心感受，鼓励自己向理性观念方面转化，从而有助于排除不良情绪。

当然，自我调适的方法还有很多，如自我重塑法、环境调节法、广交朋友法、自我暗示法、幽默疗法等。这些都是应变的一些方法，但最主要的还是要树立远大的理想，树立正确的人生观、价值观，平时就注意培养良好的品质，磨炼坚强的意志，开放各种感官接触社会，多方面体验生活，培养乐观豁达的生活态度。只有这样，才能在择业的重要关头，始终保持积极向上的精神状态和健康的心理，不至于在困难面前退缩。

3)提供必要的社会关怀

对于大学生择业期间心理素质的培养和心理障碍的消除，除了学生本身的自我调适外，社会各个方面也应给予热忱的关注和积极的引导。

(1)社会要努力为大学生提供良好的择业环境。国家要尽可能地提供更多的择业机会，尽快完善和规范毕业生就业市场，加快人事制度改革，建立公正、平等的竞争机制。这是对大学生择业心理障碍进行社会调适的最有力的措施。

(2)学校要大力加强就业指导和心理咨询工作。一些学生产生心理障碍或心理疾病，很重要的原因就是对就业政策不了解，盲目择业，造成心理失衡。因此，学校作为就业制度改革的主体，要加强就业政策引导，广泛深入地宣传就业制度改革的方向、步骤和内容，以及当前就业政策、供求形势等，使学生熟悉这些政策和规定，以便使他们能够根据国家的有关规定顺利实现就业。学校要积极开设就业指导课，培训就业指导人员，有效地对学生进行就业指导。有关部门，尤其是学生工作部门，要针对择业中学生心态变化较大的实际工作，及时了解情况，掌握大量的第一手资料，有针对性地做好工作，引导学生正确地对待择业。针对择业中学生易产生心理障碍和心理疾病的状况，学校还要加强心理咨询，帮助学生面对现实，排除心理障碍，保持健康心理。

(3)家长和亲友要主动关心大学生择业期间的心理状况，积极配合学校，帮助他们树立正确的择业观，缓解那些不必要的心理压力，促使他们以积极、健康的心态度过求职择业的阶段。社会上的一些心理咨询机构也应在大学生择业心理调适中发挥更大的作用。

目前，我国正全力进行经济建设，国家也逐年加大对交通行业的建设投入，相对社会上一些其他的行业，交通行业不仅效益良好，而且还有很大的发展空间。一些交通行业的大学生因此就产生了只要自己学的是与交通行业有关的专业，工作就有了保障的想法，从而放松了自己的学习，也失去了进取心。针对这些抱有以逸待劳想法的交通行业毕业生进行心理调适，需要使其认识到，虽然他们看到了交通行业的优势，却忽略了交通行业也存在着岗位竞争激烈、工作环境差、工作条件艰苦、多在基层一线的状况。而且交通行业是国家的重点行业，事关国家安全稳定和经济建设的可持续发展，所以更需要高素质、高水平的人才。在人才济济的交通行业就业的大学生，如果没有扎实的基础知识、过硬的技术能力和敢于拼搏的奉献精神，迟早还是会被淘汰。只有抓紧时间努力学习、刻苦钻研、不断进取才能有朝一日成为一名优秀的交通人才，为国家的发展建设贡献自己的力量。

第三节　就业信息获取

【观点导读】

1. 就业信息在毕业生求职就业过程中起到重要作用，毕业生在就业前应了解就业信息的相关知识，积极地、多渠道的收集就业信息。

2. 就要信息的内容繁多，毕业生要学会去伪存真，认真整理、筛选就业信息，选择自己合适的加以利用。

就业信息是毕业生求职就业的前提和必备条件，关系到求职、就业的成败。毕业生应当及时、全面的掌握有关就业方面的各种信息，并认真的对这些信息进行分析、筛选、整理，最终作出正确判断，为求职成功奠定基础。

一、就业信息的作用与内容

就业信息是毕业生求职就业的前提和必备条件，关系到求职、就业的成败。毕业生应当及时、全面地掌握有关就业方面的各种信息，并对这些信息进行认真分析、筛选、整理，继而作出正确判断，为求职成功奠定基础。

1. 就业信息的作用

就业信息在毕业生求职就业过程中起到重要作用，它往往会成为就业成功与否的关键。

(1)对目前的就业形势、政策做到心中有数。掌握有关的国家就业政策是求职就业很关键的一步。求职就业时不熟悉有关就业政策，就如同不懂比赛规则而上场的运动员，盲目的去选择职业很可能事与愿违，甚至碰壁。因此，毕业生在面向社会求职就业时，了解所在学校及学校所在地区和国家的就业政策及就业管理机构的工作程序，不失时机地利用每次机会进行求职择业，将有助于自己求职就业目标的实现。

(2)可以根据自己所掌握的就业信息，针对社会、用人单位对本专业人才的要求，及时补充知识，提高能力，增强个人的竞争优势；同时还能使自己及时调整就业目标、就业期望值，正确评价自我，以使自己能顺利、如愿的就业。

(3)可以为自己提供就业机遇。对于毕业生来说，一条有用的就业信息，就是一个就业机遇;而一个好的就业机遇,就可能是一个好的职业。因此,毕业生获得的信息越广泛,信息质量越高,求职就业的把握就越大,成功率就越高。

(4)便于毕业生本人以后自主创业、自我发展的实现。对于许多延迟就业或就业后感到不满意的毕业生来说,一定数量的就业信息可以做到了解社会、了解自己,便于今后自己的发展。

2. 就业信息的内容

就业信息的内容通常包括以下几个方面:

(1)当年国家和各地区、各部门以及学校针对毕业生就业制定的政策、规定,它是毕业生求职就业的前提和基础。

(2)当前大学生就业形势。通常包括:社会经济发展形势,社会各行业、各类企事业单位经营状况和对毕业生的需求等。尤其要重点了解本校、本专业的社会需求情况,用人单位对毕业生的基本要求等。对此类信息,毕业生必须及时了解,并以此为依据及时调整就业期望值,做到有的放矢。

(3)用人单位的全面信息,如:

①用人单位需求人才数量和具体要求;

②用人单位的性质及在行业中的地位、发展前景;

③用人单位的发展历史及目前的发展规模、经济效益等;

④用人单位的管理体制、岗位设置及人事管理制度、人才使用情况;

⑤用人单位的联系方式,如通信地址、邮政编码、联系电话、联系人、传真、E-mail 等。

(4)对毕业生就业有利的其他信息,如就业招聘活动安排信息、他人成功择业的经验教训、研究生考试情况、国家公务员考试情况等。

二、就业信息的获取原则及渠道

1. 获取就业信息的原则

在收集就业信息的过程中,不仅要注意信息量的积累,而且要注意质的提高。因此,在获取就业信息时应注意以下原则:

(1)真实性。由于信息的来源渠道不同,传递方式不一,大量信息扑面而来,难免造成信息的真实程度不一。在当前人才市场尚未十分健全的情况下,假信息或不准确信息层出不穷,造成有的毕业生求职未成却职财两空,错失就业的最佳时机。因此,毕业生务必冷静分析,增强判断求职信息真实性能力。

(2)时效性。信息都是有时效性的,即在规定时间内是有效的,过了一定时间,就失去了它的意义和作用。就业信息的实效性尤为明显。因此,毕业生在收集、整理就业信息时一定要注意信息的有效时间,争取及早对信息作出反应,而不要使重要就业信息在自己手中成为“昨日黄花”。

(3)准确性。就业信息必须能够真实、全面、准确地反映招聘单位的意图,含糊其辞、模棱两可,易对求职者造成误导,产生错觉。因此,毕业生应从简单的就业信息中认真琢磨、仔细体会,对于一些不十分清楚的信息要及时与用人单位取得联系,搞清用人单位的准确信息,以免自己白白浪费许多精力、财力,贻误时机。

(4)针对性。就业信息本身必须能够说明它所使用的对象以及该对象所具备的具体条件。因此,毕业生必须注意就业信息的针对性,不能盲目收集。合适自己的信息一定要予以重视,不合适自己的一定要果断摒弃,减少求职就业的盲目性和盲从性。

2.获取就业信息的渠道

1)个人收集

个人收集是指求职者广泛收集自己专业和谋职范围内用人单位的信息资料并加以研究利用。通常有以下几种方式:

(1)上门收集。有关研究表明,漫无目的的随便把个人简历邮寄给用人单位,这种方法成功率很低。但是直接上门,叩开每个令你感兴趣的公司的门,无论他们是否有空缺职位,询问他们是否想要雇用一名像你这样的职员,是否有你完全能胜任的职位,这种方式成功率将成倍的提高。若你对某单位感兴趣,就去找在这个单位工作的亲友,向他们详细了解该企业的情况,做到心中有数。

(2)利用报刊广告搜集。利用这种方法可以搜集到用人单位的产品种类、大致销售范围等方面的信息。特别要注意该单位的特殊之处,以便将来在求职时使用,增加用人单位对你的好感。

(3)采用发函、电话咨询等方式搜集。用此方式询问用人单位人事部门近期有无招聘信息。

2)学校毕业生就业指导服务机构

学校的就业指导机构专门从事毕业生就业工作,是毕业生获取就业信息的主要渠道。学校的就业指导机构同上级主管部门有关用人单位保持着广泛而密切的联系。在每年毕业生就业阶段,学校就业指导机构会有针对性并及时地向用人单位发布毕业生资源信息,并获取大量的需求信息,在毕业生和用人单位之间架起一座信息桥。这些信息数量大,针对性、准确性、可靠性强,是毕业生就业的主要的信息源。

3)传播媒体

现在很多用人单位通过新闻媒介,如广播、电视、报纸、杂志等介绍企业状况、发展前景及人才需求,传媒从而成为一个巨大的信息源。目前很多的媒体都开辟了人才需求信息及招聘广告专栏,只要经常关注,从中必会得到有用的信息。

4)各类人才市场

人才市场目前成为毕业生求职的主要渠道。人才市场拥有大量的职业需求信息,只要你把握好机会,将会大有收获。但是,毕业生参加人才市场时应注意以下及几个问题:

(1)进入人才市场,一定不要轻言放弃。人才市场上的用人单位一般有几种情况:一种求贤若渴,对每位来访者均热情接待,此类单位招收的人才数量较多、范围较广;另一种单位以扩大影响,提高企业知名度为主要目的,虽然也招人,但数量有限、条件较严;第三种是个别单位,基本没有招聘意图,显得比较冷淡。因此,毕业生遇到后两种单位时不应看作自己的失败。

(2)在人才市场上,大多数单位只是收集材料,而实质性的面试要在以后进行。因此,你没有被用人单位当场录用是很正常的。

(3)要走访每一个与你专业相关的用人单位,不要只局限于有名的大单位、机关事业单位。

(4)离开人才市场后要及时整理在市场上搜集来的就业信息,并将其中重要的加以标记和摘录。

(5)对于在人才市场上约定的会见一定要准时赴约。

5)社会关系

毕业生利用社会关系也是获取就业信息的重要途径。一般社会关系主要包括亲友、同学、老师或校友。这些信息一般了靠性强，而且与毕业生的就业意向和所学专业较符合，对于毕业生求职就业十分有利。

6)互联网

互联网也是毕业生获取就业信息的重要途径。网上求职的特点是信息流量大、更新快，用人单位和求职者交流便捷迅速。同时，毕业生还能根据各企业的站点对企业有一个全面、准确的了解。因此，网上人才交流代表着人才市场的未来和发展方向。

三、就业信息的筛选与利用

毕业生在获取大量的就业信息后，应根据个人的求职要求、求职意向对这些信息进行整理、筛选，然后再进行使用。

1.就业信息的筛选

1)筛选的原则

(1)发挥优势和学以致用原则。即在筛选就业信息时，要尽量做到发挥所长、学以致用。这样可以避免人才资源浪费。

(2)面对现实、理论联系实际原则。即在筛选就业信息时，要面对现实，量“能”择业，量“才”定位，把所有的就业信息都对照衡量一下，看是否合适自己。尤其要选择合适自己性格、气质和利于发挥特长的单位和岗位。

(3)在政策范围内择业的原则。在筛选就业信息时，要把个人意向和国家需要、国家政策结合起来。

(4)综合比较原则。即把所有信息放在一起从各方面比较各自的利弊和优劣，从中选出最好的。

2)信息筛选的步骤

(1)鉴别获取的信息。由于所获取信息不一定都全面、准确。因此要对信息进行严格的鉴别和判断，并加以澄清和剔除，使之更好地为自己求职服务。鉴别信息，首先要确定信息的可靠程度，对于不可靠的信息要通过各种信息渠道去鉴别；其次要鉴别信息内容是否齐全，特别是发现自己想要知道的细节没有或不清楚时，要抓紧时间进行了解。

(2)按照自我标准，将信息排序。在信息加工之前，先给自己草拟一个职业选择纲领，确定就业标准；再按照标准进行初选，即去粗取精；然后进行细选，将符合自己的信息选出来；最后进行精选，决定两个以上的信息作为应用信息。

(3)反馈信息。将已排好序的信息按从高到低的顺序反馈给用人单位，表达自己愿意去该单位的意愿。

3)筛选信息时应避免的现象

(1)从众行为。即缺乏主见，人云亦云，别人说到哪里好就选哪个信息。

(2)轻率行为。即一味盲从，认为自己获取的信息一定可靠，不做筛选就做选择。

(3)举棋不定。即陷入大量信息的漩涡中不能自拔，在眼花缭乱的信息前左思右想，犹犹豫豫，举棋不定，错失良机。

(4)急于求成。即在没有广泛收集信息时，就匆忙作出决定；而当获得新的信息后自己又后悔不已。

2.就业信息的使用

大学毕业生在了解了就业信息的筛选原则和方法步骤后，还应尽快使用这些信息。这不仅因为就业信息的有效期一般比较短，而且所有的信息对毕业生来说都是公开的。一旦你动作慢了，别的毕业生就会捷足先登。用人单位招聘够需要的人数后就不可能再要了，尤其在企业定岗定员的今天更是不会轻易多要人。所以毕业生在使用信息时，既不能盲目，也不能拖拉。

对就业信息的使用包括自己使用和交流给别人使用两个方面。

1)自己使用信息

对信息筛选的主要依据是适合自己。无论信息的准确性、及时性、有效性多么高，只要不适合自己，那么它对自己来说就失去了价值。作为大学毕业生来讲，在择业时，要将自己的情况与就业信息进行认真的对比衡量，而不能好高骛远、人云亦云、迷失自我，更不能图虚荣、爱面子，而要量力而行，量能择业，量才定位。不切实际地想入非非，只会使自己陷入择业的误区。一旦自己决定使用这条就业信息，就应该及时的调整自己的知识结构，尽是弥补自己的不足，以适应所选岗位的要求。

2)相互交流信息

有些信息对自己不一定有用，但对他人可能十分有用，遇到这种情况，千万不要抓住不放、封锁信息，而应主动输出，这对他人不仅是种帮助，同时也增加了与他人交流信息的机会。从这种真诚的交流中，你也许会从别人手中获得对自己有益的信息。

第四节　求职材料准备

【观点导读】

1.毕业生再决定应聘前一定要做好求职资料的准备。求职材料一般包括：个人履历、求职自荐信、毕业生推荐表、成绩表、荣誉证书等。

2.求职材料的撰写必须遵循简洁、客观、真实的原则，严禁弄虚作假。

在求职过程中，求职材料有着举足轻重的作用，是联系单位的“敲门砖”，推荐、面试、录用都离不开它。求职材料做的好坏直接影响着就业。

一、求职材料准备的基本原则

诚信是求职材料编写的根本原则诚信是我们中华民族的传统美德，诚信是我们做人之本。编写个人求职材料也是一样。求职材料的“诚”主要表现在“诚意”和“诚实”两层含义，所谓“诚意”就是要求态度诚恳，不能夸夸其谈、大夸海口，口一套、手一套、脸一套、心一套。所谓“诚实”就是要实事求是地写出你想从事某项工作具备的条件，以及选择某项工作的原因，或者是为了发挥某项专长与特长，或者是为了照顾家里的父母长辈，或者是受对方单位的某些优越条件的吸引等等。诚实是用人单位来衡量求职者的重要标准。这就要求我们在编写求职材料中一定要坚持诚信这一根本原则。

二、求职材料的作用与内容

1.求职材料的作用

在求职过程中，求职材料有着举足轻重的作用，是联系单位的“敲门砖”，推荐、面试、录用都离不开它。求职材料做的好坏直接影响着就业。

1)求职材料是书面推销员

求职的本质与商业行为无大异，一方求售，一方求购。招聘单位是买主，选优淘劣是他行为的目的。从某种意义上说，人才是“高级商品”，做好商品的包装是十分重要的。求职材料就是某种意义上的包装，是书面推销员，它将你引荐到招聘单位面前，说服招聘单位高兴地接纳你。

2)求职材料是虚拟求职者

未见其人，先睹其文。求职材料以书面形式，可以充分体现一个人的学历、经历、专长、兴趣及其他，勾勒出完整样貌；甚至根据书写的格式、排列逻辑、语言词汇，也能解读出撰写者的气质、内涵。求职材料可以起到未见其人，胜见其人的功效。

3)求职材料是明察秋毫的检验官

求职材料完整、浓缩地记录了个人资料，是求职者成长过程中学习生活的精彩缩影，必须忠实呈现求职者的背景细节、专业特长、智商情况、能力特点，以及优势弱点。借着撰写这个动作，求职者还可以重新总结自己的过去，从中审视求学过程中的收获和遗漏，这等于一个客观检验自己的过程。在求职面试等诸多环节中，默记手中拥有哪些“筹码”，还应该补充哪些能量。面对求职，你便能够气定神闲，游刃有余。

2. 求职材料的内容

求职材料一般包括：个人简历、求职自荐信、毕业生推荐表、在校学习成绩表、获奖证书及外语、计算机等级证书、院系及学校鉴定、毕业实习小结及个人作品等。其中，“学校推荐表”、在校“学习成绩表”各学校都有统一格式，是其他材料所不能代替的，是十分必要的内容。因为它是官方的认证，具有权威性，用人单位对此有较高的信任度。但由于学校发出的“毕业生推荐表”统一规范，缺乏个性，易产生千篇一律的感觉，内容也难以全面，这就要求毕业生在组织编写其他求职材料中既不要重复又要予以必要的补充，使求职材料个性突出，内容齐全。

求职材料一般采用纸质打印装订形式。随着网络技术的发展及招聘越来越讲究高效快捷，现在很多应聘者将求职材料制作成电子版与招聘公司通过网络联系，还有应聘者将求职材料制作成 VCD。

三、求职材料的撰写

1. 个人履历

履历，是个人工作经历、学习、成绩的概括集锦。履历的格式相对固定信息量全面而且集中，是用人单位分析、比较、筛选和录用应聘者的主要依据。一份合格的履历要尽可能突出个人强项和优势，在有限的空栏里，传达给招聘单位最需求的人才能力信息，满足其对人才的需求，为招聘单位认识与评估自己打下初步的基础。

1)个人履历的内容

(1)个人基本情况。指姓名、年龄、性别、出生地(籍贯)、最高学历、政治面貌等。

(2)教育程度。按照一定的次序，写清所读学校名称、专业、学习年限及相关证明等，让招聘单位了解个人学历背景，以判断与应聘工作的关联性。

(3)工作或社团经验。大学生一般都没有正式的工作经验，但常利用假期等空闲时间勤工俭学、兼职或积极参加各类性质的社团活动。可充分提供在校期间的打工经验、社团经验，说明自己担任的工作、组织的活动以及特长经验，这些经验可能是短期的、幼稚的，但或多或少突出了个人的一些特点，如：志趣、合群性、组织能力、协调能力、领导能力、成熟度等，这些会备受招聘单位的重视。

(4)专长。无论是与你的所学专业有关还是单纯从个人兴趣发展出来的专长，只要是与工作性质有关的，都应在履历表上一一列出。这将有助于招聘单位评估应聘者的所长与应聘工作的要求是否相符，这些专长能给应聘工作的顺利开展带来推动作用。例如：同样应聘总经理助理这一职位的两个人，其他条件相同，外语或计算机水平高者则占优势。每位求职者列出个人专长要注意实事求是，不要夸大其词，但也不要羞于掩盖自己的长处。

(5)外语水平。在现代经济发展中，招聘单位向国际化迈进已成为不可阻挡的世界性发展趋势。作为国家干部、企事业单位工作人员具有外语能力也因此显得日益重要，尤其是一些规模大的跨国公司、涉外单位，具备良好外语才能的人员很受欢迎。如果你曾参加过校外的特殊训练、交易会中做过翻译等，又与应聘工作相关的情况，应认真填写。

(6)求职意向。求职履历上一定要注明求职的职位，以便于招聘单位了解你的志向追求，从而做出正确的选择。每份履历都要根据所申请的职位来设计，突出你在某方面的优点，但不能把自己说成是一个全才，任何职位都适合。要根据工作性质有侧重地表现自己，如果你认为一家单位有两个职位都适合你，可以向单位同时投两份履历。

(7)联系方式与备注。同上面要突出的内容一样，要清楚地表明怎样才能找到你，要将最固定的联系方式告诉对方，如：电话长途区号、电话号码、手机号、E-mail 地址、邮政编码、传真号码等。

2)个人简历的写作要求

(1)简洁明了。个人履历通常很简短，一般情况下不要超过一页纸。你想竞争的招聘单位肯定会受到很多份材料，工作人员不可能每份履历都仔细研读，所以履历要简明扼要。有的人把中学时代有特殊成就，比如在奥林匹克竞赛中获过奖也加在其中，则给人一种啰唆的感觉。

(2)真实客观。履历从头到尾要贯彻一个原则，即真实客观地描绘自己，任何虚假的内容都不要写。即使有的人靠有水分的履历得到了面试的机会，但面试时也会露出马脚。履历中不要注水并不等于把自己的一切，包括弱项都要写进去。有的求职毕业生在履历上写道："我刚刚走入社会，没有工作经验，愿意从事贵公司任何基层工作"这也是过分谦虚的表现，这会让招聘者认为你什么职位都适合，其实也就是什么职位都不适合。

(3)整洁清晰。用人单位看到整洁清晰的一份履历，就仿佛看到了本人。段落与段落、语句与语句之间写得太密，影响美观，不易阅读。要将该空格的地方留出空隙，不要硬把两页纸的内容压缩到一页纸上。

(4)准确无误。一份好的履历一定在用词上、术语上、撰写上准确无误。撰写时要打草稿、反复修改、斟酌，不能有任何错误。招聘单位最不能容忍那些有很多错别字，或是在格式、排版上有技术错误以及被折叠得皱皱巴巴、有污点的简历。

2. 求职自荐信

求职自荐信是目前毕业生求职择业中的一种比较常用的、也是非常重要的手段。它是一种介绍性、自我推荐的信件，通过表述求职意向和自身能力的概述，引起应聘单位的重视和兴趣。一封好的求职自荐信，可以让阅读者明白你的聪明才干。一般来说，打开求职材料，首先看到的便是求职自荐信。正是有了求职信，阅读者才会对你简历上所写的经历与业绩感兴趣。因此，求职自荐信无论在文体上还是内容上都必须给阅读者留下良好的印象。

1)求职自荐信的内容

(1)说明个人的基本情况和用人信息来源。首先要介绍个人的基本情况,如姓名、性格、年龄、政治面貌、就读学校和专业等,注意详略得当,最好能附有近期全身照片。其次,说明用人信息的来源,做到师出有名。假如你没有掌握某用人单位需求信息,而你又非常希望到该单位工作,也可写信投石问路,但必须表示你对该单位的印象和您愿意到该单位从事工作的强烈愿望。

(2)说明能胜任某项工作的条件。这是自荐信的核心部分,主要是向对方说明你有知识、有经验、有专业技能、有与工作要求相符合的特长、性格和能力。特别要突出你胜任所求岗位的特长和个性,不落俗套,起到吸引和打动对方的目的。

(3)介绍自己的潜能。比如,向用人单位介绍自己曾经担任过的各种社会工作及取得的成绩,预示着自己有管理方面的才能,有发展、培养的前途;比如,谋求会计岗位时,介绍自己可熟练使用操作算盘、计算机,预示着自己可以承担会计电算化的重任;再如,向宣传和公关部门推荐自己时,介绍自己的文艺、绘画、摄影、书法和口才的特长,预示着自己可以承担各种工作任务等等。

(4)附上有关材料或文件。自荐信上应当说明信中所附的有关资料文件,如毕业证书、学位证书、获奖证书的复印件,发表作品的影印件,学校的推荐信或毕业生推荐表等,给对方以办事认真、考虑周全、有诚信的印象。

(5)表达面谈的愿望。最后要表达出希望得到回信,并且热切地希望有面谈的机会。要写清楚自己的详细通信地址、邮政编码、电话号码,必要时还应说明何时打电话较为合适等,以便相互联系。

2)求职自荐信的写法

(1)开头。毕业生在求职自荐信的开头,要注意对收信人的称呼,如果知道招聘单位的负责人,可以写出负责人的职务、职称等,例如:尊敬的人力资源部李部长,尊敬的王校长,尊敬的张厂长等等,如果不知道招聘单位的负责人,可以用:尊敬的人事部主管,尊敬的人事处负责同志等等,并且还要有问候语,例如“您好”等。

(2)正文。求职自荐信的第二部分是正文,这是信的主要部分和核心内容。在正文中,要主动介绍自己的基本情况,例如:姓名、性别、学校和系的名称、所学专业、学位、何时毕业等等。最后必须介绍自己的基本条件,例如:专业知识、专业技能、社会经验、性格、特长和能力等等,使用人单位对求职者的基本情况有一个大致的了解,并且感兴趣和有进一步考虑面试的可能。在求职信的正文部分,还要表述自己对该单位的招聘岗位很感兴趣的原因,以及自己能胜任该岗位工作的各种能力,主要向对方说明自己有着与该工作岗位所需的各种专业知识和专业技能、一定的实践经验,让对方感到不论从何角度,你都能胜任此项工作,是应聘岗位最合适的人选。

(3)结尾。求职自荐信的第三部分是结尾,在求职自荐信的结尾部分有几方面需要注意:一是提醒招聘单位,希望得到回音、回复,例如“盼复”、“期盼贵公司回音”等等,毕业生还可主动表示面谈的愿望,以体现对应聘此岗位的重视和诚意。二是要留下联系地址、电话号码等等,以利于招聘单位及时与应聘者取得联系。三是要表示祝愿或敬意,例如“祝您身体健康”,“祝工作顺利”,“祝公司业务兴隆”等等,以体现大学毕业生的文明礼貌。

(4)落款。落款是求职自荐信的最后部分,落款包括署名和日期两个部分,署名写在右下角,要写全名,字迹要清晰、工整,不要潦草,名字前可写上应聘者字样,日期(　年　月　日)写在名字下面，若有附件，应在左下角注明，例如：附(1)简历，附(2)各科成绩等。

3)写好求职自荐信的要求

(1)态度真诚，以诚取信。美国前总统肯尼迪曾经说过："各位美国人，你们国家并不向你们索取什么，但请你们扪心自问，你们能为自己的国家做些什么"？这里提醒我们在求职自荐信中要说明你为应聘单位能做什么，而不是索取什么。所谓态度真诚，即要注重一个"情"字，语言有情，会更有助于交流思想，传递信息，感动对方。在文中以情动人的同时，还要"以诚感人，以诚取信"，即要态度诚恳、诚实，言出肺腑；内容实事求是，言而有信，优点要突出，缺点不隐瞒；恭敬而不过于奉承，自信而不自大。这样才能取信于人。

(2)整体美观，言简意赅。文字的整洁美观很容易引起用人单位对求职者的好感，相反如果字迹潦草，则会给用人单位留下不好的印象。求职自荐信还要言简意赅，不宜太长，最好以A4纸一页为宜，最多不得超过两页纸；过短也是不可取的，过短则显得没诚意，说不清问题，自然也难以引起用人单位注意。

(3)富于个性，有的放矢。求职自荐信应尽量避免过多的客套话、空话，开头用一句简朴的"您好"，然后直接切入主题，如：从《羊城晚报》上获悉贵单位招聘人才信息，这也能让单位主管感到单位名声在外，广告费没白花，无形中增加了好感。或者一两句富有新意的话吸引阅读者。为了做到有的放矢，在动笔之前，一定要对应聘单位的情况有所了解，有针对性的介绍和突出自己的特长。求职自荐信与应聘单位要能都一一对应。目前，有些毕业生一稿多投，本来想普遍撒网，重点打捞，结果却石沉大海。求职自荐信可多准备几份，根据不同单位选择内容，使之能与应聘单位相对应。

4)求职自荐信范例

例一：

尊敬的某某处长：

您好！

我是一名在桥梁工程专业本科大学生，将于2009年7月毕业。我一直关注贵单位的信息，终于从学校招聘专栏中得知贵单位今年的招聘计划。我很愿意到贵单位工作，为其兴隆繁荣尽绵薄之力。现附寄一份本人简历请审阅，恳切希望您能给予答复！

一分耕耘，一分收获，数年寒窗不敢说硕果累累，但我自信掌握了一定的专业知识和组织管理能力，并且主动与实践相结合，积累了实际经验。我知道贵单位有着团结一致的精神，有着朝气蓬勃的生机，我愿意化作一块闪亮的煤炭，投入到这个蒸蒸日上的集体大熔炉中，贡献自己的力量！

若贵单位愿意接收，我将不求安逸的环境，继续发扬自己吃苦耐劳和勤奋踏实的优良作风，努力工作。也愿意服从您的安排和调动，以良好的团队精神在贵单位的大家庭中实现个人价值和社会价值的完美统一！我将深切地感谢和珍惜您和您的同志们给我的这个机会！

我期待着能有一次面谈的机会，盼望能接到贵单位的答复信。

诚祝您工作顺利！祝贵单位欣欣向荣！

愿成为您部下的……

2009年1月28日

例二：

尊敬的先生、小姐：

本人欲申请贵公司网站上招聘的网络维护工程师职位。我自信符合贵公司的要求。今年7月，我将从清华大学毕业。我的硕士研究生专业是计算机开发和应用，论文内容是研究LINUX系统在网络服务器上的应用。这不仅使我系统地掌握了网络设计及维护方面的技术，同时也使我对当今网络的发展有了深刻的认识。

在大学期间，我多次获得多项奖学金，而且发表过多篇论文。我还担任过班长、团支书，具有很强的组织和协调能力，很强的事业心和责任感使我能够面对任何困难和挑战。互联网促进了整个世界的发展，我愿意为中国互联网和贵公司的发展作出自己的贡献。随信附有我的简历。如有机会和您面谈，我将十分感谢。

此致

敬礼

刘军

2009.12.1

3.毕业生就业推荐表

毕业生就业推荐表是学校为毕业生印制的制式求职材料。因为此材料经过学校审核，用人单位往往对该表比较重视，在与毕业生正式签订就业协议前一般会要求提供毕业生就业推荐表原件。

1)毕业生就业推荐表的内容

毕业生就业推荐表一般由三部分组成，一是毕业本人的情况介绍，包括学习成绩，社会工作、特长、奖惩情况、就业意向及联系方式等等；二是所在院系的推荐意见；三是学校就业主管部门的推荐意见。

2)毕业生就业推荐表的填写要求

毕业生就业推荐表一般要求毕业生本人手工填写。毕业生在填写该表时要认真仔细，做到字迹端正，内容翔实，切不可马虎潦草，更不能弄虚作假。填写毕业生就业推荐表的具体要求：

(1)内容真实。真实就是每项内容都要实实在在，符合填写人的实际，文字表述不宜过分夸张。

(2)书写工整。书写要注意字迹清楚，格式符合要求。有的毕业生就业推荐表也可按格式打印，显得工整庄重。但所在院系和学校就业主管部门的推荐意见必须手写。

(3)审核严格。填写人要认真填写，填完后要仔细复查，防止丢掉关键内容；院系主管和经办人要认真审查，如学习成绩、奖惩情况、担任社会工作等不能有差错和虚假；核实无误后方可签字盖章。

(4)意见准确。院系在“意见”栏注的意见要简要反映该毕业生的德智体能等情况又要突出该生的主要成绩、特点、点明不足之处，切不可过于简单。此外，还可注明该生适应的工作范围。

4.其他材料

除了求职自荐信和毕业生的推荐表外，为了加深招聘单位对自己的印象，有时要提供其他材料。

(1)学校提供的成绩单。学校提供的成绩单必须由学校教务部门审核并加盖公章。毕业生可根据用人单位的需要或所求职位对某些相关课程的要求，提供有效的成绩单。有些省、市对成绩证明有具体的要求，如:进上海市、北京市、深圳市的毕业生必须提供各个学期的所有学习课程的成绩。为了显示自己的优势，毕业生如有辅修第二专业的学习成绩证书，也要提供给用人单位。

(2)技能证书。技能证书反映了求职者某一方面的能力水平，主要有外语等级和计算机等级证书。外语证书包括:英语四、六级等级证书、TOFFLE、GRE成绩。计算机证书有:全国计算机等级考试一、二、三、四级合格证书。另外，毕业生如有驾驶证、律师资格证、会计证、预算员证等证书的。可根据需要予以提供。

(3)荣誉证书。荣誉证书是对求职者综合素质的重要支撑，有各类奖学金证书、荣誉称号证书以及参加重大竞赛的获奖证书等等。重大竞赛像全国大学生“挑战杯”课外科技活动竞赛、创业大赛和各种学科竞赛课程等。如荣誉证书较多，则挑选一些荣誉等级较高的为宜。

(4)学校及学科专业介绍。目前，很多高校因合并而更名，不少高校有特色、有影响的专业学科，由于种种原因，招聘单位不一定十分了解。求职者主动将求职材料投递给展品单位时很有必要附上自己学校和学科专业介绍等相关材料。

(5)权威人士的推荐材料。推荐信也是大学生求职过程中一个不可忽视的环节。这里所指的推荐信并不是指那种找关系、托人情“走后门”“递条子”，而是具有一定学术权威人士或高校管理者实事求是、认真负责的推荐。许多大公司、企事业单位是比较重视这种推荐信的，而写推荐信的权威人士、真正的学者、教授和负责任的管理工作者也是十分珍惜自己的声望的，不会滥用别人对自己的信任作不负责任的推荐。

(6)其他招聘单位需要的材料。如:申请书、登记表、报名表、身份证、学生证、政审材料等等。

5.制作、书写、准备求职材料应注意的问题

毕业生简历、求职信、就业推荐表及一些辅助材料都需要认真的制作，并注意以下几个方面。

(1)内容翔实，格式规范。求职材料是对自己大学生活的一个全面总结，既要全面反映自身的基本情况，又要反映自己的特长，爱好;不仅要突出自己的优点、成绩、也要说明自身存在的问题和缺点;不仅要说明自己对用人单位提供职位感兴趣的原因，还要表达自己努力工作的决心。内容应全面，但应言简意赅，突出重点，切忌长篇累牍，废话连篇，切忌为了赢得用人的好感而弄虚作假，避免画蛇添足、弄巧成拙。

(2)富有个性，注重针对性。由于不同的用人单位对求职者的要求不尽相同，求职材料的准备也应根据不同的单位有所差异。如果你想去去应聘“三资”企业的职位，那么最好要准备好中英文对照的材料;欲去少数民族地区择业，能用民族文字撰写求职材料则效果更佳;如果是去应聘广告设计的职位。那么你的求职材料最好能够体现你的个性和创意，表现出良好的修养和较高的文化素质。

(3)设计美观，杜绝错误。准备求职推荐材料的目的之一就是要吸引招聘单位，引起对方的兴趣，因此，整份材料无论是手写还是电脑打印都要整洁美观，让人看了感觉舒服。但最重要的一点是要杜绝错误，无论是语法错误、错别字、标点符号错误或者印刷错误，都应尽量避免。试想，在一份本来就不长的求职信中出现了多处明显错误的语句，会给人一种怎样的印象，势必对求职结果产生不利影响。

总之，好的求职材料应具有全、准、实、特、诚、“可变”。全，就是全面的反映德、才、体、能、技等方面；准，就是对自己的成绩、优势、不足估价实在，表述无误；实，就是实事求是，不仅是学习成绩、表现实在而且就业愿望、适应工作范围都符合自己的实际；特，就是特点、特长以及性格特征几方面。一位名人说过“没有特长的大学生不能成为人才”。事实上，每个大学生都有自己的特长，一定要认真总结出来。“可变”，就是在求职材料的基本事实不变的情况下“就业愿望”和“工作适应范围”可变。就是根据用人单位的不同情况在求职材料的“就业愿望”和“工作适应范围”两方面作不同的表述。

需要特别指出的是，交通行业的毕业生在准备求职材料的时候，要注意在求职材料中着重指出自己的实践经验和实习情况，最好能附上实习或实践单位对大学生认可的书面材料。这是因为，交通行业用人单位在招聘毕业生的时候，十分看重大学生的实践能力和将理论与实践相结合的能力，而实习和实践单位的认可正是对毕业生上述能力最有力的支持。如果毕业生能够将自己在单位实习和实践中的深刻体会和取得成绩以适当的篇幅加入自己的求职材料，也会对毕业生的顺利就业起到良好的帮助。

【思考题】

1. 面对社会的发展、国家的需要，当代大学生应该具备怎样的人生观、就业观？
2. 大学生求职过程中会产生的哪些心理障碍，如何克服？
3. 毕业生就业信息的包括的内容有什么，如何获得就业信息？
4. 自己动手准备一份求职履历。

第八章 大学生就业的基本程序

就业程序是指毕业生从毕业前的各项准备到毕业后派遣到就业单位报到期间的一般过程，它因不同的就业政策，不同的就业机制，不同的用人单位及毕业生不同的就业取向而有所不同。就业程序不仅是就业管理部门的工作程序、用人单位的招聘程序，同时也包括毕业生求职择业过程中所应遵循的合理过程。

第一节 就业管理部门工作程序及其服务

【观点导读】

1. 了解就业管理部门的工作程序，有助于节约求职成本，避免造成人力、财力、时间的浪费，从而实现顺利就业。

2. 随着就业工作管理体制的进一步改革发展，各级各类就业管理部门提供的就业服务也日趋完善。

一、就业管理部门的一般工作程序

大学毕业生的就业管理机构，大致由三部分组成：在国务院领导下，教育部、人力资源和社会保障部等中央部委主管全国大学毕业生就业工作；各省、自治区、直辖市和中央各部委的有关部门分管本地区、本部门的大学毕业生就业工作；各高等学校和各用人单位负责本校毕业生就业的具体事宜和接收安置毕业生事宜。他们的工作程序大致分五步：

(1)教育部等部委对年度国民经济发展和国家重点建设工程情况开展调查研究，制定相应的政策，从而确定年度的就业工作意见。各省、自治区、直辖市、中央各部委按照文件精神制定出本地区、本部门所属高等学校毕业生就业工作的具体意见。这项工作，一般在毕业前的半年内基本进行完毕。各高等学校一般都结合实际情况制定本校的就业实施意见。

(2)教育部在每年的10月份左右向各地区、各部门提供下一年度的毕业生资源情况，包括毕业生所在的学校、所学专业以及毕业生的来源地区等。各用人单位向教育部提供需求信息。教育部还负责向社会及时通报毕业生资源情况和需求情况，并适时组织毕业生供需信息交流工作。随着就业制度的改革，各高等学校也都积极向相关用人单位提供自己的毕业生资源情况。

(3)各地区、各部门和各高校的就业管理机构在每年的12月至下一年的2～3月份，采取多种形式召开由毕业生和用人单位参加的“供需见面、双向选择”大会和开办毕业生就业市场，进行招聘活动，为毕业生求职择业创造条件，提供服务。毕业生在学校的指导下可直接参加这类活动，并于用人单位签订就业协议等。学校根据国家的就业政策，审核毕业生的就业协议等就业证明材料，最终形成就业建议方案，并将方案上报就业主管部门审核。

(4)各高等学校在完成全部教学计划以后，按照国家统一要求，一般从7月1日开始根据就业方案为毕业生办理离校手续。

二、省、自治区、直辖市高校毕业生就业主管部门的管理职责

近年来，随着高校毕业生就业指导工作的深入开展，各级地方政府的教育主管部门都设立了高校毕业生就业办公室（或就业指导中心），负责高校学生就业的日常管理工作。其主要职能是：

(1)根据高校毕业生就业工作的政策，制定具体实施意见；

(2)指导高校和用人单位的毕业生就业工作，并为其服务；

(3)组织管理当地高校毕业生需求信息的登记、发布和供需见面、双向选择活动；

(4)组织实施当地政府委托的高校毕业生资格审查；负责高校毕业生报到证签发、调整和接收工作；

(5)受委托协调当地高校毕业生就业过程中的争议；

(6)为高校毕业生提供人事代理（目前仅有部分地区实施）和就业服务等。

大学生可以从省（市、自治区）就业办公室（或就业指导中心）至少可以获得以下三个方面的服务与帮助：一是准确的政策信息；二是宽广的需求信息；三是得力的就业培训。

全国各省区市毕业生就业主管部门见表 8-1。

全国各省区市毕业生就业主管部门一览表 表 8-1

省、市、区	就业主管部门	地　址
北京市	北京市人事局大中专毕业生就业处	北京东城区台基厂三条 3 号
天津市	天津市大中专毕业生就业指导中心	天津市南开区宾水西道 2 号
河北省	河北省教育厅学生处	石家庄市中山西路 449 号
	河北省人事厅人才流动开发处	石家庄市桥西区裕华西路 408 号
山西省	山西省高校毕业生就业指导中心	太原市学府街 25 号
内蒙古	内蒙古高校毕业生就业指导服务中心	呼和浩特市昭乌达路 27 号
辽宁省	辽宁省高等学校毕业生就业指导中心	沈阳市皇姑区泰山路 19 号
吉林省	吉林高等学校毕业生就业指导中心	长春市金川街 151 号
黑龙江	黑龙江省教育厅学生处	哈尔滨市香坊区赣水路 12-8 号
上海市	上海市学生事务中心	上海市冠生园路 401 号
江苏省	江苏省高校招生就业指导服务中心	南京市鼓楼区上海路 203
浙江省	浙江省高校毕业生就业指导服务中心	杭州市文晖路 321 号
安徽省	安徽省大中专毕业生就业指导中心	合肥市金寨路 188 号
福建省	福建省教育厅高校学生处	福州市鼓屏路 162 号
	福建省公务员局大中专毕业生就业工作中心	福州市东大路人才大厦 12 层
江西省	江西省高等院校毕业生就业工作办公室	南昌市洪都北大道 96 号
山东省	山东省教育厅学生处	济南市历下区文化西路 29 号
	山东省人事厅毕业生就业处	济南市燕子山路 2 号
河南省	河南省大中专学校学生信息咨询与就业指导服务中心	郑州市农业路东段 28 号报业大厦
湖南省	湖南省教育厅毕业生就业办公室	长沙市雨花亭新建西路 81 号
湖北省	湖北省高等学校毕业生就业指导服务中心	武汉市洪山区石牌岭东一路 15 号

续上表

省、市、区	就业主管部门	地　址
广东省	广东省高等学校毕业生就业指导中心	广州市农林下路72号
广西区	广西大学生就业服务中心	南宁市教育路3-1号
海南省	海南省大中专毕业生就业指导服务中心	海口市白龙南路53号
重庆市	重庆市大学中专毕业生就业指导服务中心	重庆市江北区董家溪鹅石堡山26号
四川省	四川省普通高等学校学生信息咨询与就业指导服务中心	成都市陕西街26号
贵州省	贵州省大中专毕业生就业指导中心	贵阳市八鸽岩路138号
云南省	云南省教育厅学生工作处	昆明市学府路2号
西藏区	西藏人力资源和社会保障厅高校毕业生就业指导服务中心	拉萨市娘热路5号
陕西省	陕西省高校毕业生就业服务中心	西安市莲湖区药王洞147号
甘肃省	甘肃省大中专毕业生择业指导中心	兰州市皋兰路78号兴业大厦
青海省	青海省大中专毕业生就业指导中心	西宁市五四西路33号
宁夏区	宁夏大中专毕业生就业指导中心	银川市文化西街108号自治区政务服务中心
新疆区	新疆区人力资源和社会保障厅毕业生就业服务指导中心	乌鲁木齐市南湖东路25号

三、学校毕业生就业工作部门的职责及工作程序

目前，各高校均设有负责大学毕业生就业日常工作的部门——学生就业办公室或学生就业指导中心。

1. 面向毕业生的主要职责

(1)负责本校毕业生的资格审查，及时向教育部或当地政府主管部门报送毕业生资源情况；

(2)开展毕业生教育和就业指导工作；

(3)为学生提供就业信息、就业咨询，提供双向选择机会和推荐等服务工作；

(4)负责毕业生就业协议书的签订或鉴证登记；

(5)负责办理毕业生的离校手续；

(6)开展其他与学生就业相关的工作。

2. 工作程序

(1)根据上级部门的要求，制定本校毕业生就业实施办法；

(2)收集需求信息，及时向毕业生公布；

(3)开展学生就业指导和服务工作；

(4)组织校园招聘活动；

(5)根据毕业生签订的就业协议书，提出就业建议方案；

(6)组织本校毕业生离校工作。

大学生在择业期间，打交道最多的要属学校的就业工作机构，这里是信息的集散地，是学校与用人单位建立联系与沟通的桥梁和纽带。建议每一位大学生在择业阶段，多留心一下学校的学生就业工作部门在校园内设立的公告栏和网站，在那里你可以及时性得到用人单位的

需求信息、就业招聘活动以及新的就业政策规定等；多到学校的学生就业工作部门走走，看看最近有哪些就业活动和信息。同时，你在求职择业中所遇到的问题，也可以在那里得到解决，并能得到相关的就业咨询和服务。

3.用人单位的主要职责

(1)及时向主管部门报送毕业生需求计划，向有关高等学校提供需求信息；

(2)参加供需见面和双向选择活动，如实介绍本单位情况，积极招聘毕业生；

(3)按照国家下达的就业计划接收、安排毕业生；

(4)负责毕业生见习期间的管理工作；

(5)向有关部门和学校反馈毕业生的使用情况。

四、体现行业特色的就业协作组介绍

全国公路交通类专业毕业生就业协作组(简称协作组)是在"全国航海类专业毕业生就业协作组"成功运作的基础上组建的，是对交通类专业毕业生就业指导机制的创新。协作组通过建立信息共享平台、加强院校与公路交通企事业单位的合作、引导院校教育教学改革、培育毕业生择业科学价值观、开展毕业生就业理论与实践研究等工作，为成员单位提供优质服务。就业协作组的成立将积极推动公路交通类院校高等教育和就业分配工作，加强公路交通教育单位与用人单位之间的沟通与协作，进一步促进交通类专业毕业生就业市场的完善和交通行业人力资源开发管理，实现公路交通专业人力资源的优化配置。

近几年来，在毕业生供不应求的情况下，协作组积极组织、协调教育机构和用人单位之间的联系，认真做好毕业生的教育和引导工作，努力促进毕业生的合理就业，通过编制预分配计划，为上万名业毕业生提供了就业和创业指导。同时，实行在预分配计划指导下的双向选择，为毕业生和用人单位提供供需见面、相互沟通的机会，扩大了毕业生选择用人单位和用人单位选择毕业生的自主权，体现了以人为本的精神，突出了公开、公平、公正的原则，使毕业生的就业工作始终保持着有序的状态。此外，通过组织用人单位和院校的直接接触，加强了双方在培养人才方面的信息沟通，使各院校及时了解到用人单位对交通类专业毕业生的需求，促进了院校教学改革；使培养的毕业生更加符合交通事业发展的需要，为优化人力资源配置发挥了积极作用。

第二节　大学生择业程序及途径

【观点导读】

1.走好就业过程的每一步，对成功实现自己的职业理想十分重要。

2.大学生就业的途径多种多样，了解并利用好有效途径，是成功推销自己，找到理想职业的必要保障。

一、大学生择业程序

对大学生来说，一个完整的就业过程，至少包括收集信息、自我分析、确立目标、准备材料、参加招聘会、投递材料、参加笔试、参加面试、签订协议、走上岗位等环节。

1.收集信息

收集信息是就业活动的第一步。大学生在择业过程中，需要通过各种渠道收集的信息大

致包括当前大学生就业形势、政策法规信息、具体用人单位的信息、就业活动安排信息、成功择业的经验与教训等五个方面的内容。

2. 自我分析

在收集信息的基础上，大学生要联系自身实际，理智的进行自我分析。自我分析包括以下四点：

(1)自身综合素质，能力的自我测评。如学习成绩在全专业的名次，自己的兴趣、特长、爱好，有何出众的能力(包括潜能)等。

(2)分析自我的性格、气质。一个人的性格和气质对所从事的工作有一定的影响，如果能从事于自己的性格和气质相符合的工作，就容易出成绩。可以用一些测试表对自己的性格和气质进行一定的分析。

(3)自己在择业过程中，具有哪些优势，那些劣势，应该如何扬长避短。

(4)问问自己究竟想做什么。及自己想在哪一方面有所发展，想成为什么样的人。换句话说，即自己的“满足感”是什么，价值标准是什么。

3. 确立目标

自我分析的结果是为了确立自己的择业目标。从大的范围来说，大学生首先需要确定的择业目标包括以下三个方面：

(1)择业的地域。首先，要确定是在沿海城市就业，还是在内地就业；是留在本地，还是去外地就业。此外，要考虑是否符合政策规定，更要考虑今后的事业发展。

(2)择业的行业范围。必须确定是在本专业范围内就业，还是跨出本专业到其他行业就业，是从事本专业范围内的技术工作、管理工作、社会工作，还是从事教学工作、科研工作等。此时应多想自己的综合素质、能力以及兴趣和特长等因素。

(3)择业的单位。必须确定是去大企业，还是去小公司或应聘公务员；是选择国有企业，还是选择三资企业或民营企业。

就业过程中，当然会遇到许多不可预测的变化。但是，事前给自己的择业确定一个比较明确的目标，可以使整个就业活动有的放矢，有条不紊。否则，就会出现乱打乱撞的盲目局面。

4. 准备自荐材料

确定了择业目标后，大学生接下来即可准备自荐材料。自荐材料包括：学校推荐表、个人简历、自荐信以及有关的辅助证明材料。这几种材料虽然单独都能使用，但各自的侧重点不同。自荐信主要标明自己的态度，个人简历主要说明自己过去的经历，证明材料强调自己所获得的成绩，学校推荐表则体现了学校对自己的认可。缺了任何一项，自荐材料都不够完整。

自荐材料是反映毕业生个人总体情况和综合素质的主要材料，是毕业生与用人单位信息交流的载体，也是用人单位透视大学生的一扇“窗户”和决定是否面试的重要依据。因此，自荐材料被称为大学生求职择业、赢得面试的“敲门砖”。

5. 参加招聘会，投寄就业材料

在大学生就业活动中，招聘会或就业市场架起了用人单位与大学生之间沟通的桥梁。

在招聘会或就业市场上，用人单位与大学生之间只能进行初步结识，即用人单位向毕业生宣传单位发展情况，同时收集众多毕业生的自荐材料。有的单位可能向应聘学生发放登记表，毕业生则在了解用人单位的大致情况后，将自荐材料和登记表交给招聘单位。从某种意义上说，大学生参加招聘会或就业市场，大多数仅完成了一项材料递交工作。当然，也有一些毕业生与用人单位“一见钟情”，当场签约。

为了提高效率，毕业生可以有选择的去几个招聘会或就业市场，没有必要为“广种薄收”而盲目地去“赶场子”，今天去一个招聘会，明天进一次人才市场，这样既浪费时间和精力，效果也不会太好。另外，毕业生还可以将自己的自荐材料通过邮寄、发送电子简历等方式寄给用人单位，用人单位可以依据此材料进行分析，决定是否通知你参加笔试或面试。

6.参加笔试

不少用人单位在招聘过程中，采用笔试的方法考核应聘者的知识、能力与素质。笔试主要检验大学生运用所学知识和所掌握技能去处理实际问题的能力。当然，笔试不仅在卷面上考核你的知识和能力，同时也在考核你在其他方面的素质。比如，书写是否工整，卷面是否整洁，答题是否细心等。因此，你应珍惜并认真对待笔试。

7.参加面试

面试是众多用人单位考核大学生综合素质的重要手段。通过面对面的交流，用人单位可以了解大学生的表达能力、思维能力、处事能力、仪容仪表，以及对一些问题的看法和其他一些不能通过笔试反映出来的综合素质。因此，大学生在面试之前要做好充分准备，适当进行形象设计。

8.签订协议

用人单位通过自荐材料、笔试、面试等招聘活动，选拔出自己合意的毕业生后，便向被录用的学生发出录用通知书。毕业生在接到录用通知书后，如果愿意到该单位工作，则双方签订就业协议书。就业协议书一旦签订，就不得随意变更。

9.报到上班

与用人单位签订好协议，并得到学校、政府教育主管部门的审核同意后，接下来大学生要做的事便是以优异的成绩完成学业，等待发放就业报到证，做好毕业离校的各项准备工作。至此，毕业生的求职择业程序完成，毕业生可在领取报到证，办理离校手续后，按照报到证规定的期限和指定的地点去单位报到上班。

二、用人单位的招聘程序

一般而言，用人单位的招聘活动要经历如下程序：

1.确定需求和招聘计划

根据自身的建设和发展状况，确定当年需要招聘毕业生的岗位、人数和条件等，同时将根据要求制订详尽的招聘计划。

2.发布就业信息

用人单位在确定了需求后会及时向外发布，传递给大学生。其主要渠道有：

(1)向政府教育主管部门所属高校毕业生就业指导中心登记。

(2)向高校毕业生就业工作部门登记。

(3)在自己的网站上发布信息，供学生上网浏览。

(4)通过电视、报纸、广播等媒体发布需求信息。

3.举行单位招聘说明会

为在大学生中进行广泛宣传，一些用人单位(主要是企业单位)还会到学校举办单位招聘说明会，介绍单位的发展建设情况、人才需求情况及发展机遇、用人制度及企业文化等，并回答毕业生关心的各种问题。单位招聘说明会是毕业生全面了解招聘单位的好机会。

4. 收集生源信息

用人单位要招聘到优秀大学生，需要广泛收集学生信息。收集学生信息的主要渠道有：

(1)从政府教育主管部门所属高校毕业生就业指导中心及学校就业工作部门获取学生信息。

(2)参加供需洽谈会(招聘会或就业市场)收集学生信息。

(3)在网站上收集学生信息。

(4)通过学生的自荐获取学生信息。

(5)有的学生通过报纸杂志等媒体所登的“求职广告”，也是用人单位获取学生信息的渠道之一。

5. 分析生源资料

对收集的学生信息进行分析处理，初选出符合自己条件的学生，以便进行下一轮筛选。一般而言，用人单位对学生分析的内容包括：性别、专业、知识水平、综合能力及素质。

6. 组织笔试

为了考核学生是否具有在本单位工作所需的基本知识、能力和素质，一些用人单位以笔试的形式选拔学生。笔试的时间、地点、出题范围用人单位会提前通知。

7. 组织面试

面试是许多用人单位考核学生综合素质的最后一关。有的用人单位还要组织几次面试，每次面试参加人员及考核的侧重点是不相同的。

一般而言，有经验的用人单位招聘人员不会故意提一些很难、很偏的问题，而是会创造一种较为宽松的氛围，与你进行双向沟通与交流，从中发现你的兴趣、特长，以及你所愿意从事的工作等。

8. 签订协议

签订就业协议书。有些用人单位还要与毕业生签订劳动合同，明确双方的责、权、利。

9. 报到培训

毕业生到用人单位报到后，一般用人单位对新员工都有一套培训计划。培训的内容因用人单位而异，但其目的都是相同的。即通过培训，让你明确单位的创业精神、规章制度和企业文化，让你掌握成为一名称职工作人员的知识和技能，以使你尽快适应新的工作和生活环境。

三、大学生就业途径

1. 就业形式

自实行“供需见面、双向选择”的就业制度以来，大学生被推到了市场化就业的轨道，并逐步形成了即时就业、延时就业、自主创业、灵活就业、参军、考研和出国等多种就业形式。

1)即时就业

毕业前，毕业生通过学校推荐及参加各种招聘会和人才交流会，与用人单位签订就业协议，毕业时即派遣到签约单位就业。参加国家公务员考试被录用也属于即时就业。

我们期望每一位即将毕业生同学，树立当年尽快实现就业的思想，这对于个人、家庭、社会都有利。找的一份工作，不论工作条件如何，福利待遇如何，都应该看作是积累工作经验的绝好机会。广大毕业生必须树立从艰苦行业做起，从艰苦地方开始的思想。这一点对于交通类专业的毕业生尤其重要。

2)延时毕业

毕业生在毕业前夕，由于暂时未能找到一个满意的工作单位或由于其他原因，暂缓找单位或先回家庭所在地，然后再就业。

由于就业形势严峻，个别大学生择业意识不强，择业过程中存在等、靠思想，甚至有的干脆不就业，回家依靠父母生活，这种不是我们所提倡的。

暂缓就业虽然是国家的一项政策，但对毕业生来说，暂缓就业并不是最好的选择。容易造成毕业生心理失落、增大就业压力。

3)自主创业

大学生毕业后不是向社会“寻求”工作，而是用自己所学知识进行自主创业，毕业生通过科技创新、社会服务或在某一方面有特长，进而自己或他人合作创办公司。这不仅解决了自己的就业问题，而且也可以为他人创造就业机会。自主创业目前已成为大学毕业生一种新的就业途径。这对大学毕业生的知识、能力和综合素质等也提出了更高的要求。

大学毕业生自主创业不仅解决了自己的就业问题，也给别人提供了就业机会和岗位。支持和鼓励大学生自主创业，是国家对大学生就业的基本原则，为此也出台了一系列的鼓励激励措施。

4)灵活就业

灵活就业不同于正规的全日制、与用人单位之间有稳定的劳动法律关系、获得有工资福利和社会保障的就业。灵活就业包括自由职业、自主创业等。自由职业指以个体劳动为主的一类职业，如作家、自由撰稿人、翻译工作者、中介服务工作者、某些艺术工作者等。

与传统的就业模式相比，这种就业方式的特点是灵活性强、自由度大、适用范围广、劳动关系比较松散。为了鼓励灵活就业，国家和各级政府出台了许多相应的政策，以保护灵活就业者的合法利益。

5)参军入伍

大学生参军入伍包括参与选拔国防生、直接应聘部队、应征入伍等。特别是应征入伍已成为当代大学校园一道亮丽的风景线。为鼓励高校毕业生积极入伍服义务兵役，国家以空前力度制定出台了一系列优惠政策，主要有补偿学费或代偿贷款、优先培养使用、直接选拔为基层干部、公检法机关定向招录优先、免试或优惠升学、就业安置优惠等等。

征集普通高校应届毕业生入伍是党中央、国务院、中央军委作出的一项重大战略决策，是建立和完善军民结合、寓军于民的军队人才培养体系，完善国防动员体系的一项重要举措，不仅对于从源头提高兵员质量，推进有中国特色军事变革，加快军队和国防现代化建设具有重要意义，而且对于促进青年知识分子健康成长和锻炼成才，也具有重要意义。

6)升学深造

升学的主要途径有参见研究生入学考试、第二学位考试、普通高校专升本考试、成人本科考试等。通过这些方式，大学生继续在学业上深造，一方面提高了学历层次，另一方面也缓解了就业矛盾。逐年上升的考研人数，使得考研队伍成为一支不可忽视的大军，也成为缓解就业难的有效途径之一。

究竟是选择升学深造还是就业因人而异，关键要结合自己的实际情况，摆正心态，做出适合自己的选择。

7)出国

随着改革开放的不断深入和中国加入世界贸易组织，部分有条件的毕业生到国外继续读书“深造”，另外有不少毕业生参与国际人才竞争，到境外的企业去工作。

大学生选择出国留学或就业，要根据自己的发展实际需要谨慎选择，切勿盲目跟风。

8)国家项目

国家项目就业是指大学生参加国家和地方组织的大学生服务基层项目，如“大学生志愿服务西部计划”、“三支一扶计划”、“进村进社区计划”和“选调生计划”等。鼓励广大毕业生到广阔的农村和基层去，是解决就业难的有效办法，更是缩小城乡差别和区域差别，促进社会和谐、全面、协调发展的长远战略，广大毕业生应该积极响应。

2. 就业途径

现代社会就业途径多种多样，了解并利用有效的途径，是成功推销自己，找到理想职业的必要条件。

1)学校推荐

高校经过多年的探索和实践，已经逐步形成了比较完备的毕业生就业体系。高校的优势在于无可比拟的桥梁和纽带作用，通过“走出去，请进来”等方式，不间断地进行毕业生与用人单位的供需见面、双向选择洽谈工作。

2)人才招聘会

人才招聘会是提供一个用人单位与毕业生直接见面，互相选择的平台，是就业途径中最为直接，最为常见的形式。人才招聘会具有招聘单位多、专业面广、相对集中的特点，但由于人多、不便洽谈，导致双方无法进行更深入的了解，故成功率相对较低，效果一般，它的主要功能是为供求双方提供一个信息交流的机会。

3)网络求职

随着我国高校毕业生就业市场的不断发展、完善，网络求职、网上供需见面会正在发挥越来越大的作用。通过电脑网络提供服务，人才交流正从有形市场向无形市场延伸。

网上求职的优势是不言而喻的。首先，操作上方便快速。填写“求职登记表”，输入自己的个人简历和申请信，通过网络发布的个人资料则有可能吸引成千上万招聘用户来访问，有时寻找一份工作甚至只要几分钟。其次，网上信息更新快，分类检索便捷，适应了现代人的生活、工作节奏。名列全球五百强的跨国公司、尖端技术领域的大企业，在 Internet 网上所列空缺职位让求职者一目了然。你还可以通过 Internet 网了解到有关公司的情况，做到有的放矢。

网上求职的缺点是网上招聘和求职尚需进一步普及、规范。但网上人才交流毕竟代表着人才市场的未来走向，作为谋职者，上网求职只是时间问题，将来势在必行。

4)实习

实习是大学生走向工作岗位的重要阶段，是实习学生和用人单位相互了解的过程，也是毕业生谋职的最有效途径之一。通过实践、实习阶段的工作，既可以让用人单位了解毕业生，毕业生也可以较详细地了解用人单位的生产、经营、管理和福利待遇等状况，通过一段时间的相互了解、建立联系，为以后的求职择业打下良好的基础。

因此，毕业生在选择实习岗位时，注意要以自己谋求职业为标准，并利用实习加深自己所学的知识与技能。即使实习后不能被录用，如果自己履历表上添上了实习这段历史，将来在毕业后谋职的竞争中就处于优势地位。

5)他人推荐

扩大职业选择余地，最直接的办法是求助于亲戚、朋友、同学以及其他关系密切可靠的关系人。如让一些教授、骨干教师向用人单位推荐自己，容易引起用人单位领导的重视和信任。父母、亲友的推荐也可以帮助毕业生扩大就业的范围，为自己的成功求职助一臂之力。

请人推荐，最好备一份履历表，这样可以使用人单位对你的情况有一个全面的了解，引起对你的重视，使之成为决定是否面谈的参考依据。

6)人才代理

人才委托推荐是现代人事工作的重要内容，是人事代理服务的主要实现形式之一，是建立有序合理的人才流动机制的一种新型的服务方式，适用于用人单位和各类人才的双向选择，特别有利于提高中、高级人才的择业成功率。

求职应聘者可通过委托的方式向具有资质的人才服务机构提供有效的证件和业绩材料，明确择业方向和职位要求，提出相应的工作环境和薪资条件，如能有专家的能力评价报告和推荐书则更加完备。人才服务机构一旦接受委托，就会在商定的期限内完成向用人单位的推荐并使求职者得到专门组织的面试机会。这种委托推荐方式能给求职者提供更多的便利。

7)各种传媒

通过报纸、杂志、广播、电视等传播工具获得信息也是获得就业信息的重要途径。其特点是传播面广，信息量大，传播速度快。应尽可能查阅有关报纸和专业刊物，尤其是求职者所申请行业或公司所在地区内的报纸杂志。从这些报纸杂志上，求职者可以初步了解用人单位的有关情况，如员工人数、代表产品、广告、公司内部的机构设置、主要工作内容、将来发展方向等。而那些全国性的大报和国家级专业报刊则是了解把握行业状况、市场趋势的重要信息源。

8)公务员与选调生

参加公务员考试，已经成为即将毕业的本科生和研究生的最主要的择业手段之一。公务员职业具有收入可观，工作稳定，压力小的特点。在公务员的很多工作中，要与其他部门，其他行业的人打交道，所以，做公务员可以建立比较广的关系网。参加公务员考试，现在的考公务员热潮也说明了毕业生对公务员的厚爱。

选调生，一般公务员招考的是非领导职务国家公务人员，选调生不仅仅具有国家公务员身份，其重点是培养党政领导干部后备人选。同时，为县(处)级以上党政机关和企事业单位培养和输送高素质的工作人员和管理人员。选调生一般到基层去，条件艰苦，福利少。但是选调生的晋升速度要比公务员快，选调生越来越得到毕业生的青睐。竞选选调生对毕业同学来说又多了一条出路。

需要指出的是，上面介绍的自荐方式并不是独立存在的，在现实的求职活动中往往要综合应用才会达到自我推荐的目的。另外，就业途径有多种，毕业生在求职过程中应活学活用，有选择、有针对性地采取适用自身的方式，避免盲目撒网，浪费过多的精力和财力。

9)国家及地方项目就业

项目就业包括“聘用高校毕业生到村任职”；“农村义务教育阶段学校教师特设岗位计划”；“三支一扶(支教、支农、支医和扶贫)计划”；还有“大学生志愿服务西部计划”等项目。

(1)“聘用高校毕业生到村任职”。国家决定从2008年起，连续用5年时间，选聘10万名高校毕业生到村任职，每年选聘两万名。选聘工作每年集中开展一次，原则上由省区市一级组织、人力资源和社会保障部门、团委统一组织实施或省、市两级组织共同实施。

(2)"农村义务教育阶段学校教师特设岗位计划"。为加强农村义务教育教师队伍建设,国家决定自2006年起用5年时间在西部地区实施"农村义务教育阶段学校教师特设岗位计划"。计划的主要内容是对西部地区"两基"攻坚县农村中小学,在不改变教师管理事权的前提下,在现有教师编制内设立特别岗位,由国家公开招募高校毕业生担任特别岗位教师,聘期3年。所需资金由中央和地方共同负担,以中央为主。特设岗位教师聘用期满后可按规定转为当地公办教师,重新择业的享受国家有关就业优惠政策。

目前,中央财政支持的国家计划设岗增加到5万名,实施范围由西部地区的"两基"攻坚县为主扩至中西部地区国家扶贫开发工作重点县,并进一步鼓励和引导更多的高校毕业生报名参加。目前,共招聘特岗教师5.92万人,其中初中教师占67.7%,小学教师占32.3%。特岗计划覆盖了490多个县6 400多所学校,其中初中3 500多所,小学2 800多所。

(3)"三支一扶计划",是指大学生在毕业后到农村基层从事支农、支教、支医和扶贫工作。国家计划自2006年开始连续5年,每年通过公开招募、自愿报名、组织选拔、集中派遣的方式,招募2 000名高校毕业生,主要安排到乡镇从事教育、卫生、农技、扶贫等工作。服务期限为2年。招募计划侧重于经济欠发达地区。

(4)"大学生志愿服务西部计划"又称西部计划,它是由共青团中央、教育部、组织部门、人事部门于2003年根据国务院有关要求共同组织实施的。计划从2003年开始,按照公开招募、自愿报名、组织选拔、集中派遣的方式,每年招募一定数量的普通高等院校应届毕业生,以志愿服务的方式到西部贫困县的乡镇从事为期1～2年的教育、卫生、农技、扶贫以及青年中心建设和管理等方面的工作。

虽然参加国家项目就业的大学毕业生是去条件艰苦、生活设施不完善、经济欠发达地区工作,但是国家也对这些大学毕业生们进行各种形式、多种渠道的支持和帮助。国家财政安排了专项资金对这些大学毕业生们进行了生活、交通、保险补贴。参加国家项目就业的毕业生服务期满重新择业,国家也会在人事档案、公务员考试、考研、保险、工龄等方面进行照顾。

现在大学毕业生的就业形势十分严峻,很多就业大学生的工资待遇甚至不能满足基本的生活需求。在这种的环境下,国家项目就业对大学生而言不仅是多出了一种就业道路,更是充实生活、增长见识、锻炼能力、磨砺自己的选择。参加国家项目就业的毕业生服务期满后,进入自由择业市场,用人单位也会看重毕业生这段时间的工作经验,这是对毕业生们吃苦耐劳、艰苦创业的品质最有力的证明。希望广大高校毕业生志存高远,抓住机遇,接受挑战,到西部去、到农村去、到基层去、到改革开放和现代化建设的第一线去、到祖国人民最需要的地方去,不辱使命,建功立业。

需要指出的是,上面介绍的自荐方式并不是独立存在的,在现实的求职活动中往往要综合应用才会达到自我推荐的目的。另外就业途径多种,毕业生在求职过程中应活学活用,有选择、有针对性地采取适用自身的方式,而非盲目撒网,浪费过多的精力和财力。

第三节　就业协议与劳动合同的签订

【观点导读】

1.签订就业协议书是毕业生就业的一个重要环节,毕业生应该正确认识和严肃对待就业协议书,慎重签订就业协议。

2.就业协议书是毕业生明确就业单位的书面证明材料，充分了解其内容和法律地位，有助于毕业生维护自身的权益。

3.毕业生应该了解掌握《劳动合同法》的有关知识，切实维护自身的合法权益。

高校毕业生就业时，与用人单位签订的《全国普通高等学校毕业生就业协议书》(以下简称“就业协议书”)、劳动合同以及其他的一些书面约定，对毕业生顺利上岗有着十分重要的意义，有的还是主要的法律文件，对其内容和相互关系一定要搞清楚，但是大多数毕业生对此认识比较模糊。

一、就业协议书的签订

1.就业协议书的作用及主要内容

1)就业协议书概述

就业协议书是明确毕业生、用人单位和学校在毕业生就业工作中权利和义务的书面表现形式，其一般由国家教育部或各省、市、自治区就业主管部门统一制表。毕业生与用人单位通过供需见面会、双向选择达成一致意见后，就需签订就业协议。毕业生就业协议书每人仅有一份，必须认真妥善保管，不得丢失。

2)就业协议书的作用

就业协议书由学校发放，毕业生签字，用人单位和学校盖章。就业协议书是学校作为毕业生派遣方案的重要依据，学校将根据协议书的内容开具毕业生就业报到证和户口迁移证，同时转移学生档案。就业协议书也是毕业生与用人单位建立就业关系的正式凭证，是毕业生毕业后到人事、教育、户籍等部门办理就业报到手续的必备材料之一。

签订就业协议书是国家为规范高校毕业生就业工作，避免混乱，杜绝就业欺诈行为，维护高校毕业生就业工作严肃性，为维护毕业生、用人单位和学校的合法权益而采取的一项必要措施。

就业协议书以书面形式明确了毕业生、用人单位、学校在毕业生就业工作中的权利和义务，具有法律约束效力。

3)就业协议书的主要内容

(1)毕业生应按国家有关规定就业，向用人单位如实的介绍自己的情况，了解用人单位的使用意图，表明自己的就业意向；在规定时间内到用人单位报到，如遇特殊情况不能按时报到，需征得用人单位同意。

(2)用人单位要如实介绍本单位的情况，明确对毕业生的要求和使用意图，做好各项接收工作。

(3)学校要如实向用人单位介绍毕业生的情况，做好推荐工作；用人单位同意录用后，经学校审核报主管部门审批办理派遣手续。

(4)毕业生和用人单位都应严格履行协议，任何一方如果违反协议，应承担违约责任。

(5)毕业生和用人单位如有其他约定，应在协议书的备注栏中明确，并视为就业协议的一部分。

为避免就业协议和劳动合同的矛盾，使就业协议拟定的权利和义务更加明确，目前，上海等地区和部分高校已开始试行就业协议和劳动合同合二为一的做法，即在就业协议中增加劳动合同的内容：劳动合同期限，工作内容，劳动保护和劳动条件，劳动报酬，劳动纪律，劳动合同生效条件，违反劳动合同的责任等条款，切实履行和维护毕业生和用人单位双方的义务和权利。

2. 就业协议书的法律效力

目前毕业生在就业前所签的就业协议书是三方协议，具有合同的某些法律属性，但这三方协议并不是简单的平等协议。

(1)从签订就业协议的主体来看，就业协议的签订须三方在就业协议上签字或盖章才能生效。也就是说，签订就业协议的主体是毕业生、用人单位、学校。在签订协议的过程中，毕业生和用人单位是平等的主体。相互之间的法律地位是完全平等的。双方是否在就业协议书上签字，完全取决于双方各自的意愿，不存在强迫对方的问题。可是，学校作为签订就业协议的一方主体，具有双重主体的身份。一方面，是以平等主体参加到签订就业协议中来，并按照签订就业协议书的规定和程序签字盖章。另一方面，学校是以管理者的身份对就业协议进行审查，符合政策规定的予以签字盖章，使就业协议生效；不符合政策规定的，不予以签字盖章，就业协议不能生效。同时，告知毕业生重新择业，致函用人单位就业协议不能产生效力。学校的这种作用实质上是行政管理权力的体现。由于学校有管理职能和维护学校声誉的权力，在一定程度上学校的主体地位高于毕业生和用人单位的主体地位。

(2)从就业协议的客体来看，毕业生、用人单位、学校三方面共同达成的一致意见是毕业生愿意到用人单位就业；用人单位同意录用毕业生；学校经审核同意。所以，签订就业协议主要反映的是一种劳动人事关系，也就是毕业生将成为用人单位的成员。能否成为用人单位的内部成员还需要具备一定的条件。当然，随着改革的不断深入，今后的协议只要用人单位与毕业生签订即可生效，学校只是作为鉴证方，目前，上海、江苏等少数省市已经这样做了。

(3)无论是就业协议书还是劳动合同，发生法律效力后，任何一方不得擅自毁约。如用人单位无故要求毁约，毕业生有权要求对方履行就业协议，否则用人单位应对毕业生进行补偿。2008 年曾有一家单位在学生毕业后去报到时，该单位宣布企业裁员，新去的大学生一个也不接收。这时，学生找到学校，因为错过了找工作的最好时间和机会，同时也是该企业违约。所以，通过学校与该企业商量和调解，最后该企业支付给学生一定数额的违约金，由学生另找单位。当然，权利和义务是一致的，如果毕业生无故违约或者解除劳动合同，也应当赔偿由此对用人单位造成的损失。

作为一名大学生，签订《就业协议书》后要诚实守信，没有特殊情况不要轻易违约。如有确实特殊原因需要违约，可按照下列程序办理。首先，向已签约的用人单位提出违约理由；其次，经用人单位同意后，向用人单位承担违约责任；第三，持用人单位同意违约的函信和已签订的《就业协议》交到学校毕业生就业工作部门，经审查并向学校承担违约责任后，再领新的《就业协议书》。

违约，给诸多毕业生带来的是“一种说不出的痛”；同样，也给作为“签约三方”的另外两方——学校和用人单位造成许多难言的“伤痛”。违约所带来的最大的压力是学校，学校既要对学生负责，又要对用人单位负责，无论任何一方毁约，另一方都会找学校，每年处理的这类事情给学校带来很大的工作量，处理不好，单位和学生都有意见。学校要对用人单位负责，对学生负责，也要对学校在社会上的信誉负责。所以，学校对毕业生的违约问题也给予高度重视。

3. 签约时应该注意的问题

(1)签订就业协议的当事人必须具备合法的主体资格。对毕业生而言，就是要取得毕业资格，如果学生在报到时未取得毕业资格，用人单位可以不予接收而无需承担法律责任。

对用人单位而言，用人单位必须具有从事经营或管理活动的资格和能力；并有录用毕业生的指标和录用自主权。否则毕业生可解除协议而无需承担违约责任。

对高校而言，高校应根据用人单位的要求如实介绍毕业生的在校表现，也应如实将所掌握的用人单位的信息发布给毕业生。高等学校在毕业生签订就业协议书过程中应进行监督和指导。

(2)应全面了解用人单位的情况和自身现实，防止签约时几种非正常心理产生。毕业生在求职择业中，普遍存在着急躁、焦虑情绪，有的接到用人单位同意签约的通知书后，便认为船到码头车到站了，不假思索就签订协议书；有些毕业生由于就读著名高校、学习成绩优异，学有所长等原因，往往为多家单位所青睐，因而常常有两个或两个以上用人单位同意签约。"一家有女几家求"他们又瞻前顾后，徘徊不定，迟迟不签协议，以致两头失衡。毕业生应清醒地认识到"鱼与熊掌不可兼得"的道理。此时，毕业生应对各家单位与自身实际情况再做一次充分评估，仔细考虑一下自己的择业目标和职业生涯发展机会，果断签约。

(3)协议条款的内容必须明确。毕业生与用人单位通过协商，如果确有必要对协议书条款进行补充或具体化，如考研、出国、工资福利待遇、工作期限(包括试用期或见习期)、违约责任等涉及双方义务和权利的问题，就应签明具体内容。如无附加条款，应当将协议书中空白部分划去，或注明"以下空白"。

(4)注意与劳动合同的衔接。应尽可能将劳动合同主要条款的内容体现在就业协议的约定条款中，并约定就业时签订的劳动合同要包括这些内容。若事先没有书面约定，一旦双方就劳动合同有关内容达不成一致意见，而双方又不能就解除就业协议达成共识，毕业生提出不去该单位就业，则毕业生就将承担违约责任。

(5)按规定程序签订协议。毕业生在签订就业协议时，应按照规定程序进行，一般来说，毕业生应通过和用人单位的协商，在双方对就业协议的条款和内容达成一致后，用人单位和自己同时在就业协议书上签字盖章。然后把就业协议书交到学校毕业生就业工作部门，列入毕业生就业方案。按照规定程序签约，有利于保护毕业生和用人单位的合法权利，可避免因一方在另一方不知晓的情况下，另增加有损于对方权益的其他条款和内容。

(6)进入民营企业工作要规范协议和劳动合同的条款。近年来，民营企业发展迅速，民营企业对人才的需求与日俱增。民企在用人机制和权益保障制度方面尚不够健全，如：有的民营企业的不按规定买保险、关系无处挂靠、不签订用工合同等，有的虽与职工签订劳动合同，但合同内容不符合劳动法律法规，如：有的是自制的劳动合同，其文本内容、条款不规范，将上岗合同代替为劳动合同，把企业制度作为合同条款，把非法集资、缴纳保险金等内容写进合同。企业一旦与职工签订正式的劳动合同，按规定就要为职工缴纳社会养老保险、住房公积金、失业保险金等款项，而这些款项约为职工工资的40%。在大量用工的企业里，职工工资总额的40%无疑是个大数字，能省就省，企业不与职工签订合同也就不足为奇了。目前，社会劳动力供过于求，职工找到一个岗位不易，签不签合同老板说了算，职工无能为力。鉴于一些民企用工制度不规范的现状，建议准备到民企就业的大学毕业生增强择业中的法律意识，善于用《劳动法》、《劳动合同法》保护自己的合法权益，签好合同再进民企。

二、劳动合同的签订

1.《劳动合同法》概述

毕业生到用人单位报到后一般要签订劳动合同。劳动合同是规范劳动关系最基本的法律形式，是用人单位与劳动者之间权利和义务的明确约定。

尽管我国从20世纪80年代中期就开始进行劳动合同制度改革试点，1995年1月1日施行的《劳动法》正式确立了劳动合同制度，全国陆续开始推行全员劳动合同制度，但受制于多方面因素，劳动合同制度实施情况并不理想。特别是劳动合同签订率不高、质量低下等问题突出，直接影响了劳动者权益的维护和劳动关系的和谐发展。因此在法律上完善劳动合同制度，是夯实劳动关系基础的必然要求。

我国目前实行的《劳动法》只规定了劳动合同的基本原则，以致许多劳动合同具体的问题需要从劳动和社会保障部的部门规章和地方法规中寻求答案，而大学生在求职过程中处于弱势地位，往往导致用人单位与大学生签订的是不公平的劳动合同。于2008年1月1日起生效实施《劳动合同法》对此类问题有了最终的解决方案。《劳动合同法》不仅对劳动合同各方面做出了细致、统一的规定，更重要的是，加大了对劳动者的保护力度，加重了用人单位的违法成本。对于大学生来说，在劳动合同的建立、终止，劳动报酬、试用期等多方面，《劳动合同法》给予了不同程度的保障。

例如：《劳动合同法》规定，"用人单位自用工之日起满一年不与劳动者订立书面劳动合同的，视为用人单位与劳动者已订立无固定期限劳动合同"。这将促使企业更主动地与学生签订劳动合同。再如，社会保险条款成为劳动合同必备条款。到时，大学生生不用再追着向单位提"三险一金"要求，因为根据新法，用人单位必须履行义务。

关于"试用期"，新法规定，"劳动合同期限三个月以上不满一年的，试用期不得超过一个月；劳动合同期限一年以上不满三年的，试用期不得超过两个月；三年以上固定期限和无固定期限的劳动合同，试用期不得超过六个月；试用期的工资，不得低于本单位相同岗位最低档工资或者劳动合同约定工资的百分之八十……"。高校教师指出，过去一些用人单位存在滥用试用期的问题。有的企业利用试用期把大学生当作廉价劳动力，开始许诺干得好就录用，但试用了很长一段时间后一个都不留。这种做法现在是违法的。

大学生应该要及时正确的认识《劳动合同法》给自己的求职就业带来的影响，只有这样才能依法保护好自己的权益，才能更好地迎接挑战，为自己的求职择业保驾护航。

2. 劳动合同的签订原则

订立劳动合同的原则，是指在劳动合同订立过程中双方当事人应当遵循的法律准则。《劳动合同法》第三条规定了订立劳动合同的原则："订立劳动合同，应当遵循合法、公平、平等自愿、协商一致、诚实信用的原则。"具体来说有以下几项原则。

1)合法原则

合法原则是指订立劳动合同必须遵守国家的法律法规的规定。它的基本内涵包括以下几个方面：①订立劳动合同的主体必须合法。作为用人单位，必须是依法成立的企业、事业单位、国家机关、社会团体和个体经济组织等用人单位；作为劳动者，必须是具有劳动权利能力和劳动能力的自然人。②劳动合同的内容必须合法。劳动合同的所有条款都不能违反国家法律、法规的规定，不得分割国家利益和社会公共利益。③劳动合同订立的形式和程序必须合法。劳动合同应当采用书面形式签订，并经用人单位与劳动者在劳动合同文本上签字或者盖章方可生效。

2)公平原则

公平原则是指劳动合同当事人要公平地确定合同权利义务，使双方的权利义务安排大致相当，合同当事人不得利用自己的优势地位或对方的不利地位，而订立显失公平的合同。合同的公平原则要求合同双方当事人之间的权利义务要基本平衡，即双方当事人之间给付与对待给付之间要具有等值性。如果合同内容显失公平，当事人一方有权请求劳动争议仲裁机构或者人民法院确认显失公平的合同无效。

3)平等自愿、协商一致原则

平等是指当事人双方在签订劳动合同时的法律地位平等，没有任何隶属关系、服从关系，用人单位与劳动者是以平等的身份订立劳动合同。自愿是指订立劳动合同完全出于当事人自己的意志，任何一方不得将自己的意志强加给对方，也不允许第三者干涉劳动合同的订立。协商一致是指合同的双方当事人对合同的各项条款，只有在双方充分表达自己意志基础上，经过平等协商，取得一致意见的情况下，劳动合同才能成立。凡是违反平等自愿、协商一致原则签订的劳动合同，不仅不具有法律效力，而且还应承担一定法律责任。

4)诚实信用原则

诚实信用原则是指劳动合同当事人在订立劳动合同时要诚实，不得有欺诈行为。"欺诈行为"是指一方当事人故意实施某种欺骗他人而使他人陷入错误的行为。如：用人单位或劳动者为了达到签订劳动合同的目的，故意告知对方虚假的情况等。双方当事人在签订劳动合同时，要真实地向对方当事人陈述与劳动合同有关的情况，恪守信用，讲求信用。

3.劳动合同的主要内容

1)关于规章制度

用人单位应当依法建立和完善劳动规章制度，保障劳动者享有劳动权利、履行劳动义务。用人单位在制定、修改或者决定有关劳动报酬、工作时间、休息休假、劳动安全卫生、保险福利、职工培训、劳动纪律以及劳动定额管理等直接涉及劳动者切身利益的规章制度或者重大事项时，应当经职工代表大会或者全体职工讨论，提出方案和意见，与工会或者职工代表平等协商确定。在规章制度和重大事项决定实施过程中，工会或者职工认为不适当的，有权向用人单位提出，通过协商予以修改完善。用人单位应当将直接涉及劳动者切身利益的规章制度和重大事项决定公示，或者告知劳动者。

2)关于劳动合同关系的建立与书面劳动合同的订立

用人单位自用工之日起即与劳动者建立劳动关系。建立劳动关系，应当订立书面劳动合同。订立劳动合同，应当遵循合法、公平、平等自愿、协商一致、诚实信用的原则。已建立劳动关系，未同时订立书面劳动合同的，应当自用工之日起一个月内订立书面劳动合同。用人单位与劳动者在用工前订立劳动合同的，劳动关系自用工之日起建立。用人单位与劳动者协商一致，可以订立固定期限劳动合同、无固定期限劳动合同和以完成一定工作任务为期限的劳动合同。

劳动合同应当具备以下条款：

(1)用人单位的名称、住所和法定代表人或者主要负责人；

(2)劳动者的姓名、住址和居民身份证或者其他有效身份证件号码；

(3)劳动合同期限；

(4)工作内容和工作地点；

(5)工作时间和休息休假；

(6)劳动报酬；

(7)社会保险；

(8)劳动保护、劳动条件和职业危害防护；

(9)法律、法规规定应当纳入劳动合同的其他事项。

此外,用人单位与劳动者可以约定试用期、培训、保守秘密、补充保险和福利待遇等其他事项。同时,在法律责任中规定:用人单位自用工之日起超过一个月但不满一年未与劳动者订立书面劳动合同的,应当向劳动者每月支付两倍的工资。

3)关于无固定期限劳动合同

用人单位与劳动者协商一致,可以订立无固定期限劳动合同。有下列情形之一,劳动者提出或者同意续订、订立劳动合同的,除劳动者提出订立固定期限劳动合同外,应当订立无固定期限劳动合同:

(1)劳动者在该用人单位连续工作满十年的;

(2)用人单位初次实行劳动合同制度或者国有企业改制重新订立劳动合同时,劳动者在该用人单位连续工作满十年且距法定退休年龄不足十年的;

(3)连续订立二次固定期限劳动合同,且劳动者无本法第三十九条和第四十条第一项、第二项规定的情形,续订劳动合同的。

用人单位自用工之日起满一年不与劳动者订立书面劳动合同的,视为用人单位与劳动者已订立无固定期限劳动合同。同时,在法律责任中规定:用人单位违反本法规定不与劳动者订立无固定期限劳动合同的,自应当订立无固定期限劳动合同之日起向劳动者每月支付两倍的工资。

4)关于试用期

劳动合同期限三个月以上不满一年的,试用期不得超过一个月;劳动合同期限一年以上不满三年的,试用期不得超过两个月;三年以上固定期限和无固定期限的劳动合同,试用期不得超过六个月。同一用人单位与同一劳动者只能约定一次试用期。以完成一定工作任务为期限的劳动合同或者劳动合同期限不满三个月的,不得约定试用期。

试用期包含在劳动合同期限内。劳动合同仅约定试用期的,试用期不成立,该期限为劳动合同期限。劳动者在试用期的工资不得低于本单位相同岗位最低档工资或者劳动合同约定工资的80%,并不得低于用人单位所在地的最低工资标准。

在试用期中,除劳动者有不符合录用条件、有违规违纪违法行为,不能胜任工作等情形外,用人单位不得解除劳动合同。用人单位在试用期解除劳动合同的,应当向劳动者说明理由。同时,在法律责任中规定:用人单位违反本法规定与劳动者约定试用期的,由劳动行政部门责令改正;违法约定的试用期已经履行的,由用人单位以劳动者试用期满月工资为标准,按已经履行的超过法定试用期的期间向劳动者支付赔偿金。

5)关于劳动合同的履行

用人单位与劳动者应当按照劳动合同的约定,全面履行各自的义务。用人单位应当按照劳动合同约定和国家规定,向劳动者及时足额支付劳动报酬。用人单位拖欠或者未足额支付劳动报酬的,劳动者可以依法向当地人民法院申请支付令;人民法院应当依法发出支付令。

用人单位应当严格执行劳动定额标准,不得强迫或者变相强迫劳动者加班。用人单位安排加班的,应当按照国家有关规定向劳动者支付加班费。劳动者拒绝用人单位管理人员违章指挥、强令冒险作业的,不视为违反劳动合同。

劳动者对危害生命安全和身体健康的劳动条件,有权对用人单位提出批评、检举和控告。国家采取措施,建立健全劳动者社会保险关系跨地区转移接续制度。

6)关于劳动者可以解除劳动合同情形

用人单位与劳动者协商一致,可以解除劳动合同。劳动者提前30日以书面形式通知用人单位,可以解除劳动合同。劳动者在试用期内提前三日通知用人单位,可以解除劳动合同。

用人单位有下列情形之一的,劳动者可以解除劳动合同:

(1)未按照劳动合同约定提供劳动保护或者劳动条件的;

(2)未及时足额支付劳动报酬的;

(3)未依法为劳动者缴纳社会保险费的;

(4)用人单位的规章制度违反法律、法规的规定,损害劳动者合法权益的;

(5)因用人单位过错致使劳动合同无效的;

(6)法律、行政法规规定劳动者可以解除劳动合同的其他情形。

用人单位以暴力、威胁或者非法限制人身自由的手段强迫劳动者劳动的,或者用人单位违章指挥、强令冒险作业危及劳动者人身安全的,劳动者可以立即解除劳动合同,不需事先告知用人单位。

7)关于用人单位可以解除劳动合同的情形

(1)用人单位与劳动者协商一致,可以解除劳动合同。劳动者有下列情形之一的,用人单位可以解除劳动合同:

①在试用期间被证明不符合录用条件的;

②严重违反用人单位的规章制度的;

③严重失职,营私舞弊,给用人单位造成重大损害的;

④劳动者同时与其他用人单位建立劳动关系,对完成本单位的工作任务造成严重影响,或者经用人单位提出,拒不改正的;

⑤因劳动者过错致使劳动合同无效的;

⑥被依法追究刑事责任的。

(2)有下列情形之一的,用人单位提前30日以书面形式通知劳动者本人或者额外支付劳动者一个月工资后,可以解除劳动合同:

①劳动者患病或者非因工负伤,在规定的医疗期满后不能从事原工作,也不能从事由用人单位另行安排的工作的;

②劳动者不能胜任工作,经过培训或者调整工作岗位,仍不能胜任工作的;

③劳动合同订立时所依据的客观情况发生重大变化,致使劳动合同无法履行,经用人单位与劳动者协商,未能就变更劳动合同内容达成协议的。

8)关于经济性裁员

(1)有下列情形之一,需要裁减人员20人以上或者裁减不足20人但占企业职工总数10%以上的,用人单位提前30日向工会或者全体职工说明情况,听取工会或者职工的意见后,裁减人员方案经向劳动行政部门报告,可以裁减人员。

①依照企业破产法规定进行重整的;

②生产经营发生严重困难的;

③企业转产、重大技术革新或者经营方式调整,经变更劳动合同后,仍需裁减人员的;

④其他因劳动合同订立时所依据的客观经济情况发生重大变化,致使劳动合同无法履行的。

(2)裁减人员时,应当优先留用下列劳动者:

①与本单位订立较长期限的固定期限劳动合同的;

②与本单位订立无固定期限劳动合同的;

③家庭无其他就业人员，有需要扶养的老人或者未成年人的。用人单位依法裁减人员，在6个月内重新招用人员的，应当通知被裁减的人员，并在同等条件下优先招用被裁减的人员。

9)关于集体合同

企业职工一方与用人单位通过平等协商，可以就劳动报酬、工作时间、休息休假、劳动安全卫生、保险福利等事项订立集体合同。集体合同草案应当提交职工代表大会或者全体职工讨论通过。集体合同由工会代表企业职工一方与用人单位订立；尚未建立工会的用人单位，由上级工会指导劳动者推举的代表与用人单位订立。

企业职工一方与用人单位可以订立劳动安全卫生、女职工权益保护、工资调整机制等专项集体合同。在县级以下区域内，建筑业、采矿业、餐饮服务业等行业可以由工会与企业方面代表订立行业性集体合同，或者订立区域性集体合同。

集体合同订立后，应当报送劳动行政部门；劳动行政部门自收到集体合同文本之日起15日内未提出异议的，集体合同即行生效。依法订立的集体合同对用人单位和劳动者具有约束力。行业性、区域性集体合同对当地本行业、本区域的用人单位和劳动者具有约束力。

10)关于工会

县级以上人民政府劳动行政部门会同工会和企业方面代表，建立健全协调劳动关系三方机制，共同研究解决有关劳动关系的重大问题。工会应当帮助、指导劳动者与用人单位依法订立和履行劳动合同，并与用人单位建立集体协商机制，维护劳动者的合法权益。

用人单位违反集体合同，侵犯职工劳动权益的，工会可以依法要求用人单位承担责任；因履行集体合同发生争议，经协商解决不成的，工会可以依法申请仲裁、提起诉讼。工会依法维护劳动者的合法权益，对用人单位履行劳动合同、集体合同的情况进行监督。用人单位违反劳动法律、法规和劳动合同、集体合同的，工会有权提出意见或者要求纠正；劳动者申请仲裁、提起诉讼的，工会依法给予支持和帮助。

11)关于劳务派遣

劳务派遣单位应当依照公司法的有关规定设立，注册资本不得少于50万元。劳务派遣单位是本法所称用人单位，应当履行用人单位对劳动者的义务。劳务派遣单位与被派遣劳动者订立的劳动合同，除应当载明本法第十七条规定的事项外，还应当载明被派遣劳动者的用工单位以及派遣期限、工作岗位等情况。

劳务派遣单位应当与被派遣劳动者订立两年以上的固定期限劳动合同，按月支付劳动报酬；被派遣劳动者在无工作期间，劳务派遣单位应当按照所在地人民政府规定的最低工资标准，向其按月支付报酬。劳务派遣单位应当将劳务派遣协议的内容告知被派遣劳动者。劳务派遣单位不得克扣用工单位按照劳务派遣协议支付给被派遣劳动者的劳动报酬。劳务派遣单位和用工单位不得向被派遣劳动者收取费用。

用工单位应当履行下列义务：

①执行国家劳动标准，提供相应的劳动条件和劳动保护；

②告知被派遣劳动者的工作要求和劳动报酬；

③支付加班费、绩效奖金，提供与工作岗位相关的福利待遇；

④对在岗被派遣劳动者进行工作岗位所必需的培训；

⑤连续用工的，实行正常的工资调整机制。用工单位不得将被派遣劳动者再派遣到其他用人单位。

被派遣劳动者享有与用工单位的劳动者同工同酬的权利。用工单位无同类岗位劳动者的，参照用工单位所在地相同或者相近岗位劳动者的劳动报酬确定。劳务派遣一般在临时性、辅助性或者替代性的工作岗位上实施。

用人单位不得设立劳务派遣单位向本单位或者所属单位派遣劳动者。

12)关于监督检查

县级以上地方人民政府劳动行政部门依法对下列实施劳动合同制度的情况进行监督检查：

①用人单位制定直接涉及劳动者切身利益的规章制度及其执行的情况；

②用人单位与劳动者订立和解除劳动合同的情况；

③劳务派遣单位和用工单位遵守劳务派遣有关规定的情况；

④用人单位遵守国家关于劳动者工作时间和休息休假规定的情况；

⑤用人单位支付劳动合同约定的劳动报酬和执行最低工资标准的情况；

⑥用人单位参加各项社会保险和缴纳社会保险费的情况；

⑦法律、法规规定的其他劳动监察事项。

县级以上地方人民政府劳动行政部门实施监督检查时，有权查阅与劳动合同、集体合同有关的材料，有权对劳动场所进行实地检查，用人单位和劳动者都应当如实提供有关情况和材料。劳动行政部门的工作人员进行监督检查，应当出示证件，依法行使职权，文明执法。

13)关于劳动者的权利救济

劳动者合法权益受到侵害的，有权要求有关部门依法处理，或者依法申请仲裁、提起诉讼。任何组织或者个人对违反本法的行为都有权举报，县级以上人民政府劳动行政部门应当及时核实、处理，并对举报有功人员给予奖励。

4.劳动合同的法律效力

1)劳动合同的一般特征

(1)合同是法律行为，是设立、变更或消灭某种具体的法律关系的行为，其目的在于表达设定、消灭或变更法律关系的愿望和意图。这种愿望和意图是当事人的意思表示，通过这种意思表示，当事人双方或多方产生一定的权利义务关系，但这种意思表示必须是合法的，否则，合同没有约束力，也不受国家法律的保护。

(2)合同以在当事人之间产生权利义务为目的。合同当事人的协商，总是为了建立某种具体的权利义务关系，而一旦合同依法成立，这种对当事人有约束力的权利义务关系就建立起来了。任何一方当事人都必须履行自己所应履行的义务，如果不履行合同规定的义务，就是违反合同，就要承担相应的法律责任。

(3)合同是当事人双方或多方相互的意思表示一致，是当事人之间的协议。主要表现为：合同的成立，必须有两方或两方以上的当事人；当事人双方或多方必须互相意思表示；当事人的意思表示必须一致。

2)劳动合同的法律特征

(1)劳动合同是建立劳动关系的一种法律形式，以合同形式确立了劳动者与用人单位的权利义务。

(2)劳动合同双方当事人中，一方必须是具有劳动权利能力和劳动行为能力的公民本人，另一方必须是企业等用人单位的行政，不能是企业的党团组织或工会组织。

(3)劳动合同的当事人之间存在着职业上的从属关系，即作为劳动合同一方当事人的劳动者，在订立劳动合同后，成为另一方当事人企业等用人单位的一员，用人单位有权指派劳动者完成劳动合同规定的属于劳动者劳动职能范围内的任何任务。这种职业上的从属关系，是劳动合同区别于其他合同的重要特点之一。

(4)劳动合同双方当事人的权利和义务是统一的，即双方当事人既是劳动权利主体，又是劳动义务主体，根据签订的劳动合同，劳动者有义务完成工作任务，遵守本单位内部的劳动规则，用人单位有义务按照劳动者劳动数量和质量支付劳动报酬。劳动者有权享受法律、法规及劳动合同规定的劳动保险和生活福利待遇，用人单位有义务提供劳动法律、法规及劳动合同规定的劳动保护条件。

(5)劳动合同的订阅、变更、终止和解除，按照国家劳动法律、法规的规定。

5. 就业协议与劳动合同的不同之处

1)主体不同

就业协议适用于应届毕业生与用人单位、学校三方之间，学校是就业协议的见证方或签约方，就业协议对用人单位的性质没有规定，适用任何单位；而劳动合同只适用于劳动者(含应届毕业生)与用人单位(不含公务员单位和比照实行公务员制度的组织和社会团体以及军队系统)之间，与学校无关。

2)内容不同

毕业生就业协议的内容主要是毕业生如实介绍自身情况，并表示愿意到用人单位就业，用人单位表示愿意接受毕业生，学校同意推荐毕业生并列入就业方案，而不涉及毕业生到用人单位报到后，所享有的权利义务。劳动合同的内容涉及劳动报酬、劳动保护、工作内容、劳动纪律等方方面面，更为具体，劳动权利义务更为明确。

3)时间不同

一般来说就业协议签订在前，就业协议应在毕业生就业之前签订，而劳动合同往往在毕业生到用人单位报到后才签订。

4)目的不同

就业协议是毕业生和用人单位关于将来就业意向的初步约定，是对双方的基本条件以及即将签订的劳动合同的部分基本内容的大体认可，并经用人单位的上级主管部门和高校就业部门同意，一经毕业生、用人单位、高校、用人单位主管部门签字盖章，即具有一定的法律效力，是编制毕业生就业方案和将来双方订立劳动合同的依据。

5)适用法律不同

就业协议发生争议，除根据协议本身内容之外主要依据现有的毕业生就业政策和法律对合同的一般规定来加以解决，尚没有专门的一部法律对毕业生就业协议加以调整。而劳动合同发生争议，应依据《劳动法》来处理。

三、违约责任与劳动争议

无论是就业协议书还是劳动合同，发生法律效力后，任何一方不得擅自毁约。如用人单位无故要求毁约，毕业生有权要求对方履行就业协议，否则用人单位应对毕业生进行补偿。当然，权利和义务是一致的，如果毕业生无故违约或者解除劳动合同，也应当赔偿由此对用人单位造成的损失。

1. 就业协议书争议解决

目前，关于大学毕业生就业协议争议问题时有发生，国家和各级政府还没有明确的就业法律规定。在实践中引起就业协议争议的主体通常是毕业生和用人单位,更多是毕业生。

1)就业协议书解除的种类

就业协议书的解除分为单方解除和三方解除。

(1)单方解除。此类包括单方擅自解除和单方依法或依协议解除。单方擅自解除协议。属违约行为,解约方应对另二方承担违约责任。单方依法或依协议解除,是指一方解除就业协议有法律上或协议上的依据,如学生未取得毕业资格,用人单位有权单方解除就业协议,毕业生录用之后,可解除就业协议,或依协议规定,毕业生未通过用人单位所在地组织的公务员考试,用人单位有权解除协议,此类单方解除,解除方无须对另二方承担法律责任。

(2)三方解除。它是指毕业生、用人单位、学校三方经协商一致,解除原订立的协议,使协议不发生法律效力。此类解除因是三方当事人真实意思表示一致的体现,三方均不承担法律责任,三方解除应在就业计划上报主管部门之前进行,如就业派遣计划下达后三方解除,还须经主管部门批准办理调整改派。

2)解决就业协议争议的主要办法

(1)毕业生与用人单位协商解决。此法适用于因毕业生的原因引起的就业协议争议,毕业生本人出面向用人单位说明情况,按协议承担违约责任,取得用人单位的理解,经双方协商解除就业协议或达成新的意向。

(2)由学校出面或由上级就业主管部门与用人单位进行调解。此法多适用于因用人单位引起的就业协议争议,由学校或行政部门介入,针对纠纷予以调解,是双方基本满意。

3)毕业生解除就业协议书的基本程序

毕业生因特殊原因要求解除已签订就业协议书需办理解约手续。基本程序如下:

(1)原签约单位出具同意违约的公函(简称退函),它体现对用人单位或毕业生的知情权的尊重。退函要注明原因,以确认违约方的责任。

(2)持单位退函(若毕业生违约,需同时持有本人的违约申请书,注明申请事由及是否愿意承担违约责任等),到学校就业主管部门审批后,换发新的就业协议书。它主要是起到监督和维护各方权利的作用。

4)毕业生解除就业协议书的影响

毕业生解除就业协议书,除本人应承担违约责任外,往往还会造成其他不良的后果,主要表现在:

(1)就用人单位而言。用人单位往往为录用一毕业生做了大量的工作,有的甚至对毕业生将要从事的具体工作也有所安排。同时毕业生就业工作时间相对比较集中,一旦毕业生因某种原因违约,势必使用人单位的录用工作付之东流,若用人单位另起炉灶,选择其他毕业生,在时间上也不允许。从而给用人单位工作造成被动。

(2)就学校而言。用人单位往往将毕业生违约行为认为是学校的行为,从而影响学校和用人单位的长期合作关系。用人单位由于毕业生存在违约现象,而对学校的推荐工作表示怀疑。从历年的情况来看,一旦毕业生违约,该用人单位在几年之内不愿到学校来挑选毕业生。面对激烈的就业竞争,用人单位需求就是毕业生择业成功的前提,如此下去,必定影响今后学校的毕业生就业工作。同时影响学校就业计划方案的制定和上报,并影响学校的正常派遣工作。

(3)就其他毕业生而言。用人单位到校挑选毕业生,一旦与某毕业生签订就业协议,就不可能再录用其他毕业生。若日后该毕业生违约,有些当初希望到该用人单位工作的其他毕业生由于录用时间等原因,也无法补缺,造成就业信息的浪费,影响其他毕业生就业。

因此，毕业生在就业过程应慎重选择，认真履约。

2.劳动争议解决的法律规定

1)概述

按照法律规定，劳动争议是指中国境内的用人单位与职工之间的下列劳动争议：一是因确认劳动关系发生的争议；二是因订立、履行、变更、解除和终止劳动合同发生的争议；三是因除名、辞退和辞职、离职发生的争议；四是因工作时间、休息休假、社会保险、福利、培训以及劳动保护发生的争议；五是因劳动报酬、工伤医疗费、经济补偿或者赔偿金等发生的争议；六是法律、法规规定的其他劳动争议。

解决劳动争议，应当根据事实，遵循合法、公正、及时、着重调解的原则，依法保护当事人的合法权益。

发生劳动争议，劳动者可以与用人单位协商，也可以请工会或者第三方共同与用人单位协商，达成和解协议。当事人不愿协商、协商不成或者达成和解协议后不履行的，可以向调解组织申请调解；不愿调解、调解不成或者达成调解协议后不履行的，可以向劳动争议仲裁委员会申请仲裁；对仲裁裁决不服的，可以向人民法院提起诉讼。

调解组织包括：企业劳动争议调解委员会、依法设立的基层人民调解组织、在乡镇、街道设立的具有劳动争议调解职能的组织。

2)劳动争议处理的程序

用人单位与劳动者发生劳动争议，当事人可以依法申请调解、仲裁、提起诉讼，也可以协商解决。

(1)协商。劳动争议发生后，当事人应当首先协商解决，协商一致后，双方可达成和解协议，但和解协议无必须履行的法律效力，而是由双方当事人自觉履行。协商不是处理劳动争议的必经程序，当事人不愿协商或协商不成，可以向调解组织申请调解或向劳动争议仲裁委员会申请仲裁。

(2)调解。劳动争议发生后，当事人双方愿意调解的，可以书面或口头形式向调解组织申请调解。调解劳动争议，应当充分听取双方当事人对事实和理由的陈述，耐心疏导，帮助其达成协议。经调解达成协议的，制作调解书，双方当事人自觉履行。自劳动争议调解组织收到调解申请之日起十五日内未达成调解协议的，当事人可以依法申请仲裁。

调解不是劳动争议解决的必经程序，调解协议也无必须履行的法律效力。当事人不愿调解或调解不成，可直接向劳动争议仲裁委员会申请仲裁。

(3)仲裁。劳动争议发生后，当事人任何一方都可直接向劳动争议仲裁委员会申请仲裁。提出仲裁要求的一方应从知道或者应当知道其权利被侵害之日起一年内向劳动争议仲裁委员会提出书面申请。劳动争议仲裁委员会接到仲裁申请后，应当在5日内作出是否受理的决定。劳动争议仲裁委员会裁决劳动争议案件实行仲裁庭制。仲裁庭在作出裁决前，应当先行调解。调解达成协议的，仲裁庭应当制作调解书。调解书经双方当事人签收后，发生法律效力。调解不成或者调解书送达前，一方当事人反悔的，仲裁庭应当及时作出裁决。

仲裁庭裁决劳动争议案件，应当自劳动争议仲裁委员会受理仲裁申请之日起四十五日内结束。案情复杂需要延期的，经劳动争议仲裁委员会主任批准，可以延期并书面通知当事人，但是延长期限不得超过十五日。逾期未作出仲裁裁决的，当事人可以就该劳动争议事项向人民法院提起诉讼。

当事人对劳动争议仲裁委员会作出的仲裁裁决不服的，可在收到仲裁裁决书的15日内向人民法院提起诉讼。逾期不起诉，仲裁裁决即发生法律效力，当事人必须自觉履行，一方当事人不履行的，另一方当事人可向人民法院申请强制执行。

(4)诉讼。诉讼程序是处理劳动争议的最后一道程序。当事人对仲裁裁决不服的，可自收到仲裁裁决书之日起 15 日内向人民法院提起诉讼。未经仲裁的劳动争议，法院拒绝受理。一方当事人在法定期限内不起诉又不履行仲裁裁决的，另一方当事人可以申请人民法院强制执行。

劳动争议案件由用人单位所在地或者劳动合同履行地的基层人民法院管辖。劳动合同履行地不明确的，由用人单位所在地的基层人民法院管辖。

【思考题】

1. 大学生就业的主要途径有哪些？那种途径适合你？
2. 就业协议书的主要内容有哪些？签约时的注意事项是什么？
3. 就业协议书与劳动合同的区别。
4. 大学生违约后要承担什么责任？如何处理劳动争议？

第九章　笔试与面试

第一节　笔　　试

【观点导读】

1. 笔试是用人单位考试应聘者的重要手段，毕业生在笔试中的表现对于能否成功就业至关重要。

2. 毕业生在就业前要全面了解笔试的相关知识，积极作好准备，为成功就业奠定基础。

笔试主要适用于应聘人数较多，需要考核的知识面较广，或需要重点考核文字能力的情况。一般情况下，大企业、大单位大量招人，国家机关招聘公务员时，往往采用笔试，近几年来，很多高新技术企业、服务行业的企业在招聘时也倾向于采用笔试的形式，交通行业企业现在也越来越重视笔试在整个人才招聘中的作用。此外，还有一些企业认为书面材料不能反映大学生的某种能力，即使面试也不一定"看人不走眼"，因而一定要想办法加上笔试。

一、常见的笔试种类

1. 专业知识考试

这种笔试是为了测试毕业生的专业知识水平和相关的实际操作能力。主要考核通用性的基础知识和担任某一职务所要求具备的业务知识。如：行政管理、秘书方面工作的单位，对应试者文字能力的测试。

2. 心理测试

这类笔试主要测试毕业生的态度、兴趣、动机、智力、个性等心理素质。一般要求毕业生完成事先编制好的标准化量表或问卷，考官根据完成的数量和质量来判定毕业生的心理水平和个性差异，目前也有一些用人单位运用网络测评系统对毕业生进行心理测试，一般要求毕业生在规定的时间内完成一定数量的问题，从而得出对毕业生的心理素质的判断。

3. 智商测试

一类是图形识别，主要测试毕业生的观察能力。比如一组有四种图形，让应试者指出其相似点和不同点。另一类是算术题，主要测试毕业生对数字的敏感程度以及基本的计算能力。比如，给定一组数据，让毕业生根据不同的要求算出平均值。这类测试是会计师、审计师等职业招聘时所常见的。

4. 综合能力测试

一类是考察毕业生的文字表达能力和逻辑思维能力。比如限时写出一份会议通知、请示报告或工作总结，也可能提出一个论点，请考生予以论证或批驳等。另一类兼有智商测试的要求，但程度更高。比如，应聘者要在规定的时间内对一组数据、一组资料进行分析，找出其合理的地方和存在的问题，并设计出解决问题的方案。在交通类企业的笔试中，经常会将实际工作中可能遇到的问题移植到笔试试卷中来，从而考查毕业生的实际动手能力和理论联系实际的能力，同学们也要有足够的认识。

5. 国家公务员录用考试

公务员的录用考试是分两级进行的，一级是中央国家机关及其直属机构的公务员考试，另外一级是省一级范围的公务员考试。中央国家机关和直属机构的考试是由中央公务员主管部门来进行的，省一级范围的考试是省级公务员主管部门来组织进行的。有一些部委在面试的同时还有一些专业性的考试，中央国家机关和直属机构的考试一般是每年的 10～11 月份，省一级范围的公务员考试各地都不同。

公务员录用考试一般分两步进行。第一步是全国或全省统一资格考试，考试的综合性比较强，包括综合知识、行政能力倾向测试和公文写作等，题目量很大。第二步是资格考试达到规定分数的毕业生，参加招录单位组织的面试。

二、笔试前的准备

1. 熟悉笔试常见题型

笔试题型大致有以下 5 类。

(1)专业类。如：土木建筑类的毕业生会遇到在给定的材料和时间限制下，如何尽可能又好又快地完成相关施工任务；而测绘专业的同学则有可能会遇到在实际测量过程中出现的问题，这些问题都需要应聘者具有较好的专业知识基础才能准确作答。

(2)政论类：例如"试用马克思主义的基本观点说明一两个具体问题"，"你对当前改革有何见解"，"谈谈你对当前国际形势的看法"等，同时同学们还要紧密关注时事政策，比如国际和国家发生的一些大事，至少要有一定的了解。

(3)公文类：例如"阅读一篇文章，写读后感"，"自编一份请示报告和会议通知"，"5 分钟改错别字"等。

(4)技能类：例如"翻译一篇短文(英译汉或汉译英)"，"打印一篇短文(计算机操作)"等，在交通行业企业的笔试中，往往还会考查考生解决实际问题的能力。

(5)综合类：例如"听取 5 个人的发言，写一份评价报告"，"某公司计划在 5 月份赴日本考察，写出需做哪些准备工作"，"给一个科研题目，写出科研论文的详细大纲"，"阅读数篇群众来信，并结合秘书工作的特点写出一份情况汇报，打印上报"，"分析市场需求情况，根据产品的实际写出营销策略及调研报告"等。

2. 笔试前要适当准备

1)思想上对笔试要有足够的重视

有些毕业生觉得用人单位的笔试并不重要，只需要准备好面试就可以了，这样的想法是不对的，笔试和面试是互为补充的两种考查应聘者的方式，有很多用人单位认为笔试可以考查出一些面试中容易被忽略或被应聘者遮掩的内容，反而更加重视笔试，因此，大学毕业生们要对用人单位的笔试做好充足的准备。

2)针对考试内容做适当准备

应聘考试与平常学业的考试有较大的区别，死记硬背的东西很少，题目较活，重点是考查应试者的反应是否迅速、思维是否敏捷。不要把复习重点放在难点、怪题上，要把基础知识掌握好，在实际运用上下工夫。如果是某一用人单位单独组织的专业性笔试，如参加信息类企业的笔试，那就需要应聘者提前就有关专业知识进行温习，因为这类企业的笔试往往和专业知识结合得比较紧密。

3.提前熟悉考场环境

应提前一定的时间到场，熟悉考场环境，调节自己的迎考状态，应仔细看看考场注意事项，尽量按要求做好。很多毕业生会忽视这个环节，根据心理学分析，人在熟悉的环境下更能够发挥出自己的能力和水平，而在陌生的环境中由于受到思维约束及心理暗示等作用，往往会比较紧张进而影响自己的发挥。另外除携带必备的证件外，一些考试必备的文具(钢笔、橡皮等)也要准备齐全。

4.保持良好的心态

笔试前，一要适当减轻思想负担，保证充足的睡眠，求职应聘的笔试是展示自己能力与水平的机会，并不会“一考定终身”，保持平常心来对待笔试；二要适当参加文体活动，消除紧张情绪，以饱满的精神和充沛的精力参加笔试。

5.熟悉特殊的笔试方式

目前，越来越多的用人单位开设网络笔试的方式，在招聘网站上公布笔试的题目，让应聘者通过网络来作答。这不仅需要应聘者对笔试的考查内容回答准确，而且还要熟悉一些计算机的操作，比如在规定时间内完成一篇文章，如果你的打字速度太慢，就可能影响你的作答，因此，遇到这类特殊的笔试方式，毕业生要提前做好准备。

三、笔试的方法与技巧

1.克服自卑

笔试怯场，大多是由于缺乏自信心所致。客观冷静地对自己进行正确的评价，就能克服自卑心理，增强信心。应聘笔试与高考不同，高考是“一锤定音”，求职应聘考试则有多次机会，每一次笔试都是应聘者展示自己能力和水平的机会，你展示的越多用人单位看到的也越多，因此大学毕业生应该由惧怕笔试变成珍惜笔试这样难得的展现自己的机会，为自己成功就业添砖加瓦。

2.科学答卷

1)通览全卷

拿到试卷后，首先应通览一遍，了解题目的多少和难易程度，以便掌握答题的速度。然后按先易后难的原则排出答题顺序，先攻相对简单的题，后攻难题，不要死抠少数题目。这样就不会因为攻难题浪费太多时间，没有时间做会答的题。

2)抓住重点

在通览全卷的基础上，要在重点题目上下工夫，认真答写，遇到较大的综合或论述题时，应该先列出提纲，再逐条撰写。

3)冷静答题

在落笔之前，一定要听清楚监考人员对试卷的说明，不要似是而非、仓促作答、跑漏题或文不对题。

现在越来越多的笔试题目并没有准确或者唯一的答案，很多是考查应试者解决问题的能力，在作答这种类型的题目时，更需要应试者冷静应对，全盘考虑，展示出自己的能力和水平。

4)认真检查

要尽可能挤出时间，对容易出错的地方进行复查，特别注意不要漏题，更不能离题或出现错别字、语法错误、词不达意等方面的错误。有些毕业生会认为这又不是学习考试，可以不用进行认真检查，但是用人单位却往往会重视这些细节的东西，比如在答案中出现错别字，主考官就会觉得你不是个仔细严谨的人，甚至会怀疑你的责任心，因此，在作答完后认真地检查一遍是非常有必要的。

5)保持卷面整洁

答题过程当中要注意卷面整洁、笔迹清晰、字迹工整、段落齐整、留下适当的页边距，使卷面美观，给阅卷者留下良好的第一印象。

6)注重细节

也许考官会让你重新根据他们统一的格式填写你的简历。这时候切记：不要把你的简历拿出来抄，这样做，面试官可能认为你的简历是假的或是产生不好的印象。

第二节　面试的方法与技巧

【观点导读】

1.面试是用人单位考察应聘者的重要手段，而且成为当前招聘过程中的主要形式，毕业生在笔试中的表现对于能否成功就业至关重要。

2.全面了解笔试相关知识，关注面试中的细节，积极做好准备，是走向成功就业的关键。

面试是一种经过组织者精心设计的，是在特定场景下，用人单位的考官和应试者面对面的以交谈、观察和测试为主要手段，以了解应试者知识、能力、经验等有关素质为目的的一种测评活动。测评的主要内容一般包括应试者的仪表风度、专业知识、工作经验、口头表达能力、综合分析能力、反应和应变能力、人际交往能力、自我控制能力、工作态度、上进心、求职动机、兴趣和爱好等。

面试是供需双方相互了解、双向沟通的过程。考官要想办法了解三个方面的内容，一是核查应试者档案材料的真实性，二是考核应试者的外在形象和内在素质，三是测试应试者是否是其理想的“候选人”；应试者一是要想办法了解用人单位是否适合自己，二是要努力证明自己就是用人单位最合适的“候选人”。面试比笔试具有更大的灵活性和综合性。面试的优点在于它比笔试或自荐更为直观、灵活、深入，可以判断出其他方法无法了解的人的属性或者层面。缺点是主观性大，考官容易产生偏见，难于防范和识别应试者的社会赞许倾向和表演行为。因此，应试者应该充分重视面试的作用，适度地表现自己，去获取面试的成功。

一、面试概述

1.面试的普遍性

由于社会主义市场经济的建立，特别是在我国加入世界贸易组织(WTO)之后，中国经济也越来越融入全球经济一体化之中，我国用人制度发生了根本性的变化，用人单位都有了用人的自主权，为了本单位的利益，都很注重对人才的挑选，而面试则是用人单位最直接有效的一种考察选择方式。随着高等教育的改革发展，人才培养由“精英化”向“大众化”的趋势发展，

“双向选择”的毕业生就业制度也给用人单位提供了择优录用大学毕业生的权利。因此，在大学毕业生逐年增多，就业形势日趋严峻的今天，面对人才市场所提供的各种方便，用人单位有了从容选择人才的余地。面试日益成为用人单位选择人才的普遍方式之一。当然，对择业者的面试内容及形式也更趋多样化和科学化。

2. 面试的关键性

(1)面试时用人单位主管人员亲自主持或派内行专家对择业者进行直接考察，所得到的详细情况是直接的第一手资料，具有较强的可靠性。许多用人单位偏重于相信自己派出人员的直接判断，很多交通行业企业，包括中国交通建设集团有限公司、中国铁建股份有限公司等常常以面试为主，直接确定招聘人员，其档案材料只是作为辅助性参考资料。面试情况的好坏，成为了录取与否的关键。

(2)近年来，大学毕业生中存在的实践性差和高分低能的现象，使用人单位存在着许多顾虑，担心大学毕业生的个人档案及自荐材料难以全面真实地反映择业者的能力与水平。所以，在十分注重依靠人才能迅速为单位创造效益的今天，面试便成为考察择业者是否具有较强的实际工作能力的有效方式。

(3)由于热门职业、工作、生活条件较好的单位，自荐应聘的人数较多，面试使众多的竞争者同场亮技，竭尽全力表现自己的特长、优势，有利于用人单位更好地进行比较鉴别，按自己的需要确定人选。因此，对于想要得到一份称心如意的职业的大学毕业生来讲，面试一关显得尤为重要。

3. 面试的超越性

面试的超越性是相对于档案材料而言。用人单位选聘人才，首先是审阅自荐材料然后再面试。一般大学毕业生群体中，佼佼者毕竟是少数，多数人成绩、才华一般化，少数人成绩较差，多数人自荐材料中的内容不会令用人单位满意，但面试却可以使大学毕业生从个人固定的自荐材料中超脱出来，使其能力和潜在素质得以生动地体现，成为再造一个自我的良机。因为用人单位对自荐求职者的面试，不只是为了检查自荐材料里所述的内容是否属实，更重要的是要看择业者的外在形象和内在素质状况。因此，个人材料上佳的人，也要在面试中创造一个更为具体、生动、丰富而富有才气和实践性强的人才形象，这样才能吸引用人单位进而被录用。而个人材料不佳的同学，同样可以充分利用面试所提供的机会，超越材料中的局限，将自己的真诚、热情、充满进取的精神表现出来，突出自己的特长和优点，用真实的“我”代替自荐材料中虚幻的“我”，从而达到成功就业的最终目标。

二、面试的种类

1. 面试的形式

面试有很多形式，根据面试的内容与要求，大致可以分为以下几种：

1)问题式面试

由招聘者按照事先拟订的提纲对求职者进行发问，其目的在于观察求职者在特殊环境中的表现，考核其知识，判断其解决问题的能力，从而获得有关求职者的第一手资料。

2)压力式面试

由招聘者有意识地对求职者施加压力，就某一问题或某一事件作一连串的发问，详细具体且追根问底，直至无以对答。此方式主要观察求职者在特殊压力下的反应、思维敏捷程度及应变能力。

例如，考官问“一周你需要花多少个小时完成本职工作？”在高压面试中这是一个要花招的问题，你如果回答说40个小时左右，那就有坐不住，天天盼下班的嫌疑，但如果你回答说是60个小时，那么别人就会认为你慢腾腾，工作效率低，容易被压垮。那么如何绕过这个陷阱呢？不要答出具体的数据。

3)随意(或自由)式面试

招聘者与求职者海阔天空、漫无边际地进行交谈，气氛轻松活跃，无拘无束，招聘者与求职者自由发表言论，各抒已见。此方式的目的为：于闲聊中观察应试者的谈吐、举止、知识、能力、气质和风度，对其作全方位的综合素质考察。

4)情景(或虚拟)式面试

由招聘者事先设定一个情景，提出一个问题或一项计划，请求职者进入角色模拟完成，其目的在于考核其分析问题、解决问题的能力。

例如：某企业集团为下属百货公司选拔一名总经理。经过初试、复试，最后企业决定对一路过关的4位候选者使用情景面试的方法，他们被告知：某次一个重要客户的代表到A单位来洽谈业务，由于在一些细节方面双方各持已见，所以整个商谈气氛比较紧张，在接下来的接待中恰好单位的总经理因为有其他的重要公务不能够陪同这位代表，于是他让业务经理小王要好好的招待，但私下又让小王要注意节约并给定了2 000元的金额限制，小王在接待中由于和客户代表商谈得比较高兴，接待费用达到了3 000元，如果你是小王，你会怎么办？

5)综合(全方位)式面试

招聘者通过多种方式考查求职者的综合能力和素质，如用外语与其交谈，要求即时作文或即席演讲，或要求写一段文字，甚至要求操作计算机等，以考查其外语水平、文字水平、书面及口才表达等各方面的能力。安排应聘者在单位的确定岗位上实习一段时间，达到对应聘者综合能力和素质的考察，也是一些单位面试的方式。

以上是根据面试形式所做的大致划分，在实际面试的过程中，招聘者可能采取一种或同时采取几种面试方式，也可能就某一方面的问题对求职者进行更广泛更深刻的考察，其目的就在于能够选拔出优秀的应聘者。

2.面试的种类

1)传统面试

传统面试主要采取个人面试的形式，即只有一位主考官来为你进行面试工作。这种情况多发生在一些没有集中招聘计划的企业中。

2)淘汰面试

这种类型的面试以“淘汰”应聘者为目的，通常提一些一般性的问题，用以评价应聘者。淘汰面试的面试官，一般都很擅长发现不推荐你进入下一轮面试的理由。也就是说，很善于找出淘汰你的依据。淘汰面试还可以分为个人面试和集体面试。

(1)个人面试就是只有你一人面对一个或一群考官进行相关测试，这是当下最常见的一种面试形式，它的优点是能够提供一个面对面的机会，让面试的双方深入的交流。

(2)集体面试主要用于考察应试者的人际沟通能力、洞察与把握环境的能力、组织领导能力等。在集体面试中通常要求应试者做小组讨论，相互协作解决某一问题，或者让应试者轮流担任领导主持会议，发表演说等，从而考察你的组织能力和领导能力。无领导小组讨论是集体面试中经常采用的方式，众考官坐于离应试者一定距离的地方，不参加提问或讨论，通过观察、倾听为应试者进行评分，应试者自由讨论主考官给定的讨论题目，这一题目一般取自于拟任岗位的职务需要，或是现实生活中的热点问题，具有很强的岗位特殊性、情景逼真性和典型性及可操作性。

三、面试前的准备

著名科学家巴斯德说过："机遇最偏爱有准备的头脑"，在面试过程中，面对众多竞争对手，要使自己获得成功，就必须做好充分的准备。

1.深入了解用人单位

毕业生面试前应对用人单位作三个方面的了解。一是单位的性质、地址、业务范围、经营业绩、发展前景、企业文化等，二是对应聘岗位职务及所需的专业知识和技能要求等，三是用人单位的面试程序、面试方法、面试题型，特别是用人单位对人才的素质要求等。还可对面试官的基本情况进行了解，根据不同情况，采取不同的方式，凭借自身的实力和面试技巧获得考官的肯定。

单位的性质不同，对应试者面试的侧重点也不同。比如，策划公司可能侧重考察你的创造能力；公务员考察的重点可能是时事政策等。

有些学生认为自己要找的只是初级职位，因此对单位的情况只作简单了解，其他则省略，这是错误的。实际上，许多毕业生能够得到更好的工作，就是因为他们对目标单位事无巨细都有详细的了解，并在面试中尽量显示，因而得到考官的欣赏。

在一次交通行业大型国企的面试中，来自会计学专业小王同学，尽管土木工程是他的第二专业，但是他在面试中对这家企业的发展历程、远景目标、企业文化、最近的经营业绩等说得头头是道，引起了招聘方代表的关注，他们认为这样充足的准备展示了小王同学对单位的热情和真诚，并最终先于土木工程专业的学生而录用了他。

某外企公司招聘销售经理，有100多人应聘，只录取了三人，小李是其中一个。他在回顾这次面试时说："我参加过好多次面试，我认为面试时判断力与技巧最为重要。面试时，我一般会先尽量多地了解对方的资料，如果对这个职位真的感兴趣，我会马上针对自己的实力判断出这个职位是否适合自己；另外，必须在见到主考官后极短的时间内判断出他是一个怎么样的人，再考虑如何与他接触。比如我这次面试，主考官是公司的副总裁，一位在国外生活多年的华人。他问得比较直接，因此我也就实话实说，优点多渲染一点，缺点淡化一点；薪水也可以说的高一些，他不会在乎。如果我遇到的主考官是国内人，我肯定会含蓄一些，谦虚一些。其实，我认为我这次面试过程实际上就是靠一个销售员是否合格的过程，因为能与不同的人打交道是销售人员的基本素质。"不怯场、自信、自然、放松，运用之妙，存乎一心。小王正是以他的随机应变和"见什么人说什么话"的机敏叩开了成功的大门。

2.充分准备材料

面试前，应该提前准备好相关材料，包括身份证、学生证、求职材料、证书的原件，甚至纸笔等。如果应聘外资企业，最好准备中英文对照材料。即使曾经给用人单位发过求职材料，也应再带上一份，以备查看。

3.面试训练准备

1)客观评估自我

分析自己的能力、特长、个性、兴趣、爱好、长短处、任职目标、择业倾向等，使自己的能力与目标岗位要求相符合。可以着重做以下几件事：

(1)准备简单的自我介绍,并熟记自荐书内容。如果应聘外资单位,最好背诵一份英文的自我介绍,同时强化一下口语交流的技巧。

(2)写出几件自己认为可以称得上成功的事情,并逐一分析这些成就,列出你最主要的几项技能。也可以列出不成功的事件,分析其带来的经验教训。

(3)分析自身的缺点和不足,提出改进的措施。

2)面试技巧训练

对刚毕业而完全没有求职经验的高校毕业生来说,聆听、回答问题、反应敏捷、讲话有条理以及热情有礼貌等环节,都应先进行训练。

(1)多找机会高声朗读和背诵一些文章,或在众人面前发表自己的意见等。

(2)利用视听工具录下自己说话的情形后重播,找出缺点,设法改善。

(3)主动争取面试机会,从实际的面试中吸取经验,面试失败后,细心检查整个面试的过程,以寻找失败的原因。

(4)模拟角色训练。面试前经过角色模拟训练,可以使面试达到最佳的效果。一是模拟可能询问的应聘问题;二是准备拟提问的问题;三是设想可能出现的不利场面,做到心中有数。

4.面试状态的调整

1)着装准备

俗话说:"三分长相七分打扮",在求职过程中,通过自我形象的塑造,特别是容貌、服饰、谈吐、社交礼仪的恰当运用,会给用人单位良好的第一印象,也是成功就业的第一步(后文将详细介绍)。

2)心理准备

在面试中,面试者的心理素质是很重要的。要想在面试中保持良好的心态,需要做到自信、放松、保持真我。

睡眠也是面试准备工作中非常重要的一项,它决定了面试时的精神状态和发挥,甚至也决定着面试时的第一印象。

注意不要盲目遵从那些修养方面的书籍,只有保持放松的精神状态,才会令人有较自然的亲和力和独特的人格魅力。

四、面试礼仪

1.服饰礼仪

研究表明,讲究衣着打扮的人自尊心和工作责任心较强。因此,面试前装束打扮一定要与谋求的职位相称,符合国际公认的"T、P、O"原则。T(Time)时间,是个广义的概念,指时令、季节,即服饰打扮必须根据时令、季节来决定,试想一个三伏天还身着深色套装的汗流浃背的人,给人的第一印象能好吗。P(Place)指地点、场所、位置、职位,即服饰打扮应与所处的场合协调。O(Object)代表目的、目标、对象,在对方眼里,你的服饰不仅代表自己的形象,也代表未来用人单位的形象。面试前,务必使自己的服饰传达出这样的信息:大方、精明能干、办事认真可靠。

1)男士服饰礼仪须知

(1)注意脸部的清洁,胡子一定要刮干净,头发梳理整齐。查看领口、袖口是否有脱线和污浊的痕迹。

(2)服装。春、秋、冬季,男士面试最好穿正式的西装。夏天要穿长袖衬衫,系领带,不要穿短袖衬衫或休闲衬衫。

西装的色调要以给人稳重感觉的深素色为主,如藏青色、蓝色、黑色、深灰色等。配套的衬衫最容易的选择是白色。领带应选用丝质的,领带上的图案可以根据自己的爱好选择,最好是单色的,它能够和各种西装和衬衫相配。单色为底,印有规则重复出现的小圆点的领带,格调高雅,也可以用。斜条纹的领带能表现出你的精明。领带在胸前的长度以达到皮带扣为好。如果一定要用领带夹,应夹在衬衫第三个扣和第四个扣中间的位置。

(3)配饰。应选用深色的袜子,皮鞋、皮带、皮包要和西装相配,一般选用黑色。眼镜要和自己的脸型相配,镜片要擦拭干净。钢笔一定不要插在西装上衣的口袋里,西装上衣的口袋是起装饰作用的。

2)女士服饰礼仪须知

(1)服装。面试时的着装要简洁、大方、合体。职业套装是最简单,也是最合适的选择。裙子不宜太长,这样显得不利落,但是也不宜穿得太短。低胸、紧身的服装,过分时髦和暴露的服装都不适合面试穿。春秋的套装可用花呢等较厚实的面料,夏季用真丝等轻薄的面料。衣服的质地不要太薄、太透,薄和透有不踏实、不庄重的感觉。色彩要表现出青春、典雅的格调,用颜色表现你的品味和气质。不宜穿抢眼的颜色。

丝袜被称为女性的第二层皮肤,一定要穿,以透明近似肤色的颜色为最好。要随时检查是否有脱线和破损的情况,最好带一双备用。

(2)皮鞋。穿着式样简单、没有过多装饰的皮鞋,后跟不宜太高,颜色和套装的颜色一致,如果你不知道如何配色,最简单的办法就是穿黑色的皮鞋。凉鞋在面试时就不要穿了。

(3)配饰。如果习惯随身携带包,包不要太大,款式可以多样,颜色要和服装的颜色相搭配。佩戴饰物应注意和服装整体的搭配,最好以简单朴素为主。

(4)化妆。要化淡妆。如果用香水,应该用香型清新、淡雅的,头发要梳理整齐,前额刘海不要超过眉毛。

2. 交谈礼仪

1)注视对方

和对方谈话的时候,要正视对方的眼睛和眉毛之间的部位,和对方进行目光接触,即使边上有其他人。如果不敢正视对方,会被人认为你害羞、害怕,甚至觉得你有“隐情”。

2)学会倾听

好的交谈是建立在“倾听”基础上的。倾听是一种很重要的礼节。不会听,也就无法回答好主考官的问题。

倾听就是要对对方说的话表示兴趣。在面试过程中,主考官的每一句话都可以说是非常重要的。你要集中精力,认真听,记住说话人讲话的内容重点。倾听对方谈话时,要自然流露出敬意,这才是一个有教养、懂礼仪的人的表现。要做到:记住说话者的名字;身体微微倾向说话者,表示对说话者的重视;用目光注意说话者,保持微笑;适当地做出一些反应,如点头、会意地微笑、提出相关问题等。

3)注意身体语言的运用

身体语言是指人的动作和举止,包括姿态、体态、手势和面目表情。它是一个人的修养、教育以及与人处事的基本态度的自然流露。

3.遵守时间

遵守时间是社会交往中最基本的要求,包括准时参加面试和遵守面试约定的时间长度两个方面。如第一次面试就迟到,一定会给考官留下极糟的印象,让考官感觉你没有责任感,不管从情感上还是客观公平上来讲,考官都可以给你一个不及格;遵守面试约定的时间长度,就不会影响其他人的面试安排,也体现你的办事效率。面试时最好提前一刻钟到达应聘地点,因为这段时间里你可以熟悉环境,调整情绪。

4.举止得体

人的体姿与相貌同样重要,共同显示出一个人的气质和风度。站有站相,坐有坐相,这是最起码的要求。不要有左顾右盼、抠鼻子、挖耳朵等小动作。

1)站姿

如果是站着面试的话,应该挺胸收腹,两腿站直,保持肩宽,若双腿距离过宽,则显得懒散,双腿并拢,则显得拘谨。两手自然下垂,交叉放在前方,切忌抖动双腿和玩弄双手。

2)就坐

在对方没有请你坐下时切勿急于坐下,如果招聘人员让你坐下,你就道谢之后大方地坐下,没有必要非得等对方坐下你才坐下。

3)坐姿

坐在座位上的时候要挺直腰杆,上身略向前倾,以示对考官所谈内容感兴趣。标准的坐法是坐椅子的前2/3,不要跷二郎腿。女生注意把双腿并拢,双手自然地放在双腿上。

4)握手

面试中握手有着举"手"轻重的地位。和面试官握手时用力要适度,软弱的握手代表缺乏自信,如果用力过猛,则会显得粗鲁;什么时候可以与面试官握手呢?面试前和面试结束时可视情况而定。考官主动向你伸出手时,你就大方地伸出手去与之握手。一般来说,面试前,若面试官坐着没有起身的话就不必与之握手。

5)步态

走路时应该是身体重心稍微前倾,挺胸收腹,上身保持正直,双手自然前后摆动,脚步要轻而稳,两眼平视前方。步伐要稳健,步履子让,有节奏感。需要注意的是,如果同行的有公司的职员或接待小姐,你不要走在他们的前面,应该走在他们的斜后方,距离一米左右。

5.表情自然

1)微笑

如果你实在觉得紧张笑不出来,那么就对着镜子练习:轻轻抿着嘴,让两嘴角微微上翘,制造一个职业的微笑。

2)眼神

眼为心之声,眼神和目光可以表达情感、传递信息、参与交流。面试时,你的眼神要与你对话的考官进行交流,偶尔环顾其他在座的人以示尊重和平等。如果很紧张不敢直视,可以看考官的正三角(就是脑门儿到两颊的三角区域),这时,对方也能感觉到你在直视他,目光不要四处飘移。求职者的视线接触对方面部时间应占全部谈话时间的60%以上,若太少会显得缺乏自信。

6.文明礼貌

(1)面试前,手机最好关闭或改振动,在面试过程中不要接听电话;面试前不要喝酒,面试时不要抽烟，如果主聘人请你抽烟，即使你是吸烟者也应该说声“谢谢”，然后礼貌地拒绝。

(2)假如要敲门进入，敲两、三下较为合适，敲门时千万不可太用劲，进门后不要随手关门，应转过身去正对着门，轻轻将门合上。

(3)进入面试的房间，不要一声不吭地，应该礼貌地向考官问好。“您好”是永远正确的问候语。

(4)无论你在面试中与考官的观点怎么不一样，一定要在考官说完以后再说出你的意见，不要轻易打断对方说话，否则显得你很不礼貌。

(5)结束前的礼节。由于近因效应的存在，会为你的面试添彩，所以，越到快结束时，越要注意以下礼节。

①轻轻地把坐过的椅子归为原位。

②查看桌上桌下是否有凌乱的东西，并把它清理好(这可能是一道考题)。

③任何时候，哪怕面试之后已经没有应聘上的希望，也要体面、自然、大方、礼貌地主动告辞。

④谈话结束离开前，应询问还有什么问题，得到允许后应微笑起身，道谢并说“再见”。或者起身与面试官握手，同时可微微鞠一躬，并说“谢谢你花这份时间面试我”。

⑤面试后走出门，转过身来对着门把门关上，不要背对着门关门。

⑥再次感谢周围的工作人员。

五、面试方法与技巧

1.等待面试

等待面试时，不要来回走动显示浮躁不安，也不要与别的等待面试者聊天，因为你的谈话对周围的影响是你难以把握的，这也许会导致你应聘的失败。

2.自我介绍

自我介绍是打动考官的敲门砖，也是推销自己的极好机会。自我介绍时，应注意以下几点。

(1)清晰地说出自己的名字。

(2)掌握时间，如果规定了时间，既不能超时，也不能过于简短，专家认为，3 分钟左右的介绍最为适当。

(3)介绍时思路必须清晰，重点必须突出，切忌吹得天花乱坠，滔滔不绝。

(4)不要重复简历上的内容，一定要突出你的知识与应聘岗位的联系。如果是电脑软件公司，应说有关电脑软件的话，如果是金融财务公司，便可说财务管理方面的事，投其所好。

3.谈话技巧

交谈贯穿于整个面试的全过程，是考官了解你、评判你的最直接的途径。

(1)语速适中。过快的语速会显示你紧张的情绪和冲动的性格，适当放慢语速既可以让你吐字更加清楚，又能留给你更多思考的时间。

(2)适当补充考官的话。面试中有一个“二八原则”，即考官与应试者的谈话比例分别占总量的 80%和 20%。比如考官说完话后，可以接着说：“我觉得您的想法很好或我基本同意您的观点，但有一个小地方跟您的观点不一致，那就是……”。

(3)聆听。聆听对于交谈,就像绿叶对于红花一样,不可或缺。考官在说话的时候你一定要认真聆听,而且是边听边思考,当然,聆听并不是你一味消极地听,其实这也是个交流的过程,你的表情和眼神应当让考官了解你是否已经听清楚并领会。如果遇到你没有理解或没有听清楚的地方,也可以在对方说话间歇时马上询问,请求重复一遍或者作些解释。

(4)打破沉默。首先,面试中如果考官对你的话保持沉默,不要不知所措,把你刚说的再总结一遍,或者就直接问一句“这只是我个人的看法,您觉得呢”? 其次,如果太紧张没听清考官的提问,不要尴尬,一定要及时反问,可以说“对不起! 我刚才没有听清楚,请您再重复一遍好吗?”再次,自己可以准备一些问题反问考官,可以问一些企业最近的经营情况,企业今后几年的发展规划,企业销售最好的产品或服务等问题。

4.回答问题的技巧

1)回答问题不要急

倾听完考官问题后,沉思片刻,明白题意并整理好自己回答的思路后再清晰作答。不要在考官还没问完的情况下就开始回答。可以用“第一,第二,第三”或“首先,其次”等作为开头语来组织语言。可以用“总的来讲”或“综上所述”作为结束语的开头。回答完毕后可以谦虚地说“不知道这样回答是否正确”。如果是团体面试,应当表示“我回答完毕,谢谢!”。

例:王阳好不容易才通过了用人单位的几道招聘程序,几道关下来,还算比较顺利。最后,在与单位领导面谈时,领导问他对本单位的意见和自己以后对本职工作的规划。领导的话还没有讲完,他就表示已经知道了领导要表达的意思,急于回答问题。可是,谈话结束后,他又觉得自己的表达有些不妥当,主要是有些文不对题。领导当场提示他:不要着急,慢慢来;还提醒他要放松些。他回学校后一直在等这个单位的消息,可是过了预定的日期,他还是没有收到任何消息。他这才觉得自己的事情出了问题。后来,他多方面反思自己面谈的过程,觉得毛病应该是自己没有听清楚问题,也没有请领导重复一次。

2)论述问题要实际

结合用人单位实际或自己接触的实际来分析、论证,增加真实感;引用别人的观点支持自己的观点,增加说服力;列举自己知道的数据来证明自己的观点。

3)冷静对待,宠辱不惊

招聘者中不乏刁钻之人,可能故意挑衅,令人难堪。这不是“不怀好意”,而是一种战术提问,让你不明其意。故意提出不礼貌或令人难堪的问题,其意在于“重创”应试者,考察你的“适应性”和“应变性”。你若反唇相讥,恶语相对,就大错特错。

4)要知之为知之,不知为不知

面试中常会遇到一些不太熟悉、曾经熟悉现在忘了或根本不懂的问题。面临这种情况,回避问题是失策,牵强附会更是拙劣,诚恳坦率地承认自己的不足之处,反倒会赢得招聘者的信任和好感。

5.面试最后关

1)适时告辞

面试不是闲聊,也不是谈判,从某种意义上讲,面试时陌生人之间的沟通,谈话时间的长短要视面试内容而定。招聘者认为该结束面试时,往往会说一些暗示的话语,如:

——我很感激你对我们公司这项工作的关注。

——谢谢你对我们招聘工作的关心,我们一做出决定就会立即通知你。

——你的情况我们已经了解。你知道,在做出最后决定之前我们还要面试几位申请人。

——谢谢你对我们招聘工作的支持,我们一做出决定就会立即通知你。

求职者听了诸如此类的暗示语之后,就应该主动告辞。

2)礼貌再见

面试结束时的礼节也是公司考察录用的一个砝码。成功的方法在于:首先不要在招聘者结束谈话前表现出浮躁不安、急于离去的样子。其次,告辞时应感谢对方花时间同你面谈。如果有秘书或接待员接待过你,也应该向他们致谢告辞。

6.面试成功的原则

要成功面试,需要掌握以下原则:

1)你是公司未来的有利资产

你需要传递给企业这样的信息:你拥有帮助企业实现预期目标的潜在能力,你是公司的宝贵资产而非包袱。

2)明确的人生奋斗目标

具有积极自我成长信念,努力进取,并充满旺盛的事业心与斗志,能迅速进入工作状态的人,更容易为企业赏识和任用。

3)强烈的工作意愿

面试时要随时保持对工作的高度热诚与兴趣。

4)与同事、团体合作的能力

一个容易与人沟通协调的求职者可以说已有一半成功的希望。如果你曾有社团活动的工作经验,可尽量举例说明,以争取考官的青睐。

5)掌握诚恳的原则

在录用标准上,“才能”固然是永恒不变的第一原则,但是“诚恳”现在被越来越多的招聘者重视。面试前准备充分,情绪镇定,仪容大方整洁,临场充分表现自我,便是诚恳的最好表现。

例:文明礼貌是对别人的尊重,是引起别人重视的第一印象。礼貌的具体表现反映在语言和衣着上。在语言上,更多使用“您好”、“请多关照”、“谢谢”、“再见”等。曾经有某公司到一所高校选拔学生,学生依次面试,当按姓名叫到一个学生不在时,立即有位同学去找,去找的这位同学回来后说“对不起,没有找到”。负责选拔的总经理当场说:“就凭你这句‘对不起’,你这样的学生我们要了。”

7.面试结束后的注意事项

1)回顾总结

(1)面试一结束,应该对自己在面试中遇到的难题进行回顾。重新考虑一下,如果他们再一次向你提问时,该如何更好地回答这些问题。

(2)尽量把你参加面试的所有细节记下。一定要记下面试时与你交谈的人的名字和职位。

(3)如果通知你落选了,你也应该虚心地向招聘者请教你有哪些欠缺,以便今后改进,这样,就可以知道自己到底是为什么落选。一般来说,能得到这样的反馈不容易,你应该好好抓住时机。

2)面试后致谢

如果面试的人很多,而你表现不是特别出色,面试之后的一个及时的电话或一封得体的感谢信可能成为你扭转乾坤的关键。一是表示对考官的感谢,表达你对这份工作的热爱。二是修正一些面试中所犯的错误,及时补充可以说服考官录用你的理由,可以说:"我觉得面试中我对某个问题作了错误的理解和回答,我想再跟你探讨一下"、"我觉得有必要向你提供我更多的这方面的信息,这在上次面试中被我忽略了。"感谢信的内容不要太长,最好二、三百字。结尾说明你正在等回音,但一定不可以写在几天之内给我答复。

面试后感谢信样本:

尊敬的王先生:

感谢您昨天为我的面试花费的时间和精力。我和你谈话觉得很愉快,并且了解了许多关于贵公司的情况,包括公司的历史、管理形式以及公司宗旨,让我受益匪浅。

正像我已经谈到过的,我的专业知识、经验和成绩对公司是很有用的,尤其是我的吃苦钻研能力。我还在公司、您本人和我三者之间发现了思想方法和管理方法上的许多共同点。我对贵公司的前途十分有信心,希望有机会和你们一起,为公司的发展共同努力。

再一次感谢您,并希望有机会与您再谈。

此致

敬礼

您的学生:×××

×年×月×日

六、面试中的常见问题及回答

面试中常常被提到的问题很多,内容涉及方方面面。

1.背景性问题

背景性问题主要是询问应试者的个人特点、家庭背景、学历、工作经历、兴趣爱好等方面的情况。

例一:请做一下自我介绍。

提示:这是一个把自己推销给考官的最佳时机,先观察考官的举动,如他在翻阅你的简历,很有可能还没有时间了解你,所以你可以尽量按照简历上的内容简单介绍自己。如果考官在看你说话,说明他对你的基本情况已经了解,你应该把简历中的内容细化,给出一些生动的例子,讲述某些活动中发生的趣事以及你的感受。

例二:你有什么优缺点?

提示:优点两个方面就足够了,一是表现你的为人处世,例如"随和、和善",二是表现你的工作状态,例如"积极、乐观"以及跟应聘职位比较吻合的优点;至于缺点,虽然要诚实,但不要在自己身上用一些尖酸刻薄的词,可以说"做事有时很急躁","有点钻牛角尖","压力大了容易紧张"等与应聘职位不相冲突的缺点。

例三:你遇到的最大困难是什么?怎样克服的?

提示:首先,你要回答最大困难是什么,困难本身的难度要由造成的后果来体现。其次,回答是怎么克服这个困难的,冷静的心态及有效的计划加上他人的帮助是你克服困难的途径。

例四:哪本书对你影响最大?

提示:考官问这个问题并不是考察你具体看哪本书,主要看你的学习能力以及从他人身上获得经验的能力。不管那本书是否为众人所熟悉,只要你看过之后被感动就是一本好书。你可以把你的感受和学到的东西向考官娓娓道来。

例五:你的兴趣爱好有哪些?

提示:这样的私人问题也要与应聘的工作联系起来。例如你应聘的是销售职位,那么今后可能会经常出差,可以强调旅游、游泳、网球等健身项目;如果应聘的是管理职位,那么围棋等智力运动更能显示你的智能。切忌为了某个职位而假造兴趣爱好。

例六:你和同学的关系怎样?

提示:无论有过多么不愉快的事情,都不要进行人身攻击,无论事态完美与否,都要积极看待每一件事情,并且给考官这样的信息,你是一个知道感恩、团队精神极强的人,即使发生不愉快的经历,你也有能力来处理。

例七:你担任过何种社会工作,组织或参加过什么社会活动?

提示:考官通过应试者参加的活动了解他们的心态,组织或参加活动表明你积极上进的心态及一定的组织能力。陈述活动时,要说明你承担的角色和取得的收获,并尽量涉及与应聘职位相关的内容。

背景性问题还有:“谈谈你自己及你的家庭”,“你对自己的学习成绩是否满意?”,“你如何评价你的大学生活?业余时间你都干什么?”,“你喜欢与什么样的人交往?”等,回答此类问题时,应实事求是,特别要注意与个人履历表中的内容保持一致,在回答中涉及他人时,要给以积极评价,以示尊重。

2.意愿性问题

意愿性问题主要询问应试者的求职动机、工作愿望、标准等方面的情况。

例一:你为何选这份工作?

提示:分析自己的兴趣、专长所在,以及对这份工作的期待和理想。

例二:你的目标与打算是什么?

提示:一定不可以显得没有任何打算,可以讲进了单位之后如何实现自己的理想,表达自己的人生目标及努力向上的精神,可以这样说:“我三年内希望掌握什么技能,达到什么水平,今后向哪个层次奋斗。”

例三:你为什么放弃自己的专业来应聘这个岗位?

提示:首先,你要告诉考官曾经参加过与该岗位相关的社会活动和个人感受,说明你对这个职位的了解;其次,要告诉考官你的性格适合这个工作,且对这份工作有浓厚的兴趣。

例四:你期望的待遇是多少?

提示:这是个敏感的问题,如果考官没要你给出具体数字,你就永远不要说出任何一个数字,因为这个数字太小对你不利,让对方降低对你的信心,如果太高给人感觉年少轻狂,结果使你失去这个机会。一般说“行业标准”就行了。如果对方仍然跟你讨论这个问题,你事先应该调查相关职位的平均薪酬,权衡自己的能力和经验说出一个范围。

意愿性问题还有："你寻找工作主要考虑哪些因素？"，"你为什么认为这份工作适合你？"，"告诉我三件关于本公司的事"等。回答此类问题时，要注意谈及本人具备应聘岗位所需的专业知识和技能，以及应聘岗位符合自己的志向和兴趣。要具体说出应聘岗位对你的吸引力以及加入后的抱负是什么，让对方相信你的诚意。

3. 知识性问题

知识性问题主要询问一些与应聘职位相关的技术性问题或具体的知识。例如："请预测一下这项技术的应用前景"，"你认为这个工作的重点应放在哪里"等等。此类问题主要考察应聘者对专业的掌握程度。所以，面试前最好再温习一下有关的专业知识，特别是自己较薄弱的方面。

4. 智能性问题

智能性问题主要询问应试者对一些社会热门问题或热门话题的看法。例如，"你觉得学历与工作经验哪个重要"，"井盖为什么是圆的"，"城市应该建多少加油站"等等。此类问题没有标准答案，主要考察你的思维方式。

对没有思路的问题可以先坦诚地承认自己对该问题关注不够，然后尽可能讲一些自己的理解，最后抱歉地说"不知道我的理解对不对"。这类问题主要考察你的分析、理解和应变能力。

5. 情景性问题

情景性问题主要针对与工作有关的假定情景，要求应试者回答给定情景中的问题。例如："到本单位上岗前，让你先到基层锻炼两年，你愿意吗？"、"如果单位的安排与你的愿望不一致，你是否愿意服从？"等等。回答此类问题时，态度比内容更重要。

某交通行业企业在学校组织的一次面试中，面试考官先后向两位考生提出了同样的问题："我们单位是全行业数一数二的大公司，下面有很多子公司，凡被录用的人员都要到基层去锻炼，基层条件比较艰苦，请问你是否有思想准备？"毕业生A说："吃苦对我来说不是问题，因为我从小在农村长大，父亲早逝，母亲年迈，我很乐意到基层去，只有在基层摸爬滚打才能积累丰富的工作经验，为今后的发展打下基础。"毕业生B则回答："到基层去锻炼我认为很有必要，我将努力克服困难，好好工作，但作为年轻人总希望有发展的机会，不知贵公司安排我们下去的时间多长？还有可能上来吗？"结果前一学生被录用，后一学生被淘汰。由此看出，在面试过程中，回答问题的技巧很重要。对有些问题的回答，表面上看起来很合情合理，无可厚非，但却令考官反感。

6. 回答面试问题应该注意词语的使用

不要因为用词不当而破坏了良好的关系，应避免以下情况：

(1)极具杀伤力的语言："你不懂……"、"我是正确的……"、"你到底什么意思？"、"你说的不对……"、"你有什么建议？"、"我讨厌……"。

(2)逃避责任的语言："这不是我的错……"、"那个责任不应该由我来承担……"、"对于那事我一无所知……"、"那事与我无关……"、"某某事本应该由谁来做"。

(3)空洞的、多余的语言："某种……"、"或多或少……"、"某种程度上……"、"我设想……"、"你知道不……"、"我想说的是……"、"知道不"、"对不"、"明白不"、"也许是"。

(4)不宜谈的问题有以下几点：

①人际关系复杂；

②收入太低；
③上司难以相处；
④分配不公平；
⑤工作压力太大。

【思考题】

1. 根据你意向中的单位，谈谈如何准备参加笔试。
2. 在面试中，应该注意的礼仪细节有哪些？
3. 以班为单位，组织开展模拟面试活动。

第十章　职业适应与发展

第一节　完成角色的转换

【观点导读】

(1)大学毕业上岗前的大学生面临的最大挑战就是从大学生到职业人的社会角色转换。

(2)作好上岗前社会角色转换的各种准备,有助于实现社会身份和角色的成功转换。

角色概念源于戏剧舞台用语,指演员按照剧本要求扮演某一特定的人物。每个人在现实生活中都有特定的位置和相应的行为要求,扮演不同的社会角色。所谓角色,也称社会角色,是指个人在特定的社会环境中相应的社会身份和社会地位,并按照一定的社会期望,运用一定权力来履行社会职责的行为。

角色转换是指随着个人在社会环境中身份和地位的变化,所扮演的角色相应变化,其社会角色期望和个人角色意识随之转变,从而产生不同角色行为。大学生从毕业离校到进入就业岗位是一次巨大的角色转变过程,从校园环境到社会工作环境,从学生到劳动者,从主要完成学习任务到主要完成工作任务,从主要为自己负责到为整个工作集体负责,这样的角色转换是未曾经历的全新变化,它和大学生未来的职业生涯顺利发展息息相关。

一、职业人的角色特征

1.良好的人品和强烈的责任心

很多用人单位在招聘人才时都非常强调"人品",绝大多数企业家以及管理者们心目中最重视团队成员的要素是人品。可见"人品"应该是对职业人的一个基本要求。而"人品"中最重要的"品"是什么呢?责任心应该是人品的最核心要素,因为没有责任心的员工,纵使有再多的知识、再大的才华、再坚决的忠诚、再令人称叹的老实,也难以创造价值。到底什么是责任心?对于责任,当前似乎还没有统一的说法。《辞海》中就没有"责任"条目的确切解释。《汉语大词典》对责任的解释是多义的,其含义有:

(1)使人担当某种职务和职责;

(2)分内应做的事;

(3)做不好分内应做的事,因而应该承担的过失。

简言之,任职、分内事、因过失而受查处是责任的三层基本含义。可以说,责任心就是个体对责任的感知和感受。它是社会个体从责任赋予者那里接受责任之后,内化于本人内心世界的一种心理状态,这种心理状态是个体履行责任行为的精神内驱力。简单说,责任心就是一个人面对分内职责的心态,这在很大程度上就是我们传统语境中的"忠"。

我们在现实中常常发现很多看似平凡甚至愚笨的人升迁很快,而一些很聪明的人却经常感叹怀才不遇,终日抑郁。这种现象产生的原因也有相当一部分可以归因于是否愿意主动去承担自身的责任。责任心是情商的核心。我们对于职业人的成功研究得越深入,就越能理解责任心在职业人士迈向成功的过程中扮演着多么重要的角色。富有责任感的人无论做什么事,都会比那些责任感差的人更容易成功。多年来,管理学家和心理学家都把智商(IQ)看成是决定成功的重要因素。现在,研究者们普遍认为,在影响人们成功的要素中,智商只占20%左右,而情商(EQ),也就是情绪商数,比智商影响更大,它不仅包括自觉、控制感情、持久力和激励自己的能力,还包括对环境的感知力、对他人情感的感受和熟练应付社会的能力。情商的很大部分影响力来自于自觉和控制感情(或是情绪化行为)的能力。事实上,责任心是情商的核心要素。一个行为上具有责任感的人才能认清自己的处境和感觉,然后才能以自己的能力控制自己的反应。一个职业人的责任感体现为积极主动的做事态度,体现为对于所做事情的弃疑心态(将疑惑搞明白,而不是稀里糊涂地工作),体现为对自己事业的忠诚。

如果说智慧和勤奋像金子一样珍贵的话,那么还有一种东西比这两者更为珍贵,那就是责任感。很多人都说犹太人聪明,但是更多的人发现,犹太人最突出的品质还不是聪明,而是责任心。有一位华裔投资银行家讲了一件自己的事情:他从美国洛杉矶到中国内地处理一件案子,公司给他配了一位助理律师,这位助理律师竟然是一位年过60的犹太老律师,是这个公司的创始人之一,也担任过重要的职务。他退休后,公司觉得他对亚太事务比较熟悉,经验非常丰富,因此又把他返聘回来作为年轻经理的助理,以发挥他的经验优势。银行家心中当时就有些嘀咕:“他行吗?别让我再伺候他。”登上飞机后,这位银行家发现,在十多个小时的飞行中,那位犹太老律师基本上一直在电脑前面工作。到了北京的酒店住下后不久,犹太老律师就把谈判需要的文件全都准备好了。这位犹太老律师的敬业精神和充沛精力给银行家留下了深刻的印象。犹太人之所以富比全球,恐怕与这种强烈的责任心有直接的关系吧。与其说犹太人的赚钱商数比较高,不如说是他们的责任心无出其右。

2. 合作精神

职业人是企业的合作者,他们总是积极参与企业的运作。职业人的显著特点是合作,总是积极参与企业的运作,提供客户满意的服务能力。职业人在个性特点上要具有合群性,几乎成为各种职业的普遍要求。个性极端或太富理想的人,较难与人和谐相处,即使满腹才学,也难以施展,在职场中不太容易立足。表10-1是两类人的比较:

不同类型人的特性比较 表10-1

类　别	特　性				
由别人经营的人	打工的	老板让干什么就干什么	熬年头	个人局限性大,适应力弱	风险大
经营自我的职业人	企业的合作者	干得比老板希望的还要好	有良好的资质	个人空间大,适应性强	风险承受力强

由表10-1的比较分析中,我们可以发现正是基于强烈的合作精神,职业人在工作岗位中才可能如鱼得水,拥有良好的职业发展前景。这一点对刚刚毕业,初入职场而又相对欠缺合作精神的大学毕业生是很有启迪意义的。

3. 良好的资质

资质是能力被社会认同的证明,如注册会计师、注册律师等就是一种资质。获得一定的资质,必须具有一定标准的能力。作为一个职业人,必须具有良好的资质。比如职业经理人就应具备如下资质:具备为客户提供满意服务的能力,其行为目标是使客户感觉到比期望值更高的意外惊喜。因此,大学毕业生要有针对性地锤炼自己,使自己拥有胜任岗位职责的良好资质。

4. 优良的综合素质

1)素质的判断

一般而言,对于一个人职业素质的判断,可以从以下几个方面进行:

(1)知识。主要是从学校系统学习得来的。我们经常会用教育背景来评价一个人的水平。在职场中,名校或口碑好办学特色鲜明的高校毕业的学子总是较容易受到关注,更易获得职业发展机会。

(2)技巧。为人处世的技巧,如谈判技巧、沟通技巧等。

(3)理解能力。明白事情的能力、速度。

(4)态度。对客观事物的主观评价。假设一个人评价事物总是尽力地贴近客观事实,这个人就很客观;相反,一个人老是从自己的角度出发来评价事物,就会用"这个人很有看法"、"很偏激"之类的话语来形容。

(5)经验。工作中积累的经验的丰富程度也是评价一个人水平高低的标准之一。

2)职业人的素质表现针对以上几个评判标准,职业人的素质表现为以下几个方面:

(1)职业人懂得运用知识做判断。

(2)职业人掌握的是能够让客户满意的技巧。

(3)职业人能够根据他所理解的信息做出合理的反应。假设大米涨价了,一般人的反应是大量购进,因为他理解的是大米紧缺才会涨价;而职业人不会轻易做这种举动,他在"买涨不买落"的心态之余,还持有"家里不存半年闲"的想法。这种对事物的两个方面的考虑就是一种成熟的思维模式。

(4)态度。职业人是敏感的,他们能够灵敏地感知外界的变化。识变、应变、改变是职业人必备的素质。

(5)经验。职业人对于经验讲究的是"借鉴",最忌"生搬硬套"。职业人总是不断总结以往的经验,结合知识,使之不断提升和升华。

总之,职业人的素质应该表现为:全面的知识结构——做判断的工具;必备的技巧——足以让客户满意;较强的理解能力——成熟的反应模式;敏感的职业态度——识变、应变、改变;宝贵的从业经验——借鉴、总结、创造。

5. 了解自我,注重健康

职业人的人生目的明确,不会人云亦云、随波逐流,即使面临挫折,也能努力坚持,对职业发展方向、路径进行切实可行的设计,在工作中充分发挥自己的主观能动性,不断向职业目标靠拢。

职业人非常注重身体健康和心理健康。身体健康,做起事来精力充沛,干劲十足,并能担负较繁重的工作,不会因体力不支无法完成任务。心理健康,才能与人融洽相处,促使职业和谐发展。

二、大学毕业上岗面临的身份差异与角色变化

大学毕业生走出校门之后面对的是一种角色的转换,从学生到职业人,这两者之间有非常大的区别,学校和企业不同的环境氛围,对大学生的要求是完全不同的。学校的一切工作都是为培养学生服务的,而企业的主要工作是围绕利润而开展的,大学生在校是接受他人服务的,在企业是为他人服务的。最简单的一句话:踏上工作岗位的大学毕业生是要进行资源交换,通

过工作换得薪金。但交换过程中会面临一些问题，很多同学是在吃亏中习得经验教训，其实这部分内容，在学校里完全是有机会去了解的。

1. 角色权利、义务与规范不同

角色权利、角色义务和角色规范是社会角色的三要素。学生角色是接受教育、储备知识、掌握本领、接受经济供给和资助，逐步完善自己的过程；职业角色则是用自己掌握的本领，通过具体的工作为社会作出贡献，以自己的付出承担责任的过程。

1)角色权利不同

在角色权利上，学生角色主要是享有依法接受教育权，并取得经济生活的保障或资助；职业角色则是依法行使所在职位的职权开展工作，并在履行义务的同时取得合法报酬。

2)角色义务不同

在角色义务上，学生角色的主要义务是努力吸收知识营养，争取德、智、体、美、劳全面发展，掌握为人民服务的本领和在社会主义建设事业中作贡献的知识技能；职业角色则是以特定的身份去履行自己的职责，依靠自己的才华和能力去为社会和人民服务，在获得个人成功的同时体现个人的社会价值。

3)角色规范不同

在角色规范上，学生角色的规范主要是从培养、教育的角度出发，引导学生德、智、体、美、劳全面发展，健康顺利地成长为合格人才的行为模式；而社会赋予职业角色的行为规范和行为模式，则因职业的不同而不同，这些模式具体又严格，违背了它就要承担相应的责任，甚至法律责任。比如国家公务人员，玩忽职守、收受贿赂就要受到法律的制裁。

2. 任务不同

在校期间是以学习为主，是培养能力的过程。参加工作后是以工作为主，是发挥和应用能力的过程。任务发生了根本性的变化，角色和身份当然会发生显著的变化，自然要求以不同的心态和意识去适应这种变化。

3. 学校与社会的不同

要真正做好角色的转换，除了要认识角色的不同外，我们还必须深刻认识到社会与学校的不同:社会是一个大熔炉，十分复杂，有各种关系要处理、有各种规章制度要遵守、有规定的生产任务要完成、还有很残酷的竞争要面对，等等。而学校相对要单纯得多，只有同学关系和师生关系要处理，也自由得多，只需把学习成绩搞好就行。进入社会后，关注更多的将是工作、质量、合作、绩效、效益、工资、职位等等，不再是单纯的上课、学习和成绩。

4. 在社会和在学校要处理的关系不同

在学校只有同学关系和师生关系要处理，但进入社会，更具体一点就是进入工作单位后，最基本的关系就是同事关系，其次是管理者与被管理者之间的关系。同学关系和师生关系都相对单纯，质朴，不存在根本的利害冲突和竞争。而单位作为一种追求盈利的机构，一切均以工作和效益为中心，同事关系相对复杂一些。

1)关系组成的复杂程度不同

同事的关系组成要比同学关系的组成复杂得多。同事之间因年龄不同，经历不同，背景不同，水平和层次不同，专业不同，兴趣爱好不同，志向不同等，必然使每个人的想法、办事风格、处事态度、工作作风等都不同。那么，我们必须学会用不同的方法与不同的人进行交流和合作。

2)处理关系的方法不同

处理同事之间关系的方法也不能像对待同学或朋友一样，单凭兴趣爱好来决定。因为作为同事，不管你们是否投机、是否合得来，即使是与你作对的人，都必须一起协同工作，共同将工作做好。如果说同事关系难处理的话，难就难在这里。因此，我们必须学会用宽阔的胸怀，包容的心态来接纳各种不同的同事。另外，同事之间也存在一定的利害冲突和竞争。这也是同事关系难以处理的另一个方面。比如工作安排、工资、奖金、选拔提升、甚至辞退等，都充满了竞争和利益冲突。初入职场的大学毕业生必须学会处理和平息各种矛盾，必须学会克制、忍耐和等待，学会在竞争中生存和成长。还有一种关系就是管理与被管理的关系。

3)管理与被管理的关系

进入社会后，不管你在哪个机构，也不管你处在哪个位置，你都会面对一个人，就是你的上司，即你的管理者。我们还必须学会与上司相处，主动积极地帮助上司克服各种困难，配合上司完成公司的各项工作任务，同时不失时机地表现你的能力和才华。要特别注意的是，很多人在学校自由惯了，一旦进入社会要接受别人的管理，很不习惯。在实际工作中，经常会出现你的想法与上司不一致的时候，这个时候你该怎么办呢？首先，你应该准备充足的理由，与你的上司去沟通这个想法(比较重大的想法应该形成书面建议或报告)。如果不能取得上司的认同，那么一般情况下，如果你确认这个想法对公司很有益，就应该向更高一级的上司汇报，否则，就只有请你暂时收起你的这个想法，再等待时机。不管怎么样，有一点请你一定注意，任何时候，都应保证目前的工作正常进行。就是说，当你的想法与上司之间存在分歧时，首先执行上司的决定，然后再等待时机沟通。

5.活动方式不同

学生角色的主要活动方式是接受外界给予，职业角色则主要是运用知识能力向外界提供劳动，生产效益，这是一个从接受到付出，从输入到输出的活动方式的转变。这种转变的具体表现为：

(1)大学毕业生从消费者变成了劳动者。

(2)由原来的别人服务于我，别人/社会对自己尽责任和义务变成了我服务于别人，自己对别人/社会尽责任和义务。

(3)由父母抚养自己，向父母要钱变成自己养活自己，并赡养父母，给父母钱。综合起来，踏上工作岗位的大学毕业生最根本的变化还是责任主体的变化，即从一个责任的被动接受者到责任的主动提供者的转变。简单地说，原来由学校、老师、家庭培养我们10多年了，现在该是我们回报的时候了。那么，大学毕业生还能不能像原来一样，什么事情都由别人为自己着想呢，当然不行。初入职场的大学毕业生必须慢慢地学会替别人想事情了。

6.独立性要求不同

学生角色中的绝大部分学生的主要经济来源是由家庭无偿提供，在学校过集体生活，有统一的作息制度，有学校统一提出的行为规范，学生按照既定的时间表和要求进行学习和生活，有专人对学生进行教育监督管理，表现出较强的依赖性。在进入职业生活转变为职业角色之后，大学生通过合法劳动获得报酬，取得经济上的独立，而且单位只在工作时间内就工作内容对员工提出要求，其余则由员工自行支配，在国家法律法规允许的范围内，职业角色在生活上享有很大的自由度。

7. 认识社会的内容和途径不同

学生角色是受教育者，对社会的认识了解主要来自于书本知识和课堂学习，认识的途径主要是间接的，认识的内容主要是理论性、理想化的。职业角色对社会的认识了解主要来自于亲身实践，认识的途径是直接的，认识的内容是现实的、具体的。理想与现实之间总是存在着差距的，有的大学生走上社会之后，仍惯用在学校时的思维方式去认识社会，因此，遇到现实矛盾容易产生困惑、迷茫，甚至失望，无法实现角色转换，适应社会；有的大学生则能正确认识这一差距，顺利实现角色转换，通过奋力拼搏最终实现理想。

三、大学毕业生上岗前角色转换的准备

由于学生角色与职业角色之间存在明显的差异，实现二者之间的顺利转换是一个较为复杂的过程，在此过程中可能会遇到意想不到的困难和问题，大学毕业生只有做好充分的准备，才可能比较顺利地实现角色转换。

1. 心理准备

大学毕业生一旦进入职场，将会面临理想与现实、期望与实际的矛盾冲突。走上工作岗位后，大学生将会发现现实并非想象中理想，长期在学校生活中形成的价值观念、生活方式、思维模式、行为规范，都可能遇到新的问题，产生巨大的失落感，出现情绪低落的失望心理。如未做充分的心理准备，就难以适应新的工作岗位，难以顺利实现角色转换。

2. 知识技能准备

一旦进入职业角色，大学毕业生的知识体系、知识结构与专业技能将经受考验。可能出现在校期间学到的理论知识与实际工作要求存在差距、不能学以致用、专业知识和专业技能难以顺利转化成工作能力等问题。因此，大学毕业生要做好及时更新知识、完成知识结构、在工作实践中锻炼实际工作技能等方面的准备，顺利地实现角色转换。

3. 身体素质准备

健康的体魄是完成工作任务的基础。在大学学习期间主要是脑力劳动，对身体条件的要求不太高，身体不适还可以随时请假。但进入职业角色就不一样了，交通行业的工作岗位一般都具有劳动强度大、任务繁重、对身体素质要求高的特点，因此要加强体育锻炼，以良好的身体状态迎接新的工作挑战，尽量避免因为身体不好影响工作、给其他同事增加工作负担。

4. 职业性格准备

不同岗位的工作特点不同，对工作者的性格要求也不同。有的岗位要求从业者性格开朗外向，善于言辞，喜欢交际，否则就难以完成工作任务，比如工程投标人员。有的岗位则要求工作者性格要谨慎稳重，比如工程财务管理人员。因此，大学毕业生要根据自己将要从事的工作岗位特点，有针对性地调整好自己的职业性格，做好相应的准备。

5. 适应工作环境准备

大学生在进入新的工作岗位时，面临着崭新的办公环境、学习环境、生活环境、人际关系环境，一般说来，这些环境是不可能轻易因人更改的，明智的做法是主动积极地适应新的工作环境，发挥自己的主观能动性，利用环境中的有利因素早日实现角色转换。因此，做好适应环境的准备是十分必要的。

6.艰苦创业准备

现在的大学毕业生，绝大多数是独生子女，其基本特点是缺乏艰苦奋斗精神，吃苦耐劳度较差。而交通行业又普遍比较艰苦，特别是一线施工工作岗位，更是需要吃苦耐劳、脚踏实地的工作态度和作风。因此，大学毕业生只有作好艰苦创业的准备，才可能顺利实现角色转换，走好职场第一步。

四、大学毕业生角色转换的实现

人的一生中可能会面临多种社会角色转换，而由学生角色到职业角色的转换在大学生的人生中占有非常重要的地位，也是难度很大的一次转换。大学生要顺利并高质量地实现角色转换，应当从如下几个方面着手：

1.熟悉工作环境，了解角色要求

了解新的工作环境和生活环境情况，熟悉工作对象的特点、规律以及单位对完成工作任务的各种要求，从而对新的工作进行比较全面的认识和把握，这是大学生入职后实现角色转换的关键性一步。

深入了解单位所处的地理环境，准备好衣物等适合环境条件变化的个人用品，避免准备不足带来不必要的麻烦，有利于尽快全身心投入工作；深入了解单位的性质、经营方针、文化氛围、工作方式等，使个人价值取向尽快与单位价值取向相一致，才能成为适应该单位的员工；熟悉单位内部的组织结构、人员结构等，知道完成某项任务可以在某个部门某些人员那里得到协助，这对未来快速优质完成任务大有好处；了解单位的发展历史和发展前景，有利于确定自己的职业发展目标等等。

总之，大学生初到单位的一段时间要做个有心人，特别是要注意收集相关信息，尽早熟悉环境，了解相关要求，力争在角色转换上领先一步。

2.建立良好的第一印象

良好的第一印象能使初出茅庐的大学毕业生快速得到单位的初步认可，树立信心和战胜困难的勇气，为角色转换打好基础。可从如下几个方面着手建立自身良好的第一印象。

1)在约定时间内按时报到

从报到第一天开始就着意树立自身良好的第一印象。在报到时，备齐证件，不要忘记带报到证、学位证、毕业证等证件。在约定好的时间内按时报到，不要未经事先商量就提前报到或请假或迟到。避免给单位留下丢三落四、缺乏自我管理能力、不服从安排、自由散漫，难以管理等印象。

2)衣着得体，仪表端庄

不同职业角色对衣着打扮有不同的要求，教师、公务员或办公室工作人员一般要求着职业套装，设计人员、演艺职业着装扮相可以独特新潮，现场施工人员着装则应安全耐磨。得体的衣着、端庄的仪表，会为初入职场的大学毕业生赢得良好的第一印象加分。

3)举止大方，注意细节

初进单位的大学毕业生，说话做事应分场合、讲究分寸，待人接物要彬彬有礼、落落大方、注意细节。比如不迟到早退、工作时间不闲聊、不长时间接打私人电话、注意个人清洁卫生、热情与同事招呼问好等，虽然都是细枝末节的小事情，但非常有助于大学毕业良好第一印象的建立。

4)谦虚谨慎,脚踏实地

作为初到单位的新人,其他同事都是你的前辈和领导,经验可能比你丰富、能力可能比你强、工作态度可能比你认真,每个人都有你值得认真学习的地方。虚心学习,脚踏实地地完成每项工作的态度,是大学毕业生树立良好第一印象的关键。

3.端正心态,服从工作安排

大学毕业生能否顺利实现角色转换,同他们事先对新环境、新岗位的期望密切相关。如果期望过高、不切实际,一旦和现实环境接触,就会感觉现实与理想差距太大,往往产生强烈的失落感。因此,大学生踏上工作岗位后,要及时根据现实环境调整自己的期望值,使之符合客观实际,以健康的心态应对新的角色挑战。

在工作安排上,一般有两种情况,一种是被单位充分信任,一开始就委以重任,一种是被安排从小事做起,到基层一线锻炼。这都可能对初入职场的大学毕业生产生较大心理压力,引起心态失衡。前者可能被"捧杀"、后者可能被"棒杀"。其实,大学毕业生应当首先端正心态,自觉接受考验,既不胆小怯懦,也不好高骛远;既要勇挑重担,敢做大事,也要兢兢业业,肯做小事,以实际行动赢得同事与领导的信任和重视。

4.吃苦耐劳,勤恳工作

面对角色转换期的种种适应性困难,大学毕业生要有吃苦耐劳的准备,要付出更多的时间、精力和努力去适应角色转换带来的种种新变化,勤勤恳恳干好每一项工作,以实际行动克服困难,实现角色转换。

在实际招聘活动中,很多单位都有吃苦耐劳的要求,这是单位在人才使用过程中的经验总结。只有吃苦耐劳、勤恳工作的人,才能更好地胜任工作任务,特别是在困难较大的工作初始阶段,更是需要吃苦肯干,才能更快地适应新的工作环境,顺利成长为合格员工。

5.真诚热情,建立良好的人际关系

美国著名职业生涯指导专家卡耐基说过:"一个人事业上的成功,只有15%是由于他的专业技术,另外85%是人际关系"。"一个篱笆三个桩,一个好汉三个帮",建立和谐的人际关系有利于角色转换的实现。它可以尽快消除陌生感,适应新的人际环境;可以使人工作顺心,生活愉快;可以辅助心理问题的调适,保持心情舒畅,心理健康。建立良好的人际关系,要处理好两个方面的问题,一是如何对待他人,二是如何看待他人对自己的评价。

在对待他人方面,要做到尊重他人、平等待人、热心助人、诚实守信、热情随和、宽以待人和服从领导。在对待他人对自己的评价方面,一定要重视他人的评价,正确认识判别他人的评价。不要只听得进赞扬的评价,排斥忠言逆耳的中肯评价。在工作初期,出于对新人的宽容,一般只提出善意的建议,鼓励多于批评,这时不能沾沾自喜;也可能出于对大学生的高期望,提出高标准严要求,此时也不要产生对立情绪,拒绝接受他人意见。正确的做法是虚心请教,认真自省,积极调整,善于从他人评价中更加清楚地认识自己,加快角色转换的过程。

6.树立正确的职业观念

大学毕业生根据自己从事的职业的一般要求,应当树立如下正确的职业观念:

(1)专业观念。专业要求每个人在自己的本职工作中,必须具有很强的专业能力和专业水平,甚至是某个方面的专家。

(2)敬业观念。敬业是现代职业人的重要品质,大学毕业生一定要通过勤勉努力地工作来完成职业化。

(3)乐业观念。黄炎培先生创办的中华职业教育社提出的“使无业者有业，使有业者乐业”的观念值得大学毕业生记取。只有在职业发展中领略、感知快乐，从自己职业中领略人生趣味，才会真正体会到职业化的真谛和乐趣。

(4)创业观念。创业是更高层次的就业。要有勇气去开创新业务，去建立自己职业发展的新目标。

(5)务实观念。讲究实际，实事求是。务实精神作为传统美德，在现代职场仍然熠熠生辉。

(6)诚信观念。如果一个从业人员不能诚实守信，他本人及其所代表的社会团体或经济实体就得不到人们的信任，无法与社会进行经济交往，缺乏号召力和响应力。

(7)发展观念。能准确定位自己的职业发展，在工作转变、职位转换和职位变迁时，快速调整自己，顺利度过职业疲倦和职业倦怠期，在职场中持续发展。

(8)和谐观念。要在家庭、事业、健康、情感、朋友等方面找到平衡点。平衡点就是和谐。

第二节　主动适应职业生活

【观点导读】

(1)试用期是大学毕业生能否成功迅速融入职业世界的关键时期，也是供职的单位能否最终接纳大学毕业生的关键时期。

(2)主动适应职业世界，积极向他人学习，尽快完成职业化，争做优秀员工，是初入职场大学毕业生最佳的现实选择。

刚刚走上工作岗位的大学毕业生，由相对宁静单纯的校园步入复杂喧闹的社会，难免会产生种种惶惑和不太适应的感觉。如何克服这些不适应，积极主动融入工作环境，更好更快地适应职业生活，是大学毕业生必须面对的重要课题。顺利度过试用期，主动适应职业世界，积极向他人学习，尽快完成职业化，争做优秀员工，是初入职场大学毕业生最佳的现实选择。

一、顺利度过试用期

试用期，顾名思义就是劳动关系的试验阶段，这是每个人正式步入工作岗位要经过的一道门槛，也是用人单位对工作人员的再次考验。每年都有不少人走上工作岗位，迎接他们的是职场的第一关——试用期。面对新的环境、新的同事以及新的生活方式，如何适应，成功跨过试用期这道门槛？试用期是用工单位考察择业者是否称职的时段，也是择业者了解用工单位的工作条件、管理水平和工资福利待遇是否合意的时段。因此，试用期对于用工单位是必要的，而对于择业者则是重要的。因为能否顺利通过试用期，决定着你是在此岗位上就业还是改行再择业的大问题。那么，择业者到底该如何做好呢？

1.要尽量缩短试用期

对于用工单位来说，试用期内和试用期外的工资福利待遇是有差别的，因此，它们往往倾向于延长试用期；而择业者，特别是那些高素质的择业者并不需要那么长的试用期就能掌握胜任本职工作的职业技能，因而希望缩短试用期。如果择业者发现试用期过长对自己不利时，可以事先向用工单位提出异议，并在用工合同上写清楚：你将在试用期内尽快掌握有关工作技能，如达到某种量化的指标，用工单位则应提前结束试用期。另外，在面试操作时，你尽可能大胆表露自己的才能，以证明自己无需太长的时间就能胜任工作。事实证明，如果你的职业能力确有长进，那么尽快结束试用期对你是有利的。

2. 不要轻言“离开”

对于择业者来说，试用期内无论有何挫折，只要还没有充分的理由可以放弃这个单位或工作，就必须努力巩固自己在目前已经获得的工作岗位。因为争取到试用期，表明你已向成功就业迈出一大步，特别是对于那些热门职业而言就更是如此。所以，择业者在原则上应该珍视初次争取到的试用期。当然，通过一段时间的上岗实践，你发现自己确实不适合从事某一职业，那你就应该果断地转换工作或单位。不过，除非你征得用人单位同意，可以提前结束试用期，一般情况下，应干满试用期再离开，这样对双方都有好处。

3. 试用期注意事项

(1)要尊重领导、师傅，团结同事；

(2)要少说多做，乐于接受领导和师傅的批评和指导，切忌不懂装懂，大胆妄为；

(3)要遵纪守法，在试用期内因违章违纪而被辞退将会影响自己的前途；

(4)要努力培养必备的职业素养能力。包括任务执行、工作方法、时间管理、压力管理等基本的工作能力，这些能力是用人单位衡量毕业生能否快速适应岗位工作，快速进入职业角色，也是用人单位最终决定是否签署劳动合同的关键性因素。

4. 适应试用期的案例及点评

案例一：

张颖在大学读的是工程造价专业，经朋友介绍，到一家民营房地产公司应聘。公司老总看到张颖的学习成绩优秀，有意将她作为公司的中层骨干来培养(当然，老总的这个意向并没有告诉张颖)，试用期特地把张颖安排到公司前期部做外勤职员，主要负责一些前期有关的手续办理工作。按说，对这来之不易的工作张颖应该倍加珍惜，但她却感觉到公司对自己的工作安排大材小用。因此，她抱着一种应付的态度，在平时的工作中敷衍了事，办事马马虎虎、丢三落四。更让老板不满的是，张颖出外办理业务，对方说不行就不行，回公司交差就算完事，没有一点积极性和主动性。为此，公司前期部的经理也曾正式或非正式地与张颖谈过几次，但没有见到什么效果。也没有引起张颖思想上的重视，依然在工作中我行我素。终于在一次公司参与的土地竞买招标活动中，由于张颖负责承办的相关手续迟迟没有办好，而失去了参加投标的资格。对于公司来讲，一次较大的赢利机会就因此而丧失了。张颖的试用期就提前画上了“句号”，被公司解聘也就成了顺理成章的事了。

“试用”是什么意思？就是让别人看看你能不能用。如果工作成绩不理想，公司当然也不会满意，被扫地出门也就是很自然的事情。虽然你认为自己被“大材小用”，但你的材体现在哪呢？这是你首先需要让别人知道的地方。而你“平时的工作中敷衍了事，办事马马虎虎、丢三落四”，这能让别人认为你有“才”吗？更是由于你的失误，让公司受到很大的损失，说你有“才”你自己相信吗？有没有能力，不是自己说的，是自己努力做出来，由别人来评价的。因此你必须端正自己的工作态度。在企业看来，职业精神大于能力，没有能力可以再培养，但职业精神缺乏，就是有再大的能力却不发挥对企业而言又有何用？敬业正是职业精神中的一个关键内容。如果你真的有能力，用敬业的态度去面对你目前的工作，体现出你的价值，这是你争取更好工作舞台的有效途径。基于此，在今后的工作中，暂时放弃你那对未来美丽的期望，先把眼前的事情做好，即便现在的工作是简单的。在平凡的工作中如何体现你的价值？就是把简单的事情做得既有效率又有效益，这样你才能向公司充分展现你的能力，当然也就不会提前画上"句号"了。

案例二：

刘阳是最近某工程监理咨询公司引进的一位工程管理硕士。他的身份有些特殊，用经理的话说，他是"空降兵"。公司里管理层几乎都是干了5年以上的老员工，而他则是经理痛下决心改革引进的"新血液"。每个公司都有优点和缺点，每位员工都有长处和短处，在根基不稳的试用期，要坚持做到多听少说。而刘阳经常带着批判的眼光来审视公司，老板跟他沟通时他总是说这里不好或那里不行。最后，刘阳因为自视清高和自身表现出的所谓"精英意识"，不能以平常心看待工作、看待同事，时时处处爱挑公司和同事的毛病。最终没能迈过试用期这道坎。

点评：对于职场中人，找到问题不算本事，解决问题才算本事。作为一个公司的"新人"，看到的并不是事实的全部。凡事有果必有因，如果只知道果，却不知道因，就只能提出问题而不能解决问题。而且在初到一个单位期间，其他的同事也在对新人进行着判断。如果总是挑别人的毛病，会被人认为"自以为是"。说得头头是道的人多了，关键是能否把问题解决掉。同时，因为有问题必然就有责任人，说问题无疑就是说对应责任人的工作没有做好，这无疑将得罪此人。连脚跟都没有站稳就四面树敌，很容易被人排挤，不仅不利于问题解决，更有可能被人联手扫地出门。因此无论你有多大的本事，首先是把事情看清楚，然后团结一切可以团结的力量并获取他人的支持，这样你才能解决问题，也才可能展现自己的能力。建议你收起你那审视的目光，以欣赏的态度去发现公司及他人的优势和优点，这样你才能更深入的了解事情的本质，才能获得其他人对你的好感。

案例三：

李磊经过严格的面试，终于被省内一家大型连锁超市公司录用。公司将他安排到社区便利店做普通店员的工作，他并没有因此灰心丧气，而是坚持一种积极向上的工作心态，自己也渐渐成熟起来了。在踏踏实实做好店员本职工作的同时，李磊作为一个有心人，注意收集、积累和整理事关公司营销管理的各类信息。半年以后，公司管理层在全体员工中开展征求合理化建议活动。李磊联系当前超市业市场的实际情况，结合本便利店乃至整个公司的运营和管理情况，向公司管理层提出了"关于加强和改进本公司基层门店营销管理的分析和建议"，洋洋数万余字。李磊的建议引起了公司高层的重视，公司老总在他的万言书的字里行间加注了批语："符合实际、有情况、有分析，形象生动，可操作性强。"最后，公司老总还专门批示："建议人事部门将该员工调任有关管理岗位工作。"

点评："机会总是垂青有准备的人"，当机会来临的时候，李磊抓住了，并因此获得了提升。但去追寻背后的原因，李磊的调任首先得益于他的"万言书"，但之所以他能写出此建议，却得益于他之前"注意收集、积累和整理事关公司营销管理的各类相关信息"。而李磊之所以能够这样做，原因就是在于他积极向上的工作心态。企业真正需要的是具有职业精神的人，而职业精神的体现就是员工如何看待、实施、选择工作行为。只要是能够为公司创造价值的人，就一定会在公司中得到他应得的待遇，个人价值决定个人价格（薪资等待遇）。但不要以为现在就功成名就了，今后的路还有很长。既然积极的面对工作是一个优良传统，就继续坚持下去。在新的岗位上，你将站得更高，所能获得的信息也将更多，在做好本职工作的基础上再进一步思考公司运营管理相关问题，这样下次机遇来临时，你依然有机会胜出。

小结：谁都希望自己的职业发展能够顺风顺水，但职场竞争是残酷的；谁都希望有个飞黄腾达的明天，但关键是今天你还能在残酷的竞争中生存下去。也许明天很辉煌，但关键是你还能在无奈和残酷的今天继续生存下去。作为职场新人，不要只想着明天的美好，更关键的是把今天活好。今天所做的一切都必须是对明天的有益积累，如果个人没有本质上的提升，那么明天也无非是今天的重复。所以“试用期”是明天的阅兵式，是对个人的能力、素质的一次检阅。也许在今天，能力还不足以达到公司的要求，但要知道此时公司更在意的是你有怎样的职业精神，是你将来可能会以怎样的一种态度去面对即将交付给你的工作。如果现在你还无法体现出你的工作能力，那么请首先亮出你的职业精神！

二、主动适应，储备提高

即将结束学校生活走向社会和新的工作岗位大学应届毕业生，遇到的首要问题就是社会适应问题，大学毕业生必须尽快调整自我心态，适应社会和新的工作岗位。为更好地适应新的工作岗位，应从以下几个方面努力：

1. 明白岗位职责，树立角色意识

大学毕业生刚到一个单位，首先要清楚了解自己的岗位工作的性质和日常工作的具体内容，明白自己的职责范围。自己职责范围的事一定要做好，不该做的和不该过问的事，尽量不要做和问，以免给人添乱。一个人的角色意识非常重要，如果你是销售业务员，你就应该将心思放在销售业务的钻研上；如果你是文员，就应该明白文员每天必须做那些事。要将自己的事情做好，不明白的地方要问清楚。

2. 多和领导、同事沟通

大学毕业生刚踏上工作岗位，多和领导、同事沟通非常重要。在大学学的都是理论上的东西，和实际操作有很大的距离，只有通过不断的学习和摸索，才能积累宝贵的经验。领导和工作多年的同事，有丰富的工作经验(包括教训)，可以帮助你少走弯路，取得更快的进步。此外，一个单位有自己的规章制度和具体的实际情况，也需要从沟通中了解。加强沟通，还可以增进彼此的了解和感情，帮助你尽快融进这个团队。刚毕业的大学生，要抱着向他人学习的心态，谦虚一点，真诚一点，这样更有利于沟通。

3. 钻研业务，提高工作能力

由于刚毕业，一般都没有什么工作经验，所学的知识一时难以用上，因此毕业生应该把主要的精力放在工作上，刻苦钻研，提高工作能力。实际上，大学期间表现好的人，不一定工作非常出色，工作态度往往起着至关重要的决定作用。一开始工作，养成一个好的工作习惯和工作态度，对以后事业的发展很有好处。进入新的岗位以后，要马上进入工作状态，全力以赴去工作。随着经验的积累和能力的迅速提升，更好的发展机会也会随之而来。

4. 适应工作需要，主动调整生活节奏和习惯

大学生在学校读书，生活相对安定，许多人养成了自己的生活习惯。进入新的岗位后，一定要根据工作的需要，主动调整自己的生活节奏和习惯，否则无法适应新的工作。去年毕业，现在番禺一家文化传播公司工作的李先生认为，适应工作需要，主动调整自己的生活节奏和习

惯非常有必要。他所在的公司，周一至周五，事情不多，一到周末，忙得不可开交，有时一晚要举办七八场演出。他开始时有点不习惯，后来就适应了，因为不适应就只有辞职。

5.不断学习求教，坚持自我完善

新入职的大学毕业生只有保持虚心向同事学习，积极向身边人求教的良好心态，坚持不断地完善自我，才可能更好更快地适应工作需要。

要勤于思考，善于总结，尽快熟悉并掌握和本职工作有关的业务知识和基本技能；要把握时代的脉搏，不断更新知识、完善知识结构，以开阔的视野瞄准世界科技的前沿，不断用新知识、新理论完善自我，在更高层次上，适应社会发展的趋势，优质高效地完成本职工作的需要。

三、努力实现职业化

对于刚刚进入职场的新人来讲，想在职业上获得发展，就需要具备职业化水准。除了在办公室女孩子不能穿吊带衫，男孩子不能穿拖鞋外，职业化还有更高更深的要求。

1.职业化的深层次要求

概括起来，职业化的深层次要求是：

①树立成就客户的服务意识；

②增强结果导向的规划能力；

③注重工作品质追求；

④展现创新能力。

更有人用“一个中心、三个基本点”来阐释职业化的内在要求。

1)一个中心

职业人的核心目标是客户满意。职业人总是准备提供超过客户期望值的服务。职业化的一个中心是：提供客户满意的服务。客户指广义上的概念，包括上司、同事、家人、下属和常规意义上的客户。以客户为中心的第一个含义是你能够对客户产生影响。你能够使客户满意，意味着你必须具有一定的能力，使客户接受你为他提供的服务，也就是你有能力产生影响。以客户为中心的第二个含义是互相信赖，如大洋公司的总经理用人的一个标准是“敬人”，敬上司、敬客户、敬同事，也就是要在你的职业圈子里重视相互依赖的关系，这样才能协调好各个环节，使其功能发挥达到最佳状态。职业化的中心是提供客户满意的服务，从另一种意义来说，就是提升客户的竞争力，使客户的价值得到提升。以客户为中心还意味着你必须关注对整体的把握，而关注整体，意味着你要关注那些限制整体发展的因素。木桶理论说明，限制最大产出的是数量最少的资源。职业人的要务之一就是帮助客户以尽量小的投入获得尽量大的产出。

概括起来，为客户提供满意服务的含义是指：

①有能力产生影响；

②互相信赖；

③不断提升客户的竞争力；

④关注对整体的把握。

2)三个基本点

(1)第一个基本点是职业人要为高标准的产出负责。最主要的是做到两点：

①行为思考的出发点是客户最感兴趣的。

②有义务保守与客户合作之间的所有秘密。对老板而言，职业人能够帮他做他做不了的事情，他之所以雇佣你，是因为：第一，你是有竞争力的，你具有专业优势和特殊才能。第二，他认为你的判断是客观的，职业人很重要的一点是用数据说话。首先，你的所有建议案是有数据支持的；其次，你的所有行动方案是可以实现的，有量化指标，其结果是可以考量的。第三，你是正直的。职业道德应该是企业用人的重要考核点，商业道德问题对于公司的发展也是致命的。

你被雇佣是因为：首先你具有竞争力——专业优势、特殊才能；其次你能够做出客观的判断——用数据说话；最后你是正直的——职业道德。

(2)第二个基本点是团队协作。作为职业人，你必须记住一点，只有团队协作，才能够提供高标准的服务。这里讲述的不是专业人士，而是职业人士，专业人士是学有专精的人，而职业人士则是注重团队合作的专业人士。尤其是在分工越来越细的现代社会，团队协作就更应该被强调。

(3)第三个基本点就是职业人必须对自己的职业生涯负责。要提升客户的竞争力，首先你要提升你自己的竞争力。处在急剧发展的时代，职业人必须不断地学习，否则只能被社会淘汰。所以说，应变的唯一之道是学习。

职业化的三个基本点概括为：

①为高标准的产出负责——为客户考虑；

②团队协作——互相信赖；

③为自己的职业生涯负责——不断学习。

2.职业化的烦恼

1)企业职场中最容易产生职业烦恼的有两类人

(1)企业新人。新人还不具备全面的技能，遇到问题时，常常会不知所措。

(2)老员工。对变革总是持不好的看法，恨不得一辈子就这样过下去。他们想要稳定，不愿接受新事物的想法，是限制其创造力发挥的主要因素。

2)职业烦恼人的烦恼

①新人：我不知道我会做什么；我不知道我能否胜任这个职位；我对企业运作一点都不了解，怎么办？我的主管是什么样的人呢？我不会用电脑，英语说不出口。

②老员工：面对着"WTO"、"知识经济"、"组织变革"，我不知道我还能干什么？又进新人！什么职业化，换汤不换药。

3)职业烦恼的根源

归结起来，他们的烦恼有三个根源：

(1)心态；

(2)不了解职场规则；

(3)缺乏技巧。

四、争做优秀员工

单位为员工做什么，决定权在组织；而员工为单位做什么，主动权却在自己手中。所以，做一个优秀员工，在于自己的踏实努力。

1.敬业爱岗，勤奋工作，以饱满的热情做精本职工作

在日本明治维新时期，有两个年轻人雄心勃勃地来到了东京，经过几天的考察以后，一个

年轻人沮丧地说，东京真是个鬼地方，连喝水都要付钱。而另一个年轻人则高兴地说，东京真是个好地方，连水都可以卖钱。这样两个青年，在同一起跑线上，就因为态度不同，10年以后，后者成为了企业家，前者仍旧在打工。

一个人的态度往往决定着工作的力度，而态度的转变，全在自己。大学毕业生要十分珍惜自己来之不易的工作岗位，在平凡的岗位上切实努力，做出了良好的成绩，就是一个不平凡的人。如果一个岗位很好，但在这个岗位上工作的人不努力，那么再好的岗位也锻炼不出最好的员工。

2.团结互助，踏实肯干，以优秀的工作实绩来体现人生的价值

《论语》说的“君子和而不同”，充分表明一个人要有团队精神，要善于听取多种意见，才能取得更大的成绩。一个个人，面对集体，就如同一滴水面对大海。我们每一个人，只有工作岗位不同，如果离开了单位这个集体，我们就失去了工作的平台和载体。拳王阿里享誉全球，人们都说阿里是个超人，他自己也以超人自居。有一次，阿里乘飞机，当要起飞时，服务人员提醒他要系好安全带，阿里说，我是超人，不用系安全带的。服务人员笑笑说，超人从来不用乘飞机的。这给拳王阿里一个很大的打击，使他明白了，这世界上根本没有超人。当然，工作从来都是靠做出来的，而不是靠说出来的。相传，美国前总统克林顿是个十分喜欢听意见的人，在第二次总统竞选中，他和他的竞选班子会没日没夜地在小石城研究竞选方案。有时候方案已经很完善了，而克林顿还会不断地征询意见，倒是他夫人希拉里往往会拍板而起，“好，那就照这样的办法去做！”有时候，我们确实需要抓紧时间，勤奋工作，要以实际行动、工作业绩来体现个人的价值。一个人的工作，不仅要看他说了什么，更要看他做了什么，孔子之言：君子要讷于言而敏于行，说得很有道理。

3.努力学习，善待朋友，以公道正派的秉性来塑造自身形象

在我们这个社会中，生而有涯，而知识无涯，同时，电视、网络、报刊等媒体层出不穷，各种信息鱼龙混杂，有好的营养，也有不好的糟粕。这就需要我们身处其中的每一个有一个清醒的认识，是非对错，要泾渭分明。坚持什么，反对什么要有鲜明的态度。对朋友和同事也一样，好的做法和观念要积极地学习，不好的思想和言行，要坚决地批评和抵制。有时候，适时的忠告非常重要，它能鼓舞士气，振奋精神，以利于进一步推进工作。而一味的一团和气，往往会损害了集体，耽误了朋友，最后也伤害了自己。每一个大学毕业生都要与公道正派的人做朋友，多交益友，不交损友。同时，也要善待朋友，以博大的胸怀去学习，去工作，你才能收获友情，收获成功。

4.融入企业团队，争做优秀员工

海豚依靠团队力量成功捕食的案例及启示：

茫茫大海里几只零星的海豚在觅食，忽然，它们欣喜若狂地看到，海洋深处游动着一个很大的鱼群。这时，它们并没有因为饥饿冲向鱼群，急于求成。因为，如果那样，鱼群就会被冲散。它们游动着尾随在鱼群后面，用特有的声音“吱、吱……”向大海的远方召唤。一只、两只、三只……越来越多的伙伴游了过来，不断地加入到队伍中一起高声呼唤着！哇！已经50多只了，它们还没有停止！当海豚的数量汇聚到一百多只的时候，奇迹发生了！所有的海豚围着鱼群环绕，形成一个球状把鱼群全部围拢在中心。它们分成小组有秩序地冲进球形中央，慌乱的鱼群无路可走，变成这些海豚的腹中佳肴。当中间的海豚吃饱后，它们就会游出来替换在外面的伙伴，让它们进去美餐。就这样不断循环往复，直到最后，每一只海豚都得到了饱餐。

启示一：没有完美的个人，只有完美的团队！

启示二：团队的力量，无坚不摧！

启示三：没有规矩，不成方圆！

启示四：一个成功的团队，造就无数个成功的个人！

刚入职的大学毕业生要适时转变角色，尽快融入企业团队，以自己的言行争做优秀员工。现代企业的竞争不是靠个人英雄主义，而是靠团队。团队力量不是若干个体的简单相加，而是个体有机结合形成一种新的力量。只有优秀的集体，才有优秀的个人。没有优秀的集体，就没有优秀的个人。一个团队的业绩取决于最薄弱环节的改善程度与改善速度。企业的业绩是所有各部门工作结果的累积，一个部门的业绩为零，相乘之后的结果仍为零，不要让你或你的部门成为公司的"0"因子。同时，树立必要的服从意识是尽快融入企业团队的重要条件。美国的世界500强企业的总裁不是出自于哈佛大学，而是出自于西点军校。没有服从意识，就没有执行力，中国企业发展过程出问题往往不是战略出问题，而是执行力不够，这就要求我们员工对上级的指令绝对服从。中国人的弱点有两点：个人意识太强；眼高手低。比尔·盖茨说过中国人："什么都知道，什么都做不到。"刚毕业的大学生，千万不要认为你比你的领导聪明，有不同意见可通过适当的途径反映，但在没有改变指令以前就是执行。

第三节　职场新人职业发展设计

【观点导读】

(1)初出校门的大学毕业生只能定位为职场新人。职场新人需要科学有效的职业发展设计，以更好地适应职场新环境。

(2)成功的职业发展是建立在科学有效的职业发展设计基础之上的。

(3)职业发展设计早比晚好、有比无强。

职业发展是组织用来帮助员工获取目前及将来工作所需的技能、知识的一种方法。实际上，职业发展是组织对企业人力资源进行的知识、能力和技术的发展性培训、教育等活动。职业发展就是在自己选定的领域里，在自己能力所及的范围内，成为最好的专家。所谓专家并不一定是研究开发人员或技术顾问。专家是在某一领域有深入和广泛的经验，对该领域有深刻而独到的认知的人。至于行政管理能力、员工培养能力、团队建设能力、规划和沟通能力等，是个体在职业发展过程中必须培养的能力要素，它们是实现职业发展的重要工具，但不是职业发展的目标。

一、职场新人职业发展设计的目的与原则

1.职场新人职业发展设计的目的

职业发展设计的目的绝不只是协助个人达到和实现个人目标，更重要的是帮助个人真正了解自己，并且进一步评估内外环境的优势、限制，在"衡外情，量己力"的情形下，设计出合理且可行的职业发展方向。在人生的各个阶段，每位当事人多少得称称自己的"斤两"，并分析所追求的目标及价值。我们大多数人都会以为对自己有足够的了解，但许多错误的职业发展抉择即发生在对自己认识的不清。

职业发展设计的目的即是要通过对以往成长经验的反省，检视自己的价值。这可以通过专家来协助。但大部分人都是以潜意识进行这个动作，这个动作重在反省以下几点：自己喜欢

的工作到底是什么？自己的专长是什么？现在工作对自己的重要性？家庭对自己的重要性？有哪些工作机会可供选择？与工作有关的其他考虑？充分的职业发展设计，可以使当事人在设定生涯目标前，先分析自身的优势、弱点以及机会、威胁是什么？

2.职业发展设计的五个原则

(1)把握机遇。机不可失，时不我待。机遇稍纵即逝。每个人的职业生涯中，都有那么几次决定性的好机遇。抓住了，从此顺风顺水；失去了，可能平添几多烦恼。大学毕业生，一踏上崭新的工作岗位，肯定会遇到决定人生命运的机遇，这时，就要保持冷静，沉着果断地抓住机遇，助推职业良好发展。

(2)掌握成功的标准。对于职业发展设计而言，重要的一条要对成功的标准有一个比较清醒的认识和把握。到底是更多地占有以金钱为标志的社会财富，还是更多地为社会和大众作贡献，这是衡量一个人成功观的试金石。对成功的看法不一样，职业发展设计的路线图，肯定就大不一样。

(3)发挥自身优势。寸有所长，尺有所短。每个人，哪怕最不起眼的人，都有自身不可替代的长处和优势。只有当一个人，充分发挥自己的优势，像李开复先生所说的那样“做最好的自己”时，每个人的职业生涯才可能是精彩的，整个社会的职业世界才可能是精彩的。因此，大学毕业生，作为职场新人一定要紧贴自身的优势，设计自己的职业发展路线。

(4)学会与上司相处。与上司相处是每个职业人设计自身职业发展路线时所必须面对的课题。作为职场新人的大学毕业生尤其如此。上司一定程度上决定着你的职业发展的方向和路径。学会与上司和谐相处，是职业设计必须考虑的重要因素。在与上司相处时，坚持原则的妥协可能是一句至理名言。

(5)理解企业文化。企业文化是进行职业发展设计时必须遵循的深层次“软规范”。只有当你的职业发展设计契合企业文化精神时，职业发展的方向和路径才会合规中矩，职业发展道路才会顺风顺水。因此，在进行职业发展设计时，一定要深刻认识企业文化的内涵，准确把握企业文化的精神实质。

二、职场新人职业发展设计的内容与步骤

1.职场新人职业发展设计内容

1)分析角色加以定位

要制订一个明确的职业发展设计实施计划，首先要明确给自己定位。一定要明确根据计划你要做什么；应该清楚地知道自己的职业环境，自己将会有怎样的发展机遇；不论未来是就业或者创业，都需要为自己的未来预留发展空间。体现个人价值首先要明确个人价值。要清楚自己究竟想做什么，能做什么。所有的职场中人都应自问：我的定位是什么，核心竞争力有哪些，身价有多少？这些可以凭借自己的职业大环境来做评估，衡量并确定自己在该行业领域内的薪资价值。一般来说，衡量个人价值一方面根据自己的市场竞争力，另一方面则是市场需求。构成竞争力的基本要素是个人素质(包括：知识、经验、技能、阅历及解决问题、处理人际关系的能力)、工作绩效、职位高低、知名度等。

2)根据自己的特点和现实条件，确立自己的职业发展目标

对于职场中人来说，工作有连续性和阶段性之分。很多人在每年的过渡中都不会对自己的职业发展有清醒而详细的规划统筹。制订规划时，应从职业发展前景和职业环境上着手。

是否计划改变自己的职业环境？是否计划改善自己的职位？是否计划增长自己的薪资等等问题都应该纳入自己的考虑范围，并做出详细指标。

3)详细分解目标，制订可操作的短期目标与相应的教育或培训计划

从小职员一跃成为老总的可能性实在微乎其微，那么制订能逐步实现的阶梯性可操作目标，无疑是每个职场人士最切实可行的职业发展方案。按季度进行时间划分是操作性最为便利的方式。同时要注意，制订细化目标是明智之举，但如果目标过于细碎，却并不利于职业前景发展的顺利操作。因为不可预知因素和其他职场上的旁枝琐节会打乱自己的发展计划。

4)根据个人需要和现实变化，不断调整职业发展目标与计划

职场上常说，计划赶不上变化。对于自己碰到的问题和环境，需要及时调整发展规划，一成不变的发展计划有时形同虚设。

2.职场新人职业发展设计基本步骤

1)确定志向

有了明确的职业发展方向是毕业生走向社会就业的第一要素。明确方向也是事业成功的基本前提。确定自己想要什么，然后沿着这个方向去努力，是职场新人职业发展设计的第一步。

2)准确自我评估和分析客观条件

毕业生职业规划中，进行准确的自我定位非常重要。这一工作其实并不是已经面对“临门一脚”的毕业生才应考虑的问题，所有在校大学生都应该注重这方面的观察和总结。对自己的评估应包括：兴趣、性格、技能、特长、思维方式等，要将自我认识和他人评价相结合。外部要分析社会环境。各种职业环境和组织环境，应注意环境条件的特点、发展变化情况、自己与环境的关系、环境对自己有利与不利的因素等等。只有调整好自身条件与客观条件的接洽度，才能在职业发展规划中避害趋利，使职业发展设计更具实际意义。

3)合理制订职业目标

从目前的就业环境来看，选择职业发展目标时，切忌贪高贪快。要保证目标适中，同时也不可过高或过低，并将长期目标和短期目标结合起来，通过不断实现短期目标最终实现长远目标。

4)制订行动计划、考核措施，并进行评估、反馈和调整

确定了职业发展目标后，要通过一系列发展规划来确保目标实现。职业生涯发展中，会经常发生变化，考虑到影响职业生涯规划的因素很多，对职业生涯设计的评估与修订也很必要。修订的内容可以包括职业的重新选择、职业生涯路线的重新选择、人生目标的修正、实施措施与计划的变更等。

三、职场新人职业发展设计的实践与评价

1.职业发展设计的实践

制订好一系列的职业发展规划后，如何将其最终落实是每个规划制订者所必须考虑并面对的一个问题。做一个好的计划若没有实施上的细则，就无法保证计划顺利进行。

1)角色分析

当一个初步的职业发展设计方案已经成型时，如果制订者目前已在一个单位工作，那么，对他来说进一步的提升非常重要。首先要做的则是进行角色分析。反思一下这个职业环境对

个人的要求和期望是什么，如何使自己在单位中脱颖而出。大部分人在长期的工作中趋于麻木，对自己的角色并不清晰。但是，就像任何产品在市场中要有其特色的定位和卖点一样，在职者必须让自己有一些过人之处，让自己的价值和成绩得以体现并得到认可。

2)应对职场变数

根据可锐职业顾问客户服务中心客户情况调查，12 月职场的活跃，肯定会带来大量的人才流动。职业人在这个变化的职场中，如何保证自己始终顺风而行是大家关注的焦点。当职业人处在变数，也就是"逆风"状态时该如何表现，将是职业人能否在明年及更长远的未来有足够发展原动力的关键。面对变数，并会对其产生反应的职业人群往往是一些中层人士。同时他们也会因为暂时的工作稳定性，对职场变化(尤其是职场价值体系变化)的敏感度不断降低。结果就是许多职业人在应对职场变化时，缺乏足够应变能力而造成职业发展困境的出现。有些人遭遇薪资"封顶"，职业价值却处于下跌状态，发展下去危机四伏；另外更多的人对目前职业状况基本满意，但是不能确定下一阶段该如何进一步发展，找什么样的平台更加适合自己，于是在犹豫和害怕间陷入了职业停滞状态。据资料显示，可锐职业顾问的咨询案例中有 40％的职业人就是因为无法明确适合的职位目标，又在跳槽中遭遇过滑铁卢，最后不敢面对职场再竞争而导致职业停滞的结果。应对职场纷繁信息和变动选择的成功法则，就是必须建立有效的信息整理、分析和筛选系统，再结合自身竞争力合理设计职业发展。这样才能在职业发展过程中凭借良好的职场敏感度达到职业成功的彼岸。

3)持之以恒

人贵有恒。职业发展设计最终取得实效，最关键的一点在于持之以恒的坚持。在实践职业发展设计方案的过程中，肯定会遇到很多艰难曲折，也肯定会遇到一些偶然事件和意外事件的干扰。这时，就要坚持到底，树立必胜的信心，而不要动摇气馁。

要以锲而不舍的毅力投身于职业发展。由于现代人的工作压力大、节奏快、时间紧，常常需要牺牲节假日和 8 小时以外的时间来学习和工作。此外，人际交往、娱乐休闲等也需要时间。初入职场的大学毕业生，一定要头脑清醒，牢记自己的职业发展目标，有所为有所不为，以免职业发展设计落空。

4)争取组织的支持

个人职业前途的发展离不开组织的支持，离不开组织内部领导和同事的支持。初入职场的大学毕业生，要善于取得领导的支持，尽可能营造有利于实现自身职业发展目标的人际关系，最终达成自己的职业发展目标。要主动地展示自己的才华和工作业绩，要向组织和领导表明自己的职业理想和追求，取得理解和尽可能的支持，要注意同周围同事建立融洽的人际关系，不要使自己的职业发展在组织的支持和人际关系这一环节发生梗阻，产生障碍。

2. 职业发展设计的评价

(1)评价内容。要从大学毕业生对职业发展设计的理解和掌握程度以及实际形成的职业发展能力两大方面进行评价。职业发展设计是和实际生活紧密联系的，需要评价的大学毕业生职业发展设计能力，包括对个人和工作世界的了解程度、短期和长期职业发展目标的制定和实施情况。

(2)评价重点。采用过程评价和结果评价相结合的方式，应加强过程评价。提倡每个学生建立成长档案，记录职业发展设计过程中的自我了解、职业了解和职业决策过程。

(3)评价方式。要采用定量和定性评价相结合的方式。对于知识可以使用考试等量化的评价方式；对于实际的操作能力，可以通过学生的自我评价，学生之间互相评价以及老师和学生的访谈等方式进行。

(4)评价主体。要注重自评和他评的有机结合。职场新人的职业发展设计,由谁来评价最为客观有效?单方面由大学毕业生或他人作评价,可能都会产生片面性、与客观不相符合的缺陷。最好是将大学毕业生的自我评价和包括组织人事部门、同事、单位领导在内的“他人”评价有机结合。

3.职业发展案例分析

案例一:性格危机与职业发展

当发现自己的性格与工作不合,通过改变性格去适应工作,是人们一个美好意愿的表达,反映了职业人积极进取的工作态度。但是,只考虑改变性格去适应工作,只是对问题的粗浅看法,很难触及问题的本质。请看下面的案例:

姜先生,研究生学历,已有5年工作经验,现就职于国内一家大型知名企业做销售工作。姜先生销售业绩不错,其敬业的工作态度也得到了大家的肯定。然而公司面临市场激烈竞争,姜先生所在的部门结构重整,销售模式也发生相应改变,姜先生突然觉得自己不适合工作的要求了。因为公司赋予了销售人员更多的权利,工作环境也更加复杂,性格比较内向的他发觉自己处理不了那么多不确定的事情。他的压力感越来越强,工作业绩也不太理想,姜先生开始怀疑自己的性格不适合这份工作了。

案例剖析:面临工作困难,将原因归结为性格不适,是否过于武断,或存在着一些逃避现实的原因?姜先生的销售工作在前两年取得了不错的业绩,为什么在公司一些制度方法改变后,就变得不适了呢?经过分析我们发现姜先生职业危机的根本原因是在于面临公司变革,适应力不够。姜先生将自己的工作危机归结为性格原因,是一种潜意识的对现实问题的逃避。那么,对更多的职业人来说,当面临职业发展问题时,同样不要轻易下结论,不要认为性格不适就放弃工作,要进一步挖掘深层次的原因。

在职场中,尽管我们每个人都会根据所处的环境和所打交道的人采取不同的行为方式,但我们的性格是基本保持不变的。你的性格会让身边的人们预测到你的很多方面,这是你存在的依据。当然,性格也可能改变,特别是当你努力认识自己的潜能并试图开发它们的时候,但这个改变需要相当长的时间,是一个潜移默化的过程。所以,对现在的职场人士,接受自己的性格,改变工作的现状,才是最切实际的做法。

性格不易改变,那么怎样才能适应工作的需求呢?尤其这份工作对你来说还挺重要的情况下。要学会改变工作方式,这会收到意想不到的效果,而改变工作方式和改变性格没有直接的联系。对于姜先生来说,首先要肯定原先的工作成绩,并从中归纳出自己的成功要素基本点,恰当应用到新的工作模式中来;然后需要锻炼人际沟通能力,使自己尽快融入新的工作团队;再次要培养自己在管理方面的知识与才能,提升自己的职业竞争力。他沉稳内向的性格对于事业的进一步发展应该说是非常有利的。

如果经过深入的分析,发现自己的性格与职业的要求确实不匹配,那就需要及时地调整职业的选择和方向。必须及时地寻找到长足的发展方向并逐步培养职业竞争力。如果蹉跎时间,等到年纪已长,那时候重新发展已不切实际,性格与工作不适的矛盾就不能轻易解决了。

所以,为了避免职业危机,尽早为自己做职业规划是关键的一步。了解自己的性格特征,从事适合你的工作,就会减少工作中遇到的挫折,并能享受工作给你带来的满足感。

案例二:从艾德连升三级看采购职业发展

案例简介:2005年,艾德加入公司,从事供应商管理,职位是供应商业务经理。在此之前,他在公司的竞争对手那里工作过几年,先后在设计部、产品开发、总部等处工作。他还在一个供应商那里有几年的生产制造经历。再以前,他在美军队服役。

艾德面临的是一个烂摊子。前任突然离去,交接时间很短,供应商面临质量、交货、产能等种种问题。而且公司对供应商的信任度很低,因为这个供应商曾经投机取巧,出现质量问题,影响到公司的很多大客户。更为麻烦的是,艾德的老板习惯于微观管理(micromanage),员工大多只能忍受半年,然后走人。但是,就在这样的恶劣环境,艾德在一年多内,连升三级,现在已经成为总监,管理比他资历更老的同事。他是怎么成功的?

1)合理定位

艾德一到公司,就把自己定位成老板的助手,例如帮助老板组织员工,做会议记录,协调其他员工,协调部门与其他部门的事务。一段时间以后,艾德自然成为员工之中的非正式的头,成为老板与其他员工之间的桥梁。于是,他在部门的影响逐渐增大。老板也渐渐让他代表部门去参加产品开发部等的会议,他也不辱使命,顺利完成。于是他在别的部门的影响增大。

人的地位、报酬一般跟其影响成正比。影响可通过地位获得,例如职位越高,影响越大。但对于没有正式地位的人,通过协调、服务他人的方式,同样可以获得相当的影响。这种人就成为非正式领袖,时间一长,管理层自然会意识到,把非正式领袖转为正式领袖符合企业利益,晋升就水到渠成。关键是你怎样定位自己。大多数人只是做本职的事(这本身没错)。其实部门内部、部门与部门之间有很多事没法明确定义该谁做。在干好本职的前提下,你介入那些"三不管地带"的事越多,你的影响也会越大。这就是说,不要只想着种好自己的一亩三分地,也想想那些公共领域的事,就像做些社区活动一样。

2)急客户所急

艾德面临非常困难的环境:他的供应商产能不足,主要是因为本公司生意太好,需求量成倍上扬。生产部、备件部经常面临断货的影响。质量部门、设计部门也对这个供应商怨声载道,因为质量问题不断,该供应商表面合作,实际不改。所以,艾德听到的抱怨整天不断。人长期处于被抱怨状态,很容易变得处于戒备状态(defensive),即你说是供应商的问题,我给你证明不是供应商的问题,或者说双方都有问题(当然,对复杂的问题,大家往往都是问题的一部分)。这种心态其实对解决问题无补。艾德采取积极心态,就事论事,正视问题,尽量去满足所有内部客户的需求。当然,有些需求没法满足,他也是耐心解释给人家听,争取让对方理解供应商是尽力而为了。

时间长了,管供应商的人有时会变得偏向于供应商,因为他们更了解供应商的处境,看到供应商的难处,这没错。但这些人往往忽视了内部需求的合理性,或者忽视了内部客户对的一面。职业生涯中,一个人可以通过狡辩、推诿获得一时之利,但要想向上发展,一定要朝着解决问题的方向去努力。群众的眼睛是雪亮的,老板的眼睛也是雪亮的:谁在急人所急,谁在推诿责任,局外人一眼就可看出。

3)走动管理(Managing By Walking Around)

艾德的成功还在于他能跟大家打成一片。不管是采购员、催货员,还是工程师、设计人员,艾德经常去跟他们打招呼,面对面地解决问题。有句管理上的名言,说是 managing by walking around(走动管理),即通过到处走动、调查实情的方式管理。与之对应的是太多依赖于电子邮件、备忘录、会议等正式方式。

其实 managing by walking around 反映的是实干精神。很多问题，只要与当事人面对面谈上几分钟，大多都能得到答案。面对面交流更有助于相互了解，改善合作关系。一个人的影响力也往往通过面对面交流得到增强。

艾德的 managing by walking around 改善了他与关键内部客户例如设计部门的关系。所以，当要增设一个总监来支持新产品开发的时候，艾德当仁不让地得到这个机会，因为他已经用实力证明了自己。

当然，艾德的连升三级不能简单地由上面三点总结。他在别的公司默默无闻多年也证明他不是个天才，而是反映了厚积薄发的道理。那就是，一个人，一旦经验积累到一定地步，做事的方式对，便有可能在很短时间内由量变到质变。如果目前所在的公司没法满足，不妨换个公司或岗位。

案例三：一个财务从业者的职业发展案例分析

案例简介：何先生，38 岁，财经学院大专毕业，从事会计 15 年，月薪 7 000 元，他在国有企业里工作多年，财务的经验也相当丰富。像这样的会计人才不是会身价一直看涨吗？难道他还有职业上的问题吗？然而，情况的确如此，何先生的职业生涯发生了戏剧性的变化。这家国有企业由于市场经济的冲击，产品生产不符合市场的需求，企业连年亏损。何先生的工作也遭受到了重创，他失去了工作。不过，他对自己充满信心，因为他相信自己的专业和经验，凭借他的本领要想找到一份会计的工作并不太难。

人往高处走，谁不想通过跳槽一飞冲天呢？于是何先生经人介绍来到了一家公司应聘会计，月薪上升了不少，但是烦恼接踵而来。何先生在做会计的时候还算比较顺利，可是公司与不少外企还有生意上的来往，这就要求何先生必须能看懂外语的账目，这对 38 岁年纪的何先生来说，要想在短时间内掌握英语几乎是不太可能是事，更别提要做涉外会计的工作了。老板虽然比较满意何先生的会计工作，但是随着公司业务的拓展，会计岗位的任职者必须要掌握涉外会计以及基本的英语，所以老板总是希望何先生能够尽快掌握这门技能，否则他也不得不忍痛割爱。

何先生现在即使拿着不错的薪水，那么未来还能否保住 7000 元的薪水，他的心里真的是不得而知。

案例剖析：何先生遇到的职业发展问题属于缺少国际化知识。

何先生拥有专业的会计知识，又有 15 年的工作经验，他距离高薪只有一步之遥，可为什么他的薪水上升的余地不会太大呢？就是因为缺少了国际化知识，英语不过关，在当今社会里是万万不行的。

现在的社会是一个国际化的社会，特别是在中国加入 WTO 和上海成功申办世博后，像英语、计算机、MBA 和演讲技巧等能力，对当代职业人显得越来越重要，如果当今工作者缺少了这些必备的数项硬件，那么获取高薪就成了镜花水月。掌握国际化的各项技能，是目前乃至将来职业人国际化的一种体现，中国开放的范围在今后会越来越大，越来越多的外商会云集中国，不会流利的英语、计算机操作、出众的口才，工资自然不会有上升的空间。

在这里，提醒各位想获取高薪的人群，从现在开始为自己将来更加好的职业生涯打算，把握好国际化趋势，时时充电，做到未雨绸缪，那么一旦你想跳槽拿高薪，就不会再是一件困难的事情了。

附录一　自我认识工具

测验一:识别你的职业偏好

本测验将帮助你发现和确定自己的职业兴趣,从而帮助你根据个人情况选择一个恰当的职业目标。在填答时,不要考虑任何其他外在压力,请完全按照自己的兴趣爱好填写。

第一部分　你心目中的理想职业(专业)

对于未来的职业(或升学进修的专业),你可能早有考虑,它可能很抽象、很朦胧,也可能很具体、很清晰。不论是哪种情况,现在都请你把自己最想做的3种工作或最想读的3种专业按顺序写下来。

1. ________________

2. ________________

3. ________________

第二部分　您所感兴趣的活动

下面列举了若干种活动,请就这些活动判断你的好恶。喜欢的,请在"喜欢"栏里打√,记1分;不喜欢的,在"不喜欢"栏里打√,记0分。请按顺序回答全部问题。

R:现实型活动	喜欢	不喜欢	I:研究型活动	喜欢	不喜欢
1. 装配修理电器			1. 读科技图书和杂志		
2. 修理自行车			2. 在实验室工作		
3. 用木头做东西			3. 研究自己选择的特殊问题		
4. 开汽车或摩托车			4. 解算式或数学游戏		
5. 驾驶载货汽车或拖拉机			5. 物理课		
6. 装配修理机器			6. 化学课		
得　分			得　分		
A:艺术型活动	喜欢	不喜欢	S:社会型活动	喜欢	不喜欢
1. 素描或制图或绘画			1. 参加学校或单位组织的正式活动		
2. 参加话剧戏曲			2. 参加某个社会团体俱乐部活动		
3. 设计家具布置室内			3. 帮助别人解决困难		
4. 欣赏音乐或戏剧			4. 照顾儿童		
5. 看小说或读剧本			5. 和大家一起出去郊游		
6. 写诗或吟诗			6. 结交新朋友		
得　分			得　分		
E:企业型活动	喜欢	不喜欢	C:常规型活动	喜欢	不喜欢
1. 说服鼓动他人			1. 整理好桌面和房间		
2. 卖东西			2. 抄写文件和信件		
3. 制订计划、参加会议			3. 检查个人收支情况		
4. 以自己的意志影响别人的行为			4. 参加算盘、文秘等实务培训		
5. 检查与评价别人的工作			5. 参加情报处理培训班		
6. 指导有某种目标的团体			6. 整理信件、报告、记录等		
得分			得分		

测验完毕后,取三个得分较高的活动,并按分数由高至低依次排列,此排列便是你的霍兰德兴趣编码__________。

测验二:识别你的职业潜能

本测验把人的职业能力倾向分为9种,每种能力由一组4道题目反映。测验时,请仔细阅读每一题,采用"五等评分法"对自己的能力进行评定,然后分别计算出自评等级。

1.一般学习能力倾向(G)

等　级 题　目	弱1	较弱2	一般3	较强4	强5
1.快而容易地学习新内容					
2.快而正确地解数学题目					
3.对课文的字、词、段落篇章的理解、分析和综合能力					
4.对学习过的材料的记忆能力					

2.言语能力倾向(V)

等　级 题　目	弱1	较弱2	一般3	较强4	强5
1.善于表达自己的观点					
2.阅读速度和理解能力					
3.掌握词汇量的程度					
4.你的语文成绩					

3.算术能力倾向(N)

等　级 题　目	弱1	较弱2	一般3	较强4	强5
1.作出精确地测量					
2.笔算能力					
3.口算能力					
4.你的数学成绩					

4.空间判断能力倾向(S)

等　级 题　目	弱1	较弱2	一般3	较强4	强5
1.解决立体几何方面的习题					
2.画三维度的立体图形					
3.想象盒子展开后的平面图					
4.想象三维度的物体					

5.形态知觉能力倾向(P)

等　级 题　目	弱1	较弱2	一般3	较强4	强5
1.发觉相似图形中的细微差别					
2.识别物体的形状差异					
3.注意物体的细节部分					
4.观察物体的图案是否正确					

6. 书写知觉能力倾向(Q)

题目＼等级	弱 1	较弱 2	一般 3	较强 4	强 5
1. 快而准地抄写资料(如姓名、日期、电话号码)					
2. 发现错别字					
3. 发现计算错误					
4. 快速查找编码卡片					

7. 运动协调能力倾向(K)

题目＼等级	弱 1	较弱 2	一般 3	较强 4	强 5
1. 玩电子游戏					
2. 打篮球、排球、足球一类活动					
3. 打乒乓球、羽毛球运动					
4. 打字能力					

8. 手指灵巧度(F)

题目＼等级	弱 1	较弱 2	一般 3	较强 4	强 5
1. 灵巧地使用很小的工具					
2. 穿针眼、编织等使用手指的活动					
3. 用手指做一件小工艺品					
4. 使用计算器的灵巧程度					

9. 手腕灵巧度(M)

题目＼等级	弱 1	较弱 2	一般 3	较强 4	强 5
1. 用手把东西分类					
2. 在推拉东西时手的灵活度					
3. 快速地削水果					
4. 灵活地使用手工工具					

计分方法：选“强”得 5 分，选“较强”得 4 分，依次类推。

计算每一类能力倾向的自评等级：自评等级＝总分÷4；将自评等级填入下表。

职业能力倾向	自评等级	职业能力倾向	自评等级
G		Q	
V		K	
N		F	
S		M	
P			

附录二　交通行业关键专业技术岗位职业资格制度建设实施方案(试行)

为规范全国交通行业关键专业技术岗位的管理,维护从业秩序,保证交通行业关键专业技术岗位从业人员的基本素质,巩固和扩大对外交流合作,促进交通事业全面协调可持续发展,根据国家关于建立职业资格制度的规定,结合交通行业的实际,按照有利于交通发展、社会公认、国际可比、事关公共利益的原则,在交通行业中责任重大、专业性强、特别是涉及国家和人民生命财产安全的关键专业技术岗位建立或实施国家职业资格制度。

一、总体框架

1. 公路、水运工程

(1)工程咨询(注册咨询工程师);

(2)勘察设计(注册工程师);

(3)造价管理(造价工程师);

(4)项目管理(建造师);

(5)工程监理(监理工程师);

(6)试验检测(试验检测工程师)。

2. 公路、水路运输

(1)交通运输管理(运输工程师);

(2)船员。

3. 机动车运用工程

机动车运用工程师。

4. 船舶检验

注册验船师。

5. 船舶代理

国际船舶代理师。

6. 船舶理货

船舶理货师。

7. 救捞及水下工程

救捞工程师。

8. 安全工程

注册安全工程师。

二、实施方案

按照统筹规划、急需先建、逐步推开的原则,计划在“十五”期间和“十一五”期间与人事部等国务院有关部门一起建设或实施以下国家职业资格制度。

1."十五"期间

1)会同国务院有关部门建立以下3个执业资格制度

(1)船舶检验人员执业资格制度(注册验船师)。根据《中华人民共和国船舶和海上设施检验条例》,建立强制性的船舶检验人员执业资格制度。

(2)勘察设计注册工程师。根据《建设工程勘察设计管理条例》,建立强制性的注册土木工程师(道路工程)、注册结构工程师(桥梁工程)执业资格制度。

2)推进以下两个职业资格制度建设

(1)交通运输人员职业资格制度(运输工程师)。根据《中华人民共和国国际海运条例》、《危险化学品安全管理条例》和《中华人民共和国道路运输管理条例》,建立强制性的交通运输人员职业资格制度。

(2)机动车运用工程人员职业资格制度(机动车运用工程师)。建立水平能力评价和认证的机动车运用工程人员职业资格制度。

3)参与国务院有关部门建设以下2个执业资格制度

(1)监理工程师;

(2)造价工程师。

4)协调国务院有关部门实施以下3个执业资格制度

(1)注册咨询工程师(投资);

(2)注册安全工程师;

(3)建造师。

2."十一五"期间

1)救捞及水下工程人员职业资格制度(救捞工程师)

建立水平能力评价和认证的救捞及水下工程人员职业资格制度。

2)船舶理货人员职业资格制度(船舶理货师)

建立水平能力评价和认证的船舶理货人员职业资格制度。

3)船舶代理人员职业资格制度(国际船舶代理师)

建立水平能力评价和认证的船舶代理人员职业资格制度。

三、组织管理

1.交通部职业资格制度领导小组及办公室(已成立)

交通部职业资格制度领导小组统一领导全国交通行业职业资格制度的建设、管理工作,研究决定有关重大问题。

交通部职业资格制度领导小组办公室设在交通部人事劳动司,负责交通行业职业资格制度建设、管理的日常工作。

2.交通部职业资格管理的专门机构

为了实现职业资格管理工作的高效率、规范化,并借鉴建设部、国家税务总局、劳动和社会保障部等部门的经验与做法,成立交通部职业资格管理的专门机构。

交通部职业资格管理的专门机构的主要职责是:

(1)贯彻国家和交通部职业资格制度建设和管理的方针政策和法规,拟订交通行业专业技术岗位职业资格和技能类岗位职业资格制度建设工作的发展规划、规章制度和实施办法，报交通部批准后组织实施；

(2)负责组织实施交通行业职业资格制度建设和管理工作，指导交通行业特有职业(工种)职业技能鉴定工作；

(3)负责交通行业职业资格的注册管理工作；

(4)负责组织编写交通行业职业资格考试大纲和教材，参与制订交通行业特有工种职业技能标准和鉴定规范，组织交通行业职业资格考试命题和试题库建设管理工作；

(5)负责审核认定交通行业职业资格考试培训机构，组织实施职业资格教育评估，组织拟订交通行业职业资格继续教育标准，并组织实施继续教育工作；

(6)负责开展与国(境)外有关职业资格的互认工作；

(7)参与制订交通行业特有工种职业技能鉴定站建站条件，并负责资格审查和指导其开展工作；

(8)参与制订交通行业特有工种职业技能鉴定考评员的资格要求，并负责组织资格培训和考核；

(9)负责建立交通行业技能人才库，组织实施和管理技师、高级技师资格考评工作，组织推动交通行业职业技能竞赛活动；

(10)开展与交通行业职业资格制度建设和管理有关的研究与咨询服务。

3.地方交通行业职业资格制度管理的专门机构

各省、自治区、直辖市交通厅(委、局)、新疆生产建设兵团交通局等根据实际工作需要成立专门机构，以承担本地区交通行业职业资格制度的考核认定、考试、培训、注册及执业管理等具体事务性工作，其业务接受交通部职业资格管理的专门机构的领导。

不设立专门机构的地区，交通行政机关要确定一个部门或授权一个机构统一受理属于行政许可范畴的执业资格申请。

4.职业资格制度建设工作组

职业资格制度建设工作组负责本专业职业资格制度的设计以及有关文件的起草等职业资格制度建设的前期工作。职业资格制度建设工作组为临时机构，待职业资格制度专家委员会成立后自行解散。

5.职业资格制度专家委员会

对已经批准建立职业资格制度的专业，成立由交通行业有关专家组成的专家委员会，负责拟订该专业职业资格的考试大纲和命题，建立并管理考试试题库，组织评阅卷工作，提出评分标准和合格标准建议。

四、实施步骤

1.向人事部申请建立职业资格制度

经交通部批准建立的职业资格制度，由交通部职业资格主管机构指导职业资格制度建设工作组研究起草建立本专业职业资格制度的申请报告，报人事部审批。

2.制订职业资格制度暂行规定及其配套办法

交通部职业资格主管机构指导职业资格制度建设工作组研究起草本专业职业资格制度暂

行规定、考试实施办法、考核认定办法等政策性文件，报交通部和人事部审定后，由交通部、人事部等有关部门联合印发。

3.考核认定

根据考核认定办法，由考核认定组织负责指导实施考核认定工作。

4.编写考试大纲、教材

交通部职业资格主管机构组织有关专家编写考试大纲和培训教材，经交通部审查通过后，报人事部审定。

5.建立考试题库

交通部职业资格主管机构组织专家按照考试大纲的要求，建立试题库，并不断更新。

6.会同人事部考试中心完成有关考务工作

交通部职业资格主管机构组织专家阅卷，与人事部商定合格标准。

7.注册和执业管理

交通部职业资格主管机构制订注册和执业管理办法，并指导实施工作。原则上由省级交通主管部门受理注册并初审，交通部负责终审。

8.考试培训和继续教育

交通部职业资格主管机构负责考试培训机构的审核认定，并指导实施考试培训工作。同时，制订继续教育标准，并指导实施继续教育。

9.会同教育主管部门进行教育评估工作

10.开展与国(境)外有关职业资格的互认工作

积极研究和引入国(境)外有关交通行业职业资格的标准，开展资格互认工作。

附件1:“十五”期间建设的职业资格制度

按照有利于交通发展、社会公认、国际可比、事关公共利益和尽量不与其他部门颁布的职业资格制度冲突的原则，参照国务院其他行业主管部门建立的职业资格制度，保持已有持证上岗制度的连续性，计划“十五”期间与人事部或有关部门一起建立以下国家职业资格制度(包括从业资格制度和执业资格制度)。

1.船舶检验人员执业资格制度(验船师、审核师)

将现行的验船师制度纳入国家执业资格制度体系。尽量与有关国际组织的规定相协调，确保执业资格的国际通用性。

2.救捞与水下工程人员职业资格制度

主要是在潜水员、潜水器操作员、潜水作业监理、潜水监督、潜水医师、救捞工程师、勘测师、地物师、救助指挥员等关键岗位设置职业资格，包括从业资格和执业资格两类。尽量与国际海洋承包商协会(IMCA)的有关规定相协调。

3.交通运输人员职业资格制度

主要是在公路、水路运输的关键岗位建立准入制度，可分公路运输和水运两个子专业，包括从业资格和执业资格。从业资格是指特种物品(危险品和陆上大件等)的营运人员必须具备的资格，执业资格是指从事运输组织管理的专业技术人员必须具备的资格，名称可叫公路运管师或水路运管师等。可以将现行的公路、水路交通经济专业技术资格考试制度纳入职业资格制度体系。

4. 汽车检测修理专业技术人员职业资格制度

主要在汽车检测、修理的关键岗位建立准入制度，包括从业资格（如汽车核心部件修理岗位的准入资格）和执业资格（如汽车检测和维修、改装等关键岗位的准入资格，名称可叫汽车修理工程师等）。

5. 港口理货专业技术人员职业资格制度

主要在港口理货的关键岗位建立准入制度，包括理货员从业资格和理货师执业资格。

6. 船舶代理人员职业资格制度

主要在中外船舶代理的关键岗位建立准入制度。

7. 交通运输货物代理人员职业资格制度

主要在中外公路、水路货物代理的关键岗位建立准入制度。

8. 勘察设计注册工程师

建议按照建设部和人事部联合印发的勘察设计注册工程师制度总体框架，启动公路工程、桥梁工程两个专业的工作，并为地方交通部门争取在考核认定、注册等环节的权利（我部已经会同建设部、人事部印发了港口与航道专业注册土木工程师的暂行规定等主要文件）。

9. 注册咨询工程师（投资）

建议在国家发改委和人事部建立的注册咨询工程师（投资）执业资格制度框架下，协商设置公路、水路子专业。

10. 建造师（一级建造师和二级建造师）

建议在建设部和人事部建立的建造师执业资格制度框架下，设置公路、水路子专业。

11. 注册安全工程师

建议参照国家环保总局建立注册核安全工程师的做法，争取从国家安全生产监督局建立的注册安全工程师制度中单列出来；同时，建议在国家安全生产监督局建立的注册安全工程师制度下设公路、水路子专业。

12. 造价工程师

建议争取单建交通造价工程师；同时，建议商建设部参照注册土木工程师的做法，设立公路、水路子专业。

13. 交通监理工程师

建议商建设部和人事部单设交通监理工程师，纳入国家职业资格制度体系。

附件2：交通行业职业资格专业（工种）划分总体框架

1. 公路、水路工程

1）工程咨询（投资）（注册咨询工程师）

（1）公路与桥梁；

（2）港口与航道。

2)勘察设计(注册工程师)
(1)公路工程(含公路隧道和交通工程);
(2)港口与航道工程;
(3)桥梁工程。
3)工程概预算(造价工程师)
(1)公路与桥梁工程概预算;
(2)港口与航道工程概预算。
4)工程项目管理(建造师)
(1)公路与桥梁;
(2)港口与航道。
5)工程监理(监理工程师)
(1)公路与桥梁监理;
(2)港口与航道监理。
6)工程试验检测
(1)公路与桥梁试验检测;
(2)港口与航道试验检测。
7)交通工程机械操作
(1)公路与桥梁工程机械操作员;
(2)港口与航道工程机械操作员。
8)交通工程技工
(1)爆破工;
(2)砌筑工;
(3)石工;
(4)混凝土工;
(5)钢筋工;
(6)架子工;
(7)养护工;
(8)桥梁工;
(9)隧道工;
(10)港口维护工;
(11)航道工;
(12)无线电导航操作工;
(13)航标工。

2.公路、水路运输

1)运输管理
(1)公路运输(站场管理、运输组织);
(2)水路运输(港口管理、运输组织)。
2)特种物品运输
(1)危险品运输(驾驶、押运、装卸);
(2)公路大件运输。

3)交通运输货物代理

(1)公路运输货物代理;

(2)水运货物代理。

4)汽车驾驶员

营运车辆驾驶员、特种车辆驾驶员。

5)船员

运输船舶船员,工程船舶船员。

3. 汽车修理

(1)汽车检测;

(2)汽车修理(核心部件修理)。

4. 船舶检验

(1)检验;

(2)审核;

(3)估价。

5. 船舶代理

(1)国内船舶;

(2)外籍船舶。

6. 港口理货

(1)理货员;

(2)理货师。

7. 救捞及水下工程

(1)潜水员、潜水器操作员、潜水作业监理、潜水监督、潜水医师;

(2)救捞工程师、救助指挥员;

(3)勘测师、地物师。

8. 交通安全(注册安全工程师)

(1)工程建设安全;

(2)运输安全。

9. 交通执法

(1)公路交通执法;

(2)水路交通执法。

附件3:交通行业职业技术学院(校)、技工学校毕业生实行职业技能鉴定办法

为全面提高交通行业职业技术学院(校)、技工学校(含各类中等专业学校,下同)毕业生(以下简称毕业生)的技术理论和操作技能水平,贯彻劳动和社会保障部《关于技工学校、职业(技术)学校和就业训练中心毕(结)业生实行职业技能鉴定的通知》(劳部发〔1995〕208号)精神,结合交通专业(工种)毕业生的特点,制订本办法。

在交通行业职业技术学院(校)、技工学校,属交通行业特有工种(专业)的毕业生中实行职

业技能鉴定，即学生在完成全部规定课程的学习、取得学历证书的同时，通过特有工种职业技能鉴定站的鉴定，取得职业资格证书。

一、管理体制

(1)交通部人事劳动司综合管理全国交通行业特有工种毕业生的职业技能鉴定工作；

(2)各省、自治区、直辖市交通厅(局、委)、各有关单位劳资部门综合管理本地区、本单位的交通行业特有工种毕业生的职业技能鉴定工作；

(3)交通行业特有工种职业技能鉴定站(以下简称鉴定站)在其职业技能鉴定业务主管机构的领导下，具体实施对交通行业特有工种毕业生的职业技能鉴定；

(4)交通行业职业技术学院(校)、技工学校在其上级主管部门的统一领导和协调下，协助鉴定站组织本校特有工种毕业生参加职业技能鉴定。

二、申报原则

(1)交通行业职业技术学院(校)、技工学校中，以初级技能为培养目标的中等职业学校毕业生可申报所学专业的某一特有工种的《职业资格证书》五级(初级工)，已取得《职业资格证书》五级(初级工)，且成绩特别优秀的毕业生经本人申请、学校推荐，可申报《职业资格证书》四级(中级工)的职业技能鉴定；以中级技能为培养目标的中等以上职业学校毕业生可申报所学专业的某一特有工种的《职业资格证书》四级(中级工)的职业技能鉴定，已取得《职业资格证书》四级(中级工)，且成绩特别优秀的毕业生经本人申请、学校推荐，可以申报《职业资格证书》三级(高级工)的职业技能鉴定；以高级技能为培养目标的高等职业学校毕业生可申报所学专业特有工种的《职业资格证书》三级(高级工)的职业技能鉴定。

(2)交通行业职业技术学院(校)、技工学校毕业班学生不能取得毕业证书的，不能申报任何等级的职业技能鉴定。

三、鉴定时间及报名方法

(1)毕业生的职业技能鉴定工作，原则上应每年进行一次，在学生毕业离校前进行。具体时间及日程安排由各省、自治区、直辖市交通厅(局、委)、各有关单位劳资部门和鉴定站及学校共同确定，由鉴定站于鉴定前两个月在学校发布鉴定公告。

(2)毕业生在申报参加职业技能鉴定前，应对自己入学以来的学习成绩、实习情况以及所申报工种的技术掌握情况进行总结。

(3)毕业生于公告发布之日起20日内向所在学校报名。报名时，须填写有关表格，并提交总结及近期免冠照片4张。所在学校提供学生各门课程的学习成绩表，连同其他材料一并报鉴定站，由鉴定站于考核前35个工作日将毕业生所申报的工种及人数统计表报鉴定站的业务主管部门，并报部职业技能鉴定指导中心(以下简称部鉴定中心)备案。

(4)毕业生申报职业技能鉴定的资格审查工作由鉴定站负责，对资格审查合格的学生签发准考证。

四、鉴定及发证方法

(1)毕业生职业技能鉴定的理论考试采取闭卷笔试的办法，其试题从交通部职业技能鉴定试题库中提取。

(2)技能考核可结合生产或作业，选择典型工件加工或模拟操作来进行，必要时辅之以叙述操作过程及关键步骤。技能考核依据交通行业相关专业工种的《职业技能鉴定规范》中的技能要求进行。

(3)职业技能鉴定考评员由鉴定站聘任。取得考评员资格并受聘于鉴定站的教师，在实施鉴定时，应对自己所在学校的毕业生实行回避。

(4)鉴定站将鉴定合格的毕业生的技术档案及鉴定工作总结报送业务主管部门审核，由受部委托发证的职业技能鉴定中心或劳资部门颁发相应的职业资格证书，或送部鉴定中心审核发证。

五、措施

(1)学校应加强场地、设备、仪器等硬件建设，以改善实习条件，提高学生操作技能。

(2)加强教师队伍建设，按照劳动和社会保障部《关于加强技工学校及就业训练中心等职业培训机构教师队伍建设的通知》精神，60%以上的技术理论教师应具有某一工种初级以上操作技能，实习指导教师应具有某一工种中级以上操作技能，其中50%以上应具有某一工种高级操作技能。

(3)学校在编制教学计划时，应参照《中华人民共和国工人技术等级标准(交通)》及各专业工种的《职业技能鉴定规范》。在教学内容上，应充分考虑相应工种、等级所规定的知识要求及技能要求。

(4)技工学校、职业技术学校应适当调整理论教学与实习的比例，加大学生实际操作技能的培养力度。

本办法由交通部人事劳动司负责解释。

附录三　中国道路运输诚信企业100强(2010)

1. 苏州汽车客运集团有限公司
2. 杭州长运运输集团有限公司
3. 广东省汽车运输集团有限公司
4. 宁波公运集团股份有限公司
5. 新国线运输集团有限公司
6. 南通汽运实业集团有限公司
7. 北京首汽(集团)股份有限公司
8. 江西长运股份有限公司
9. 郑州交通运输集团有限责任公司
10. 无锡客运有限公司
11. 菏泽交通集团总公司
12. 内蒙古巴运汽车运输有限责任公司
13. 南阳宛运集团有限公司
14. 温州长运集团有限公司
15. 广西超大运输集团有限责任公司
16. 青岛交运集团公司
17. 聊城交通汽运集团有限责任公司
18. 烟台交运集团有限责任公司
19. 福建省汽车运输总公司
20. 厦门特运集团有限公司
21. 福建龙洲运输股份有限公司
22. 安徽省交通集团汽车运输有限公司
23. 江苏金陵交运集团有限公司
24. 南通交运物流集团有限公司
25. 乌海市日亨物流有限公司
26. 孟州市汽车运输有限责任公司
27. 湖北宜昌交运集团股份有限公司
28. 江苏盐阜公路运输集团有限公司
29. 佛山市汽车运输集团有限公司
30. 山东泰安交通运输集团有限公司
31. 益阳湘运集团有限责任公司
32. 山东莱钢汽车运输有限公司
33. 湖北大通运业股份有限公司
34. 广东省江门市汽运集团有限公司
35. 福建省泉州市汽车运输总公司
36. 江苏省连云港汽车运输有限公司
37. 辽宁虎跃快速汽车客运股份有限公司

38. 长春公路客运集团有限公司
39. 信阳市运输集团有限责任公司
40. 徐州公路运输集团有限责任公司
41. 山东省交通运输集团有限公司
42. 安徽省阜阳市汽车运输集团有限公司
43. 江西九江长途汽车运输集团有限公司
44. 云南曲靖交通集团有限公司
45. 南京远方物流集团有限公司
46. 山东滨州交运集团有限责任公司
47. 广西驰程汽车运输有限责任公司
48. 南京大件起重运输集团有限公司
49. 广西瑞通运输集团有限公司
50. 北京北汽出租汽车集团有限责任公司
51. 广州市长途汽车运输公司
52. 鄂尔多斯市汽车运输集团有限公司
53. 中外运久凌储运有限公司
54. 河北保定交通运输集团有限公司
55. 江西宜春汽车运输股份有限公司
56. 广西河池运达汽车运输有限责任公司
57. 兰州交通运输集团有限责任公司
58. 芜湖运泰汽车运输集团有限责任公司
59. 江苏省扬州汽车运输集团公司
60. 江苏南京长途汽车客运集团有限责任公司
61. 茌平县第一汽车运输有限公司
62. 济南鲍德汽车运输有限公司
63. 北京祥龙出租客运有限公司
64. 安徽省合肥汽车客运有限公司
65. 山东省临沂交通运输有限责任公司
66. 山东省济宁交通运输集团有限公司
67. 山东鲁中钢铁物流有限公司
68. 漯河宏运汽车运输集团有限公司
69. 四川省广元公路运输集团有限责任公司
70. 山东省日照运总交通集团有限公司
71. 山东鲁中交运集团有限公司
72. 湖北公路客运(集团)有限公司
73. 茌平县第二汽车运输有限公司
74. 洛阳市汽车运输公司
75. 延边东北亚客运集团有限公司
76. 甘肃东部运输实业集团有限责任公司
77. 德州交通集团有限公司

78. 赤峰中昊运输有限责任公司
79. 陕西平安运输集团有限公司
80. 山东淄博交通运输集团有限公司
81. 中山市公共交通有限公司
82. 黑龙江天成运业集团
83. 浙江省嵊州市长运集团有限公司
84. 安庆恒风交通运输有限公司
85. 辽宁东运集团有限公司
86. 湖北省十堰亨运集团客运有限责任公司
87. 清远市汽车运输集团公司
88. 德力西新疆旅客运输集团有限责任公司
89. 济南长途汽车运输有限责任公司
90. 陕西省汉中市汽车运输总公司
91. 东营交通运输集团有限公司
92. 孝感合力运输集团有限公司
93. 福建华威汽车运输集团有限公司
94. 石河子鑫源公路运输有限公司
95. 铜陵有色金属集团铜冠物流有限公司
96. 山东佳怡物流有限公司
97. 内蒙古呼运(集团)有限责任公司
98. 鄂尔多斯市正道运输集团有限公司
99. 新疆天顺供应链股份有限公司
100. 北京银建运输有限公司

附录四　全国公路交通类专业毕业生就业工作协作组成员单位

高等学校

长安大学
武汉理工大学
长沙理工大学
重庆交通大学
山东交通学院

中国交通建设股份有限公司及所属单位

中国交通建设集团
中交第一公路工程局
中交第二公路工程局
中交第三公路工程局
中交第二航务工程局
中交第三航务工程局
中交第四航务工程局
中国路桥工程有限责任公司
中交第一公路勘察设计研究院
中交公路规划设计院
西安筑路机械有限公司

中国建筑股份有限公司及所属单位

中国建筑工程总公司
中建国际建设公司
中国建筑第一工程局
中国建筑第三工程局
中国建筑第五工程局
中国建筑西北设计研究院

中国中铁股份有限公司及所属单位

中国铁路工程总公司
中铁一局集团有限公司
中铁二局集团有限公司
中铁三局集团有限公司
中铁五局集团有限公司
中铁六局集团有限公司
中铁七局集团有限公司
中铁八局集团有限公司
中铁九局集团有限公司
中铁十局集团有限公司
中铁大桥局集团
中铁电气化局集团公司
中铁宝桥股份有限公司
中铁咸阳管理干部学院

中国铁建股份有限公司及所属单位

中铁建工集团公司
中铁十五局集团有限公司
中铁十六局集团有限公司
中铁十七局集团有限公司
中铁十九局集团有限公司
中铁二十局集团有限公司
中铁二十二局集团有限公司第四工程公司

其他

陕西路桥集团有限公司　　　　　　　　辽宁省交通高等专科学校

协作组秘书处联系方式

联系地址：长安大学学生就业与发展服务中心（西安市南二环中段）
邮政编码：710064
电　　话：029-82334148
传　　真：029-85245854
电子邮箱：glxzz@chd. edu. cn
网　　站：http://www. nech. net. cn
联 系 人：刘伟

参考文献

[1] 黄蓉生.大学生就业指导.北京:人民出版社,2007.

[2] 全国高等学校学生信息咨询与就业指导中心组编.大学生就业指导.第3版.北京:高等教育出版社,2001.

[3] 冯建力,等.就业基础教育.北京:科学出版社,2005.

[4] 曲振国.大学生就业指导与职业生涯规划.北京:清华大学出版社,2008.

[5] 张星河.求职与就业指导.北京:北京大学出版社,2008.

[6] 汪晓村,等.我国大学本科专业设置与调整的历史演变和现实思考.高等教育研究,2006(11).

[7] 曾冬梅.建国以来我国高校本科专业结构调整的历史演进//高等教育的改革与发展.南宁:广西教育出版社,2004.

[8] 教育部高等教育司.高等学校本科专业目录和专业介绍.北京:高等教育出版社,1998.

[9] 教育部高等教育司.授予博士硕士学位和培养研究生的学科专业介绍.北京:高等教育出版社,1999.

[10] 交通部.公路水路交通"十一五"发展规划.2006.

[11] 交通部.公路水路交通"十一五"人才工作规划.2006.

[12] 交通部."十一五"交通教育与培训发展规划.2006.

[13] 中国交通年鉴(2008).北京:中国交通年鉴社,2008.

[14] 中国机械工业年鉴编辑委员会.中国工程机械工业年鉴(2007).北京:机械工业出版社,2007.

[15] 刘清亮,等.就业指导与职业规划.北京:人民邮电出版社,2009.

[16] 王涛.大学生就业指导概论.西安:西北大学出版社,2006.

[17] 王涛.大学生职业生涯规划与发展.西安:西北大学出版社,2006.

[18] 李伟,等.新世纪大学生就业指导.西安:西安交通大学出版社,2002.

[19] 周其洪.起航——大学生就业指导.北京:中国国际广播出版社,2008.

[20] 中国建设教育协会.建设类专业大学生就业指导.北京:中国建筑工业出版社,2007.

[21] 郑健龙.高等学校在创新型行业建设中的历史责任.2006.

[22] 陈秀梅.合格员工的标准.北京:地震出版社,2004.

[23] 钟谷兰,杨开.大学生职业生涯发展与规划.上海:华东师范大学出版社,2008.

[24] 赵北平.大学生职业生涯规划教程.第2版.武汉:武汉理工大学出版社,2007.

后　记

本书是2008年底开始确定编写的，2009年底完成初稿，2010年上半年组织讨论修改并对相关内容作出调整，正式付印前又对国家"十一五"成就及"十二五"规划的最新内容作出修改补充。参加本书编写的都是一线从事大学生职业发展与就业指导研究和教学的教师。编写前，白华、夏江敬、李明、周直、张祖斌、陈宗源等讨论提出整体策划，之后，由白华、刘家乡负责框架体系、重点内容、教学实施途径以及章节目录的设计。白华、张金玉同志承担了书稿的修改工作，白华负责统稿和最后的审定。

在本书编写过程中，我们参考了前人和同行的有关著作和论文，吸收了其中不少有价值的研究成果。为表示对他们的尊重和感谢，我们在主要参考文献中列出了他们的姓名和著作，在这里还要再一次对他们表示感谢！同时，还有一些专家、学者的研究成果由于资料和条件的限制，在使用后没能列出他们的姓名，我们同样表示感谢！

全书在编写中得到了不少领导、专家和同仁的关心和支持，长安大学学生就业与发展服务中心为本书的编写提供了方便和诸多服务，中国交通建设股份有限公司、中国建筑股份有限公司、中国铁路工程股份有限公司、中国铁道建筑股份有限公司等企业为本书提供了大量的资料，中交集团第二工程局张复翔同志对本书的内容提出了宝贵的建议，刘家乡、刘伟两位同志做了大量的组织协调工作，在此一并表示感谢。

编写具有交通特色的大学生职业发展和就业指导类书籍，是我们的一次探索，本书的不足、不妥之处是难免的，我们期待同行、广大大学生和社会各界人士批评指正，以便我们进一步完善。

本书的出版得到了长安大学和人民交通出版社的大力支持和协助，责任编辑曲乐同志付出了辛勤的劳动，在此表示诚挚的谢意！

编　者

2011年3月